Ägypten und Altes Testament

Band 74

ÄGYPTEN UND ALTES TESTAMENT

Studien zu Geschichte, Kultur und Religion Ägyptens
und des Alten Testaments

Herausgegeben von
Manfred Görg

Band 74

2008

HARRASSOWITZ VERLAG · WIESBADEN
in Kommission

Magdi Omar

Aufrührer, Rebellen, Widersacher

Untersuchungen zum Wortfeld „Feind“ im pharaonischen Ägypten

Ein lexikalisch-phraseologischer Beitrag

2008

HARRASSOWITZ VERLAG · WIESBADEN
in Kommission

Bibliografische Information der Deutschen Nationalbibliothek
Die Deutsche Nationalbibliothek verzeichnet diese Publikation in der Deutschen Nationalbibliografie; detaillierte bibliografische Daten sind im Internet über http://dnb.d-nb.de abrufbar.

Bibliographic information published by the Deutsche Nationalbibliothek
The Deutsche Nationalbibliothek lists this publication in the Deutsche Nationalbibliografie; detailed bibliographic data are available in the internet at http://dnb.d-nb.de.

Informationen zum Verlagsprogramm finden Sie unter
http://www.harrassowitz-verlag.de

Gedruckt auf alterungsbeständigem Papier.
Druck und Verarbeitung: Memminger MedienCentrum AG
Printed in Germany

ISSN 0720-9061
ISBN 978-3-447-05789-9

INHALTSVERZEICHNIS

Pro captu lectoris habent sua fata libelli.
Maurus

Vorwort

Die vorliegende Arbeit ist von der Philosophischen Fakultät der Westfälischen Wilhelms-Universität zu Münster als Dissertation im Jahre 2003 angenommen worden. Für den Druck ist sie durchgesehen und um Hinweise auf neu erschienene Literatur erweitert worden.
Mir ist durchaus bewußt, daß der Gegenstand dieser Arbeit mehr umfaßt, als hier behandelt worden ist. Dennoch hoffe ich, damit keine „schlafenden Feinde“ geweckt zu haben. Auf jeden Fall, ein Anfang ist gemacht.

Danken möchte ich besonders Herrn Prof. Dr. Erhart Graefe, der die Arbeit betreut und mit Rat und Tat gefördert hat. Herrn Prof. Dr. Dr. Martin Krause, der bereitwillig das Korreferat übernommen und mich in den letzten Zügen der Arbeit unterstützt hat, bin ich zu Dank verpflichtet. Mein herzlicher Dank gilt Herrn Prof. Dr. Heinz Grotzfeld, der mich während meines Studiums der Arabistik und Islamwissenschaft nicht nur förderte, sondern überaus positiv prägte.

Prof. Dr. Walter Reineke, Dr. Elke Freier, Dr. Stefan Grunert und Dr. Ingelore Hafemann möchte ich für ihre herzliche Gastfreundschaft und die vielen wertvollen Hinweise während zweier Forschungsaufenthalte im Archiv der Arbeitsstelle des Ägyptischen Wörterbuches der Berlin-Brandenburgischen Akademie der Wissenschaften danken.

Im Institut für Ägyptologie und Koptologie von Münster habe ich natürlich vielen zu danken, besonders jedoch Dr. Anke Ilona Blöbaum, Dr. Eva-Maria Engel, Iris Hinerasky, AOR Gerd Mink, Christian Niedorf, Klaus Ohlhafer, und PD Dr. Siegfried Richter.

Ganz besonders danke ich Prof. Dr. Wolfgang Schenkel (Tübingen) und Prof. Dr. Heinz Josef Thissen (Köln) für die vielen nützlichen Informationen und anregenden Gedanken sowie Prof. Dr. Joachim Friedrich Quack (Berlin, jetzt Heidelberg) und Dr. Richard Bruce Parkinson für wertvolle Hinweise. Es versteht sich, daß Mängel oder Fehler, die dies Buch enthalten mag, mir aufzubürden sind.

Nicht zuletzt möchte ich Prof. Dr. Dr. Manfred Görg für die Aufnahme der Arbeit in die Reihe *Ägypten und Altes Testament* herzlich danken.

Mein größter Dank gilt meiner Mutter und meiner Frau sowie meinen Freunden Christel und Robert, die mir stets Mut machen und meine Interessen teilen.

Münster, im August 2007 — Magdi Omar

I. EINLEITUNG

In allen Epochen der altägyptischen Kultur spielte die Auseinandersetzung mit Feinden und als feindlich betrachteten „Mächten" eine große Rolle im Denken und Handeln der Menschen. So hatte z.B. das Chaos (in Form des Fremdlandes) als Feind der geordneten Welt (in Form von Ägypten mit dem König in der Rolle des Schöpfergottes) seinen festen Platz im Weltbild der alten Ägypter. Es wurde eine Reihe von Mechanismen entwickelt, um die vom Feind ausgehende Gefahr für die Weltordnung abzuwehren. Daher erscheinen die äußeren Feinde in bildlichen Darstellungen oft als Gefallene oder Gefesselte.[1]

Man kennt heute sowohl bildliche als auch schriftliche Quellen, welche schildern, wie das Chaos durch die Vernichtung des Feindes gebändigt werden sollte. Darunter sind religiöse Texte überliefert, die auf die Abwehr der Feinde, welche die kultische und die staatliche Ordnung des Landes gefährden, abzielen. Man findet Darstellungen und Erwähnungen von Feinden in Tempeln und Gräbern, auf Stelen, Statuenbasen, Papyri und Ostraka. Oftmals sind diese Quellen mit Inschriften apotropäischer Natur versehen.
So enthalten die Ostraka, die H. Schäfer im Frühjahr 1925 in Luxor erwarb, die sogenannten Ächtungstexte. Hierbei handelt es sich im wesentlichen um Töpfe oder Figuren aus Ton, die mit den Namen der zu verfluchenden Leute und Orte beschrieben sind. In der Regel wurden die Gefäße danach in einer kultischen Handlung durch den ägyptischen König zerbrochen, um damit magisch die Entmachtung und die Vernichtung der namentlich Genannten herbeizuführen.[2]

Es lassen sich hauptsächlich politische, gesellschaftliche und magisch-religiöse „Feinde" unterscheiden, wobei die politische Feindsymbolik ohne scharfe Grenze in die religiöse übergeht. Als Gegner des regierenden Königs ist der außen- wie auch innenpolitische Feind zugleich ein Feind der geschaffenen Welt und des Schöpfergottes, dessen Rolle der Pharao – als Garant für die Weltordnung – auf Erden vertritt.[3]
Die traditionellen äußeren Feinde Ägyptens werden in zahlreichen Inschriften als heimtückisch und aggressiv charakterisiert. Im Gegensatz zum aggressiven listigen Asiaten ist bei den Nubiern eine Art „Feigheitspsychose" festzustellen, die der ägyptischen Seite Anlaß zur Überheblichkeit gibt: „Nicht sind sie (= die Nubier) doch Menschen, die es wert sind, daß man sie achte, Elende sind sie ohne Tatkraft".[4] Des weiteren wird dem Libyer eine Denkweise nachgesagt, die im eklatanten Gegensatz zum Ägypter steht: „Ein Gewürm, ohne Zuwachs ihrer Körper, die den Tod lieben und das Leben hassen".[5]
In diesem Zusammenhang zeigen die assyrischen Inschriften in bezug auf das negative Verhaltensmuster des Feindes interessante Parallelen: „The enemy violates the oaths/pacts;

[1] Diese typische Szene, das „Niederschlagen der Feinde", findet sich bereits in der Vorgeschichte und bleibt in bildlichen Darstellungen an den Tempeln bis in die griechisch-römische Zeit Ägyptens unverändert. Siehe Hornung (1966: 12).
[2] Dabei handelt es sich um Maßnahmen, die der König ergreift, um sämtliche Untertanen bzw. „potentielle Feinde" von morgen vorsorglich mit einem Fluch für den Fall ihres Abfalls zu beladen, um sich ihrer Loyalität auch für die Zukunft zu versichern. Vgl. Assmann (1994: 45-59) mit weiterer Literatur.
[3] Denn von ihm gilt: „will er, so tut er. [...] Seine Macht wird als numinose Aura erlebt. Wenn er in der Öffentlichkeit erscheint, ruft man: ‚Hüte dich, Erde: der Gott kommt'", siehe Assmann (1984: 97).
[4] Way, von der (1992: 27). Vgl. dazu Zibelius-Chen (1988: 217-225) mit weiterführender Literatur.
[5] Way, von der (1992: 28). Ähnliche Formulierung findet man bei Hoffmann (1995: 63, Anm. 206). Zum Ausländer in der ägyptischen Literatur siehe Loprieno (1988: 22 f.).

[...] The enemy is forgetful of past kindness; [...] The enemy is insubmissive; insolent; [...] The enemy speaks words of suspicion, hostility. [...] The enemy is wicked; hostile; rebellious; murderous; an outlaw, especially in relation to his actions".[6]

Den Feind zu unterwerfen bedeutet, ihn machtpolitisch auszuschalten und den Fortbestand der Weltordnung (äg. *mꜣꜥ.t*) zu sichern.[7] Nach diesem Prinzip, das die Grundlage nicht nur des göttlichen, sondern auch menschlichen Handelns ist, muß der König einerseits die äußeren Feinde bekämpfen und das Land Ägypten beschützen, andererseits im Inneren für jeden seiner Untertanen seinen Anteil an der Versorgung sichern und jede Art von Feindschaft und Rebellion beseitigen.

Sind die Feinde und Rebellen, die der König im Kult vor den Göttern bzw. für die Götter vernichtet, auch nicht seine Gegner? Bezeichnet ein und dasselbe Lexem sowohl äußere als auch innere Feinde? Kann man zwischen den politischen, gesellschaftlichen und magisch-religiösen Feindbegriffen unterscheiden? Oder gehen sie ohne scharfe Grenzen ineinander über? Sind die Bezeichnungen des Feindes ein-, doppel- oder sogar mehrdeutig?

Mit diesen und ähnlichen Fragen setzt sich diese Untersuchung auseinander.

Wenn man die ägyptischen Textquellen in Bezug auf das Phänomen „Feind" betrachtet, so fällt gleich auf, daß – anders als der außenpolitische Gegner – der innenpolitische Rebell kaum in Erscheinung tritt. Im offiziellen Geschichtsverständnis gab es in erster Linie ausländische Feinde. Den ausländischen Feind in Schach zu halten, der generell das Chaos (äg. *jsf.t*) versinnbildlicht, ist ein Charakteristikum der Königsideologie, das sich durch die gesamte ägyptische Geschichte hinzieht. Der innenpolitische Rebell oder Widersacher hingegen wird in den offiziellen Texten kaum thematisiert. Die allmächtige und gottgleiche Stellung des Königs schließt die Idee der Opposition aus; dementsprechend ist dem pharaonischen System theoretisch Oppositionslosigkeit inhärent. Dies führt dazu, daß faktische Opposition aus den offiziellen Darstellungen weitgehend ausgeblendet wird.[8]

Dennoch entstammt unsere Kenntnis von Widerstand und Rebellion, auch wenn dies in der überwiegenden Anzahl der Fälle nur andeutungsweise geschieht, den offiziell kontrollierten Texten und den sogenannten literarischen Texten. „Dieser Widerspruch löst sich jedoch dadurch auf, daß alle diese Textzeugen unter einem an der Ideologie ausgerichteten Blickwinkel tendenziös eingefärbt sind und in einer stark überarbeiteten Form erscheinen. Narrative Texte oppositioneller Vorgänge oder Ereignisse, und seien sie auch noch so knapp, fehlen".[9]

---

[6] Fales (1987: 428, 430) bemerkt dazu: „and I hope not to seem unduly pessimistic when I anticipate the fact that the phraseological complex regarding the enemy's attitudes in the face of the assyrian army – his fear, his flight, his death on a later occasion – provides a totally similar outcome".

[7] Zur Bedeutung dieses zentralen Begriffes siehe Helck (1980: 1110 f.) und Assmann (1984: 17 f.).

[8] Zibelius-Chen (1990: 339). Ein weiteres undifferenziertes Verhalten, welches den Ausländer generell stigmatisiert bzw. negativ darstellt, findet sich bei den Völkern der Antike besonders bei den Griechen: „Offensichtlich haben die Athener unter dem verinnerlichten Druck, ihre Freiheit legitimatorisch demonstrieren zu müssen, auch ihr Feindbild besonders negativ ausstatten müssen. Da nicht sein kann, was nicht sein darf, leugnet die Selbsteinschätzung der Griechen auch das noch in den Perserkriegen von ihnen selbst praktizierte Menschenopfer und stigmatisiert diesen Brauch als typische Eigenart der Barbaren. Herodot, der entsprechende Vorwürfe gegen Busiris und die Ägypter entkräftet, sie vielmehr an Menelaos richtet, wird deswegen auch prompt noch von Plutarch als *philo-barbaros* denunziert [...]", siehe Metzler (1992/93: 220).

[9] Soweit Zibelius-Chen (1990: 339-360, bes. 343-344) zur politischen Opposition im alten Ägypten. Nach Assmann (1984: 105 f.) manifistierte sich der Anspruch des Pharaos als Herrschaft nach außen „als die Macht

Im Zusammenhang mit den oben genannten Textzeugen und deren ideologischer Färbung bzw. Ausrichtung ist die Frage nach dem Wahrheitsgehalt bzw. nach der Realitätsnähe ägyptischer Darstellungen des besiegten Feindes, die in Bild und Schrift vorkommen, von Interesse.
Man könnte hierbei von einem häufigen Stereotyp bzw. Topos mit dem Anspruch der Alleinherrschaft über den innenpolitischen Feind und das Ausland sprechen.[10]
Als Beispiele mögen dies: z.B. die topographischen Listen der Fremdländer und auch viele Reliefs, die auf alte Vorbilder zurückgehen, illustrieren.[11] Ein weiteres signifikantes Beispiel ist die ägyptische Darstellung der Kadesch-Schlacht, deren Ausgang anders verlief als in den ägyptischen Quellen dargestellt. Auch wenn diese Darstellung den Anschein erweckt, als ob sie stereotyp verwendet wurde, verfolgte Ramses II. dabei (bewußt) andere Ziele.[12]

Es ist uns bis auf wenige Ausnahmen (z.B. die Kadesch-Schlacht) nicht möglich, diesen Wahrheitsgehalt aufzudecken, da wir über die historischen Ereignisse der Pharaonenzeit fast ausschließlich über Quellen aus dem unmittelbaren Umfeld des Herrschers bzw. der Herrscherschicht informiert werden. Alternative Darstellungen von Gruppen, die sich in Konflikten auf der anderen Seite befanden und durch ihre andere Perspektive einen Vergleich mit den offiziellen Inschriften erlauben, fehlen hingegen fast völlig.
Es ist trotzdem oder gerade deshalb interessant zu erfahren, welche Nuancen in solchen literarischen Topoi stecken, um ein differenziertes „Feindbild“ zu bekommen.

Wegen der aufgezeigten zentralen Bedeutung des Begriffes „Feind“ im Denken und Handeln der alten Ägypter versprechen Wortfeld-Untersuchungen neue Erkenntnisse[13], welche die verschiedenen Aspekte dieses Begriffes, das Verhältnis der alten Ägypter zum Ausland und zu Ausländern und kulturimmanente Vorstellungen genauer beleuchten. Die Untersuchung des Begriffes sowie der inhaltlich verwandten Lexeme, die noch nicht monographisch behandelt wurden, sollen in dieser Studie vorgelegt werden.

Es gibt bisher nur wenige Arbeiten über dieses Thema, die allesamt nur Teilaspekte erläutern, z.B. ikonographische Gesichtspunkte, wie die Dissertation von S. Schoske über das Motiv des „Erschlagens der Feinde“, ein zeitloses Sinnbild des unbesiegbaren Königs und besiegten

---

nämlich, das Chaos [...] draußen zu halten; nach ‚innen' aber manifestierte sich dieser Anspruch als Herrschaft, worunter im Sinne Max Webers die Chance zu verstehen ist, für bestimmte Befehle bei einem angebbaren Personenkreis Gehorsam zu finden. Wenn dieser Personenkreis sich als Menschheit versteht, wird die Herrschaft über ihn als Globalherrschaft verstanden und als solche vergöttlicht“. Diesem pharaonischen System mit dem Anspruch auf die Alleinherrschaft bzw. Oppositionslosigkeit begegnen wir in einigen Staaten u.a. der arabisch-orientalischen Welt noch heute (persönliche Meinung).

[10] Denn „das Wagnis der Feinde, es mit dem König als der ‚ausführenden Instanz' der Götter aufzunehmen, führt zwangsläufig zu deren Vernichtung. Wer Ägypten angreift, bereitet sich selbst den Untergang“, Way, von der (1992: 59 f.).

[11] Ein gutes Beispiel dafür ist die Darstellung der sogenannten libyschen Familie aus den Totentempeln von Sahure, Niuserre (beide in Abusir), Pepi I. und Pepi II. (beide in Saqqara), die unverändert – sogar mit denselben Namen – im Tempel in Kawa aus der Zeit Taharqas angebracht wurde, vgl. Leclant (1980: 49-54, bes. 52). Wir wissen nicht, ob die gleiche Darstellung nicht sogar in noch älteren Tempelanlagen abgebildet war.

[12] Zur Darstellung der Kadesch-Schlacht als ein Mittel, das sowohl zur Einleitung einer Verständigungs- und Friedenspolitik, als auch zur Anprangerung des Versagens des Militärs instrumentalisiert wurde, siehe Assmann (1983/84: 227-228).

[13] In der Ägyptologie haben sich Wortforschungen stets als lohnenswert erwiesen. An dieser Stelle seien die folgenden Untersuchungen genannt: Graefe (1971); Verhoeven (1984); Spencer (1984) und Jones (1988).

Feindes.[14] Eine ähnliche Arbeit stammt von E. Hall, die über das Thema „The Pharao Smites His Enemies. A Comparative Study“ schrieb.[15]

A. Schulman behandelte in seiner Arbeit über „Ceremonial Execution and Public Rewards. Some Historical Scenes on New Kingdom Private Stelae“ andere v.a. psychologische und soziologische Aspekte. Es werden dort u.a. Szenen der Gunsterweisung bzw. Auszeichnung von Privatleuten im gesellschaftlichen Kontext besprochen.[16]

M. Rochholz untersuchte weitere Teilaspekte in seiner Dissertation „Schöpfung, Feindvernichtung, Regeneration. Untersuchung zum Symbolgehalt der machtgeladenen Zahl 7 im alten Ägypten“. Darin behandelt er die Zahl 7 als Mittel zur Feindvernichtung.[17]
In seiner Dissertation behandelte G. Meurer in extenso das Thema „Die Feinde des Königs in den Pyramidentexten“. In einem kurzen Kapitel (V.) geht er auf die diesseitigen Feinde des Königs in den Pyramidentexten ein.[18]

Im Jahre 2001 veranstaltete die Arbeitsstelle Altägyptisches Wörterbuch (Leipzig) ein Kolloquium unter dem Titel: „Feinde und Aufrührer. Konzepte von Gegnerschaft in der Literatur des Mittleren Reiches“.[19]
Alle diese Arbeiten haben spezielle Aspekte behandelt. Eine lexikalische Untersuchung der verschiedenen Begriffe dieses interessanten Wortfeldes blieb bislang aus.[20] Diese Lücke soll durch die vorliegende Studie geschlossen werden. Über den Rahmen der Ägyptologie hinaus dürften solche Untersuchungen den Kulturwissenschaften u.a. wegen der durchaus aktuellen Bezüge als wertvolle Arbeitsgrundlage dienen.[21]

Im Ägyptischen Wörterbuch (Bd. VI, S. 49-50) finden sich mehrere Lemmata, so z.B. *jtn.w*, *ꜥb*, *btn.w*, *rqj*, *ḫft.j*, *ḫrw*, *ḫꜣk-jb*, *sbj*, *šntj*, *ḏꜣḏꜣ*, die unter dem Begriff „Feind“ genannt sind. Sie kommen in unterschiedlichen Kontexten, wie z.B. politischen, gesellschaftlichen und magisch-religiösen vor. Es ist oft nicht möglich, bei der Übersetzung jedem Lemma je nach Bedeutung und Kontext die richtige Nuance zuzuweisen. Besonders interessant wird es, wenn ein Lexem in anderen Sprachstufen bzw. Sprachen bezeugt ist. Erst dann kann man an diesem Lexem den Bedeutungswandel gut verfolgen.[22]
Eine klare Bestimmung der ursprünglichen Bedeutungsklasse eines Wortes ist allerdings manchmal mit Schwierigkeiten verbunden, da einmal geprägte Wörter im Laufe der Zeit nicht selten ihre Bedeutung oder ihren Bedeutungsumfang, der sich meist erweitert, wandeln.

---

[14] Schoske (1982). Zuletzt schlug Morenz (2002: 81-88, bes. 83) die folgende Lesung der unteren Register der Narmer-Palette mit der Darstellung des Königs als Stier vor: „Der ‚starke Stier' trampelt nieder die Feinde [...]“. Zum Schlagen des Feindes von Hu siehe Kahl (2003: 47-54).
[15] Hall (1986).
[16] Schulman (1988). Zu Stelen allgemein siehe Martin (1986: 1 f.); zur Belohnung bzw. Auszeichnung von Untergebenen siehe Drenkhahn (1975: 581-582).
[17] Rochholz (2002: 241-248) mit Hinweis auf z.B. die Zerstörung der 7 Städte auf der Städtepalette (CG14238), sowie die Tötung von 7 Löwen durch Thutmosis III. oder das Erhängen der 7 Fürsten kopfüber am Bug des Schiffes durch Amenhotep II.
[18] Meurer (2002: 317-326).
[19] Felber (2005). An dieser Stelle möchte ich H. Felber für die Einladung und Gastfreundschaft danken.
[20] Zur Wortforschung vgl. Derchain/Derchain (1971: 5-12); Schenkel (1988: 4 f.) und Quack (1997: 328 f.).
[21] Nach den Ereignissen des Jahres 2001 dürfte jedem klar sein, daß das Feindbild besonders in kriegerischen Auseinandersetzungen an Bedeutung gewinnt. Denn Feindbilder tragen erheblich zur Eigendefinition von Nationen und Kulturen bei. Je negativer ein Feindbild erscheint, desto überlegener fühlt man sich.
[22] Siehe die letzten drei Kapitel.

In dieser Arbeit werden 17 Lexeme behandelt, die in den drei großen für die Untersuchung ausgewählten Textgruppen (königliche, private und literarische Inschriften) überliefert sind.[23] Diese sollen die Rolle des Feindes in (s)einem „historischen Spannungsfeld" und die komplexe Beziehung zwischen dem König, den Privatleuten und dem Feind erläutern. Wenngleich damit nicht alle Lexeme aus dem Wortfeld „Feind" behandelt werden, ist die untersuchte Anzahl groß genug, um das Wortfeld differenzierter erscheinen zu lassen.
Belege, die aus der griechisch-römischen Epoche stammen, bleiben in dieser Untersuchung außer Betracht.[24]

Es ist dabei zu analysieren, ob diese „Feindwörter" „lediglich" Synonyme sind oder sich in ihren Grund- und Nebenbedeutungen voneinander unterscheiden.
Auch die Textgruppen werden berücksichtigt: So begegnen „Feinde" u.a. in folgenden Kontexten:

– in königlichen Inschriften, z.B. in Tempeln, Gräbern, auf Stelen
– in privaten Inschriften, z.B. in Gräbern, auf Stelen, Statuen
– in literarischen Texten, z.B. in den Lebenslehren.

Einige Lexeme in medizinischen Texten werden gesondert behandelt (siehe in den Kapiteln „In speziellen Textgruppen und Zusammenhängen). Magisch-religiöse Texte wie die Pyramiden-, Sarg- und Totenbuchtexte werden in der vorliegenden Studie nicht aufgenommen. Zum einen besitzen sie im Hinblick auf das historische und politische Spannungsfeld „Feind" wenig Aussagekraft, zum anderen sind die der Pyramidentexte zu einem großen Teil bereits abgehandelt.[25]

Es ist zu untersuchen, ob die verschiedenen Lexeme für bestimmte Gattungen signifikant sind und einzelne Wörter sich einzelnen Epochen zuordnen lassen, mit dem Ziel, Wort- und Bedeutungsfelder zu konstatieren und voneinander abzugrenzen aufgrund folgender Kriterien:

– einer vollständigen Übersicht der verschiedenen Schreibungen
– der Etymologie
– der feststellbaren Bedeutung und des Bedeutungswandels im Verlauf der Zeit
– der Phraseologie bzw. des Kontextes, in dem der „Feind" vorkommt
– des allgemeinen Vorkommens bzw. der Beschränkung auf spezielle Textgattungen oder bestimmte Belegzeiträume
– der anscheinend synonymen Verwendung verschiedener Wörter für „Feind"
– des Vorkommens im Kontext mit bestimmten Verben oder anderen Termini für „Feind"

Es wurden Substantive bzw. substantivierte Partizipien und Adjektivbildungen berücksichtigt. Die auf ein beliebiges Fremdland oder mit dem Namen eines feindlichen Landes (wie z.B.

---

[23] Mit literarischen Texten meine ich im wesentlichen „Lebenslehren".
[24] Die Hauptmasse jener Belege stellen *ḫft.j* und *sbj* dar. Bei einer ersten Durchsicht des Textmaterials aus der griechisch-römischen Zeit, das hauptsächlich aus Tempelinschriften besteht, habe ich den Eindruck gewonnen, daß das Gesamtbild sich kaum von dem der älteren Quellen unterscheidet. Eine differenzierte Ausarbeitung würde allerdings den Rahmen der vorliegenden Untersuchung sprengen. Da der Umfang des Materials den der älteren Quellen bei weitem übersteigt, rechtfertigt dies eine eigene Studie.
[25] Meurer (2002).

ḫr.w „Gefallener“ bzw. *ẖsj* „Elender“ von Chatti) bezogenen Adjektive bzw. Epitheta werden hier nicht berücksichtigt. Die Belege, die aus einem korrupten oder unsicheren Kontext stammen, werden in der vorliegenden Untersuchung ebenfalls nicht behandelt.

Zur Transliteration sei angemerkt, daß dem Berliner System gefolgt wird, abgesehen davon, daß *q* (statt *ḳ*), *j* (statt *ỉ*) und *s* (statt *z* bzw. *ś*) verwendet werden.

Die einzelnen Lexeme werden in dieser Arbeit nach den oben genannten Punkten untersucht. Ich verfahre dabei folgendermaßen:
Die Schreibungen werden tabellarisch erfaßt und chronologisch angeordnet. Die erste Zeile vermittelt einen Überblick über die Wörterbuchbelegstelle, den Belegzeitraum, die **Anzahl** der Belege und deren **Verteilung** auf die einzelnen Textgruppen. In der ersten Spalte jeder Tabelle erscheinen die verschiedenen Schreibungen des Lexems. Identische Schreibungen werden einzeln aufgenommen, da deren Belegstellen unterschiedliche Aussagen bzw. Phrasen aufzeigen. Die folgenden Spalten geben die Datierungen der einzelnen Schreibung(en) und deren Beleghäufigkeit an. In der vorletzten Spalte werden andere Feindlexeme und Untaten des Feindes genannt. Zuletzt werden Aktionswörter gegen den Feind angegeben.

Im Anschluß an jede Tabelle stehen die Transliteration und die Übersetzung der einzelnen Lexeme in ihrem Kontext, gefolgt von einem Literaturhinweis zur jeweiligen Textbearbeitung. Ergänzende Quellenangaben zu den einzelnen Schreibungen jedes Lexems sind den entsprechenden Anmerkungen zu entnehmen. Ein Kommentar bzw. eine Diskussion schließt die Behandlung des jeweiligen Lexems ab.

In den letzten acht kurzen Kapiteln („In speziellen Textgruppen“ und „In späteren Sprachstufen“) werden einige Aspekte dieses Wortfeldes erläutert. Hierbei werden weitere zum Wortfeld gehörige Lexeme besprochen.

Am Schluß stehen zwei tabellarische Übersichten, die 50 Lexeme, die mit dem Feindbegriff im weitesten Sinne zu tun haben (von *ꜣꜣtjw* bis *ḏrḏr*) zusätzlich zusammenfassen.

II. LEXEME

1. Lexem: *jtn.w*

1.1. Belegstellen

Lexem *jtn.w*	Datierung	Ges.	Kgl.	Priv.	Lit.	Andere Lexeme / Untaten des Feindes	Aktion gegen den Feind
Wb I 145, 17.	**MR-2. Jh. n. Chr.**[26]	**008**	**003**	**000**	**005**		
1.  27	MR	001	000	000	001	----- *qsn pw*	-----
2.  28	MR	001	000	000	001	*šnṯ.y* *qsn pw*	-----
3.  29	MR	001	000	000	001	*šnṯ.j* -----	-----
4.  30	MR	001	000	000	001	----- *ḫpr ꜥnꜥy*	-----

1.
qsn pw ***jtn.w*** *m ḥrj*
ꜥnḫ.tw tr n sft.f

„Ein Übel ist es, gegen einen Vorgesetzten **aufsässig** zu sein,
(denn) man wird Zeit seiner (des Vorgesetzten) Güte leben“.[31] Junge (2003: 181)

2.
jr rḫ.f st jw.f r ***šnṯ.j***
qsn pw ***jtn.w*** *m s.t tkn.t*

„Wenn er (der Nachbar) es erfährt, dann wird er zum **Widersacher**;
ein Übel ist es, einen **Aufsässigen** in der Nähe zu haben“.[32] Brunner (1991: 126)

3.
šnṯ.j *pw šw ẖ.t.f*
ḫpr ***jtn.w*** *m sꜣhh.w*

„Ein (potentieller) **Widersacher**[33] ist einer mit leerem Magen.
Ein **Aufsässiger** wird der, der benachteiligt wird“.[34] Brunner (1991: 127)

---

[26] Dieses Lexem kommt in dem spätägyptischen Papyrus BM 10808 vor, vgl. Osing (1976a: 1).
[27] Žaba (1956: 51, 446) mit einer Parallele in der Handschrift L_1.
[28] Žaba (1956: 52, 456) mit einer Parallele in der Handschrift L_1.
[29] Žaba (1956: 54, 485).
[30] Žaba (1956: 55, 498). Die Textzeuge (L_1) Žaba (1956: 50, 427) weist an dieser *bṯn.w* auf.
[31] Burkard (1977: 79-80 (445/448)) und zuletzt Junge (2003: 181 und 250 (446)), der nach der Handschrift pPrisse übersetzt.
[32] Lichtheim (1973: 72) übersetzt: „The hostile man will have trouble in the neighborhood“. Burkard (1991: 213): „unselig ist Auseinandersetzung anstelle des Vertrauens (?)“.
[33] pPrisse weist einen *srḫ* „Ankläger“ auf.

4.
jr sp n js ḥr jyjt
rḏj ḫpr ʿnʿy pw jtn.w

„Eine Strafe ohne (vorhergehende) Übeltat
läßt einen **Klagenden** zum **Aufsässigen** werden".[35] Brunner (1991: 127)

Eine Parallele mit dem Lexem ***bṯn.w*** findet sich bei Žaba (1956: 50, 427).

[34] Zur Übersetzung vgl. Buchberger (1993: 334-335): „Einer mit leerem Magen ist ein (potentieller) Ankläger. Ein Unzufriedener (*ỉtn.w*) transformiert (sich leicht) in einen Aufrührer (*s:ꜣhh.w*)". Lichtheim (1973: 72 und 79, Anm. 57) übersetzt: „one deprived, becomes an opponent".

[35] Burkard (1991: 215 Nr. 498) übersetzt: „Strafe aber ohne (vorheriges) Verbrechen: sie läßt den Beklagten (?) zum Widersacher werden". Lichtheim (1973: 80, Anm. 60) übersetzt: „Punishment except for a crime turns the complainer into an enemy". Vgl. Junge (2003: 182 bzw. 256): „Wenn gegebenenfalls nicht bei Vergehen, heißt es zu bewirken, daß aus dem Widerwilligen ein Beschwerdeführer wird".

Lexem *jtn.w*	Datierung	Ges	Kgl	Priv	Lit.	Andere Lexeme / Untaten des Feindes	Aktion gegen den Feind
5.  36	MR[37]	001	000	000	001	-----	-----
6.  38	Neferh. I	001	001	000	000	*ḫrw.yw* -----	*sḥtp, sdḥ*
7.  39	Neferh. I	001	001	000	000	*nn ꜥnḫ rq.t.fj*	-----
8.  40	Hatschep.	001	001	000	000	*nn rqw*	-----

5.
jmj.tn ***jtn.w*** *ḥr jr(j).t*
(j)m(j) mdw n jꜥj jb.f

„Seid nicht **aufsässig** beim Handeln.
Unterbrich nicht einen, der sein Herz ausschüttet“.
Buchberger (1993: 352, Anm. 136 und 335, Anm. 34)

6.
sḥtp.n.k ⸢ḫr⸣w
sdḥ.n.k *ꜥ.w n* ***jtn.w*** *ẖr* [...]

„Du (der Gott) hast die **Feinde befriedet**
und den Arm der **Widersacher** niedergebeugt [...]“. Helck (1975: 27, 2)

7.
nn ꜥnḫ rqt.fj *wj*
nn *tpj* ***jtn.w.j ṯꜣw***
nn rn.f *mdj ꜥnḫ.w*

„**Nicht wird leben**, der gegen mich **rebellieren wird**.
Nicht wird mein **Widersacher Luft atmen**.
Nicht wird sein **Name** unter den Lebenden sein“.[41] Blumenthal (1970: 252 F 5. 7)

---

[36] Barns (1956: Taf. 8, 3). Das Determinativ weicht geringfügig vom Original ab.
[37] Für die Datierung siehe Gardiner (1955: 1 f.).
[38] Helck (1975: 27, 2).
[39] Helck (1975: 29, 1-2).
[40] Urk. IV 341, 14.
[41] Vgl. Pieper (1929: 39). Zu dieser und ähnlichen Drohungen bzw. Strafen vgl. auch Posener (1946: 55).

8.
nn ***rqw*** *.s m-m rsjw*
nn ***jtn*** *.w.s m-mḥtjw*
p.t ḫ3s.wt nb(.w)t qm3.n nṯr ***b3k*** *.sn n.s mj qd*

„Es **gibt nicht** ihre **Rebellen** unter den Bewohnern des Südens.
„Es **gibt nicht** ihre **Widersacher** unter den Bewohnern des Nordens.
Der Himmel und alle Fremdländer, die Gott erschuf, sind ihr allesamt **dienstbar**“.

1.2. Kommentar:

Dieses Lexem weist keine auffällige Schreibung auf, allerdings sind die Schreibungen aus der Lebenslehre Ptahhoteps einheitlich mit dem Zeichen (A24)  determiniert.
Der vierte Beleg weist statt *jtn.w* (P) ein anderes Lexem, nämlich *bṯn.w* (L_1) auf.[42] Der entscheidende Grund für die Textänderung war die große Ähnlichkeit im hieratischen Schriftbild zwischen *jtn.w* und *bṯn.w* in den beiden Textzeugen (P) und (L_1): „Denn die Schreibungen stimmen bis auf das erste Zeichen genau überein".[43] Die vier letzten Belege weisen unterschiedliche Schreibweisen bzw. Determinative auf.
Jtn.w leitet sich vom dreiradikaligen Verbum *jtn* „sich auflehnen, empören" ab.[44] Im Altkoptischen ist *jtn.w* als ⲁⲧⲛ „Widersacher, Feind" belegt.[45]

Im Kontext der Lebenslehren bezeichnet der Begriff *jtn.w* dort sowohl einen Aufsässigen, der sich gegen seinen Vorgesetzten auflehnt, als auch einen benachteiligten Beamten (mit leerem Magen). Hier wird der Beamte aufgefordert, seinen Vorgesetzten zu respektieren. An einer anderen Stelle wird er ermahnt, nichts aus dem Haus eines nahestehenden Menschen wegzunehmen. Daher hat der Begriff in diesen Fällen einen gesellschaftlichen Bezug.[46]

Nach den Thronwirren der frühen 13. Dynastie versuchte König Neferhotep I., die Ordnung wiederherzustellen.[47] Im sechsten Beleg geht es u.a. um die Restauration der Götterbilder durch Neferhotep I. Im Kontext des großen Hymnus auf den Gott Osiris ist *jtn.w* sicherlich als Feind der Götter zu verstehen.
Im siebten Beleg spricht der König:

„Nicht wird leben, der gegen mich rebelliert.
Nicht wird mein Widersacher Luft atmen".
In diesem Kontext sehe ich in *jtn.w* (potentielle) Feinde des Königs.
Interessant ist, daß die *rqj.w* und *jtn.w* sowohl im siebten Beleg aus der Zeit Neferhoteps I. als auch im achten Beleg aus der Zeit der Hatschepsut – unter Berücksichtigung des langen Zeitraums dazwischen – in Verbindung gebracht werden. Der zuletzt genannte Beleg weist einen Parallelismus membrorum auf:

„Es gibt nicht ihre Rebellen unter den Bewohnern des Südens.
Es gibt nicht ihre Widersacher unter den Bewohnern des Nordens.
Der Himmel und alle Fremdländer, die Gott erschuf, sind ihr allesamt dienstbar".[48]

---

[42] Vgl. Žaba (1956: 50, 427).
[43] Burkard (1977: 14) bemerkt „Bei der Verwendung von Synonyma können natürlich auch andere Faktoren eine Rolle spielen, etwa Gedächtnisfehler oder die größere Geläufigkeit des einen Begriffes zur Zeit der Abschrift".
[44] Osing (1976: 79 und 166).
[45] Es handelt sich um einen spätägyptischen Text, der mit griechischen Buchstaben und zusätzlich demotischen Zeichen geschrieben ist, vgl. Osing (1976a: 248). Siehe Kapitel „FEINDBEGRIFFE IM KOPTISCHEN".
[46] Buchberger (1993: 335, Anm. 34). Hier vergleicht er die Lage des benachteiligten Beamten oder Arbeiters mit der Situation der streikenden Deir-el-Medine-Arbeiter während der Ramessidenzeit. Auch Zibelius-Chen (1990: 339-360) ist der Auffassung, daß *jtn* ein Terminus sei, der auch zur Bezeichnung von widersetzlichen Handlungen gegen Vorgesetzte dient.
[47] Dies geschah dadurch, daß er in seinem zweiten Regierungsjahr z.B. das Götterbild des Osiris restaurieren ließ. Zu König Neferhotep I. siehe von Beckerath (1964: 55 f.) und Schneider (1994: 171-172).
[48] Assmann (1982: Sp. 907-908 f.) meint, daß dieses Stilmittel in Ägypten eine seltene Erscheinung darstellt. Weiter schreibt er: „Der Parallelismus membrorum im weiteren Sinne findet sich dagegen zwar durchgehend in

Diese Aussage ist allgemein formuliert und ohne konkreten historischen Bezug. Dennoch kann sie sich hier durchaus auf äußere Feinde beziehen, Da sich, nach neuerer Meinung, mit ziemlicher Sicherheit einige Feldzüge Hatschepsuts u.a. nach Nubien bzw. Syrien-Palästina nachweisen lassen.[49] Im Unterschied dazu spiegeln die Belege in der Lebenslehre Ptahhoteps allgemeine gesellschaftliche Situationen wider.

Betrachtet man den siebten Beleg, dann lassen sich bestimmte **Drohformeln** nicht leugnen: „Nicht wird leben, der gegen mich rebelliert. Nicht wird mein Widersacher Luft atmen". Es folgt: „Nicht wird sein Name unter den Lebenden sein". In der eben genannten Textstelle droht dem Widersacher die völlige Auslöschung seiner Existenz bzw. seines Namens. Hier steht der Feind in Zusammenhang mit Drohformeln. Parallele dazu bietet die folgende Textstelle aus dem Grab Siut IV (siehe lexem *ẖ3k-jb*, Beleg (1)):
„Was aber jeden Rebellen (*sbj*)und jeden Übelgesinnten (*ẖ3k-jb*) angeht, der Zerstörung anrichten wird trotz diesem, was er gehört hat, [dessen] Name soll nicht auf Erden existieren, der soll nicht bestattet werden im Bergland".[50]
Zusammenfassend läßt sich feststellen, daß dieser Begriff im Laufe der Zeit seine Bedeutung beibehalten hat und – im Unterschied zu den anderen Termini wie *ḫft.j*, *sbj* oder *ḫrw.y*– als „mildere" Bezeichnung für „Feind" oder Opponenten gebraucht wurde. Da *jtn.w* überwiegend in den Lebenslehren bezeugt ist, scheint dieser Begriff insbesondere gattungsspezifisch gebraucht worden zu sein, wie dies beispielsweise auch bei dem „Schweiger" (*gr.w*) und dem „Heißen" (*šm*) der Fall ist. Eine Verwendung außerhalb der Lebenslehren ist bei *jtn.w* dagegen eher begrenzt.[51]

ägyptischen Texten, ergibt sich mit Notwendigkeit aus der Konvergenz semantischer und syntaktischer Rekurrenz, die das Grundprinzip der ägyptischen Dichtung darstellt".
[49] Schneider (1994: 131) spricht von sechs Feldzügen.
[50] Für weitere Textstellen mit Drohformeln in bezug auf den Namen, siehe die LEXEME „*rqj.w*", Beleg (2); „*ḫft.jw*", Beleg (3) und „*sbj.w*", Beleg (2). Zu diesen und ähnlichen Drohungen bzw. Strafen vgl. auch Posener (1946: 55); Schenkel (1965: 50 f.); Edel (1984: 36 und 130-131).und LÄ I, 1145. Willems (1990: 27-54, bes. 36-37 bzw. 42, Anm. 76) führt verschiedene Beispiele an, die Frevler und deren Bestrafungen zum Inhalt haben.
[51] Vgl. den Kommentar zum LEXEM „*šnṯ.jw*", das auch in literarischen Texten vorkommt.

2. Lexem: ꜥb

2.1. Belegstellen

Lexem ꜥb	Datierung	Ges.	Kgl.	Priv.	Lit.	Andere Lexeme / Untaten des Feindes	Aktion gegen den Feind
Wb I 174, 13.	**NR-3. ZwZt**	**003**	**002**	**001**	**000**		
1. 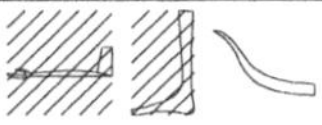 [52]	Amenhotep II	001	001	000	000	-----	*nn whj*
2.  [53]	Amenhotep II	001	001	000	000	-----	*nn whj*
3.  [54]	Dyn. 22/23	001	000	001	000	-----	-----
4.  [55]	Dyn. 22	001	000	000	000	-----	-----
5.  [56]	Dyn. 22	001	000	000	000	*šnṯ.jw*	*jmj r šnṯ.jw*

1.
***nn whj** jm m sḏry.t*
*mj **ꜥb** n Bꜣst.t ḥr mṯn n jr(r) [Jmnw]*

„Es **gibt niemanden** dort, der der Niederlage[57] **entkam**,
wie der **Unreine** der Bastet, auf die Art wie [Amun] es tut“.[58] (Urk. IV 1292, 13-16)

2.
Es handelt sich um eine Variante des vorigen Belegs
aus Elephantine (Urk. IV 1292, 16 W)

3.
ḫwj.k mr.k m rmṯ ḥm nṯr
sꜣ wꜥb ꜥꜣ m ꜥš jpt swt
wnn.f ẖr bꜣq r ꜥb ẖr s.t rꜥ n nfr ḥr

„Mögst du deinen Freund schützen unter den Menschen, den Propheten,
den Sohn großer wab-Priester in deinem Palast von Karnak,
damit er behütet sei vor dem „**Unreinen**“ unter der Obhut des *Nfr-ḥr*.
Jansen-Winkeln (1995a: 189)[59]

---

[52] Urk. IV 1292, 15 (A).
[53] Urk. IV 1292, 16 (W).
[54] Jansen-Winkeln (1995a: 189).
[55] pBerlin 3055 XVIII, 10. Für weitere Literatur s. Bellion (1987: 29).
[56] pBerlin 3053 XII, 4. Für weitere Literatur s. Bellion (1987: 29).
[57] Im Sinne von: auf dem Schlachtfeld liegenden Feinde/Gemetzel, Wb IV 393, 2.
[58] Bildlich gemeint im Sinne von „Art und Weise“. Es handelt sich um eine Eulogie des Königs Amenhotep II., vgl. dazu Beilage (2002: 675-676).
[59] Jansen-Winkeln übersetzt „ vor Unheil unter der Obhut des *Nfr-ḥr*“.

Die beiden Belege (4, 5) kommen im rituellen Kontext vor und erscheinen bei der Zählung nicht.

4.
js nn ḏ(j).k pr ꜥꜣ n ꜥb pwy
jmj ḥꜣt [...]

„Siehe, du wirst Pharao nicht jenem **Unreinen**
an der Spitze [...] **überantworten**“.[60]

5.
jm(j) ꜥb r šnt.y(w)⟨t⟩
ẖw(j) n.n jtj

„Übergib den **Unreinen** den **Streitsüchtigen**
und schütze für uns den Herrscher“.

[60] Assmann (1975: 268, 27) übersetzt *ꜥb* als Horn.

2.2. Kommentar:

Die Schreibungen weichen geringfügig voneinander ab. Bei dem ersten Beleg (Amada-Stele) aus der Zeit Amenhoteps II. fehlt das Feind-Determinativ, jedoch weist die Elephantine-Version dieses auf.

Osing konstatiert, daß  *ꜥb(y)* „Feind“ sich etymologisch nur mit *ꜥbw* „Unreines“ und nicht mit den Stämmen *jꜥb*/*ꜥbj* „zusammenfügen, sammeln“ oder *ꜥb* „prahlen“ verbinden läßt. Eine Nisbebildung zu ꜥēbˇw „Unreines“ schließt er wegen der Grundform ꜥābˇ(y) aus.
Dabei denkt er an eine gerundivische Grundbedeutung „der zu reinigende = Unreine“ als passivisches Substantiv von der transitiven Bedeutung „reinigen“. Er führt weiter aus: „als passivisches Substantiv kann *ꜥb(y)* ‚Feind o.ä.' nur von *ꜥb* „reinigen“ (bisher erst seit D.19 belegt; ‚rein sein, werden' schon in der D. 18) und nicht vom alten *wꜥb* abgeleitet sein, weil es bei Ableitung von *wꜥb* in einen Bildungstyp sˇḏāmˇj/w einzuordnen wäre, ein solcher Bildungstyp aber für Nomina passivischer Grundbedeutung nicht belegt ist“.[61]

Im ersten Beleg rühmt sich der König seiner tapferen Taten gegen alle Fremdvölker und jedes Land, die seinem Gemetzel zum Opfer fielen. Hier werden die Feinde mit dem ***ꜥb.y*** der Göttin Bastet gleichgesetzt. Vorher wurden die Feinde durch die Uräusschlange des Königs vernichtet:

nn ḏr.w jr(j).n.f r ḫꜣs.t nb.t sḥwj r tꜣ nb dmḏ
ḫr(.w) ḥr ꜥ.w n nsr.t.f mj rꜣ ꜥ.wn(.j) wnmy.t

„Es gibt kein Ende dessen, was er gegen jedes Fremdland zusammen getan hat, gegen jedes Land insgesamt,
die durch seine Flammende augenblicklich gefallen waren wie der Fraß des Feuers“.[62]

Im folgenden Beispiel wird König Amenhotep II. mit der Göttin Bastet gleichgesetzt:

ḥr.f sḫm mj Bꜣst.t
mj Stẖ m ꜣt.f n.t nšnj

„Sein (des Königs) Antlitz war grimmig wie das der Bastet,[63]
wie das des Seth im Augenblick seines Zorns“.[64] (Urk. IV 1301, 17)
Im dritten Beleg faßt Jansen-Winkeln *ꜥb* als Abstraktum auf und übersetzt es mit „Unheil“. Ich gehe hier von der Grundbedeutung des Wortes „unrein“ aus.[65]

---

[61] Osing (1976: 749-750, Anm. 912).
[62] Zur Übersetzung vgl. Beylage (2002: 273).
[63] Für Bastet als Vernichterin der Feinde spricht die Verwandlung des Gottes Re, der in der Gestalt eines Katers seinen Feind Apophis im Totenbuch vernichtet, siehe dazu LÄ III, 368, Anm. 20.
[64] An dieser Stelle würde man vielmehr die kriegerische Hypostase der Bastet, nämlich die Göttin Sachmet, erwarten, weil der König im Kampf gegen seine Feinde häufiger mit Sachmet gleichgesetzt wird, siehe dazu LÄ V, 325, Anm. 44).
[65] Jansen-Winkeln (1995a: 189 f.).

Es handelt sich hier um einen Begriff, der vielmehr der religiösen Sphäre zuzuordnen ist. In den Grabinschriften aus dem Alten Reich (siehe Blumenthal) werden die Besucher ermahnt, den reinlichen Zustand zu bewahren, damit die heilige Sphäre des Grabes erhalten bleibt.

Blumenthal hat etliche Belegstellen von *ꜥb* aus dem Alten Reich zusammengestellt und dabei dessen euphemistischen Gebrauch an einigen Beispielen aufzeigen können, so daß ich auf eine Wiederholung verzichte.[66]

Daß die beiden zuletzt genannten Belege aus dem Amun- bzw. Mut-Ritual stammen, ist ein weiterer Hinweis darauf, daß dieser Begriff überwiegend im religiösen Kontext vorkommt. Daher werden diese Textstellen bei der Aufzählung der Belege nicht berücksichtigt.

[66] Blumenthal (1991: 47-56, bes. 56). Es handelt sich um folgende Belege: Urk. I 49, 1-2 f., 8 f.; Urk. I 50, 16 f.; Urk. I 90, 2-3 f.; Urk. I 122, 14 f.; Urk. I 142, 15-16 f.; Urk. I 173, 10 f.; Urk. I 202, 3 f.; Urk. I 218, 10-11 f.

3. Lexem: *bšṯ.w*

3.1. Belegstellen

Lexem *bšṯ.w*	Datierung	Ges.	Kgl.	Priv.	Lit.	Andere Lexeme / Untaten des Feindes	Aktion gegen den Feind
Wb I 479, 7.	**1. ZwZt- 3. ZwZt**	**091**	**084**	**006**	**001**		
1.  [67]	Dyn. 9/10	001	000	001	000	*m ḫn*	*dr*
2.  [68]	Sesost. I	001	000	001	000	-----	-----
3. 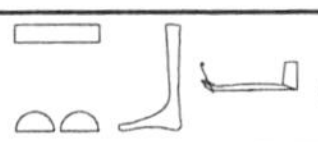 [69]	Thutm. I	001	001	000	000	-----	*ḏj ẖr ṯb.tj*
4.  [70]	Thutm. I	001	001	000	000	-----	*dn*
5.  [71]	Thutm. III	001	001	000	000	-----	*sm3*
6.  [72]	Amenh. II	001	001	000	000	-----	*mkj, ḥwtf, tjt*

1.
*... **dr.n (.j) bšṯ** m ḫn[...]*
m sḫr wp-w3w.t[...]

„... ich habe den **Aufrührer** in der Rebellion [...]?
durch das Planen[73] des *Wp-w3w.t*[...] **vertrieben**". (Siut III, 24-25)

2.
ḥrj ḥknw m wj3 nṯr
*ḥr bj3jt[74] nb stj.w ḥr mw **bšṯ***

„Oberster des Jubels auf dem Gottesschiff vor dem Gott
über alle Bodenschätze der Nubier auf dem „**aufrührerischen** Wasser". (Urk. VII 2, 4)

3.
*rḏ(j).⟨j⟩ n.k[75] ḫ3s.t nb.t **bšṯ.t ẖr ṯb.tj***

„Ich lege dir jedes **aufrührerisches** Land **unter deine Sohlen**". (LD III 18, 7)

---

[67] Brunner (1937: 46); Griffith (1889: Taf. 11, 25).
[68] Urk. VII 2,4; Edel (1962: 100).
[69] Metathese von *š* und *b*. LD. III 18, 7.
[70] Siehe vorige Anm., LD. III 18, 12.
[71] Urk. IV 1337, 12.
[72] Urk. IV 1290, 15A, mit einer Variante.
[73] Schenkel (1965: 80, Anm. k) übersetzt: „durch meine? Klugheit". Brunner (1937: 18, 25) dagegen: „Ich habe bezwungen den, der aufrührerisch war in der Rebellion".
[74] Zur Bedeutung von *bj3t* „Bodenschätze" siehe Graefe (1971: 96 Dok. 152): „Aus dem Kontext ergibt sich, daß mit dem *bj3(j)t* die Goldlieferungen der Nubier gemeint sind"; mit dem Hinweis auf Edel (1962: 100).
[75] Ich nehme zwischen *k* und *n* eine Metathese an.

4.
dn*(.*y*) *tp.w* *ḫ3s.wt* *bšṯ.w[76]

„Der die **Häuptlinge** der **aufrührerischen** Fremdländer **enthauptet**“. (LD III 18, 12)

5.
sḥw(j) nn ***bšṯ.w***
sm3.n[77] *ḥm.f ḫt*[78] *jn.t.sn*
ḥdb(.w) ḥr snf.sn

„Zusammenstellung dieser **aufrührerischen** Fremdländer,
die seine Majestät **tötete**,
so daß sie in ihrem Blut dalagen“. (Urk. IV 1337, 12)

6.
sbt.j ***mk(j)*** *km.t*
mn(y) ⟨jb⟩[79] *ḥr pg3 m 3.t ḥwtf*
tjtj ***bšṯ.w*** *ḥr.f*

„Eine Mauer, die Ägypten schützt.
Ausdauernder (ist er) auf dem Schlachtfeld im Augenblick des **Erbeutens**,
einer, der seine **Aufrührer niedertritt**“.[80] (Urk.IV 1290, 15)

---

[76] Hier ist eine Metathese der Hieroglyphen (D46) *d* und (N37) *š* anzunehmen, so daß die Lesung *bšṯ.w* als sicher gelten kann.
[77] Seit der 18. Dynastie nur mit dem Messer und dem schlagenden Arm geschrieben (Wb IV 122).
[78] Als Abkürzung für *jmj ḫt* (Wb III 344, 5).
[79] Nach der Elephantine-Stele.
[80] Es handelt sich um eine Eulogie. Zusammenfassend zur Eulogie als eine Spezifizierung der Individualität, Macht und Eigenschaften des Königs siehe Assmann (1977: 40 f.); Ders. (1983a: 145 f.). Beylage (2002: 675-676) hat sich zuletzt dahingehend geäußert, daß die Eulogie in enger Verbindung mit dem Namen steht und neben der Titulatur sogar als Element der vollständigen Namensnennung angesehen werden kann. Jedoch stellt sie keine appositionelle Erweiterung des Namens dar. Zum König als Kriegsherrn in der Eulogie der frühen Ramessidenzeit vgl. Maderna-Sieben (1997: 49-79).

Lexem *bšṯ.w*	Datierung	Ges.	Kgl.	Priv.	Lit.	Andere Lexeme / Untaten des Feindes	Aktion gegen den Feind
7. 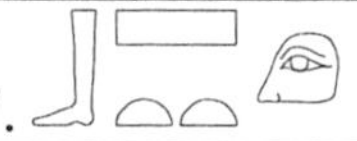 [81]	Amenh. II	001	001	000	000	*rs.wt* *b3k n.f*	-----
8. 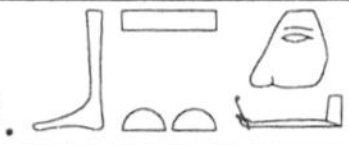 [82]	Amenh. II	001	001	000	000	*b3k n.f*	-----
9. 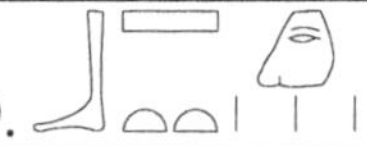 [83]	Thutm. II	001	001	000	000	*sbj.w* *ḥwtf*	*ḫsf*
10.  [84]	Thutm. II	001	001	000	000	-----	*sḫr*
11.  [85]	Thutm. III	001	001	000	000	*nn ḫpr*	-----
12.  [86]	Thutm. III	001	001	000	000	-----	-----
13.  [87]	Thutm. III	001	001	000	000	*m ẖnw*	-----
14.  [88]	Thutm. III	001	001	000	000	[*D3*]*hj*	*sksk*

7.
jr(j).f ***rs.wt*** *m* ***ḫft.jw.f*** *psḏ.t pḏ.wt r mj.tt*
b3k.n ***n.f*** ***t3.w nb.w***
ḫ3s.wt nb(.wt) bšṯ.w

„Der die **Rebellen** und die Neunbogen als seine **Gegner** behandelt.
Ihm **zollten** alle Länder **Abgaben**,
alle **aufrührerischen** Fremdländer“.[89] (Urk. IV 1291, 11 A)

8.
b3k.n n.f t3.w nb.w
ḫ3s.wt nb(.wt) bšṯ.w

„Ihm **zollten** alle Länder **Abgaben**,
alle **aufrührerischen** Fremdländer“. (Urk. IV 1291, 12 W)
(Eine Parallele zum vorigen Beleg)

---

[81] Urk. IV 1291, 11A.
[82] Urk. IV 1291, 12.
[83] Urk. IV 139, 1.
[84] Urk. IV 140, 5.
[85] Urk. IV 614, 6.
[86] Urk. IV 648, 7.
[87] Urk. IV 660, 7.
[88] Urk. IV 685, 5.
[89] Siehe Anm. 80.

9.
sbj.wt w3(j.w) r ḥwtf rmṯ km.t
r ḫnp mnmn(.w)t ḥr s3 nn n mn.w
qd.n.jt.k m nḫt.w.f nsw bjtj (ʿ3 ḫpr k3 Rʿw) ʿnḫ ḏ.t
*r ḫsf ḫ3s.wt **bšṯ.w** jwn.tjw stj*[90] *n.jw Ḫntj ḥn nfr*

„Die **Rebellen** sind **fern davon**, Ägypter zu **berauben**
und die Herden wegzubringen hinter die Festungen,
die dein Vater in seiner Stärke errichtet hat, der König von Ober- und Unterägypten, er lebe ewig
um die **aufrührerischen** Fremdländer und die Troglodyten von *Ḫntj ḥn nfr*[91] **abzuwehren**".
Quack (1993: 68)

10.
ʿḥʿ.n ssbj.n ḥm.f mšʿ ʿš3
r t3 stj m sp.f tp.j nḫt
*r (s)**ḫr.t bšṯ.w** ḥr ḥm.f nb.w*
***sb(j).wt** ḥr nb.w t3.wj*

„Da sandte seine Majestät eine zahlreiche Armee aus
nach Nubien bei seinem ersten Siegeszug,
um alle **Aufrührer** gegen seine Majestät **niederzuwerfen**
und (ebenso) die gegen den Herrn der beiden Länder **rebelliert hatten**". (Urk. IV 140, 5)

11.
***nn ḫpr bšṯ.w**.k*
r šnn.t pt

„Nicht werden deine **Aufrührer entstehen**,[92]
bis zu dem, was der Himmel umkreist". (Urk. IV 614, 6)

12.
ḫpr n js m h3.w k⌜y.w⌝
jwʿ.t ntt jm dmj n Š3rḥ3n
st š3ʿ m yr3ḏ3 nfr.yt r mḥ.w t3
***w3(j) r bšṯ** ḥr ḥm.f*

„Es geschah in der Zeit ⌜Anderer⌝ (Könige),
daß die Streitmacht, die dort war, in der Stadt Scharuhen war.
Sie war von Iradja [93], bis zu den Enden der Erde,
indem sie **fern davon** war,[94] gegen seine Majestät **zu rebellieren**". (Urk. IV 648, 7)

---

[90] Für die Terminologie Nubiens siehe Török (1997: 1-5).
[91] Eigentlich zeichnet es das nördliche Nubien siehe (Wb III 306, 12). Goedicke (1965: 102-111) schreibt dazu: „According to the movements of the Egyptian holdings in the south to which its use is restricted, *Ḫnt-ḥn-nfr* cannot be specifically located in general, but its meaning varies according to the date of the context of its mentioning". Zum Gebrauch von *w3j r* siehe den Kommentar zu diesem Lexem, Anm. 254.
[92] Hier ist *bšṯ.w* nach *ḫpr* als Substantiv aufzufassen. Für weitere Übersetzungen siehe Assmann (1975: 485 f.) bzw. Lichtheim (1976: 35 f.), die *bšṯ.w* als Verb auffaßt und übersetzt: „In all that heaven circles none defy you".
[93] Gemäß dem Verlauf des Feldzuges liegt dieses Gebiet zwischen der ägyptischen Grenzfestung Sile und Gaza.

13.
mk rḏ(j)(.w) [ḫ3s.wt nb(.wt) m dmj pn
ḫft wḏ] Rʿw m hrw pn
r ntt wr.w n ḫ3s.wt nb.(w)t mḥ.tt ***bšṯ.w*** *m-ḫnw.f*

„Seht, gegeben wurden [alle Fremdländer in diese Stadt,
nach dem Befehl] des Re an diesem Tag.
Denn alle nördlichen, **aufrührerischen** Fremdländer sind in ihm (Megiddo)“.[95]
(Urk. IV 660, 7)

14.
jsṯ ⌜ḥm.f⌝ [ḥr Ḏ3]hj
ḥr ***sksk*** *ḫ3s.wt* ***bšṯ.w*** *ḥr.f*
m wḏy.t 5 n.(j)t nḫt

„Als ⌜seine Majestät⌝ [in Dja]hi war,
verwüstete er die **aufrührerischen** Fremdländer, die gegen ihn waren,
auf dem fünften siegreichen Feldzug“. (Urk. IV 685, 5)

---

[94] Zum Gebrauch von *w3j r* siehe Anm. 254. Dieses Beispiel zeigt deutlich den Grund für den Feldzug Thutmosis III., nämlich die Empörung der Rebellen gegen seine Majestät.

[95] Es folgt die Aufforderung des Königs: „Erobert tüchtig!“. Die Rede Thutmosis' III. ist an sein Heer gerichtet. Nach mehrmonatiger Belagerung der Stadt Megiddo wurde ein Vertrag zwischen Thutmosis III. und den Fürsten abgeschlossen, in dem sie sagten: „Gib uns deinen (des Königs) Lebensodem, unser Herr“. Darauf hin erlaubt er ihnen – auf Eseln statt auf den erbeuteten Streitwagen – abzuziehen (Urk. IV 1235 f.).

Lexem *bšṯ.w*	Datierung	Ges.	Kgl.	Priv.	Lit.	Andere Lexeme / Untaten des Feindes	Aktion gegen den Feind
15. 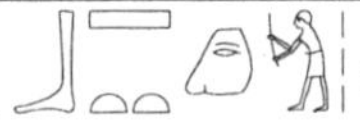 [96]	Thutm. III	001	001	000	000	-----	*jtj, ptpt*
16. 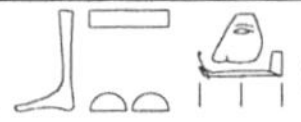 [97]	Thutm. III	001	001	000	000	*pḏ.t psḏ.t, Ḥꜣjw nb.w*	*dmꜣ*
17. 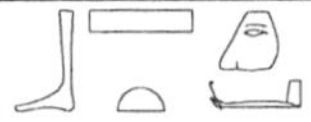 [98]	Thutm. III	001	001	000	000	*nn wḥm Rṯnw*	-----
18.  [99]	Amenh.III	001	001	000	000	-----	*thm*
19.  [100]	Amenh.III	001	001	000	000	*Kꜣš ḫsj, kꜣj.n.f*	----- -----
20.  [101]	Amenh.III	001	001	000	000	-----	*ḥwtf*
21. 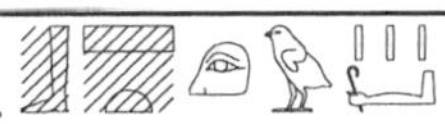 [102]	Amenh.III	001	001	000	000	-----	*sḫr*
22.  [103]	Haremh.	001	001	000	000	*ꜣtp.w ḥr psḏ*	-----

15.
nsw pw qn mj Mnṯw
jṯ(j).t n jṯ(j).tw m ꜥ.w.f
ptpt ḫꜣs.wt nb(.wt) bšṯ.wt

„Tapfer wie Month ist der König,
der **erobert**, ohne daß man (es) ihm (wieder) zurückerobern könnte;
der jedes **aufrührerische** Fremdland **niedertrampelt**".[104] (Urk. IV 1231, 4)

16.
dmꜣ⟨.n.f⟩[105] n.j pḏ.t psḏ.t
jw.w ḥr-jb.w wꜣḏ-wr
ḥꜣjw-nb.w ḫꜣs.wt bšṯ.wt

„⟨Er⟩ **fesselte** mir die **Neunbogen**
und die Mittelmeerinseln,
die Korbländer[106] und die **aufrührerischen** Fremdländer". (Urk. IV 1232, 19)

---

[96] Urk. IV 1231, 4.
[97] Urk. IV 1232, 19.
[98] Urk. IV 1235, 2. Nach dieser direkten Rede des hinter den Mauern Megiddos verschanzten Feindes folgt die Übergabe der Stadt.
[99] Urk. IV 1661, 4; Edwards (1939).
[100] Urk. IV 1666, 4.
[101] Urk. IV 1728,1.
[102] DZA Nr. 22934730.
[103] Urk. IV 2039, 10.
[104] Es handelt sich um eine Eulogie des Königs Thutmosis III. Shirun-Grumach (1982: 117 f.) behandelt die Stele aus Gebel Barkal unter Berücksichtigung der literarischen Formen, wie u.a. Parallelismus, zur Eulogie allgemein siehe Anm. 80.
[105] Vgl. Beylage (2002: 186, Anm. 580).
[106] Zu dieser Bezeichnung vgl. Edel (1956: 11-13). Zuletzt Favard-Meeks (1989: 39 f.).

17.
***nn whm** ḫ3s.tjw Rṯnw r **bšṯ** ky sp*

„**Nie wieder** werden die Bewohner Syriens ein anderes (weiteres) Mal **rebellieren**“.
(Urk. IV 1235, 2)

18.
wr b3.w.k[107] *r pḥ.ṯw*
*ḏ(j).k ḏd **bšṯ.w** r.k*
***thm** n.n ḫ.t rn.n*

„Groß ist deine Ba-Macht gegen den, der dich angreift.
Du ließest **Aufrührer** gegen dich sagen:
es **bedrängte** uns die Flamme unseres Namens“.

19.
jw(j).tw r ḏd n ḥm.f
*p3 **ḫr** n **K3š ẖs(j).t***
*k3y.n.f **bš.ṯ** m jb.f* [108]
sḫm[109] *ḥm.f r nḫt*
km.f sw
m wḏy.t.f tp.t n.t nḫt

„Man kam, um seiner Majestät zu melden,
daß der **Gefallene** des **elenden Kusch**
in seinem Herzen **Rebellion ersonnen** hat.
Die Macht seiner Majestät war auf den Sieg gerichtet[110],
und er (der König) vollendete ihn (den Sieg)
bei seinem siegreichen ersten Feldzug“. (Urk. IV 1666,4)

20.
***ḥwtf bšṯ.w** ḫr.j*

„**Geraubt** sind die **Aufrührer** gegen mich (den König)“.[111] (Urk. IV 1728, 1)

Beim nächsten Beleg führt Atum den König zu Amun und spricht:
„Komme du, um dir deinen Vater Amun anzuschauen,
der dir die Kronen des Re zwischen deine Augenbrauen aufsetzt“.
Dann folgt:

---

[107] Ba-Macht ist eine Eigenschaft, die sowohl der König als auch der Gott besitzen können. Sie ist als Wirkungsmacht zu verstehen, die bei den Fremdvölkern einen bestimmten Unterwerfungsgestus, wie die Verbeugung auslöst. Die Ba-Macht wird mit der magischen *sḫm*-Macht gekoppelt, siehe dazu Schade-Busch (1992: 130-144).
[108] Vgl. eine ähnliche Passage: Urk. IV. 138, 14.
[109] Schade-Busch (1992: 129 f.) bemerkt, daß die *sḫm*-Macht den König zu diversen Handlungen befähigt: z.B. (Fremd)Länder zu erobern und Feinde zu besiegen. Sie beinhaltet demzufolge seine Überlegenheit über Feinde.
[110] Vgl. Beylage (2002: 153, Anm. 471).
[111] Vgl. Urk. IV (1984a: 230): „Weggerafft sind die, die sich bei mir empörten“. Zur Übersetzung vgl. Schade-Busch (1992: 346 Nr. 339).

21.
sḥḏ n.k w3.t ẖr ḥ3.t.k
sḫr n.k ⌜bšṯ.w⌝ r ḥm.k

„Der den Weg vor dir erleuchtet und
die ⌜**Aufrührer**⌝ gegen deine Majestät niederwirft“. (DZA Nr. 22934730)

22.
jw(j) ***n.k*** *[...]* ***bšṯ.w*** *3tp.w* ***ḥr psḏ****.sn [m]jn.w.sn*

„Die **Aufrührer** kommen zu dir, **beladen** auf ihren **Rücken** mit ihren Gaben“.
(Urk. IV 2039, 10)

Lexem *bšṯ.w*	Datierung	Ges.	Kgl.	Priv.	Lit.	Andere Lexeme / Untaten des Feindes	Aktion gegen den Feind
23.  [112]	Tutanch.	001	000	001	000	-----	-----
24.  [113]	Sethos I	001	001	000	000	*ḫ3s.t nb.t*	*ḥwj*
25. 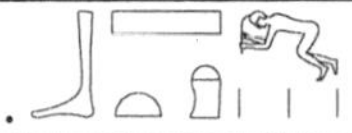 [114]	Sethos I	001	001	000	000	-----	-----
26. 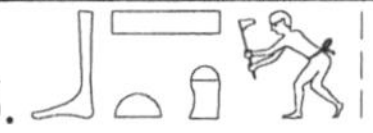 [115]	Sethos I	002	002	000	000	*šʿ.t r ḫ3s.wt bšṯ.wt*	-----
27. 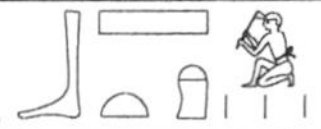 [116]	Sethos I	001	001	000	000	*ʿbʿb*	*qn, nḫm*
28.  [117]	Sethos I	001	001	000	000	*šnṯ.w, ḫ3s.wt ḫm(j).wt km.t*	*ḥwj*

23.
***nn wn bšṯ.w** m h3(w).k*[118]
*t3 nb **m ḥtp***

„Es wird **keine Aufrührer** in deiner Zeit **geben**.
Jedes Land ist im **Frieden**". (Urk. IV 2070, 9)[119]

24.
ḥwj** ḫpš.k **ḫ3s.t nb.t
bšṯ.w** r.k **n dm.t.k

„Dein **Sichelschwert schlägt** jedes **Fremdland**.
Die **Aufrührer** gegen dich sind deinem **Messer** anheimgefallen".
Mariette (1869, 78, 4.e Tableau D)

25.
***bšṯ.w** r.k **n dm.t.k** jw*
ḥm.k ḥr tp.w ḥq3.w ḫ3s.wt ḏ.t

„Die **Aufrührer** gegen dich sind deinem **Messer** anheimgefallen.
Deine Majestät steht über den Häuptlingen der Herrscher der Fremdländer ewiglich".
Mariette (1869, 82, 24.e Tableau C)

---

112 Urk. IV 2070, 9; Davies /Gardiner (1926: Taf. XIX).
113 Mariette (1869: 78, 4.e Tableau. 4D). Eine Metathese zwischen *w* und *t* ist anzunehmen.
114 Mariette (1869: 82, 24.e Tableau C).
115 Mariette (1869: 86, 47.e Tableau A).
116 KRI I 23, 9.
117 KRI I 26 ,11.
118 Nach Wb II 477-78 ist *h3w* sowohl zeitlich als auch räumlich aufzufassen.
119 Unmittelbar vor dieser Textstelle (Urk. IV 2070, 5) aus dem Grab des Vizekönigs *Ḥwj* bitten die syrischen Häuptlinge um Lebensodem, um leben zu können. Wiederholt findet man diesen Tenor bei den Häuptlingen der fernen Länder und denen von Kusch.

26.
[šʿ.t.k r] ḫ3s.wt ***bšṯ.wt***

„[Dein **Gemetzel** ist gegen] die **aufrührerischen** Fremdländer".

26a.
ḏ(j).j ***bšṯ****.w n* ***dm****.t.k*
t3.w nb.w n snḏ.wt.k ḏ.t

„Ich überließ die **Aufrührer** deinem **Messer**
und alle Länder deiner Furcht ewiglich".

27.
ḏ(j).j ***qn***[120]*.n* ***bšṯ****.w nb(.w)* ***ʿbʿb*** *nb n rʾ.sn*
nḥm*.n.f* ***ṯ3w*** *fnḏ(.w).sn*

„Er ließ alle **Aufrührer** mit dem **Prahlen** durch ihren Mund **aufhören**.
Er **raubte** ihren Nasen den **Lebensodem**".[121] (KRI I 23, 9)

28
*[****ḥw****(j).j n.k]* ***šnṯ.yw bšṯ****.w m sš.w m wsr ḫpš.k*[122]
ḏ(j).j jw(j).t(j) n.k ḫ3s.wt ***ḫm****(j).wt km.t*
ḫr jn.w.sn 3tp.w m ḥḏ nb(w) ḫsbd ...

„[Ich **schlage** für dich][123] die **Streitsüchtigen** und die **Aufrührer** im Sumpfland durch die Kraft deines Armes.
Ich lasse die Fremdländer, die Ägypten **nicht kennen**[124], zu dir kommen,
wobei sie mit ihren Tributen aus Silber, Gold, Lapislazuli ... **beladen sind**". (KRI I 26, 11)

---

[120] Wb V 49, 8.
[121] Zum König als Kriegsherr und oberster Heerführer in den Eulogien der frühen Ramessidenzeit, siehe Maderna-Sieben (1997: 49-79).
[122] Zu den Titeln und Epitheta, die die physische Kraft und politische Kompetenz des Königs zum Inhalt haben, vgl. Schade-Busch (1992: 118-132 bzw. 177, 043a).
[123] Kitchen (1993: 21) übersetzt: „[I smite for you].
[124] Zu dem Ausdruck „die Ägypten nicht kennen" siehe Moftah (1985: 150 f., bes. 159) und Anm. 263.

Lexem *bšṯ.w*	Datierung	Ges.	Kgl.	Priv.	Lit.	Andere Lexeme / Untaten des Feindes	Aktion gegen den Feind
29. 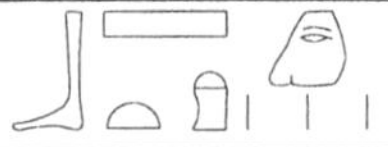 125	Sethos I	001	001	000	000	-----	*ptpt*
30. 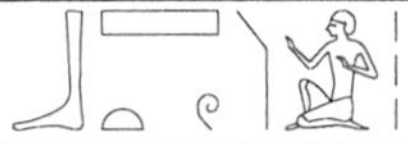 126	Sethos I	001	001	000	000	*ḫr.w š3sw*	-----
31.  127	Sethos I	001	001	000	000	*ḫ3s.wt bšṯ.wt*	*sḏ, mkj km.t*
32.  128	Sethos I	001	001	000	000	*ḫ3s.t bdš*	*qn*
33. 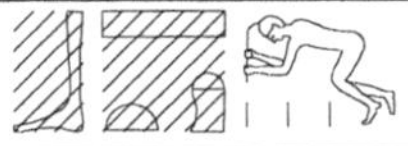 129	Sethos I	001	001	000	000	*ʿ3mw*	*skj, ptpt*
34. 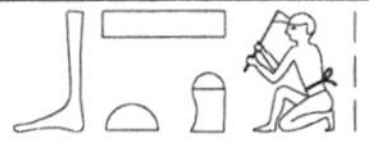 130	Sethos I	001	001	000	000	*ḫm(j).w km.t*	-----

29.
nsw nḫt Ḥr.w ḫʿj m W3s.t
*r ptpt ḫ3s.wt **bšṯ.w***

„Siegreicher König, Horus, der in Theben erschienen ist,
um die **aufrührerischen** Bergländer **niederzuschlagen**“.[131] (LD III 140 a)

30.
n3 ⸢ṯs.tj⸣[132] ***bšṯ.w***
jw n rḫ [...] sn ⸢m⸣ [...]
***ḫr.w** š3sw wn.w ḥr t⟨ḫ⟩nj [...]*

„(Was) das Gebirge der **Aufrührer** (anbelangt),
niemand konnte sie pas[sieren]
wegen der **Gefallenen** der Schasu, die [ihn?] angegriffen haben“.[133]

---

125 LD III 140a bzw. in der Publikation von Schott (1961) findet man den Text nicht, da die Fotos nur Teile des Textes zeigen.
126 KRI I 7, 1.
127 KRI I 7, 11.
128 KRI I 19, 1.
129 KRI I 19, 10.
130 KRI I 23, 5; Vgl. KRI II 147, 9 und KRI II 207, 13-14. Siehe auch Sander-Hansen (1933: 9, 17).
131 Der Text befindet sich im Tempel Sethos I. von Kanais im Wadi Mia auf dem Weg zu den Goldminen, an dem der König eine Raststation mit Brunnen anlegen ließ. Der Tempel ist Amun und der Neunheit gewidmet. Zur Bedeutung des Tempels und dessen Beziehung zum Tempel von Abydos siehe Schott (1961, 160-181).
132 Wb V 401, 5. Gauthier VI (1929: 82) gibt diese Bezeichnung als „Ort in Asien?“ an.
133 Nach Kitchen (1993: 6): „(As for) the hil[ls of the] **rebells**, – none could [get pas]t them, because of the **fallen** ones of Shasu who had attacked [him?]“.

31.
nsw nḫt ***mk(j)*** *km.t*
sḏ *wmt(.w)*[134] *m ḫ3s.wt* ***bšṯ.wt***

„Siegreicher König, der Ägypten **schützt**
und die Befestigungsmauern in den **aufrührerischen** Fremdländern **zerstört**“.[135]
(KRI I 7, 11)

32.
ḏ(j).f ***qn bšṯ.w***
bdš *ḫ3s.t nb.t ḫpr(.w) m* ***ḥtp***
ḥry.t ḥm.f ʿq.tj m jm.sn

„Er (der König) **bereitete** den **Aufrührern** ein **Ende**,
so daß jedes Fremdland **erschlaffte** und **friedlich** wurde.
Der Schrecken vor seiner Majestät ist in ihnen“. (KRI I 19, 1)

33.
jw(j).f ḥr ḫ3s.t ḫt3
ḥr ***skj*** *ḫ3s.wt* ***bšṯ.wt*** *ḥr* ***ptpt ʿ3m.w*** *...*

„Er (der König) ist aus dem Lande Chatti zurückgekommen,
wobei er die **aufrührerischen** Fremdländer **zerstörte** und die **Asiaten niederwarf** ...“.
(KRI I 19, 10)

34.
ms jn.w jn nṯr nfr
n jt.f Jmn.w m ḥq3.w ***bšṯ.w*** *n ḫ3s.wt*
ḫm(j).wt ***km.t***
jn.w.sn *ḥr* ***psḏ.sn*** *...*

„Herbeibringen der Tribute durch den guten Gott[136] (den König)
für seinen Vater Amun von den Häuptlingen der **aufrührerischen** Fremdländer,
die Ägypten **nicht kennen**.
Ihre **Abgaben** sind auf ihrem **Rücken** ...“. (KRI I 23, 5)

---

[134] Wb I 307, 5.

[135] Die energische Außenpolitik Sethos' I. in den ersten Jahren seiner Regierung diente der Sicherung der Handelswege am Horusweg durch das Niederschlagen der Bergländer und der Beduinen. In diesem Kontext muß dieser Beleg interpretiert werden. Seine Syrienfeldzüge führen später zur Konfrontation mit dem Hethiterreich. Zur Außenpolitik von Sethos I. vgl. Schneider (1994:270-272). Zum König als Kriegsherr vgl. Anm. 121.

[136] Vgl. Beylage (2002: 3, Anm. 5), der ***nṯr nfr*** nach Blumenthal mit „der präsente Gott“ übersetzt. Winter (1968: 36) schreibt: „Man muß sich im klaren darüber sein, daß das ***nfr*** weit umfassender als unser „gut“ ist“. Ich stimme ihm zu, aber ich werde die konventionelle Übersetzung „der gute Gott“ beibehalten. Andere Übersetzungen: „vollkommener Gott“ oder „perfekter Gott“.

Lexem *bšṯ.w*	Datierung	Ges.	Kgl.	Priv.	Lit.	Andere Lexeme / Untaten des Feindes	Aktion gegen den Feind
35. 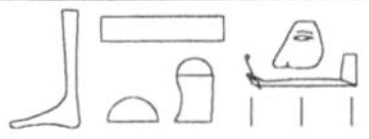 [137]	Ramses II	001	001	000	000	*tp.w bšṯ.w*	*ḥsq*
36. 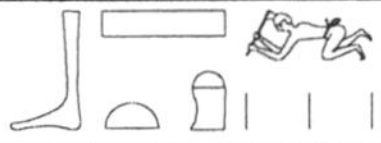 [138]	Ramses II	001	001	000	000	*ḫꜣs.wt bšṯ.wt* *ḥdb.w mj n ḫpr*	*smꜣ*
37. 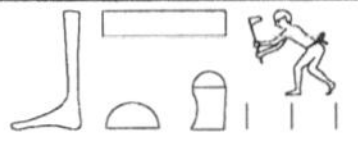 [139]	Ramses II	001	001	000	000	*tkn tꜣš*	*ptpt*
38. 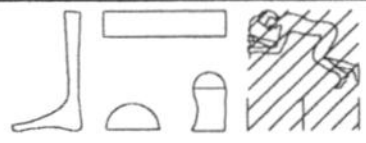 [140]	Ramses II	001	001	000	000	*tkn tꜣš*	*ptpt*
39. 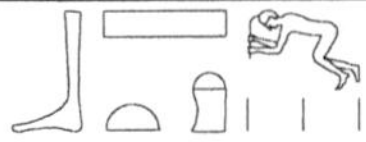 [141]	Ramses II	001	001	000	000	*ḫꜣs.wt bšṯ.wt*	*ptpt*
40. 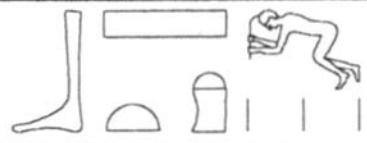 [142]	Ramses II	001	001	000	000	*ḫꜣs.wt bšṯ.wt*	*ḫsf, sḏ* *mkj km.t*
41.  [143]	Ramses II	001	001	000	000	-----	*dr*

35.
šsp n.k ḥqꜣ nḫḫ ḫpš m ḫfꜥ.k
r ḥsq tp.w bšṯ.w

„Nimm dir den Herrschaftsstab, die Geißel und das Sichelschwert,
um die **Häuptlinge** der **Aufrührer** zu **enthaupten**". Capart (1926, Taf. 57)

36.
smꜣ tꜣ.w ḫꜣs.wt ***bšṯ.wt***
ḥdb *(.w) ḥr snf.sn mj [ntj]* ***n ḫpr***

„Der die **aufrührerischen** Fremdländer **tötet**,
die in ihrem Blut daliegen wie einer, [der noch] **nicht existierte**".[144] (KRI II 153, 9)

[137] Capart (1926: Taf. 57).
[138] KRI II 153, 9.
[139] KRI II 154, 3.
[140] KRI II 158, 13.
[141] KRI II 162, 9.
[142] KRI II 166, 7.
[143] KRI II 204, 13.
[144] Kitchen (1999: 60 f.) schreibt dazu: „This monument is purely rhetorical stela, hymning the valour of the King, with no discernible additional historical allusion (...)".

37.
nṯr nfr jw(j) ḥb.n.f
ptpt.n.f ḫ3s.wt bšṯ.wt
wn ***w3j r tkn t3š.f***
sw mj mnṯw šsp.f pḏ.t.f
mj Ḥr.w ḫkr.w.f

„Der gute Gott, der heimkehrte,[145]
nachdem er die **aufrührerischen** Fremdländer **niedergeschlagen hatte**,
die seiner **Grenze nahegekommen waren**.[146]
Er ist wie Month beim Ergreifen seines Bogens
und wie Horus beim Anlegen seines Schmucks (seiner Waffen)“.[147] (KRI II 154, 3)

38.
... ***ptpt.n.f ḫ3s.wt bšṯ.wt***
[wn] ⸢ḥr?⸣ ***tkn*** *ḥr* ***t3š.w.f***

„... er (der König) **trat** die **aufrührerischen** Fremdländer **nieder**,
die sich seinen **Grenzen näherten**“.[148] (KRI II 158, 13)
39.
nsw nḫt ***ptpt*** *ḫ3s.wt* ***bšṯ.wt***

„Siegreicher König, der die **aufrührerischen** Fremdländer **niedertritt**“. (KRI II 162, 9)

40.
n ḫsf.f *m t3.w nb.w*
nsw nḫt ***mk(j)*** *km.t*
sḏ *⸢wmt.w⸣*[149] *m ḫ3s.wt* ***bšṯ.wt***

„Es gibt nicht sein **Abwehren** in allen Ländern.
Siegreicher König, der Ägypten **schützt**
und die ⸢Befestigungsmauern⸣ der **aufrührerischen** Fremdländer **zerstört**“.[150] (KRI II 166, 7)

41.
ntk s3 mry pr(y) m ḫntj
dr(y) *n.k* ***bšṯ(.w)***

„Du bist (m)ein geliebter Sohn, der als erster (aus mir) herausging.
Ich **vertrieb** dir die **Aufrührer**“. (KRI II 204, 13)

---

[145] Siehe Wb III 61, 12.
[146] Zur euphemistischen Bedeutung bzw. zum Sprachtabu vgl. Quack (1993: 59-79); Depuydt (1998: 39 f.) und zuletzt Schenkel (2005: 111 f.). Andere Auffassung vgl. Franke (1998: 51 f.). Allgemein zur Antiphrasis siehe Schorch (2000: 235 f.) und Havers (1946: 132 § 72).
[147] Der König wird mit dem Kriegsgott Month und mit Horus identifiziert. Die Bedeutung der Grenze und deren Verteidigung stellt eine der wichtigsten Aufgaben des Königs dar.
[148] Kitchen (1996: 34). Vgl. Belegstelle KRI II 154, 3.
[149] Wb I 307, 5.
[150] Eine häufige Phraseologie, in der der ägyptische König seine Aufgaben erfüllt. Einerseites schützt er Ägypten, andererseits entmachtet er die Aufrührer.

Lexem *bšṯ.w*	Datierung	Ges.	Kgl.	Priv.	Lit.	Andere Lexeme / Untaten des Feindes	Aktion gegen den Feind
42.  [151]	Ramses II	001	001	000	000	*r t3 mrj*	*ḥ3q*
43. 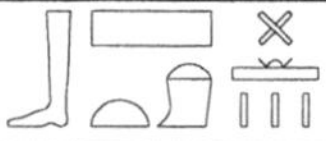 [152]	Ramses II	001	001	000	000	-----	*jnq*
44.  [153]	Ramses II	001	001	000	000	*ḫr rd.wj*	-----

42.
ḥ3q.ṯn bšṯ.w r t3-mrj

„**Erbeutet** die **Aufrührer** gegen Ägypten".[154] (KRI II 532, 7)

43.
ʿnḫ nṯr nfr wr šfj.t
m3j nḫt nb ḫpš
jnq t3.w bšṯ.w[155]

„Es lebe der gute Gott[156] (der König), groß an Ansehen,
siegreicher Löwe, Herr des Sichelschwertes,
der die **aufrührerischen** Länder **umfaßt**". (KRI II 768, 14)

44.
ḫ3s.wt bšṯ.wt ḥm.k
r ḏr.w kkw sm3.w rmn.w nt p.t
(ḫ)r rd.wj nṯr nfr pn nb t3.wj mr(y) n rʿ.w

„Die **aufrührerischen** Fremdländer gegen deine Majestät
liegen bis an die Grenze der Dämmerung und die vier Stützen des Himmels
(unter) den **Füßen** dieses guten Gottes[157] (des Königs), des Geliebten des Re".
Mariette (1880 Taf. 2 a)

[151] KRI II 532, 7.
[152] KRI II 768, 14.
[153] Mariette (1880: Taf. 2A). Hier liegt eine Verwechslung zwischen den Hieroglyphen (U30) und (N34) vor.
[154] Ramses II. verheißt seinen Nachfolgern eine gute Lebenszeit wie die seine mit reichlicher Nilflut, Tapferkeit und Sieg über alle Fremdländer. Wenn sie viel erbeuten, dann sollen sie an seinen Tempel denken und sich ihm (dem Tempel) gegenüber großzügig zeigen.
[155] Vgl. KRI II 209, 9.
[156] Vgl. Anm. 136.
[157] Vgl. die vorige Anmerkung.

Lexem *bšṯ.w*	Datierung	Ges.	Kgl.	Priv.	Lit.	Andere Lexeme / Untaten des Feindes	Aktion gegen den Feind
45.  [158]	Ramses II	001	001	000	000	*qn bšṯ* *ḫpr m ḥtp*	*swsḫ tꜣš*
46. 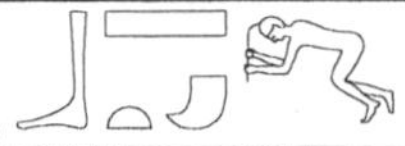 [159]	Ramses II	001	001	000	000	*ḫꜣs.wt bšṯ.wt*	*ptpt*
47.  [160]	Ramses II	001	001	000	000	*ḫꜣs.wt bšṯ.wt*	*ptpt*
48. 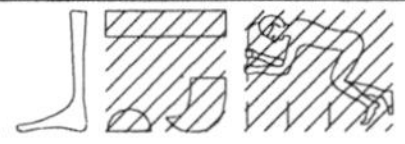 [161]	Ramses II	001	001	000	000	*ḫpr m ḥtp*	-----
49.  [162]	Ramses II	001	001	000	000	*tkn tꜣš*	*ptpt*
50.  [163]	Ramses II	001	001	000	000	*m ks.w*	-----
51.  [164]	Ramses II	001	001	000	000	*ḫꜣs.wt*	*wꜥf, dr*

45.
Ḥr.w[swsḫ] ⌜tꜣš.f⌝ r mrr.n.f
nn ḫsf.f
*d(j).f **qn bšṯ.w bdš***
*tꜣ nb **ḫpr.w m ḥtp.w***

„Horus, [der] seine **Grenze** [**erweitert**] nach seinem Belieben,
ohne daß man ihn (den König) abwehrt,[165]
wenn er die **Aufrührer aufhören** läßt, sich zu **empören**;
jedes Land hat sich in den **Friedenszustand transformiert**“.[166] (KRI II 148, 15)

46.
wnn nsw nb(.w) tꜣ.wj ⌜(wsr mꜣꜥ.t⌝ Rꜥw [stp n Rꜥw])⌝
*⌜ḥr⌝ **pt⌜pt⌝** ḫꜣs.wt **bšṯ.wt***
*⌜**ḫpr**(.w)⌝ m **tm.t** wn(.w)*

„Der König, Herr der beiden Länder ⌜*Wsr mꜣꜥ.t*⌝ *Rꜥw* [*stp n Rꜥw*])⌝
trampelt die **aufrührerischen** Fremdländer **nieder**,
die sich in **nichts verwandeln**“.[167] (KRI II 153, 3)

---

158 KRI II 148, 15.
159 KRI II 153, 3.
160 KRI II 155, 14.
161 KRI II 158, 15.
162 KRI II 166, 14.
163 KRI II 169, 14. Die Hieroglyphe (N34) ist um 180° gedreht.
164 KRI II 599, 6.
165 Wörtlich: „nicht gibt es sein Abwehren“.
166 Zur Übersetzung vgl. Buchberger (1993: 568).
167 Vgl. hierzu das Verhalten Thutmosis III Urk. IV 1231, 4-13. Zur Bedeutung von *ḫpr* siehe auch Buchberger (1993: 572).

47.
nṯr nfr nb t3wj nsw bjtj ...
ptpt ḫ3s.wt bšṯ.wt

„Der gute Gott[168] (der König), Herr der beiden Länder ...,
der die **aufrührerischen** Fremdländer **niedertritt**". (KRI II 155, 14)

48.
ḥrj.t.f m jb.w.sn
ḫ3s.wt nb.wt [bšṯ.wt] ḫpr m ḥtp(.y)

„Der Schrecken vor ihm (dem König) ist in ihren (der Fremdländer) Herzen;
jedes [**aufrührerische**] Fremdland hat sich in den **Friedenszustand transformiert**".[169]
(KRI II 158, 15)

49.
[nṯr nfr jw(j) ḥb.n.f
ptpt.n.f ḫ3s.wt bšṯ.wt]
wn w3j r tkn t3š.f

„[Der gute Gott, der heimkehrte,[170]
nachdem er die **aufrührerischen** Fremdländer **niedergeschlagen hatte**],
die seiner Grenze **nahegekommen waren**".[171] (KRI II 166, 14)

50.
t3.w nb.w ḫ3s.wt bšṯ.wt Fnḫw
ḫm(j).wt km.t [172] ⌜*wr.w*⌝ *jw.w ḥrj-jb w3ḏ-wr*
ḫ3s.wt nb.w št3.w [173]
jy(j) m ks.w n b3.w [174] ***ḥm.f***
r rd.wj nṯr nfr pn ḏ.t sp sn.w

„Alle Länder, die **aufrührerischen** Fremdländer, die ***Fnḫw***,
die Ägypten **nicht kennen**, die Mittelmeerinseln,
alle schwer zugänglichen Fremdländer,
die wegen der Ba-Macht seiner Majestät in **Verneigung kommen**,
sind **zu Füßen** dieses guten Gottes (des Königs)". (KRI II 169, 14)

---

[168] Vgl. Anm. 136.
[169] Zur Übersetzung bzw. Transformation von realweltlichen Objekten vgl. Buchberger (1993: 568 f.).
[170] Siehe Wb III 61, 12.
[171] Zur Ergänzung siehe Kitchen (1996: 40). Vgl. Belegstelle KRI II 154, 3.
[172] Vgl. den Kommentar zu diesem Lexem und Moftah (1985: 150-159).
[173] Wb IV 551, 16-20. Für weitere Parallelen vgl. die LEXEME „*ḫft.jw*", Beleg (84) und „*ḫrw.yw*", (32). Diese Bezeichnung *št3* kommt häufiger in der Ramessidenteit vor, vgl. die folgenden Textstellen: *t3.w št3.w* Urk. IV 780, 12; KRI II 155, 14; KRI II 168, 11; KRI II 169, 15; KRI II 207, 13; KRI VI 284, 15 und *w3.t št3* KRI I 18, 9.
[174] Vgl. Anm. 107.

51.
bjk nbw
wꜥf(w) ḫꜣs.wt ***dr bšṯ.w***

„Falke des Goldes[175]:
Der die Fremdländer **bändigt** und die **Aufrührer vertreibt**“. (KRI II 599, 6)

[175] Zum Gold-Namen siehe von Beckerath (1999: 17, Anm. 3) mit Hinweis auf Urk. IV 161, 2. Er bezeichnet diesen Titel als „Falke des Goldes“, da der Horusfalke in älterer Zeit kein fester Bestandteil des Namens und seine Deutung als Horus fraglich ist, vgl. Ders. (1980: 541).

Lexem *bšṯ.w*	Datierung	Ges.	Kgl.	Priv.	Lit.	Andere Lexeme / Untaten der Feinde	Aktion gegen die Feinde
52. 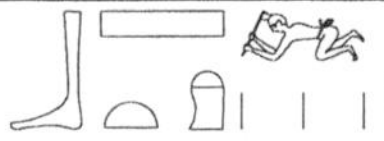 176	Ramses II	001	001	000	000	*ꜥ3mw*	*skj, ptpt*
53.  177	Ramses II	001	001	000	000	*ḫ3s.wt*	*ḫdb*
54.  178	Ramses II	001	001	000	000	-----	*ꜥḥ3, sḏ, ptpt*
55. 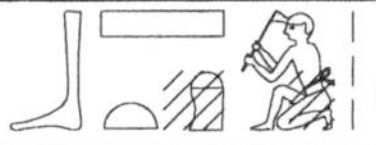 179	Ramses II	001	001	000	000	*ꜥbꜥ*	*qn*
56. 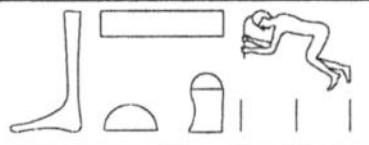 180	Ramses II	001	001	000	000	*ꜥ3mw*	*skj, ptpt*
57. 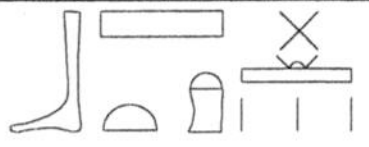 181	Ramses II	001	001	000	000	-----	*jnq*

52.
***ms** jn.w jn nṯr nfr n jt.f Rꜥw*
m-ḫt jw(j).f ḥr ḫt3
*ḥr **skj** sp 2 ḫ3s.wt **bšṯ.wt***
*ḥr **ptpt ꜥ3mw** m s.t.sn*

„**Herbeibringen** der Abgaben durch den guten Gott[182] für seinen Vater Re,
nachdem er zurückgekehrt war aus Chatti.
Er (der König) **vernichtete** die **aufrührerischen** Fremdländer
und **trampelte** die **Asiaten** an ihren Orten **nieder**". (KRI II 147, 9)

53.
*wr.w ḫ3s.wt **ḫdb.w** n rn.f*
bšṯ.t r.f** (j)n **dm.t.f
b3k.w.sn n.f twt mj wꜥ
r sj.tw rdj.t(.w) n.sn ṯ3w n ꜥnḫ

„Die Großen der Fremdländer sind **niedergeworfen** vor seinen Namen,
und die **Aufrührer gegen ihn** fielen seinem **Schwert anheim**
Ihre Arbeiten sind wie eine für ihn,
damit ihnen der Lebensodem gegeben wird". (KRI II 186, 10)

---

176 KRI II 147, 9; siehe. KRI I 23, 5 und KRI II 207, 13-14.
177 KRI II 186, 10. Das Determinativ zeigt unterschiedliche Armhaltungen: einmal sind die Arme gefesselt vor dem Körper, ein anderes Mal gekreuzt am Körper und ein drittes Mal über dem Kopf, vgl. hierzu Borchardt (1913a: Blatt 5-7).
178 KRI II 206, 7. Der Gefesselte hat einen Bart und ist in (halb)knieder Haltung abgebildet.
179 KRI II 207, 8.
180 KRI II 207, 13-14; Vgl. KRI I 23, 5 und KRI II 147, 9.
181 KRI II 209, 9.
182 Vgl. Anm. 136.

54.
nb(.w) nḫt ꜥḥꜣ ḥfn.w
kꜣ nḫt m ꜥšꜣ.w
sḏ dmḏ ptpt bšṯ.w ḥr-tp ḏw.w ...

„Herr des Sieges, der die „Myriaden" **attackiert**.
Siegreicher Stier unter der (feindlichen) Menge,
der die zusammengescharten (Feinde) **zerschmettert** und die **Aufrührer** in den Bergen **niedertritt**". (KRI II 206, 7-8)

55.
ḏ(j).f qn.n bšṯ.w [ꜥbꜥ]
⌜jrj.n?⌝ {.n}[183] *rʾ.sn*

„Er ließ die **Aufrührer aufhören** mit der [**Prahlerei**],
die ihr Mund ⌜machte⌝". (KRI II 207, 8)

56.
ms jn.w jn nṯr nfr n jt.f Rꜥw
nb(.w) ns.wt tꜣ.wj m-ḫt jw(j).f ḥr ḫꜣs.t štꜣ.t[184]
ḥr skj sp 2 ḫꜣs.wt bšṯ.wt
ḥr ptpt ꜥꜣmw m s.t.sn

„Herbeibringen der Abgaben durch den guten Gott[185] (den König) für seinen Vater Re,
Herrn der Throne der beiden Länder, nachdem er zurückgekehrt war aus dem schwer zugänglichen Fremdland.
Er **vernichtete** zum zweiten Male die **aufrührerischen** Fremdländer
und **trat** die **Asiaten** an ihren Orten **nieder**". (KRI II 207, 13-14)

57.
nṯr nfr wr šf(j).t[186]
mꜣj nḫt nb(.w) ḫpš
jnq tꜣ.w bšṯ.wt[187]

„Der gute Gott (der König), groß an Ansehen,
siegreicher Löwe, Herr des Sichelschwertes,
der die **aufrührerischen** Länder **umfaßt**". (KRI II 209, 9)

---

[183] Ich streiche ein dittographisches *n*.

[184] Für die Lesung *štꜣ* siehe KRI II 207, Anm. 13a. Vgl. KRI II 155, 14; 169, 15. Man könnte *štꜣ* auch als „chaotisch" im Unterschied zu der geordneten Welt deuten, so daß der Herrschaftsanspruch des Königs auf der ganzen Erde garantiert wird.

[185] Vgl. Anm. 136.

[186] Hier liegt eine Metatheses (*štf* für *šfj.t*) vor.

[187] Vgl. KRI II 768, 14.

Lexem *bšṯ.w*	Datierung	Ges.	Kgl.	Priv.	Lit.	Andere Lexeme / Untaten des Feindes	Aktion gegen den Feind
58.  [188]	Ramses II	001	001	000	000	*ẖr ḥtp*	*nn wn*
59.  [189]	Ramses II	001	001	000	000	*ẖr ḥtp*	*nn wn*
60.  [190]	Ramses II	002	002	000	000	*sqr ꜥnḫ*	*jnj m*
61.  [191]	Ramses II	001	001	000	000	*ḫꜣs.wt* *ḫm(j).wt km.t*	-----
62.  [192]	Ramses II	001	000	001	000	*wḏ ẖr rd.wy*	-----
62a.  [193]	Ramses II	001	001	000	000	*ḫꜣs.wt*	*jrj m tm wnn*
62b.  [194]	Ramses II	001	001	000	000	*ḫꜣs.wt*	*jrj m tm wnn*

58.
ḫꜣs.t nb.t ẖr ḥtp.w
***nn wn bšṯ.w** (j)m(j)-ḫt.f*

„Jedes Fremdland ist **im Frieden**.
Es **gibt keine Aufrührer** hinter ihm“.[195] (KRI II 238, 5)

59.
*ḫꜣs.wt nb.(w)t **ẖr ḥtp**.w*
***nn wn bšṯ.w** (j)m(j)-ḫt.f*

„Alle Fremdländer sind im **Frieden**.
Es **gibt keine Aufrührer** hinter ihm“. (KRI II 238, 6)

60.
mjt.t Rꜥw psḏ.f ḥr šn.w n tꜣ
nsw bjtj (wsr mꜣꜥ.t Rꜥw stp n Rꜥw)
sꜣ Rꜥw (Rꜥw msj (sw) mrj Jmn.w)
***jn(j) bšṯ.w m sqr**[196] **(ꜥnḫ)** r tꜣ mrj*

---

[188] KRI II 238, 5 (I).
[189] KRI II 238, 6 (E).
[190] KRI II 317, 13 (C22) und eine Parallele dazu: KRI II 317, 14 (C 20).
[191] KRI II 320, 16 (C22).
[192] KRI III 204, 7.
[193] KRI II 291, 1.
[194] KRI II 294, 12.
[195] Nach Assmann (1977: 41, Anm. 27) enthält diese Stele eulogische Elemente. Vgl. auch Materna-Sieben (1997: 49 f.).
[196] Es steht *sgꜣb.w*, das als vereinzelte Schreibung für *sqr ꜥnḫ* in der 19. Dynastie vorkommt (Wb IV 320, 10).

„Wie Re, wenn er über dem Umkreis der Erde **erstrahlt**,
König von Ober- und Unterägypten, (Ramses II.),
Sohn des Re (Ramses II., Geliebter des Amun),
der die **Aufrührer** als **Kriegsgefangene** nach Ägypten **bringt**". [197] (KRI II 317, 13 C22)

61.
jw(j) n.j wr.w ḫ3s.wt ḫm(j).wt r km.t
wn bšṯ.w r t3 ḏr rk nṯr sn t3 (j)n k3.j

„Es kamen zu mir die Fürsten der Fremdländer, die Ägypten **nicht kennen**,
die **Aufrührer** gegen das Land seit der Zeit des Gottes, (um) meinem *K3* zu huldigen ...".
(KRI II 320, 16)

62.
nn wn bšṯ.w m h3(.w).k
t3 nb m ḥtp.y
wḏ** n.k jt.k Jmn.w t3 nb **ẖr rd.wj.k
ḏ(j).f n.k rsj mj mḥ.t.t
jmn.t.t j3b.t(j) jw.w ḥr w3ḏ-wr

„Es **gibt keine Aufrührer** in deiner Zeit (deiner Nähe).
Jedes Land ist im Frieden.
Dein Vater Amun hat dir jedes Land, das **unter** deinen **Füßen** ist, **zugewiesen**.
Er übergab dir den Süden wie den Norden,
den Osten, Westen und die Mittelmeerinseln". (KRI III 204, 7) [198]

62a.
*ʿ3 pḥ.tj **dr** pḏ.t psḏ.t*
*jrj **ḫ3s.t bšṯ.w m tm wnn***

„Groß an Macht, der die Neunbogen **vertreibt**.
Und die **aufrührerischen Fremdländer zunichte macht**". (KRI II 291, 1)

62b.
***sm3** wr.w.sn*
*jrj **ḫ3s.t bšṯ.w** m **tm wnn***

„Der ihre Großen (der Südlichen und Nördlichen) **tötet**.
Und die **aufrührerischen Fremdländer zunichte macht**". (KRI II 294, 12)

---

[197] Hier ist der König als Bezwinger der Feinde und Kriegsherr par excellence dargestellt. Zur Eulogie in der frühen Ramessidenzeit siehe Anm. 80.

[198] Eine interessante Parallele zu Urk. IV 2070, 9. Der König hat keine Feinde mehr, und jedes Land wurde befriedet oder ist im Frieden. Darüber hinaus verheißt Amun seinem Sohn, dem König, die universelle Herschaft (Süden, Norden, Osten und Westen).

Lexem *bšṯ.w*	Datierung	Ges.	Kgl.	Priv.	Lit.	Andere Lexeme / Untaten des Feindes	Aktion gegen den Feind
63. 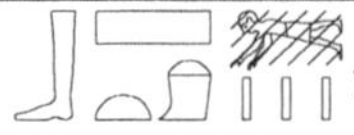 199	Ramses II	001	001	000	000	*tp.w bšṯ.w*	*ḥwj*
64. 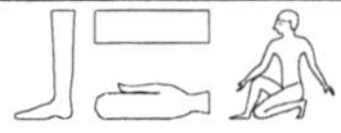 200	Ramses II	001	001	000	000	*ḫ3s.wt bšṯ.wt*	*ḏj hmhm.t*
65. 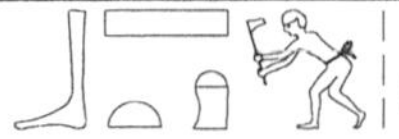 201	Ramses II	001	001	000	000	-----	*nsr.t r*
66.  202	Ramses II	001	001	000	000	*D3hj*	*ptpt*
67. 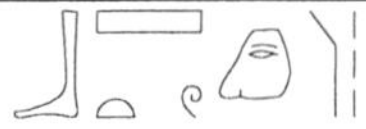 203	Merenpt.	001	001	000	000	*pḏ.t psḏ.t* *ḥwrᶜ t3š, thj*	-----
68. 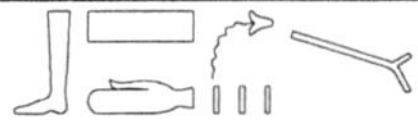 204	Dyn. 19	001	000	000	001	-----	*sfṯ*
69. 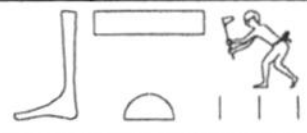 205	Merenpt.	001	001	000	000	*rqj.w·* *gnn*	-----

63.
ḥw(j).k tp.w ⸢bšṯ.w⸣ r.k

„Du **schlägst** die **Häuptlinge** der **Aufrührer** gegen dich". (KRI II 191, 12-13)

64.
ḏ(j).j hmhm.t.k m ḫ3s.wt bšṯ.wt

„Ich (der Gott) **gebe** dein **Kriegsgeschrei** in die **aufrührerischen** Fremdländer".
(KRI II 272, 3)

65.
ḏ(j) n.f qn.t n ḫpš.f
nsr.t[206]*[.ṯ r] bšṯ.w (r) ḥm.f ḥr wṯs.t ḏ.t*

„Gib ihm Stärke für seinen Arm.
[Deine] **Flamme** ist [gegen] die **Aufrührer** seiner Majestät auf dem Thron ewiglich".[207]
Bissing (1930: 149-154)

---

199 In KRI II 191, 12-13 ist das Zeichen (A15)  mit „(?)" versehen. Als Alternative würde sich das Zeichen (D40) , das häufig in der Zeit belegt ist, anbieten.
200 KRI II 272, 3.
201 Bissing (1930: 153).
202 pAnastasi I 17, 3, Gardiner (1911: 58, 2).
203 KRI IV 4, 8.
204 Dawson/Peet (1933: 169, Taf. 28, 3) datieren den Text (oEdinburgh 916) in die 19. Dynastie: „we may perhaps hazard a guess that the work was written by a court poet for one of the great conquerors of the nineteenth Dynasty, Seti I., Ramses II., or Merenptah".
205 pAnastasi II, Gardiner (1937: 13, 11).
206 Auch von Tefnut, die als feuerspeiende Stirnbinde die Feinde durch ihre Flammen vernichtet. Zu *Nsr.t* vgl. Sternberg (1985: 115).
207 Thot spricht zur Göttin Nut.

66.
tw.k sb(j).t m wpw.t r ḏ3hj
r ḥ3.t mšᶜ nḫt
r ptpt n.f w3(j).w ***bšṯ.w***
ḏd.tw nᶜrn

„Du wirst nach Djahi gesandt mit einem Auftrag
an der Spitze des siegreichen Heeres,
um ihm **jene Aufrührer niederzutrampeln,**
die man Naᶜaruna nennt“. Fischer-Elfert (1986: 149)

67.
pḏ.t psḏ.t ḥr ḥwrᶜ *t3š.w*
bšṯ.w ḥr thj *tw.s rᶜ-nb*

„Die **Neunbogen plündern** die **Grenzen**,
und die **Aufrührer überschreiten** sie jeden Tag“.[208] (KRI IV 4, 8)

68.
sf.ṯ *ḫpš.k ḏw.w* ***bšṯ.w***

„Dein Schwert **tötet** die **aufrührerischen** Berge“.[209] Dawson/Peet (1933: 169)

69.
nn rqj.w.f
wr.w t3.w ***bšṯ.wt gnn(w)***

„Es **gibt nicht** seine **Empörer**.
Die Fürsten der **aufrührerischen** Länder sind **ermattet**“.[210] Gardiner (1937: 13, 11)

---

[208] Aufgrund der großen Lücke davor ist es nicht einfach zu bestimmen, worauf sich *tw.s* bezieht. Es kann sich auf ein Fremdland oder Ägypten beziehen. Davies (1997: 154-55) übersetzt: „The Nine Bows are plundering its borders and the rebels are transgressing it every day“.

[209] Metonymisch gebraucht für die Bergbewohner. Dawson/Peet (1933: 172) lesen *bdš* und nehmen eine Metathese an. Jedoch ist diese Schreibung in ähnlicher Weise im Neuen Reich, allerdings im Zusammenhang mit *ḫ3s.wt*, häufig belegt. Der Vorteil dieser Lesung ist, daß man keine Metathese annehmen muß. Dawson/Peet übersetzen: „when thy right arm smites, the hills collapse“.

[210] In dieser Eulogie wird der kriegerische Charakter des siegreichen Königs Ramses II. hervorgehoben. Zum König als Kriegsherr in der Eulogie der frühen Ramessidenzeit vgl. Anm. 80

Lexem *bšṯ.w*	Datierung	Ges.	Kgl.	Priv.	Lit.	Andere Lexeme / Untaten des Feindes	Aktion gegen den Feind
70. 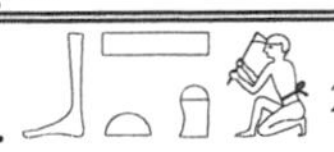 [211]	Rams. III	001	001	000	000	*ḫm(j).w km.t*	*sksk*
71. 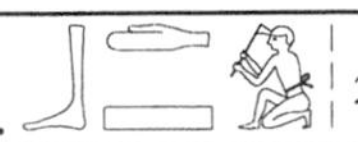 [212]	Rams. III	001	001	000	000	*ḫm(j).w km.t*	*ꜥḥꜣ ḥr pgꜣ*
72.  [213]	Rams. III	001	001	000	000	-----	*ẖtb*
73. 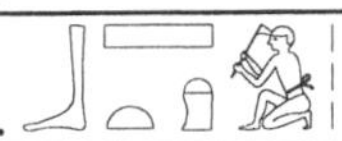 [214]	Rams. III	001	001	000	000	*ḫꜣs.wt bšṯ.wt*	*sksk*
74. 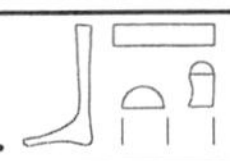 [215]	Rams. III	001	001	000	000	*tp.w ḫꜣs.wt bšṯ.w*	*ḥwj*
75. 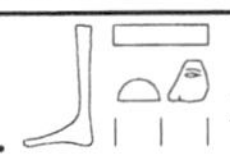 [216]	Rams. III	001	001	000	000	*tp.w ḫꜣs.wt bšṯ.w*	*ḥwj*

70.
sbj pḏ.t
r sksk bšṯ.w ḫm(j).w km.t

„Aussenden der Bogenschützen (Truppen),
um die **Aufrührer**, die Ägypten **nicht kennen**, zu **vernichten**". (KRI V 28, 11)

71.
ḏ(j) ḫtj sṯ.tjw
ꜥḥꜣ ḥr pgꜣ
bšṯ.w[217] *ḫm(j).w km.t ḏ.t ...*
sḏm.sn pḥ.tj.f jw(j) m jꜣw

„Der (der Schrecken vor dem König) die **Asiaten zurückweichen** läßt.
Der (der König) **standhält** auf dem **Kampfplatz**.
Die **Aufrührer**, die Ägypten **nicht kennen**[218] ewiglich;
wenn sie von seiner Macht hören, kommen (sie) preisend ...". (KRI V 38, 2).

72.
⌜*sbj*⌝ *tw jt.k Jmn.w*
(r) ẖ[t/d]b.f n.k bšṯ.w

„Dein Vater Amun ⌜sandte⌝ dich aus,
damit er dir die **Aufrührer abschlachtet**".[219] (KRI V 11, 7)

[211] KRI V 28, 11. N 37 ist teilweise erhalten.
[212] KRI V 38, 2.
[213] KRI V 11, 7.
[214] KRI V 30, 1.
[215] KRI V 103, 6.
[216] KRI V 10, 12.
[217] Hier ist eine Metathese zwischen *d* und *š* anzunehmen, um *bšṯ.w* zu lesen.
[218] Zum Ausdruck *ḫmj km.t* siehe Anm. 263.
[219] Vgl. Edgerton/Wilson (1936: 6, Anm. 11a).

73.
wd(j)[220] *ḥm.f m qn.t*
r ***sksk*** *ḫꜣs.wt* ***bšṯ.wt***

„Seine Majestät zog in Tapferkeit (siegreich),
um die **aufrührerischen** Fremdländer zu **verwüsten**“. (KRI V 30, 1)

74.
[šsp] n.k ḫpš sꜣ.j mr(y)
ḥw(j).k tp.w *ḫꜣs.wt* ***bšṯ.wt***

„[Nimm] dir das Schwert, mein geliebter Sohn,
(damit) du die **Häuptlinge** der **aufrührerischen** Fremdländer **schlägst**“. (KRI V 103, 6)

75.
[šsp] n.k ḫpš s.j mr(y)
ḥw(j).k tp.w *ḫꜣs.wt* ***bšṯ.wt***

„[Nimm] dir das Schwert, mein geliebter Sohn,
(damit) du die **Häuptlinge** der **aufrührerischen** Fremdländer **schlägst**“. (KRI V 10, 12)

[220] Es handelt sich hier (KRI V 29, 16) um ein Verb, das die feindlichen Handlungen des Königs gegen seine Feinde zum Ausdruck bringt (Wb I 386, 12-13 und 387, 13), wobei eine Verwechslung zwischen den Hieroglyphen (M13)  und (V25)  vorliegt.

Lexem *bšṯ.w*	Datierung	Ges.	Kgl.	Priv.	Lit.	Andere Lexeme / Untaten des Feindes	Aktion gegen den Feind
76. 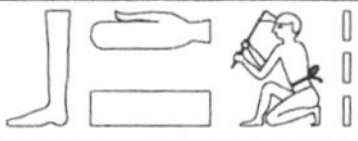 [221]	Rams. III	001	001	000	000	*ḫr n dm.t*	*dḫ*
77. 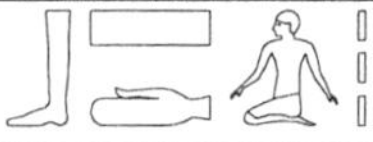 [222]	Rams. III	001	001	000	000	*ḫꜣs.wt bšṯ.wt*	*hmhm*
78. 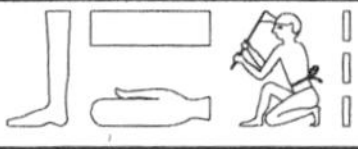 [223]	Rams. III	001	001	000	000	*ḫꜣs.wt bšṯ.wt ḫr(.w)*	*dḫ*
79. 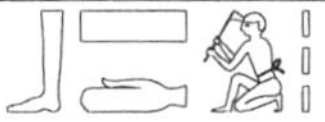 [224]	Rams. III	001	001	000	000	*ḫꜣs.wt bšṯ.wt*	*pḫd*
80. 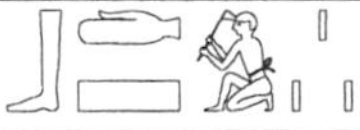 [225]	Rams. III	001	001	000	000	*ḫr ṯb.tj.k*	-----
81. 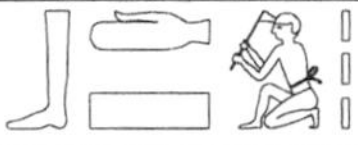 [226]	Rams. III	001	001	000	000	-----	*ḥwj*

76.
*ḏ(j).j n.k ḫꜣs.wt **bšṯ.wt***
ḫr**(.w) n **dm.t.k
***dḫ**(.w) m tꜣ.sn*

„Ich **gebe** dir die **aufrührerischen** Länder,
gefallen durch dein **Schwert**,
niedergeworfen in ihrem Land“. (KRI V 217, 6)

77.
*ḏ(j){w}.j **hmhm**.t.k m ḫꜣs.wt **bšṯ.wt***
***snḏ**.k ḥr ḏw.w js[227] (s)**dd** wr.w n sḫꜣ.k*

„Ich gebe dein **Kriegsgeschrei** in die **aufrührerischen** Fremdländer
und die **Furcht** vor dir bis in die Berge, so daß die Fürsten **zittern** bei deinem Andenken“.
(MH II 106, 32)

78.
ḏ(j)** n.k ḫꜣs.wt **bšṯ.wt
ḫ[r](.w) n dm(.t).k d[ḫ](.w) m tꜣ.sn

„Ich **gebe** dir die **aufrührerischen** Fremdländer,
gefallen vor deinem Schwert und unterworfen in ihrem Land“. (MH IV 231, 21-23)

---

221 KRI V 217, 6.
222 MH II Taf. 106, 32.
223 MH IV 231, 21-23.
224 MH VI 429, 5.
225 MH VI 437, 5. Rede des Gottes Ptah-Sokar-Osiris an den König Ramses III.
226 KRI V 304, 15.
227 Zwischen dem *s* des Partikels *js* und dem des Verbums *sdd* liegt eine Haplographie vor.

79.
pḫd.j n[.k ḫ3s.wt?] bšṯ.wt

„Ich **werfe** dir alle **aufrührerischen** Fremdländer **nieder**“. (MH VI 429, 5)

80.
ḏ(j)(.j) n.k bšṯ.w ẖr ṯb.tj.k

Der Gott Ptah-Sokar-Osiris richtet seine Rede an den König Ramses III.:
„Ich **gebe** dir die **Aufrührer** unter deine **Fußsohlen**“. (MH VI 437, 5)

81.
nsw bjtj ḥq3 pḏ.t psḏ.t
s3 Rᶜw ḥw(j) bšṯ.w
nb ḫᶜ.w (Rᶜw ms(j) sw ḥq3 jwnw)

„König von Ober- und Unterägypten, Herrscher der **Neunbogen**.
Sohn des Re: der die **Aufrührer schlägt**.[228]
Herr der Throne (Ramses III.)“. (KRI V 304, 15)

[228] Siehe weiter unten „Feinde in der Königstitulatur“.

Lexem *bšṯ.w*	Datierung	Ges.	Kgl.	Priv.	Lit.	Andere Lexeme / Untaten des Feindes	Aktion gegen den Feind
82.  [229]	Rams. III	001	001	000	000	*nn wn*	-----
83.  [230]	Rams. III	001	001	000	000	*ḫ3s.wt bšṯ.wt*	*sksk*
84. 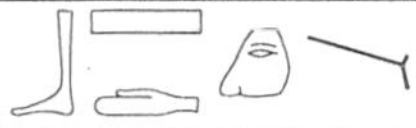 [231]	Rams. IV	001	001	000	000	-----	*ḥ3q*
85. 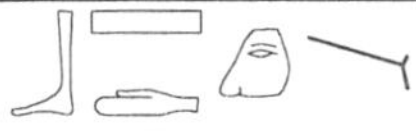 [232]	Sethnacht	001	001	000	000	*t3 wn bšṯ* *ẖ3k.w-jb*	*spd* *sm3*
86. 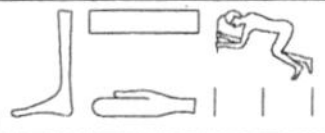 [233]	Dyn. 20	001	001	000	000	-----	*wꜥf*
87.  [234]	Schosch. I	001	001	000	000	*ꜥ3mw*	*mḏd* *3r, sm3*
88.  [235]	Takelot II	001	001	000	000	*msj.w bšṯ.w* *wdj ḥ3ꜥj*	-----
89. 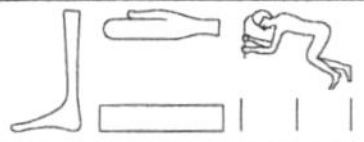 [236]	Dyn. 26	001	000	001	000	*ḫ3s.wt bšṯ.w*	*ḫsf*

82.
[***nn***] ***wn bšṯ.w*** *m t3.w w3y ḏr-ꜥ*
n ptr.w ḏr nsy.w

„Es **gab** [**keine**] **Aufrührer** in fernen Ländern,
(denn) sie sind nicht gesehen worden seit (der Zeit) der Könige.[237] (KRI V 68, 9)

83.
jr(j)y.f ***sksk*** [*ḫ3s.wt* ***bšṯ.wt*** / *mḥ.t.t* ?][238] ...
ḏ(j).n.tw jw(j).sn ḥr p3dw n.w[239] ? *ḥry.t* ...

„Er (der König) **verwüstete** [die **aufrührerischen** / nördlichen? Fremdländer].
Einer ließ sie kommen niedergestreckt[240] (aus) Furcht ...". (KRI V 91, 13)

[229] KRI V 68, 9.
[230] KRI V 91, 13.
[231] Grandet I (1994: Taf. 10, 7).
[232] Grandet I (1994: Taf. 75, 8). In den beiden Fällen des großen pHarris wird die Hieroglyphe Z6 erwartungsgemäß als Determinativ gebraucht.
[233] KRI VI 25, 5-6.
[234] RIK III Taf. 3/4, 23-24.
[235] RIK. III Taf. 21,7.
[236] Schäfer (1904: Taf.1, 2-3).
[237] Vgl. Peden (1994: 54-55) und Edgerton/Wilson (1936: 89). Nach Assmann (1977: 41, Anm. 29) enthält diese Inschrift eulogische Elemente.
[238] Die Textstelle, die den Machtanspruch des Königs Ramses III. über Fremdländer zum Thema hat, ist stark zerstört. Zur Ergänzung vgl. DZA Nr. 22933730, der „*ḫ3s.wt bšṯ.w*" ergänzt. Peden (1994:64) ergänzt „[*ḫ3s.wt* (?)] [*mḥ*]*tt*"; dort auch weitere Literaturhinweise.
[239] Vgl. KRI V 93, Anm. 13 c.
[240] Wörtlich: „auf den Knien", siehe Wb I 500, 10.

84.
mnmn.t (Wsr mꜣꜥ.t Rꜥ mrj J mn.w) (ꜥ.w.s.)
m pr Jmn.w ntj m (Wsr mꜣꜥ.t Rꜥw mrj Jmn.w) (ꜥ.w.s.)
***ḥꜣq bšṯ.w** m jtrw ꜥꜣ*

„Die Herde (Ramses' IV.) (LHG), die in der Domäne Amuns war,
welche heißt (Ramses IV.) (LHG):
(Der die **Aufrührer gefangen nimmt**) auf dem großen Fluß". Grandet I (1994: Taf. 10, 7)

Hier liegt eine geographische Bezeichnung eines unbekannten Ortes im Delta vor, an dem Ramses III. im Laufe seiner Regierung die Libyer besiegt hat. [241]

85.
*jw.f **spd** tꜣ ḏr.f wn*[242] ***bšṯ***
*jw.f **smꜣ.wt***[243] *nꜣ(w) **ẖꜣkw-jb** wn m tꜣ mrj*

„Er (der König) hat das ganze Land in **Ordnung gebracht**, das **aufrührerisch** gewesen war.
Er **besserte**[244] die **Übelgesinnten**, die in Ägypten waren".[245] Grandet I (1994: Taf. 75, 8)

86.
wꜥf**.n(.j) **bšṯ.w
sꜥqꜣ(j) ḥr mṯn.j

„Ich habe die **Aufrührer gebändigt**.
die ich mir auf meinem Weg gehorsam machte". (KRI VI 25, 5-6) [246]

---

[241] Vgl. „Besserungsanstalt" für „Gefängnis". Vielleicht wurden die Feinde in eine Besserungsanstalt bzw. Gefängnis eingewiesen! Grandet (1994 II: 52, Anm. 212 mit weiteren Literaturhinweisen) hält *bšṯ.w* in diesem Fall für eine Bezeichnung der besiegten Libyer und Meschwesch. Ähnlich gebildete geographische Bezeichnungen sind belegt, wie z.B. *wꜥf ḫꜣs.wt* „der die Fremdländer bändigt" oder *ḫsf jwntjw* „der die *jwntjw* abwehrt"; siehe Urk. IV 195, 15 und 196, 4. Bei den beiden Bezeichnungen handelt es sich um Abkürzungen für Namen der von Sesostris III. angelegten Festungen; siehe Gauthier I (1925: 186) und IV (1927: 187).

[242] Für den Gebrauch von ***wn*** siehe Winand (1992:427).

[243] Zur Transkription vgl. Grandet I (1994: 336): „Il a corrigé (litt.: remis a neuf)"; Ders. II (1994: 234, Anm. 909) entscheidet sich für *smꜣwj* „erneuern" und gegen *smꜣ* „töten". Grandet spricht von einer psychologischen Ordnung: „Compte tenu du contexte dans lequel ce verbe est employé, il faut sans doute lui attribuer une signification d'ordre psychologique, qui n'est pas attestée, à notre connaissance. Dans les dictionnaires, mais qu'il facile de déduir son sens premier: il s'agissait prob. ici d'exprimer le fait que Sethnakht, devenu roi, s'attacha à „rendre neuf" des gens qui avaient été ses opposants ou des récalcitrants, c'est-à-dire à les „corriger" moralement ou à les „convaincre", et sim". Erichsen (1933: 91); Wente (1959: 90) u.a. entscheiden sich an dieser Stelle für ***smꜣ*** „töten". Erichsen versieht die Schreibung mit sic. Für die Argumentation Grandets spricht, daß dasselbe Verb „töten" vier Zeilen vorher (75, 4) richtig mit dem Messerdeterminatv geschrieben worden ist (vgl. Erichsen 1933: 91, 8-9).

[244] Bemerkenswert bleibt bis jetzt, daß man ein positiv konnotiertes Verb für den „inneren" Feind verwendet. Ich nehme eine Verwechslung zwischen ***smꜣ.wt*** und ***smꜣꜥ*** „richtig machen" (Wb IV 124, 14) an, das gut zum Kontext passen würde und sehr gut mit ***spd*** korrespondiert. Zum positiven Handeln Ramses' IV. für den „bösen Feind", (KRI VI 22, 13) siehe den Kommentar zum LEXEM „***ḫrw.yw***", S. 167.

[245] Gemeint ist hier der König Sethnacht; siehe dazu Drenkhahn (1980: 73, 2.2.4) bzw. Grandet I (1994: 335-336). Zur Gleichsetzung von Jrsw/Arsw mit Siptah siehe Schneider (2003: 138 f.).

[246] Man könnte *sꜥqꜣ* als Reflexivum auffassen und wie folgt übersetzen: „die sich aufrichteten bzw. aufbäumten auf meinem Weg". Peden (1994: 171) übersetzt: „I have curbed the rebellious, dealing with them on my path".

87.
mḏd*.*j n.k bšṯ.w r.k
ꜣr n.k ***ꜥꜣmw*** *mšꜥ n(j)w* ***Mṯn***
smꜣ.j sn ẖr ṯb.tj.k

„Ich **schlage** die **Aufrührer** gegen dich.
Ich **verdränge** die **Asiaten** des Heeres **Mittanis**
und **schlachte** sie unter deinen Fußsohlen **ab**“. (RIK III 3/4, 23)

88.
msw ***btš.w***
wdj.sn ḥꜣꜥj.t m rsj mḥ.tj

„Die Kinder der **Rebellion;**
sie **zetteln** einen **Aufruhr** im Süden und Norden an“. (RIK III Taf. 21, 7)

89.
rḏ(j)⟨.t⟩.n s(w) ḥm.f r jꜣw.t ꜥꜣ.t wr.t jꜣw.t n sꜣ.f wr
jmj-rꜣ ꜥ(w) ḫꜣs.wt rs.j(.w)
r ***ḫsf*** *ḫꜣs.wt* ***bšṯ.wt***

„Den seine Majestät in ein sehr hohes Amt einsetzte, das Amt seines ältesten Sohnes,
(nämlich) das eines Vorstehers der ‚Dolmetscher' der südlichen Fremdländer,
um die **aufrührerischen** Fremdländer **abzuwehren**“. Schäfer (1904: Taf. 1, 2-3)

3.2. *bšṯ-jb*

Lexem *bšṯ-jb*	Datierung	Ges.	Kgl.	Priv.	Lit.	Andere Lexeme / Untaten des Feindes	Aktion gegen den Feind
90.  [247]	MR	001	000	001	000	-----	*bꜣ.w m qꜣb*
91. 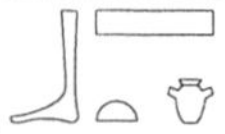 [248]	Ramses II	001	001	000	000	-----	-----

90.
rḏ(j) bꜣw*[249] *n nb tꜣ.wj
m qꜣb ḫꜣs.wt bšṯ-jb

„Der die **Ba-Macht** des Herrn der beiden Länder
in die Mitte der Fremdländer, die **rebellischen Herzens** sind, **setzt**".
Lange/Schäfer (1902: 101, 4)

91.
[...].k ḥr ḏ(.j) n.k ḫꜣs.wt bšṯ-jb
r.k n ⸢tꜣ⸣ nb

„Dein [...] **gibt** dir alle Fremdländer, die **rebellischen Herzens** sind,
die **gegen dich** in jedem Land sind". (KRI II 172, 12)

[247] Lange/Schäfer (1902: 101, 4).
[248] KRI II 172, 12.
[249] Vgl. Anm. 107.

3.3. Kommentar:

Die Schreibungen der 18. Dynastie zeigen keine Feinddeterminative, sondern  und . Diese Schreibung  mit dem Aleph (22, 23) kommt ebenfalls in der 18. Dynastie vereinzelt vor. Schreibungen mit  statt findet man häufiger in der 20. Dynastie (ab 76). Neben den ramessidischen Standardschreibungen  zeigt dieses Lexem zwei seltene Determinative (Belege 53, 54). Die Hände der abgebildeten Personen sind gefesselt, einmal vor dem Körper, ein anderes Mal gekreuzt am Körper und ein weiteres Mal über dem Kopf. Ob diese Variation auf drei unterschiedliche Feindgruppen hinweist (Nubier, Libyer, Asiaten), muß offen bleiben.[250] Bei einigen Beispielen wurde das *b* nachgestellt (Belege 12-14). Andere Schreibungen weisen eine Art Metathese zwischen *š* und *d/t* auf (vgl. 76, 80 und 89).

Dieses Lexem kommt als Verbum 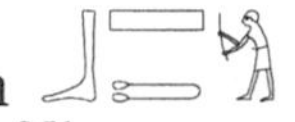 in der Bedeutung „aufrührerisch sein, sich empören" seit dem Alten Reich vor.[251] Viele Schreibungen aus der 18. und dem Anfang der 19. Dynastie weisen keine Feinddeterminative auf. Ebenfall ist das Kompositum *bšṯ-jb* ohne Feinddeterminativ geschrieben.
Der Terminus *bšṯ.w* bezeichnet – abgesehen von wenigen Belegen (1 und 88) – hauptsächlich aufrührerische Fremdländer, wie die meisten Belege aus dem Neuen Reich zeigen. Es wird im ersten Beleg von den Machtkämpfen, die unter *Jtj-jb.j* erneut zwischen Siut und Theben ausbrachen, berichtet, so daß hier sicherlich eine Bezeichnung der innenpolitischen Feindschaft vorliegt.[252]
Im zweiten Beleg geht es um „aufrührerisches" bzw. gefährliches Gewässer (Kataraktgebiet). Bei (69) handelt es sich sicherlich um aufrührerische Berg(bewohner). Es sind seltene Beispiele, in denen *bšṯ* weder ein Land noch eine Volksgruppe bezeichnet;
Im ersten Liebeslied der Chester Beatty Papyri kommt *bdš* mit einem Körperteil der Geliebten vor, nämlich dem Hintern. Krauss übersetzt *bšt pḥwt* mit „rebellischem, schwellendem" Hintern.[253]

Der neunte Beleg weist durch den Einschub von *wꜣj r* „fern von" vor negativen Ereignissen eine Sprachtabuisierung auf.[254]
Sowohl in den beiden Inschriften über die Libyerkriege Ramses' III. (im 5. und 11. Jahr) als auch in denen über den Feldzug gegen die Seevölker (im 8. Jahr) ist dieses Lexem häufig nachweisbar.

Im Beleg (84), des großen Papyrus Harris (10, 7) läßt sich *bšṯ.w* konkretisieren. Dort ist es als Name eines unbekannten Ortes im Delta bezeugt, an dem Ramses III. die Libyer geschlagen

[250] Die Schreibung sind bei Sethe (1913a: 80, bzw. Blatt 5-7) gut detailliert; El-Khadragy (2002: 65); Essche, van (1997: 214); LEXEM „*btk.w*", Schreibung (1) und „*sbj.w*", Schreibung (9).
[251] Urk. I 104, 7: „Seine Majestät sandte mich ein fünftes Mal, um [dieses Heer] zu leiten und um die *ḥr.jw šꜥ* zu bezwingen, jedesmal, wenn sie rebellierten". Vgl. im Arabischen baššāk „Lügner" und baši‘a „häßlich", Wehr (1985: 91) und Takács (2001: 324).
[252] Für die Lesung vgl. Schenkel (1965: 74 b). Für weiterführende Literatur vgl. Kahl (1999: 20).
[253] Krauss (1993: 73).
[254] Zum Sprachtabu siehe Anm. 745; Posener (1970: 30-35, Anm. 5); Quack (1993: 59-79); Depuydt (1998: 39 f.) und zuletzt Schenkel (2005:111). Andere Auffassung: Franke (1998: 51 f.).

hat.[255] Somit halte ich ***bšṯ.w*** in diesem Fall mit Grandet für eine Bezeichnung der besiegten Libyer und Meschwesch.
Auch wenn Libyer im Alten und Mittleren Reich noch keine Bedrohung für Ägypten darstellten, versetzten ihre Angriffe Ägypten im Neuen Reich in eine äußerst kritische Lage. Sie wurden sowohl von Merenptah als auch von Ramses III. abgewehrt. Dieser konnte die Libyer unter gewaltigen Verlusten zurückwerfen.[256]
Beleg (85) aus dem großen Papyrus Harris nennt ***bšṯ*** in Zusammenhang mit *ḫꜣk-jb.* und nimmt damit Bezug auf die kriegerischen Umstände der Machtergreifung des Sethnacht, dessen Stele aus Elephantine dasselbe Thema zum Inhalt hat. Hier sind sicher innere Feinde des Landes bzw. die Gegner des Sethnacht gemeint.[257]
Bei den ***msw (n) bdš.w*** „Kinder der Rebellion" (Beleg 88)[258] in der Osorkon-Chronik handelt es sich anscheinend um Rivalen des Prinzen Osorkon, die im Jahre 11 der Regierung seines Vaters Takelots II. „Aufruhr stifteten" (*wdj ḥꜣꜥj.t*). Dabei ging es um die Macht bzw. das Amt des Hohenpriesters in Theben. Nach Meinung von Jansen-Winkeln hatte Osorkon in diesem Jahr dieses Amt noch nicht inne, so daß diese thebanische Rebellion zweifellos eine Umschreibung für die Thronbesteigung Petubastis' sei.[259] Osorkon greift auf Wunsch von Harsaphis ein und stellt die alte Ordnung wieder her. Im Jahre 15 bricht ein Bürgerkrieg aus, der jahrelang andauern wird. ***Msw bdšṯ*** bezeichnet hier realpolitische Feinde, die aus dem Machtkampf hervorgegangen sind.[260]
Beim Beleg (89) trifft Schäfers Übersetzung: *jmj-rꜣ ꜥ(w) ḫꜣs.wt rs.j(wt)* als „Vorsteher des Tores der Südländer" nicht die richtige Nuance. Denn dieser Beamte verkehrte fast ausschließlich mit Ausländern und mußte daher Fremdsprachen beherrschen. Deshalb halte ich es für plausibel, „Vorsteher der ‚Dolmetscher' der südlichen Fremdländer" zu übersetzen.[261]

Die Hauptmasse der Belege bilden die königlichen Inschriften der Ramessidenzeit, wo der König die ***bšṯ.w*** *ḫꜣs.wt* vernichtet (*sksk*), schlägt (*ḥwj/tjtj*), niederwirft (*sḫr*). Aber auch in den wenigen Beispielen aus den privaten Inschriften findet man dasselbe Vokabular, wie bei

---

[255] Grandet (1994 II: 52, Anm. 212): „les *bšd.w* (anc. *bšṯ.w*, Wb I, 479, 7-10) auxquels le toponyme fait allusion sont évidemment les Libyens et Meshwesh vaincus par Ramsès III à deux reprises au cours de son règne".
[256] Siehe dazu Osing (1980a: 1015-1033, bes. 1021). Zu Libyern (Tjemhu) als Handelsleute bzw. Mittler zwischen den Ägyptern und anderen Völkern siehe O'Connor (1990: 99 f.). Zur ägyptischen Politik gegenüber den libyschen Gefangenen im späten NR siehe Kitchen (1990: 15-27, bes. 20 f.).
[257] Siehe LEXEM „***rqj.w***", Beleg (35). Zum Historischen vgl. Seidlmayer (1998: 384) und zuletzt Schneider (2003: 134 f.). Für weitere Denkmäler, die mehrere Feindbezeichnungen nebeneinander nennen, vgl. LEXEM „***rqj.w***", Belege (8, 23).
[258] Gemeint ist hier *bšṯ*. Für die Kinder der *Bdš.t* siehe Leitz (2002 II: 844) und in ptolemäischen Texten siehe Borghouts (1973: 129, Anm. 12).
[259] Jansen-Winkeln (1995: 141, Anm. 80 und 82). Vgl. auch Kitchen (1986: 330-333 § 292).
[260] Vgl. Wb I 488, 3-4; Caminos (1958: 90, Anm. c) schließt eine Verwechslung zwischen *bdš* und *bšṯ* nicht aus. Wilson (1997: 339-340) übersetzt den Ausdruck: „children of rebellious". Dazu zuletzt Meurer (2002: 222, Anm. 3-4), der die ***msw bdšt*** für eine Dämonin in Schlangengestalt hält, die mit ihrer Brut als Feinde des Sonnengottes jeden Tag von Re selbst bzw. seinen Gehilfen getötet werden müssen. Ferner werden sie mit der Rebellion des ersten Göttergeschlechtes gegen den Sonnengott in Verbindung gebracht. Zu den ***msw Bdšt*** und der Rolle der vier Horuskinder in dem Konflikt Re-Apophis vgl. Leitz (1994: 99-101). Siehe auch Leitz III (2002: 422-423) mit weiteren Belegstellen.
[261] Zum Titel vgl. Jones (2000: 73 Nr. 327; 75 Nr. 332). Gemeint ist hier das Amt des ältesten Königssohnes „Vizekönig von Kusch", das laut Schäfer nach dem Verlust Nubiens unterging. Als Ersatz dafür bekam der Beamte auf Elephantine den obengenannten *jmj-rꜣ ꜥ(w)*. Zum Dolmetscher, LÄ I, 1116).

den königlichen: dort (Beleg 89) werden die Aufrührer abgewehrt (*ḫsf*). Die *bšṯ.w* nähern sich (*tkn*) der ägyptischen Grenze (*tꜣš*) bzw. wollen diese plündern (*ḥwrꜥ*).[262]
In einigen Beispielen werden die Feinde bzw. Fremdländer mit Phrasen wie: „Die, **die Ägypten nicht kennen**" charakterisiert Belege (28, 34, 50, 61, 70, 71).[263] Ob die Feinde pejorativ als „Ignoranten" dargestellt werden sollten, läßt sich nicht sicher feststellen. Sie sind im allgemein negativ konnotiert und werden vom König vernichtet. Oder aber „die Ägypten nicht kennen" bedeutet „unägyptisch sein in bezug auf das Handeln und Denken der Ägypter".[264]
Wahrscheinlich handelt es sich hier um eine Art Schutzfunktion, d. h. die Feinde sollten Ägypten nicht kennen und in ihrer Unkenntnis verharren, so daß sie die ägyptische Weltordnung nicht gefährden konnten. Trifft letzteres zu, lassen sich einerseits Erzählungen wie die „List der Isis",[265] die durch Zauber den wahren Namen des Re in Erfahrung bringen wollte, und andererseits das Wissen um den Namen des Torhüters in der Unterwelt als gute Beispiele dafür anführen. Ähnliche Phrasen wie *ḫmj bꜣw.f* „die seine Macht nicht kennen" oder *ḫmj snḏ.f* „die seine Furcht nicht kennen" sind auch nachweisbar.[266]
Darüber hinaus wird das Ausland als *ḫꜣs.wt štꜣ.w* „schwer zugänglich oder unzugänglich" charakterisiert (50). *Bšṯ.w* wird mit *sqr ꜥnḫ* „gebunden zu Erschlagender" im Beleg (60) gleichgesetzt. Dort kommt das Verb (*jnj*) „(herbei)bringen" vor, welches als Terminus Technicus im Zusammenhang mit *sqr ꜥnḫ* verwendet wird.[267] Ebenfalls ist die Phrase „die Ägypten nicht kennen" auch bei *sqr ꜥnḫ* belegt.[268]
Dieser Ausdruck kann schwer einem bestimmten Ausland/Ausländer zugeschrieben werden, weil die Fremdländer (*ḫꜣs.wt*) nicht weiter spezifiziert werden (Belege 36-41). Das Kompositum *bšṯ-jb* bezeichnet ebenfalls – wie das Lexem *bšṯ.w* – Fremdländer. Zusammen mit den Neunbogen, den Mittelmeerinseln und den Korbländern werden die *bšṯ.w* von Thutmosis III. gebändigt. Im Beleg (17) heißt es: „Nie wieder werden die Bewohner Syriens ein weiteres Mal rebellieren".
Die *bšṯ.w* kommen mit folgenden Feindbegriffen, Fremdländern und Aktionswörtern vor:

<u>Lexem:</u>

rs.wt	(7)
rqj.w	(69)
ḫꜣk.w-jb	(85)
sbj.w	(9)
sqr ꜥnḫ	(60)
šnt.jw	(28)

---

[262] Vgl. KRI II 154, 3; KRI II 158, 13; KRI II 166, 14 und KRI IV 4, 8.
[263] Moftah (1985: 150 f., bes. 159) meint: „Unkenntnis ist belegt auch in Bezug auf die Macht oder Namen von Ägypten, König oder Gott, die der Feind verkennt oder nicht richtig einschätzt und die er gleichzeitig magisch nicht kennen soll, denn dies würde soviel bedeuten wie Macht haben über sie. Ihre Kenntnis oder Erwähnung seitens des Feindes wird erwünscht oder nicht erwünscht, je nachdem[sic] diese Kenntnis im negativen oder positiven Sinne gemeint ist, d.h. je nachdem[sic]der Feind sie aufrührerisch sich ihrer rühmt oder sie mit Ehrfurcht erwähnt".
[264] Vgl. auch *wr.w rtnw ḥrj.t ḫm(j) km.t ḏr rk nṯr* „Die Großen von Ober-retenu, die Ägypten seit der Zeit des Gottes nicht kennen", Urk. IV 2070, 5.
[265] Siehe unter Exkurs „DIE LIST DER ISIS".
[266] Blumenthal (1970: 239).
[267] Siehe den Kommentar zum LEXEM „*sqr ꜥnḫ*".
[268] Siehe LEXEM „*sqr ꜥnḫ*", Beleg (52).

<u>Fremdländbezeichnung</u>:

Ḫ3s.wt	(passim)
ꜥ3mw	(33, 52, 56, 87)
Pḏ.t pḏ.wt	(16, 67)
Ḏ3hj	(14, 66)
Rṯnw	(17)
Ḥ3jw nbw	(16)
Sṯ.tjw	(71)
K3š	(19)

<u>Aktion gegen den Feind</u>:

ptpt	(15, 29, 33, 37-39, 45, 46, 49, 52, 54, 56, 66)
ḥwj	(24, 28, 63, 74, 75, 81)
sksk	(14, 70, 73, 83)
ḫsf	(9, 40, 89)
sm3	(5, 36, 76)
skj	(33, 52, 56)
sḏ	(31, 40, 54)
dr	(1, 41, 51)
jrj tm wnn	(26a, 62b)
sḫr	(10, 21)
ḥ3q	(42, 84)
nḥm	(27)
ḥwtf	**(6)**
ḥsq	(35)
sfṯ	(68)
sm3w	(85)
thm	(18)
dm	(16)
dn	(4)
dḫ	(76)

<u>Untaten des Feindes</u>:

tkn t3š	(37, 38, 49)
wdj ḥ3ꜥj	(89)
m ḫn	(1)
m ẖn	(13)
ḥwrꜥ t3š	(67)
ḥwtf	**(9)**
thj	(67)

Ausnahmsweise fungieren als Handelnde bei dem Verbum ***ḥwtf*** außer dem Feind auch Könige.

3.4. Exkurs: *jb*-Herz

Die Lexeme *jb* und *ḥ3tj* kommen in einer großen Anzahl von Texten in vielfältigster Weise vor.[269] Das Herz steht sowohl für Emotionen als auch für den Verstand und den Charakter. Haß und Liebe, Mut und Angst, Gut und Böse sind Begriffe, die mit dem Herzen in direktem Zusammenhang stehen.[270] Im alten Ägypten spielt das Herz in vielen Erzählungen wie z.B. Zwei-Brüder-Märchen eine überaus wichtige Rolle. Im „Schiffbrüchigen" wurden die Schiffskameraden so charakterisiert: „(Die) Seeleute waren auf ihm von den Besten Ägyptens. [...], ihre **Herzen** waren kühner als die von Löwen". An einer anderen Stelle heißt es: „In Einsamkeit verbrachte ich drei Tage, nur mein **Herz** war mein Gefährte".[271]
Darüber hinaus war das Herz für die Weiterexistenz des Menschen von größter Bedeutung: darum sollte es ihm nach dem Tod erhalten bleiben. Im Jenseitsgericht wird das Herz als Sitz der Taten gegen die Maat gewogen, und der Tote wird nach dem Ergebnis gerichtet. Es gibt Beschwörungen, die das Herz vor Dämonen schützen und verhindern, daß es zum Schaden des Verstorbenen beeinflußt wird und sich beim Gericht gegen diesen wendet. Denn von den Aussagen des Herzens hängt das Schicksal des Toten ab. In den Sargtexten handeln die Herzen der Menschen – pars pro toto – gegen die Gebote des Allherrn:
„Ihre **Herzen** haben das, was ich gesagt habe, verletzt".[272]

Im Rahmen eines Rituals zur Vernichtung der Feinde spielt das Herz ebenfalls eine wichtige Rolle. Dort wird aus den Herzen der *snṯ.w*-Feinde ein „köstlicher" Braten für die Götter zubereitet, was symbolisch das völlige Auslöschen des Feindes bedeutet.[273]

Die folgende Bezeichnung ***bšṯ-jb*** „rebellischen Herzens" wird überwiegend für feindliche Fremdländer gebraucht und weist wie die übrigen Komposita (mit *jb*-Herz) negative Charakterzüge der Feinde auf: Sie sind „aufsässig", „übelgesinnt" oder „streitsüchtig".
Weitere Komposita sind ***bṯn-jb***, ***rqj-jb***, ***ẖ3k-jb***, ***šnṯ-jb*** (siehe die Kapitel „ 5. Lexem"; „8. Lexem"; „11. Lexem" und „15. Lexem").

---

[269] Zum Thema Herz siehe LÄ II, 1158-1170; Piankoff (1930) und Toro Rueda (2003).
[270] Auch im Alten Testament ist das Wort Herz an zahlreichen Stellen belegt: „Vom Herzen begehre ich ‚Dein' des Nachts" (Jes. 26, 9). Hier ist das Verlangen nach Gott (in dunklen Zeiten) gemeint. Im Neuen Testament ist es ebenfalls häufig bezeugt: „Denn das Herz dieses Volkes ist verstockt: [...]" (Mt. 13, 15).
[271] Burkard (1993: 53, Vers 33 und S. 57, Vers 46).
[272] CT VII, 464b.
[273] Siehe den Kommentar zum LEXEM „*snṯ.w*".

4. Lexem: *btk.w*

4.1. Belegstellen

Lexem *btk.w*	Datierung	Ges.	Kgl.	Priv.	Lit.	Andere Lexeme / Untaten des Feindes	Aktion gegen den Feind
Wb I 485, 2.	**AR**	**002**	**000**	**002**	**000**		
1.  [274]	Dyn. 6	001	000	001	000	*btk. nḫt.w*	-----
2.  [275]	Dyn. 6	001	000	001	000	*btk*	*smꜣ*

1.
ḏd.t(w) wnt ***btk.w nḫt.(w)***
m ḫꜣs.tjw pn m šr.t tp gḥs

„Man sagte, daß **starke Aufrührer**
unter diesen Ausländern an dem Bergrücken des Gazellen-Gebietes waren". (Urk. I 104, 12)

2.
jy(.j).n(.j) nḏr.n(.j) sn
mj qd.sn ***smꜣ****(.w)* ***btk*** *nb jm.sn*

„Ich kam zurück, nachdem ich sie gepackt hatte
und nachdem jeder **Aufrührer** unter ihnen **getötet** worden war". (Urk. I 105, 4)

[274] Urk. I 104,12.
[275] Urk. I 105, 4.

4.2. Kommentar:

Dieser Ausdruck ***btk.w*** kommt nur an zwei Stellen in der Biographie des Wni vor.[276] Es wird sowohl mit dem Zeichen (D54)  als auch mit einem Ausländer mit Haarband (Federschmuck?)  determiniert.[277] Im ersten Beleg wird von starken ***btk.w*** „Aufrührern" unter den Ausländern *ḫ3s.tjw* berichtet. Diese Bezeichnung wird in der Literatur dem Berliner-Wörterbuch folgend wie oben übersetzt.[278]
Helcks Interpretation „hineinschlüpfende Nomaden" dürfte einerseits auf die Bedeutung von ***btktk*** „entschlüpfen"[278a] und andererseits auf das Determinativ mit den gehenden Beinen zurückgehen, auch wenn er beides nicht explizit nennt. Der Ausdruck „entschlüpfen" kann entweder konkret „nach Ägypten hineinschlüpfen" bedeuten oder aber – was wahrscheinlicher ist – diese Leute waren „schlüpfrig", im Sinne von „schwer zu packen" oder „sich heimlich bewegen".[279] Darüber hinaus denkt Helck an die Textstelle in der Lehre für Merikare, welche mit der Situation zur Zeit Wni vergleichbar ist: „Der Osten ist reich an *pḏ.t*-Nomaden".[280]

Zwei weitere Schreibungen finden sich in den Admonitions 3, 4  und 9, 1 , allerdings in einem nicht verständlichen Kontext. Die Bedeutungen der beiden Wörter in den ebengenannten Textstellen sind Gardiner unsicher.[281] In ptolemäischen Inschriften taucht das Epitheton *b3 tkk* „bélier batailleur" nach langer Abwesenheit vereinzelt auf. Dort ist es als Eigenschaft für kämpferische Gottheiten (besonders Horus) bezeugt. Anscheinend hängt das Epitheton ***b3 tkk*** „bélier batailleur" mit dem Wort ***btk*** zusammen, welches nicht mehr verstanden wurde. In diesem Fall dürfte ***b3 tkk*** auf das Verb ***tkk*** „angreifen" zurückgehen. Dadurch gewinnt diese Bezeichnung eine andere Bedeutungsnuance, nämlich „Angreifer".[282] Diese Erklärung würde zum Adjektiv ***btk.w nḫt.w*** „starke Aufrührer" passen. Vycichl ist der Meinung, daß ***btk*** mit dem arabischen Wort batak „abschneiden" vergleichbar ist.[283]
Gundlach sucht das Ziel des ersten großen Feldzuges von Wni aufgrund der strategischen Konzeption seines Verlaufes im palästinischen Raum (Karmelgebirge in der Gegend von Haifa). Er interpretiert den Feldzug von Wni als eine Art Strafmaßnahme gegen die ***btk.w***, um ihr „Eindringen" in die ägyptische Interessenssphäre (Kupferverhüttung und Türkisminen) zu verhindern, aber auch, um den Verkehrsweg nach Byblos und damit den Holztransport von dort zu sichern. Wni wurde also ausgesandt, um den Status quo wiederherzustellen und die

---

[276] Wb I 485, 2. Für weitere Literatur siehe Kloth (2002: 194).
[277] Zur Schreibung vgl. El-Khadragy (2002: 65) und Tresson (1919: Tafel am Ende Figur 5).
[278] Nach Osing heißt es: „Als gemeldet wurde, daß starke Rebellen(gruppen) von diesen Fremdlandbewohnern auf der ‚Nase' (d.h. Kamm oder Rücken?) des (Berges) ‚Gazellen-Kopf(es)' seien". Osing (1977: 181).
[278a] CT II 353a.
[279] Wb 485, 5 *btktk* „entschlüpfen" in (Tb 113). Vgl. auch CT VII 476d mit der Bedeutung „Schleimauswurf"?. Vgl. zuletzt Takács (2001: 350-352).
[280] Helck (1977: 51). Quack (1992: 49-50, Anm. h) hat sich gegen diese Übersetzung ausgesprochen, weil sie die Existenz von Feinden innerhalb der Grenze Ägyptens expliziert, was mit Merikare E 80 nicht zu vereinbaren ist. Dort heißt es: „Es gibt keinen Feind im Inneren all deiner Grenzen".
[281] Gardiner (1909: 31 und 66). Vgl. Wb I 485, 1 und 3 in der Bedeutung „Schmutz"; „von bekümmerten Herzen".
[282] Alliot (1946: 104, Anm. 4) Die ptolemäische Textstelle (De Morgan Kom Ombo I, S. 87, 107 Z. 3) enthält einen Beleg für *btk btš.w* „abschlachten der Aufrührer". Hier liegt eine Alliteration vor. Zu dieser Textstelle aus Kom Ombo würde das arabische Verb *batak* „abschneiden (von Tierohren und rupfen von Geflügel)" unter Vorbehalt gut passen, vgl. die nächste Anmerkung.
[283] Vycichl (1958: 376 unter M.) und Wehr (1985: 64 rechte Spalte).

Gefahr, die durch diesen ausländischen Stamm entstanden ist, zu bannen.[284] Nach dem erfolgreichen Zangenangriff berichtet Uni, daß er jeden ***btk*** getötet habe. Wenn die Aussage des zweiten Belegs zutrifft: „Ich kam zurück, nachdem ich sie gepackt hatte und nachdem jeder **Aufrührer** unter ihnen **getötet** worden war", dann hätten wir den Grund dafür, warum dieser Stamm nicht mehr in den altägyptischen Quellen auftaucht. Bemerkenswert ist die Tatsache, daß der Ägypter einem feindlichen Fremdvolk eine positive Eigenschaft (***nḫt***), die (nur) Königen und Göttern vorbehalten ist, zuschreibt.[285]

Abschließend bleibt zu fragen, ob es sich hier um den Namen des Stammes oder um die Charakterisierung des Feindes handelt.[286] Auch wenn ich zur zweiten Deutung tendiere, muß diese Frage in Anbetracht der unbefriedigenden Beleglage offen bleiben.

---

[284] Zur Lokalisierung und Identifizierung der Feinde in dem Feldzugsbericht des Wni siehe Gundlach (1994: 120-124). Helck (1971: 18-19, Anm. 51) ist der Auffassung, daß diese „einsickernden Gruppen" nicht weit im Norden gesessen haben können. Ob es sich bei dem Gazellengebiet um den Mons Cassius, 15 km ostwärts des späteren Pelusiums handelt, bleibt fraglich.

[285] Zu ***nḫt.w*** als Bezeichnung von Gegnern siehe Drenkhahn (1980: 76), die an die ***nḫt.w*** der Ächtungstexte denkt. In einem Hymnus an Re-Harachte (pBerlin 3050) heißt es: „Du (der Gott) hast die Kraft des Rebellen (*pḥ.tj n sbj.w*) gebrochen" (Übersetzung nach Assmann 1975: 124). Einerseits erwartet man nicht, daß ein Rebell *pḥtj*-Kraft besitzt, da diese Kraft normalerweise den Göttern und Königen vorbehalten ist. Andererseits macht dieser Sachverhalt das Eingreifen des Königs gegen die Rebellen umso notwendiger. Für ***nḫt*** und ähnliche Adjektive als Bezeichnung des Königs, vgl. Anm. 122.

[286] Wb 485, 5 ***btktk*** „entschlüpfen"; (Tb 113) und CT (1133) VII 476d mit der Bedeutung „Schleimauswurf"?

5. Lexem: *bṯn.w*

5.1. Belegstellen

Lexem *bṯn.w*	Datierung	Ges.	Kgl.	Priv.	Lit.	Andere Lexeme / Untaten des Feindes	Aktion gegen den Feind
Wb I 486, 1.	**MR-Dyn. 30**	**021**	**011**	**009**	**001**		
1.  [287]	Sesost. I	001	001	000	000	*pḏ.tjw*	*dr, ssḥ, jṯ*
2.  [288]	Sesost. I	001	000	001	000	*sbj.w, ḫft.jw*	*sḫr, ꜣq, sbḥ*
3.  [289]	2. ZwZt	001	000	000	001	*ḫbd ḥs(w).t*	-----
4. 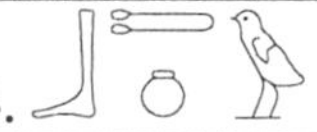 [290]	Amenem. III	001	001	000	000	-----	*sḫr*
5.  [291]	Ahmose	001	001	000	000	-----	*dr*
6. 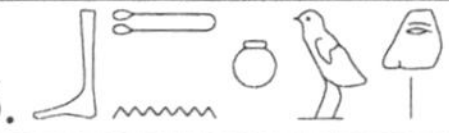 [292]	Thutm. III	001	000	001	000	*šnṯ.j*	*wꜥf, shrj*
7. 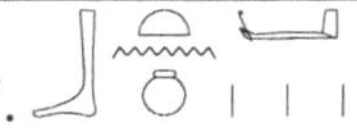 [293]	Thutm. III	001	001	000	000	*nbḏ-qd.w*	*ssḥ, sḫr, wꜥf*
8.  [294]	Thutm. III	001	001	000	000	-----	*smꜣ*

1.
grg tꜣ sꜥnḫ rḫw.t
dr ***bṯn.w*** *ssḥ pḏ.tjw*
jṯ tꜣ.wj mꜣꜥ ḫrw

„Der (Sesostris I.) das Land begründet und die Untertanen belebt hat,
der die **Rebellen beseitigt** und die Bogenleute **vernichtet** hat,
der die beiden Länder **ergriffen** hat in Rechtfertigung“.

2.
sḫr.n šꜥ.t.f ⸢sbj.w⸣
⸢ꜣq⸣.n bṯn.w.f n šꜥ.t ḥm.f
sp[ḥ] [ḫ]ft.jw.f

„Sein **Schwert** (des Königs) **bringt** die **Rebellen** zu **Fall**.
Seine **Aufrührer** sind durch das **Schwert** seiner Majestät **zu Grunde gegangen**.
Der (der König) seine **Gegner gefesselt** hat“. Seyfried (1981: 97 f.)

---

[287] Franke (1996: 277).
[288] Seyfried (1981: 97 bzw. 101, Anm. zur Z. 4). Weitere Feindbezeichnungen dieser Stele werden in den folgenden Tabellen alphabetisch und weitgehend chronologisch aufgenommen.
[289] Barns (1968: 71-76 Taf. XI A).
[290] LD. II 138,138d.
[291] Urk. IV 21, 16.
[292] Urk. IV 968, 11.
[293] Urk. IV 1229, 2.
[294] Urk. IV 1246, 6-7.

3.
ḫbd bṯn.w ḥs.t

„Der **Aufsässige** haßt die Gunst(erweise)". Barns (1968: 71-76)

4.
sḫr (.y) bṯn.w m ꜣd.f

„Der die **Aufrührer** in seinem Zorn **zu Fall bringt**". LD II 138d.

5.
dr.s bṯn.w.s
ḥm.t nsw (Jꜥḥ htp) ꜥnḫ.tj

„Sie (die Königin)[295] **vertreibt** ihre **Aufrührer**,
die königliche Gemahlin, sie lebe". (Urk. IV 21, 16)

6.
jr.tj nsw ḥꜣtj nb ꜥḥ
sbꜣ.yt nt tꜣ r ḏr.f
wꜥf(.y)[296] ***bṯn.w***
shrj ḫn[297] [...] ⸢*m*⸣ ***šnṯ.jw***

„Augen des Königs, Herz des Herrn des Palastes,
Lehre (Vorbild) für das ganze Land,
der die **Aufrührer bändigt**
und den Unruhestifter [...] ⸢unter⸣ den **Streitsüchtigen befriedet**".[298] (Urk. IV 968, 8-13)

---

[295] Gemeint ist hier Ahhotep I., die Mutter des Königs Ahmose, die eine besondere Verehrung auf dem Denkmal des Königs im Amuntempel von Karnak erfuhr, weil sie für ihn – als er Kind war – die Regierungsgeschäfte geführt hat, ihn später während seiner Feldzüge vertrat und sich dadurch große Verdienste erworben hat; siehe Seipel (1975: 98-99) und Schneider (1994: 47).

[296] Dieses Verbum erscheint fast ausschließlich in (27 Mal von 31 Fällen) vor *ḫꜣs.wt*. Zweimal wird es mit dem Lexem *bṯn.w*, einmal mit *pḏ.t psḏ.t* und einmal mit *tꜣ.w* gebraucht. Die Belegzeit ist auf das Neue Reich beschränkt. Aufgrund dieser Tendenz möchte ich dieses Verbum als Terminus für das „Bezwingen des Auslandes" vorschlagen.

[297] Ich lese *shrj*. Zur Übersetzung vgl. Hermann (1940: 118), der *sprj* liest und „der die Rebellen herauslockt" übersetzt.

[298] In dieser Eulogie rühmt sich Intef weiter seiner Kenntnis dessen, was im Herzen des Herrschers ist. Er sei die redende Zunge des Palastes und Beschützer vor Räubern, der tapfer kämpft. Man erkennt bei Intef viele Epitheta, die aus der königlichen Sphäre bzw. dessen Machtbereich entlehnt sind.

7.
ssḥ tp.w nbḏ.w qd(j)w
⌜jr(j)⌝ šʿt mnṯjw sṯt
***sḫr(.y) bṯn.w** njw ḥrjw-šʿ*
wʿf tȝ.w njw pḥw tȝ

„Der die Häuptlinge der **Bösen von Qedi besiegt.**[299]
Der ein **Gemetzel** unter den **asiatischen Stämmen ⌜macht⌝**.
Der die **Aufrührerischen** Beduinen **zu Fall bringt**
und **die Länder der äußersten Nordgrenze bändigt**".[300] (Urk. IV 1229, 2)

8.
n jr(j).n ḥm.f ȝb.w m wḏȝ r tȝ n ḏȝhj
*r **smȝ bṯn.w** ntj.w jm.s*
*r **rḏ(j).t** (j)ḫ.wt n ntj(.w) **ḥr mw.f***

„Seine Majestät kann nicht aufhören, gegen das Land Djahi auszuziehen,
um die **Aufrührer abzuschlachten**, die sich in ihm befinden
(und) den, der auf **seinem Wasser** ist, zu **beschenken**".[301] (Urk. IV 1246, 6-8)

[299] Für Qedi siehe den Kommentar zum LEXEM „*nbḏ-qd*".
[300] Es handelt sich um eine Eulogie des Königs Thutmosis III. Shirun-Grumach (1982: 117 f.), siehe zu diesem Thema Anm. 80.
[301] Zur Übersetzung vgl. Buchberger (1993: 563-564) und Beylage (2002: 164-165, Anm. 510).

Lexem *bṯn.w*	Datierung	Ges	Kgl	Priv	Lit.	Andere Lexeme / Untaten der Feinde	Aktion gegen die Feinde
9.  [302]	Thutm.IV	001	000	001	000	-----	*wꜥf*
10.  [303]	Amenh. III	001	001	000	000	-----	*wꜥf*
11.  [304]	Amenh. III	001	001	000	000	-----	*wꜥf*
12.  [305]	Ramses II	001	001	000	000	*rqj.w*	*nḥm, ṯꜣw ḫns*
13. 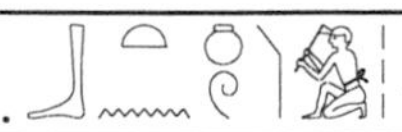 [306]	Ramses II	001	001	000	000	*Rṯnw*	*ḥwj, wꜥf*
14.  [307]	Schabaka	001	001	000	000	-----	*dr*
15.  [308]	Taharqa	001	000	001	000	-----	*dr*
16.  [309]	Dyn. 30	001	001	000	000	-----	*⟨s⟩ḫr*

9.
wꜥf(.y) ***bṯn.w*** *nb.w ḥr nsw ḥr ḫꜣs.t Rṯnw*

„Der alle **Aufrührerischen** im Fremdland von Retenu für den König **bändigt**".
(Urk. IV 1641, 13)

10.
ḏ(j).n.(j) n.k ***nḫt.w*** *r* ***ḫꜣs.t*** *nb.t*
wꜥf⌜.n.j⌝ *{n} n.k jb.w* ***bṯn.w***

„Ich gab dir **Macht** (Sieg) über jedes **Fremdland**.
⌜Ich⌝ **bändigte** dir die Herzen der **Aufrührer**". (DZA Nr. 22934240)

[302] Urk. IV 1641, 13. Die Hieroglyphe (A14) ist im Text durch das hieratische Äquivalent vertreten.
[303] DZA Nr. 22934240 nach Sethes Abschrift (1, 50). Da die meisten Schreibungen von *bšṯ.w* zusätzlich die Hieroglyphe (U30)  aufweisen und der Platz für die Hieroglyphe (N35)  ausreicht, lese ich daraus ein *bṯn.w* und nicht ein *bšṯ.w* wie Sethe. Darüber hinaus weisen die nächsten Belege ähnliche Schreibungen auf .
[304] Urk. IV 1694: 13.
[305] KRI II 173, 14. Das (*sw*) ist zu tilgen. Vgl. *ꜥbtnw* „sich widersetzen" Wb I 179, 6.
[306] KRI II 208, 10.
[307] Roullet (1972: 104 Nr. 160 bzw. Taf. CXXXII).
[308] Mariette (1875: Taf. 44, 48); Leclant (1961: Taf. LXVIII).
[309] Naville (1888: Taf. 5, Beischrift M).

11.
wꜥf(.y) bṯn.w n.w[310]
pḥ.wj.sn m wsr ḫpš.f[311]

„Der (König) die **Aufrührer**
an ihrem Ende durch die Kraft seines Armes **bändigt**". (Urk. IV 1694, 13)

12.
jw šsr.w.f m sꜣ.sn mj.t.t Sḫm.t
nḥm ṯꜣw r fnḏ n bṯn.w[312] *tꜣ*
ḥns(.w) *n ḫtꜣ ntj m* ***rqy.w.f***

„Seine Pfeile (des Königs) sind in ihren Rücken, wie (die der) Sachmet.
Der **raubt** den **Lebensodem** von der Nase der **Aufrührer** des Landes.
Umzingelt ist Chatti, welches sein(e) (des Königs) **Rebell(en) ist**".[313]
(KRI II 173, 13-14)

13.
ḥw(j) Rṯnw.jw ḥr ḥḥj pḥ sw
wꜥf(.y) bṯn.w *n.jw tꜣ stj*

„Der die Bewohner Syriens **schlägt**, der (König) den **sucht**, der ihn **angreift**
und die **Aufrührer** des Landes Nubien **bändigt**". (KRI II 208, 10)

14.
Jmn.w Rꜥw ḏꜣj jwj
dr bṯn.w *ḏ(j).f ꜥnḫ*

„Amun-Re, der den Schiffslosen übersetzt
und die **Aufrührer vertreibt**. Möge er Leben geben". Russmann (1974: 46-47 Nr. 5)

15.
dr[.n.j] bṯn.w *m sp.tw šmꜥ.w*

„[Ich] **vertr[ieb]** die **Aufrührer** der oberägyptischen Gaue". Leclant (1961: Taf. LXVIII)

16.
Ḥr.w ***⟨s⟩ḫr bṯn.w***

„Horus, der die **Aufrührer zu Fall bringt**".[314] Naville (1888: Taf. 5, Beischrift M)

---

[310] Gemeint ist hier das Ende des von den *bṯn.w* bewohnten Gebietes. Ich sehe keinen Anlaß, die *nw*-Hieroglyphe als Verschreibung für die *jb*-Hieroglyphe anzusehen, wie Schade-Busch (1992: 343 Nr. 332 b) es angenommen hat.
[311] Vgl. Anm. 122.
[312] Als Verwechslung mit *ꜥbtnw*, vgl. Wb I 179, 6.
[313] Zur Übersetzung vgl. Kitchen (1996: 46).
[314] Offensichtlich als Horus-Titel. Zur Bedeutung von *sḫr* und ähnlichen Verben, siehe Zandee (1960: 190), der den Gebrauch dieses Verbums dort auf die Vernichtung der Feinde des Osiris beschränkt.

5.2. *bṯn-jb*

Lexem *bṯn-jb*	Datierung	Ges	Kgl	Priv	Lit.	Andere Lexeme / Untaten des Feindes	Aktion gegen den Feind
17.  315	Sesostris I	001	000	001	000	*ʿwꜣj, ʿwn-jb*	*dr, ḫsf*
18.  316	Amenem. III	001	000	001	000	-----	*shd*
19.  317	Thutm. III	001	000	001	000	*ḫbn.tjw , rqj*	*bḥn, ḫsf*
20.  318	Thutm. III	001	000	001	000	*rqj*	*sḥtp*
21. 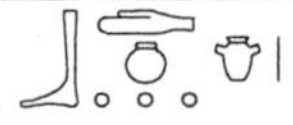 319	Schesch.III	001	000	001	000	-----	-----

17.
jnk dr qꜣ sꜣ m bṯn-jb
sjd ḥmw.t-rꜣ?
jnk ḫsf ʿ⌜wꜣ⌝j [m] spꜣ.[t].f
dr ʿwn-jb m ṯs.t.f

„Ich bin einer, der den Hochmut dem **Rebellischen**[320] **austrieb**,
(ihn) mit einem Spruch **zur Ruhe brachte**.
Ich bin einer, der den **R⌜äuber⌝** [in] seinem Gau **abwehrte**
und der den **Habgierigen**[321] in seiner Truppe **vertrieb**".[322] Franke (2005: 104)

18.
jrj-pʿt ḥꜣtj-ʿ[323] ***mḥ nsw***
m smtr.t pʿ.t
m shd.t bṯn.⟨w⟩-jb

„Fürst und Graf, der den König befriedigt
durch die Prüfung der Untertanen
und durch die **Bestrafung** der **Aufsässigen**".[324] Simpson (1974. Taf. 9)

---

[315] Montet (1930/35: 49).
[316] Simpson (1974: Taf. 9 ANOC 3, 2, Kol. 4).
[317] Urk. IV 969, 5.
[318] Urk. IV 1075, 6; Davies (1943: XI, 12).
[319] Jansen-Winkeln (1995a: Taf. 7 und S. 186, Anm. 43).
[320] Wörtlich: „der mit rebellischen Herzen ist".
[321] Zur Psychologie der Habgier siehe Assmann (1990: 86). Er schreibt: „Weil der Habgierige zum Feiern außerstande ist, schädigt er sein „Herz" und seinen ‚Ka'. Hier geht es also um die Zerstörung nicht der Außenbezüge, sondern der inneren Persönlichkeit. [...] Hier wird in aller Deutlichkeit gesagt, daß Habgier die zwischen-menschlichen Beziehungen zerstört und daher den extremen Gegenpol zum Gemeinsinn und zur Solidarität darstellt".
[322] Vgl. Kahl (1999: 220, Anm. 828 und 221, Anm. 832). Diese autobiographischen Aussagen des Gaufürsten Djefaihapi sind aus dem königlichen Machtbereich entlehnt.
[323] Zu diesen Titeln siehe Jones (2000: 315, 496).
[324] Für weitere Literatur siehe Franke (1984: 440, Dossier Nr. 763).

19.
ꜥꜣ ḥrj.t m ḫbn.tjw
nb snḏ bṯn.w-jb
bḥn ⟨r⟩qj.w ḫsf ꜣd.w

„Groß an Schrecken für die **Verbrecher**,
Herr der Furcht unter den **Aufsässigen**,
der die **Widersacher bestraft** und die **Wütenden abwehrt**". (Urk. IV 969, 5)

20.
nn** [...]**rqj
***bṯn-jb sḥtp**.n.j sw m ḫr.t jb.f*
m sḫpr r hr.t[.f] ḫr.s

„Es **gibt** [...] **keinen** (der rebelliert) **Rebellen**.
Den **Aufsässigen** habe ich nach seinem Herzensbedürfnis **befriedet**
durch die Schaffung dessen, womit er zufrieden ist". Gardiner (1925: 67)

21.
sš.tn n.j ꜥꜣ.w.tn
rnpj.tn ḥꜥ.w.j rḥf⟨t⟩ ḥr.tn
***bṯn.w-jb** mnj* [...]

„Möget ihr mir eure Türen öffnen,
möget ihr meine Glieder verjüngen vor eurem Antliz,
während die **Aufsässigen** bleiben".[325] Jansen-Winkeln (1995a: 181, Anm. 43)

[325] Im Sinne von „von der Seligkeit ausgeschlossen sein".

5.3. Kommentar:

Die meisten Schreibungen weisen phonetische Komplemente auf: die Hieroglyphe (W24)  wird mit der Hieroglyphe (G43) , mit (N35)  oder mit den Hieroglyphen  zusätzlich komplementiert. Die Hieroglyphen  und 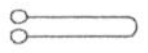 wechseln sich häufig ab. Die Urkunden IV weisen unterschiedliche Schreibungen auf. Einige Schreibungen weisen kein Feind-Determinativ auf (Belege 3-7, 10, 11, 17 und 19).
Dieses Lexem leitet sich vom Verbum ***bṯn*** „sich widersetzen" ab, welches vom Mittleren Reich bis in die 30. Dynastie belegt ist.[325a] Als Kompositum ist ***bṯn-jb*** in der Bedeutung „mit rebellischem Herzen" überliefert.

Im Zusammenhang der Königstitulatur Sesostris' I. werden viele Feinde des Königs genannt und auf unterschiedliche Art vernichtet. Im ersten Beleg wird der Anspruch auf eine totale Vernichtung der Feinde deutlich. Die geographische Einordnung in den Himmelsrichtungen (Ost, Nord-Ost, Nord und Süd) ist bemerkenswert:

ḏn jwntjw	Der die Troglodyten tötet.[326]
sn wsr.w t jmj.w sṯtjw	Der die Hälse der Bewohner Asiens abschneidet.
ꜥrf ḥꜣ.w nb.w	Der die Korbländer umschließt.[327]
jnj ḏr.w rs.wt nḥsjw	Der die Grenze der rebellischen Nubier erobert.
skj tp.w ꜣb.t ẖꜣk-jb	Der die Häuptlinge der Sippe der Übelgesinnten zu Grunde richtet.[328]

Wenn die Sippe der *ẖꜣk.w-jb* „Übelgesinnten" im Westen zu lokalisieren wäre, könnte man hier die Absicht, einen umfassenden Schutz zu erzielen, erkennen.
Im siebten Beleg (Stele von Gebel Barkal) wird der *bṯn.w* zusammen mit nördlichen und südlichen Fremdländern besiegt bzw. zu Fall gebracht. Ebenfalls an diesem Beispiel ist der Machtanspruch des Königs auf Weltherrschaft präsent. In einer undatierten Inschrift Ramses' II. im Luxortempel raubt der König dem Aufrührer den Lebensodem (Beleg 12).

In den meisten Textstellen tritt der *bṯn.w* als „Objekt" auf, gegen den der König als „Subjekt" agiert. Im ersten Beleg erscheint der *bṯn.w* grammatikalisch als Subjekt. Aber auch dort geht er durch das Schwert des Königs zu Grunde (*ꜣq*).
Für *bṯn.w* als Bezeichnung der inneren Feinde sprechen beide Belege (15 und 17). Im ersteren werden die *bṯn.w* mit dem Zusatz *sp.tw šmꜥ.w* [(*bṯn.w*) der oberägyptischen Gaue] versehen. Im ersteren wird der *bṯn.w* durch Djefajhapi vertrieben: „Ich vertrieb die Aufrührer der oberägyptischen Gaue". Die Belege (19) und (20) im Zusammenhang mit dem Terminus „*rqj*" könnten auf innere Feinde hindeuten.[329]
Ein kleines Fragment (Beleg 3) der „loyalistischen Lehre" bezeichnet den *bṯn.w* als einen, der die Gunst (des Königs) haßt, so daß er dort als politischer Gegner gelten darf.[330]

[325a] Takács (2001: 356).
[326] Zu den Troglodyten siehe LÄ VI, 767.
[327] Favard-Meeks (1989: 39 f.) und Edel (1956: 11-13).
[328] Stele Gebel-el-Hudi, Seyfried (1981: 97 f.).
[329] Für *rqj* als Terminus für die innenpolitische Feindschaft siehe den Kommentar zum LEXEM „*rqj.w*".
[330] Quack (2005: 80).

In den Belegen (7-10) faße ich die *bṯn.w* als Bezeichnung für außenpolitische Feinde auf. Die Belege (11, 12) deuten eher auf allgemeine Feinde hin. Im Beleg (13) werden die *bṯn.w* zusammen mit asiatischen Rebellen und nubischen Aufrührern geschlagen.

Im zuletzt angeführten Beleg (21) werden die Götter angerufen, ihre Türen zu öffnen und den Verstorbenen zu verjüngen, weil er – zu ihrer Zufriedenheit – alles getan hat. In diesem Zusammenhang ist der *bṯn-jb* „ein Aufsässiger", der von der göttlichen „Seligkeit" ausgeschlossen wird.
In den königlichen Inschriften ist dieses Wort stärker als in den Privatinschriften vertreten, wobei „Königliche Inschriften machen kaum einen Unterschied zwischen der Vernichtung äußerer und innerer Feinde".[331] Wir haben mit einem Begriff, der häufiger für äußere Feinde verwendet wird.
Der *bṯn.w* kommt mit anderen Lexemen für Feind bzw. Fremdland vor:

Lexem:	
rqj.w	(12, 19, 20)
nbḏ-qd	(7)
ḫbn.tjw	(19)
ḫft.j	(2)
sbj.w	(2)
šnṯ.jw	(6)
Aktion gegen den Feind:	
wꜥf	(6, 7, 9, 10, 11, 13)
dr	(1, 5, 14, 17)
sḫr	(2, 4, 7, 16)
nḥm ṯꜣw	(11, 12)
ḫsf	(17, 19)
ssḥ	(1, 7)
bḥn	(19)
ḥwj	(13)
sjd	(17)
sbḥ	(2)
smꜣ	(8)
shrj	(6)
shd	(18)
sḥtp	(20)
Untaten des Feindes:	
ꜥwꜣj	(17)
ḫbd	(3)

[331] Franke (2005: 95) mit Hinweis auf *bṯn.w* in königlichen Inschriften, siehe in diesem Kapitel Belege (1, 2). Ein weiterer Hinweis finden sich ebd. (2005: 104) mit Hinweis auf *bṯn-jb* in privaten Inschriften, siehe hier Belege (17, 18).

6. Lexem: *nbḏ.w-qd*

6.1. Belegstellen

Lexem *nbḏ.w-qd*	Datierung	Ges	Kgl	Priv	Lit.	Andere Lexeme / Untaten der Feinde	Aktion gegen die Feinde
Wb II 247, 5.	2. ZwZt/ NR	**009**	**007**	**001**	**001**		
1.  [332]	2. ZwZt	001	000	000	001	*ḥdj*	*nḥm, mk(j)*
2. 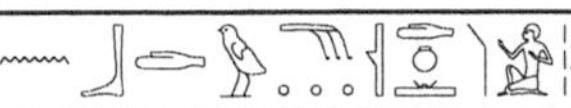 [333]	Thutm. I	001	001	000	000	-----	-----
3.  [334]	Thutm.III	001	001	000	000	-----	*jrj js ḥ3q, 3m*
4. 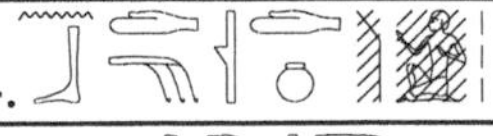 [335]	Thutm.III	001	001	000	000	*btn.w*	*ssḥ, sḫr, wꜥf*
5.  [336]	Amenh. II	001	001	000	000	-----	*ḥwj, ptpt*
6. 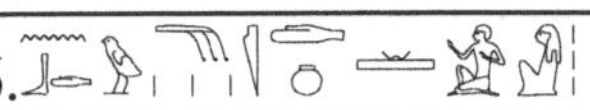 [337]	Dyn. 18	001	000	001	000	-----	-----

1.
Vorher: „Er fand Ägypten, indem es zerstört war, die Städte, indem sie vernichtet waren".
*... **ḥdj.n nbḏ.w-qd** jn ꜥ.w.wj.f*
*jn ꜥ.w.wj.f **nḥm** pꜥ.t pḥtj.fj*[338] ***mk(j)**...*

„... nachdem die **Bösartigen** es **zerstört** hatten. Es sind seine Arme (des Königs), die die Menschen **retten** und seine Kraft, die **beschützt** ...". Parkinson (1999: 184-85)

2.
n ḫpr nhw m nbḏ.w-qd
*jw(j)w r **nḫ**.f*
***n sp(j) wꜥ** jm*

„**Nicht entstand** ein **Verlust** unter den **Bösartigen**,
die gekommen waren, um ihm (dem Gegner) zu **helfen**.
Nicht blieb einer von (ihnen) **übrig**". (Urk. IV 84, 3)

3.
jr(j).s js(j) ḥ3q[339] ***m nbḏ.w-qd***
3m**.s jmj(.w) nb.w.sn **m nsw.t.s

„Sie (die Uräusschlange) **macht „leichte Beute"** unter den **Bösartigen**
und **verbrennt** die Inselbewohner **durch** ihre **Flamme**". (Urk. IV 613, 16)

---

[332] Parkinson (1999:184). Die Papyrusfragmente werden aufgrund der Paläographie in die späte 2. Zw. Zt bzw an das Ende des MR datiert.
[333] Urk. IV 84, 3.
[334] Urk. IV 613, 16. Diese Schreibung kommt nur im NR (18. Dyn.) vor.
[335] Urk. IV 1228, 20.
[336] Urk. IV 1333, 14.
[337] Schneider (1992: 335 Nr. 448, 213); Ranke (1935: 280, 23; 347, 8).
[338] Vgl. Anm. 122.
[339] Zu diesem Ausdruck siehe Morenz (1975: 395 f.).

4.
ssḥ** tp.w **nbḏ.w Qd(j)w
***⌜jr(j)⌝ šꜥt** mntjw sṯt*
***sḫr(.y) bṯn.w** njw ḥrjw-šꜥ*
wꜥf tꜣ.w njw pḥw tꜣ

„Der die Häuptlinge der **Bösen von Qedi besiegt**.
Der ein **Gemetzel** unter den asiatischen Stämmen ⌜**macht**⌝.
Der die **Aufrührerischen** Nomaden niederwirft
und die Länder der Nordgrenze der Erde bezwingt“.[340]
(Urk. IV 1228, 20)

5.
***ḥw(j)** ḫꜣswt **pḥ** sw*
nṯr ꜥꜣ ḫpš[341]
ptpt** tꜣw **nbḏ.w-qd

„Der die Herrscher der Fremdländer, die ihn **angreifen**, **schlägt**.
Gott, groß an Waffenfähigkeit,
der die Länder der **Bösartigen niedertrampelt**“. (Urk. IV 1333, 13-14)

6.
rḫ sšm tꜣ.w fnḫw
šsp** jnw nw **nbḏ.w-qd
***jy(j)** n bꜣw*[342] *ḥm.f (ꜥ.w.s.)*

„Der das Verhalten der *Fnḫw* kennt.
Der die Gaben der **Bösen von Qedi empfängt**,
die **eingehen** wegen der Ba-Macht seiner Majestät (LHG)“. (Statue Brüssel E 4295)

---

[340] Hier zeigt diese Textpassage eine Eulogie, die einen Parellelismus aufweist. Shirun-Grumach (1982: 117 f.) behandelt die Stele aus Gebel Barkal unter Berücksichtigung der literarischen Formen, siehe zur Eulogie Allgemein Anm. 80.
[341] Vgl. Anm. 122.
[342] Vgl. Anm. 107.

Lexem *nbḏ.w-qd*	Datierung	Ges	Kgl	Priv	Lit.	Andere Lexeme / Untaten des Feindes	Aktion gegen den Feind
7.  [343]	Sethos I	001	001	000	000	-----	*šʿd*
8. 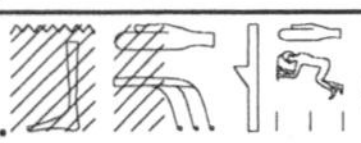 [344]	Rams. II	001	001	000	000	*bšṯ.w*	-----
9.  [345]	Rams. VI	001	001	000	000	-----	*šʿd*

7.
ḏ(j).j snḏ.wt.k m jb.w.sn
šʿd.k r ⟨ n ⟩bḏ.w-[qd]

„Ich gebe die Furcht vor dir in ihre Herzen.
Dein **Gemetzel** ist gegen die **Bös[artigen]**“.[346] (KRI I 30, 8-9)

8.
... [nb]ḏ.w-qd ḫ3swt nbwt ***bšṯ.w*** *...*
r rd.wj *nṯr nfr pn nb t3wj mrj n rʿw*

„... die [**Bös**]**artigen** und alle **rebellierenden** Fremdländer ...
sind **zu Füßen** dieses guten Gottes[347] (des Königs), des Herrn der beiden Länder, des Geliebten des Re“.[348] (KRI II 192, 5-6)

9.
(r)ḏ(j).j snḏwt.k m jbw wrw.sn
šʿt.k r nbḏ.w-qd

„Ich gebe die Furcht vor dir in die Herzen ihrer Fürsten.
Dein **Gemetzel** ist gegen die **Bösartigen**“. (KRI VI 284, 16)

Vorher: „Ich bringe Dir alle schwer zugänglichen (unerforschlichen) Fremdländer (*ḫ3s.wt nb.w št3.w*), die planen, deine Grenze anzugreifen“.[349]

[343] KRI I 30, 8-9. (Das n ist in < > zu setzen).
[344] KRI II 192, 6-7.
[345] KRI VI 284, 16; Kitchen und Gaballa (1970: 26, 7). Hier liegt eine Verwechslung den Hieroglyphen (F34) und (W24) vor.
[346] Vgl. Beleg (9).
[347] Vgl. Anm. 136.
[348] Zum König Ramses II. als Kriegsherr in der Eulogie der frühen Ramessidenzeit vgl. Anm. 80.
[349] Vgl. Anm. 173.

6.2. Kommentar:

Was die Schreibung angeht, so fällt auf, daß Feinddeterminative selten auftreten. Der Sperling G37  wurde nur in der ersten Schreibung verwendet. Allein der achte Beleg weist ein Feinddeterminativ auf. Die übrigen Belege zeigen unterschiedliche Schreibweisen: Götter, Menschen, Fremdland und Haarlocke kommen als Determinativ vor.
Das erste Wort des Kompositums ***nbḏ*** ist ein Adjektiv und bedeutet „böse, schädlich".[350] Später wird es wegen des gleichen Lautklanges mit ***nbd*** „flechten" durchgängig mit der Haarlocke 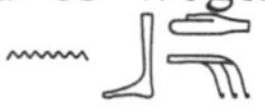 determiniert,[351] wobei sich auch eine Assoziation zu „geflochten, gefesselt" eingestellt haben mag.[352] So wurde diese Bezeichnung auch für Apophis und Seth verwendet.
Das zweite Wort ***qd*** hängt sicherlich mit der Tätigkeit des Töpfers zusammen und bedeutet „Art", „Wesen" oder „innere Gestalt".[353] Im Arabischen ist sowohl *qadd* „Gestalt" als *qedra* „Topf" belegt.[354] Hölscher führt einige Übersetzungen für ***nbḏ-qd*** wie „Flechtenträger", „curly-haired", die auf Neger bezogen sind, an.[355]

Ein ähnliches Kompositum  *ḏw qd* kann in diesem Zusammenhang erwähnt werden:

ḏʿr.ẖ.wt rḫ jmj jb
jn(j) jn b3.w.f ḏw qd[356]
ḫ(wj) snḏ(.w)

„Der (König) die Leiber durchforscht und den Gedanken kennt.[357]
Der die **Bösartigen** durch seine *B3.w* **erobert**
und den Furchtsamen **schützt**".[358]

Eine weitere Parallele zu ***nbḏ/ḏw-qd*** ist die Bezeichnung  ***ẖsj-qd*** für den Gott Seth, die in der griechischen Zeit vorkommt.[359]

---

[350] Wb II 247, 4.
[351] Wb II 246, 4.
[352] Kees (1922: 106-7); ders. (1924: 69-70); Hassan (1928: 117-119). Bei Zandee (1960: 208) wird ***nbḏ*** mit Apophis gleichgesetzt, siehe hierzu Sauneron (1989: 15, 152). Assmann (1969: 69-70) erwähnt ein Ritual in der Spätzeit, in dem der ***nbḏ*** gefällt wird. Borghouts (1970/71: 35) interpretiert es als „the evil one". Sternberg (1985: 150, Anm. p) führt ***nbḏ*** als Bezeichnung des Seth auf.
[353] Westendorf (1973: 136) bemerkt „von der speziellen Tätigkeit des Töpfe-Formens wird auf die allgemeine Tätigkeit ‚formen, gestalten' übertragen und das so entstandene Gebilde als ‚Gestalt, Figur' bezeichnet; schließlich wird ein Abstraktum gebildet, das die Summe aller typischen Merkmale dieser Gestalt bzw. Figur ausmacht und das wir durch ‚Art' oder ‚Wesen' übersetzen. Zum Ausdruck „innere Gestalt" siehe Assmann in LÄ IV 967.
[354] Zu der Etymologie von ***qd*** siehe Vycichl (1958: 377). Vgl. auch den Ausdruck ***qd-bjn***, Fischer-Elfert (1999: 143, Anm. a).
[355] Hölscher (1937: 34-35) ist der Meinung, daß ***nbḏw-qd*** eine ganz allgemeine schmähende Bezeichnung für die Feinde Ägyptens ist und kaum der Name eines speziellen Volkes.
[356] Zu ***qd*** als Schlangenart siehe Sauneron (1989: 14, 151).
[357] Wörtlich: „das, was im Herzen ist".
[358] Urk. IV 1724, 8-10; Es handelt sich um eine Eulogie des Königs Amenhotep III., siehe Anm. 80.
[359] Siehe Wb III 399, 19.

Häufig begegnet man den „Bösartigen“ als Besiegte, wenn der König seine aggressiven Handlungen gegen sie richtet. Die Gründe für die Strafen sind u.a. Koalieren mit den Feinden des Pharaos und Rebellieren gegen Ägypten.
Der Beleg ist auf Papyrusfragmenten überliefert, die zwei verschiedene Texte ausmachen. Der Zustand des Textes erlaubt es nicht, eine eindeutige Meinung über den Gesamtinhalt zu bilden.[360]
Dort wird von negativen Zuständen und Zerstörungen des Landes berichtet. Dann tritt der König auf und beschützte die Menschen mit seinen Armen. Vorher heißt es: „Er machte das Land grün, welches dürr war“.[361]
Im zweiten Beleg aus der Tumbos-Stele berichtet Thutmosis I. über die Erweiterung seiner südlichen Grenze. Er hatte den Großen der Nubier unterworfen. Der *Nḥsj*-Nubier war wegen seines (des Thutmosis I.) Zugriffes verdorrt und in Not geraten, weil Thutmosis I. die Grenze seiner beiden Seiten zusammengerafft hatte. Offenbar hatte Thutmosis I. den Herrscher von Kusch von zwei Seiten bedrängt: „Nicht entstand ein Verlust (d.h. niemand von ihnen konnte entkommen) unter den Bösartigen, die kamen, um ihm zu helfen“.[362] Hiermit wird die Strafe der *Nbḏw-qd* gerechtfertigt, weil sie dem Herrscher von Kusch bzw. dem Feind des Königs Beistand leisteten. Im dritten Beleg wurden sie „die Bösartigen“ durch die Uräusschlange des Königs Thutmosis III. vernichtet. Diesen Tenor findet man in fast allen Belegen.

Sekundär wird ***nbḏw-qd*** vereinzelt als Bezeichnung eines feindlichen Volkes in der Bedeutung „die Bösen von Qedi“ verwendet.[363] Topographisch wird Qedi zwischen Chatti und Mittani lokalisiert und taucht in einer Reihe von Texten von der 18. Dynastie (Annalen Thutmosis III.) bis in die 20. Dynastie (Seevölker-Liste Ramses III.) auf.[364]
Unter Thutmosis III. erscheint Qedi  zusammen mit *Ḫ3rw* als seine Gegner bzw. Alliierten des Prinzen von Qadesch beim ersten Feldzug.[365] In einer Inschrift aus dem Luxor-Tempel erobert Ramses II. eine Stadt in dem Land Qedi. Ein fingierter Brief des Königs von Chatti an den König von Qedi wird überliefert, in dem ersterer zum Besuch von Ägypten auffordert, um den König Ramses II. zu huldigen.[366] Weiterhin taucht Qedi in der Liste der Länder auf, welche von den Seevölkern vernichtet wurden, die wiederum vom Ramses III. unter großen Verlusten besiegt worden sind.[367]

---

[360] Parkinson (1999: 194) meint: „The fragments remain problematic, and I outline only possibilities. E. D. Hirsch commented that every interpretation begins and ends as a guess, and in this case one is deprived of the textual material that might give the basis for any informed guess. Nevertheless, speculation about such fragments is a useful example of the practical and theoretical aspects of asking whether a text is ‚literature‘ or not“.

[361] Parkinson (1999: 184-185) spricht von einem „socio-political content“. Es ist der früheste Beleg, der mir bekannt wurde. Ich verdanke diesen Hinweis R. Parkinson, der mich auf diesen Beleg bei dem Leipziger-Kolloquium „Feinde und Aufrührer“ 2001 aufmerksam gemacht hat.

[362] Gemeint ist hier, daß König Thutmosis I. den Feind von beiden Seiten angriff, so daß der Feind und seine Verbündeten nicht fliehen konnten, Zibelius-Chen (1988: 193). Die sorgfältigen Vorbereitungen durch Ahmose und insbesondere Amenhotep I. ermöglichten dann das schnelle und erfolgreiche Vordringen Thutmosis’ I. jenseits des 3. Kataraktes bis nach Kurgus südlich des 4. Kataraktes, wo er eine Grenzstele hinterließ, ebenda.

[363] Als Analog zu dem Ausdruck „der Elende von Chatti“.

[364] Gardiner (1947 I: 134*-136*) und Helck (1971: 281-282) mit weiteren Belegen.

[365] Urk. VI 649, 10.

[366] Gardiner (1947: 135*).

[367] Ebenda.

Im vierten Beleg werden die ***nbḏw-qd*** (Stele vom Gebel Barkal) mit den asiatischen Stämmen, den rebellierenden Beduinen und den Ländern der Nordgrenze der Erde genannt. Diese Erwähnung ***nbḏw-qd*** zusammen mit den Ländern, die im Norden liegen, ist ein Indiz dafür, daß ***nbḏ-qd*** als „die Bösen von Qedi" aufzufassen ist. Ebenfalls dürfte dieses Kompositum als Toponym zum sechsten Beleg gut passen, weil die ***nbḏw-qd*** dort mit den Asiaten und den *Fnḫw*-Ländern in Verbindung gebracht werden. Helck schließt daraus: „Es kann sich also nur um ein wichtiges Land gehandelt haben, das ans Meer grenzte, da man Qadi-Bier ‚von Hafen' nach Ägypten handelte; ... Ein anderes Produkt aus Qadi ist Koniferenholz".[368] Abschließend ist anzumerken, daß es sich bei Qedi um eine alte Bezeichnung für Kizzuwatna handelt.[369]

---

[368] Helck (1971: 282).
[369] Ebenda.

7. Lexem: *rs.wt*

7.1. Belegstellen

Lexem *rs.wt*	Datierung	Ges.	Kgl.	Priv.	Lit.	Andere Lexeme / Untaten des Feindes	Aktion gegen den Feind
Wb II 452, 6.	**Dyn. 9/10 [370]-22/23**	**005**	**003**	**002**	**000**		
1.  [371]	Dyn. 11	001	000	001	000	-----	*sqr, ssnḏ*
2.  [372]	Sesostr. I	001	001	000	000	*ẖ3k-jb*	*skj, wsḫ t3š*
3.  [373]	Thutm.III	001	001	000	000	*jḫm.w*	-----
4.  [374]	Amenh. II	001	001	000	000	*ḫft.jw*	-----
5.  [375]	Dyn. 22/23	001	000	001	000	*ḫft.jw*	-----

1.
jw(.j) rḫ.kwj ...
ks n sqr wᶜ.tj
dgg jr.t n sn.nwt.s
ssnḏ ḥr n rs.wt

„Ich kenne: ...
den Sturmlauf dessen, der einen einzelnen Gefangenen **erschlägt**,
indem das Auge auf sein Zweites blickt
und das Gesicht des **Rebellen** in **Furcht versetzt** wird“.[376]
Barta (1970: 104 f.)

---

[370] Goedicke (1960: 288 Kol. 3 bzw. 290, Anm. h) liest „*rs*?“ auf einer Stele, die er an das Ende der Ersten Zwischenzeit datiert. Leider ist der Text an dieser Stelle zerstört.

[371] Barta (1970: 14, 10). Die Schreibung weicht geringfügig vom Original ab.

[372] Ich bin nicht ganz sicher, ob nicht die Hieroglyphe (O30)  hier die bessere Lesung ist, vgl. Seyfried (1981: 97) und Sadek (1980: 84 f.).

[373] Urk. IV 200, 17.

[374] Urk. IV 1291, 9.

[375] Analog zu Urk. IV 1291, 9, vgl. Jansen-Winkeln (1985: 343, 2.5.5 bzw. 240, Anm. 6). Die Schreibung weicht geringfügig vom Original ab.

[376] Barta (1970: 114) meint: „Weder ‚das Blicken des Auges auf etwas‘ noch ‚das in Furcht versetzen des Gesichtes‘ kann als Motiv für einen ägyptischen Künstler akzeptiert werden. Dafür fehlt jedes archäologische Zeugnis; denn die Blickrichtung des Auges findet man in der bildenden Kunst ebenso wenig wie die Gemütsbewegung der Furcht ausgedrückt. [...] Wir werden deshalb sowohl in ***dgg jrt n sn-nwt.s*** als auch in ***ssnḏ ḥr nj rst*** Nebensätze sehen müssen, die die Handlung des Feinderschlagens und insbesondere den Zustand des geschlagenen Gegners beschreiben, ohne sich dabei auf das, was wirklich dargestellt wird, zu beziehen. Das Auge, das auf sein Zweites blickt, könnte dabei als Blickwechsel zwischen dem anstürmenden König und seinem Gefangenen verstanden werden. [...]“ Siehe zuletzt Fischer-Elfert (2002: 27-35) mit weiterer Literatur.

2.
jn(j) ḏr.w rs.wt nḥs.jwt
sk(j) tp.w ꜣb.t ẖꜣk.t-jb
wsḫ tꜣš pḏ nmt.t

„Der die Grenze der nubischen **Rebellen erreicht** hat.
Der (König) die **Häuptlinge** der **übelgesinnten** Sippe **vernichtet**.
Der die **Grenze erweitert** und den **Schritt ausspannt**". Seyfried (1981: 99)

3.
dj**[n(.j)* ***snḏ**.k] m tꜣ.w* ***rs.wt
***ḥrj.t**.k m ẖ.tw j.**ḫm**(j).w ⟨km.t⟩*

„[Ich (der Gott) habe die **Furcht** vor dir] in die **rebellischen** Länder
und den **Schrecken** vor dir in die **Leiber** derer, die ⟨Ägypten⟩ **nicht kennen**, gegeben".
(Urk. IV 200,17)

4.
jr(r).f rs.wt m ḫftj.w.f
***pḏ.t psḏ.t** r mj.t.t*

„Der die **Rebellen**
sowie die **Neunbogen** als seine **Feinde behandelt**".[377]
(Urk. IV 1291, 9)

5.
jr(j) rs.wt m ḫft.jw.f
wnn mšꜥ pẖr ḥꜣ.f

„Der die **Rebellen** als seine **Feinde behandelte**,
wobei die Armee ihn umkreist". Jansen-Winkeln (1985: 240 Anm. 6)

[377] Es handelt sich um eine Eulogie des Königs Amenhotep II., siehe Anm. 80.

7.2. Kommentar:

Drei von den fünf Schreibungen (2, 3 und 4) werden standardgemäß mit der Hieroglyphe  geschrieben. Die erste Schreibung auf der Stele C14 enthält ein Zeichen, das ich nicht genau einordnen kann. Es könnte sich um die Hieroglyphe (T14)  oder (T13)  handeln. Auf dem Foto sehe ich noch eine senkrechte Vertiefung am rechten oberen Ende des Zeichens, so daß man auch (Aa26) ansetzen kann. Die letzte Schreibung (5) weist nur das Determinativ auf, so daß man sie nur durch Analogieschluß ergänzen kann.[378]

Dises Lexem leitet sich vom Verbum *rs*[379] „wachen, wachsam sein" ab, so daß dieser Ausdruck als der „zu Bewachende"/„der bewacht werden sollte" gedeutet werden kann.[380]

Der Kontext des ersten Belegs weist keinen realpolitischen Feind auf. Dort teilt *Jrw-jrw.sn* dem Leser sein Geheimwissen über die Schrift und seine Fähigkeit, u.a. „Feindbilder" im bildhauerischen Sinne herzustellen, mit.[381]

In der Königstitulatur nimmt Sesostris' I. eine seiner wichtigsten Aufgaben wahr, nämlich die Sicherung der Grenzen gegen Feinde: im zweiten Beleg werden die „nubischen Rebellen" (*rs.wt nḥs.jwt*) vom ihm angegriffen bzw. erobert (*jnj ḏr.w*).

In den Belegen (4 und 5) werden die Neunbogen und die *rs.wt* mit den *ḫft.jw* gleichgesetzt und entsprechend als Feinde beahndelt. Das bedeutet, daß sie wie die *ḫft.jw* vernichtet werden. Eine Ächtungsfigur ist mit dem *ṯs* / *rs*-Zeichen beschrieben. Solche Figuren werden vom König im Ritual verflucht und zerstört.[382]

---

[378] Jansen-Winkeln (1985: 240, Anm. 6) liest *rst*. Zur Stele C 14 siehe Barta (1970).
[379] Im Sinne von „über Feinde wachen", Wb II 450, 7.
[380] Übersetzung in Anlehnung an die von Franke (2005: 109).
[381] Zur Lesung des Namens *Jrj-jrw.sn* in der Bedeutung „Einer, der ihre Gestaltungen macht" siehe Barta (1970: 20) und zuletzt Fischer-Elfert (2002: 28 f.).
[382] Ritner (1989: 90 f.).

8. Lexem: *rqj.w*

8.1. Belegstellen

Lexem *rqj.w*	Datierung	Ges.	Kgl.	Priv.	Lit.	Andere Lexeme / Untaten des Feindes	Aktion gegen den Feind
Wb II 456, 113-17.	**Dyn. 9/10 -Dyn. 30**	**063**	**046**	**010**	**007**		
1.  [383]	Sesostris I	001	000	001	000	*bẖbẖ, qꜣ-ḫrw*	*dr, sgr smj, ḥw(j)*
2. 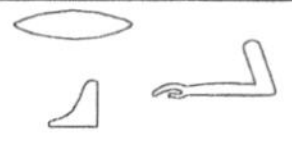 [384]	Neferh. I	001	001	000	000	*nn tpj jtn.w*	-----
3.  [385]	Kamose	002	002	000	000	-----	*sꜥḥꜥ*
4.  [386]	Thutm. I	001	001	000	000	*ꜥwꜣ*	*ḫsf, sdnj sswn*
5.  [387]	Hatschep.	001	001	000	000	*jtn.w*	-----
6. 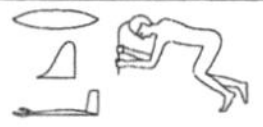 [388]	Hatschep.	001	001	000	000	-----	-----
7.  [389]	Thutm. III	001	001	000	000	-----	*sḫm jb r*
8.  [390]	Thutm. III	001	001	000	000	*šnṯ.j, ẖꜣk.w-jb*	*tjtj*
9.  [391]	Thutm. III	001	001	000	000	*ẖꜣk.w-jb*	*tjtj*

1.
jnk dr bẖbẖ[392] ***m qꜣ sꜣ***
sgr.j qꜣ-ḫrw r tm.f mdw
jnk smj ḥw(j) ḫꜣ.w m rqj.w

„Ich bin einer, der die **Frechheit** des Hochmütigen **beseitigte**,
der den **Vorlauten** zum **Schweigen brachte**, so daß er nicht mehr redete.
Ich bin der **Prügel**[393], der Tausende von **Rebellen schlug**". Quack (1992: 127)

[383] Montet (1930/35: 49).
[384] Helck (1975: 29, 1).
[385] Helck (1975: 95, 17 und 96,1).
[386] Urk. IV 269, 11.
[387] Urk. IV 341, 13.
[388] Urk. IV 368, 9.
[389] Urk. IV 556, 16.
[390] Urk. IV 612, 17; Assmann (1975: 485 f.); Lichtheim (1976: 35 f.).
[391] Urk. IV 621, 8.
[392] Kahl (1999: 220, Anm. 827) liest *bẖbẖ* nach der Parallele in TT 414.
[393] Zur Lesung vgl. Quack (1992: 127, Anm. 20); Ders. (1997: 332); Zuletzt Kahl (1999: 220).

2.
nn* *ꜥnḫ* *rqt.fj* *wj
nn* *tpj* *jtn.w.j* *ṯ3w
nn rn.f mdj ꜥnḫ.w

„**Nicht** wird **leben**, der gegen mich (den König) **rebellieren wird**.
Nicht wird der **Aufrührer** gegen mich (den König) Luft **atmen**.
Nicht wird sein **Name** unter den Lebenden **weilen**“. [394] Helck (1975: 29, 1-3)

3.
jw.j m S3k3 r ***tm rḏ(j)*** *wn* ***rqw.j*** *m ḥ3.j*
ḫnt.n.j m wsr jb jb 3wj
sꜥḥꜥ.k(w)j ***rqw*** *nb ntj ḥr t3 w3.t*

„Ich war (noch) in Saka, um zu verhindern, daß irgendwelche **Rebellen** hinter mir sind.
Ich fuhr nach Süden mutigen und frohen Herzens,
nachdem ich alle **Rebellen**, die auf dem Weg waren, **gestellt** hatte“. Helck (1975: 95-96)

4.
ḥꜥꜥ(j).w m jr(j).t.n.f nb.t
ḫsf *3.t* *w3j r* ***qnd***
sdnj ꜥw3 sswn rqj *jmj 3.t.f*

„Man jubelt über alles, was er (der König) getan hat;
der den Augenblick dessen **abwehrt**, der **zürnt**[395],
der den **Räuber tötet** und den **Rebellen** zu seiner Zeit **bestraft**“.[396] (Urk. IV 269, 9-11)

5.
nn rq(j)w.s *m-m rsjw*
nn jtn.w.s *m-mḥtjw*

„Es gibt **nicht** ihre **Rebellen** unter den Bewohnern des Südens.
Es gibt **nicht** ihre **Aufrührer** unter den Bewohnern des Nordens“. (Urk. IV 341, 13)

6.
nn rqj*.j m t3.w nb.w*
ḫ3s.wt nb.(.w)t m ḏ.t.j

„Es **gibt nicht** meinen **Rebellen** in allen Ländern.
Alle Fremdländer sind mir untertan“. (Urk. IV 368, 9)

---

[394] Vgl. auch Posener (1946: 55).
[395] Zum Gebrauch von *w3j r* als „Euphemismus“ siehe Anm. 254 und 745.
[396] Es handelt sich um eine Eulogie des Königs Thutmosis I. Siehe zu diesem Thema Anm. 80.

7.
rḏ(j).n.f jt.f Mnṯw qn.t nṯr nfr mry Mnṯw
sḫm jb sḫm[397] *⟨r⟩*[398] ***rq(j).w.f***

„Sein Vater Month gab ihm Stärke. Guter Gott[399], geliebt von Month,
kühn und **gewalttätig** gegen seine **Rebellen**".
(Urk. IV 556, 55-56)

8.
ḏ(j).j ***ḫr rqy.w.k*** *ẖr* ***ṯb.tj.k***
tjtj.k šnṯ.y.w.k ẖ3k.w-jb
mj wḏ.j n.k t3 m 3w.f wsḫ.f
jmn.tj(.w) j3b.tj(.w) ẖr st ḥr.k

„Ich lasse deine **Rebellen unter** deine **Sohlen fallen**,
und dich die **Streitsüchtigen** und die **Übelgesinnten niedertreten**,
(so) wie ich dir das Land in seiner Breite und Länge anbefehle,
(so daß) die Westlichen und die Östlichen unter deiner Aufsicht sind".[400] (Urk. IV 612, 17)

9.
ḏ(j).j ***ḫr rqy.w.k*** *ẖr* ***ṯb.tj.k***
tjtj *n.k* ***ẖ3k.w-⌜jb⌝***[401]
[mj wḏ.j n.]k t3 m 3w.f wsḫ.f

„Ich lasse deine **Rebellen** unter deine **Sohlen fallen**,
und dich die **Übelgesinnten niedertreten**,
[(so) wie ich] dir das Land in seiner Breite und Länge [anbefehle]". (Urk. IV 621, 8)

---

397 Vgl. Anm. 109 und 122. Die *sḫm*-Macht befähigt den König zu diversen Handlungen wie (Fremd)Länder zu erobern und Feinde zu besiegen.
398 Ich nehme hier eine Haplographie an.
399 Vgl. Anm. 136.
400 Zur Übersetzung vgl. Osing (1999: 75-86).
401 Vgl. Urk. IV 613, 1.

Lexem *rqj.w*	Datierung	Ges.	Kgl.	Priv.	Lit.	Andere Lexeme / Untaten des Feindes	Aktion gegen den Feind
10. 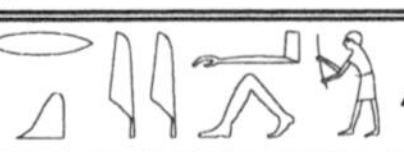 [402]	Thutm. III	001	001	000	000	*m ksw*	-----
11. 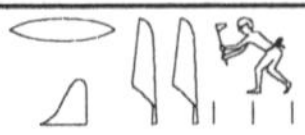 [403]	Thutm. III	001	000	001	000	-----	*ḫsf*
12.  [404]	Thutm. III	001	000	001	000	*bṯn.w*	*bḥn*
13. 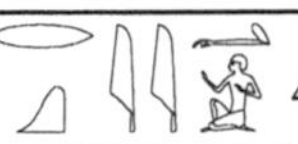 [405]	Thutm. III	001	000	001	000	-----	-----
14.  [406]	Amenh. II	001	001	000	000	-----	-----
15. 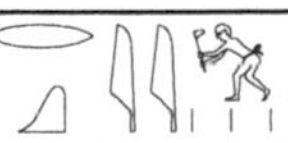 [407]	Amenh. II	001	001	000	000	-----	*sḫr, swsḫ tꜣš*
16. 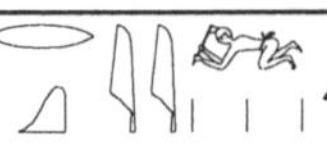 [408]	Amenh. II	001	001	000	000	-----	*sḫr, swsḫ tꜣš*
17. 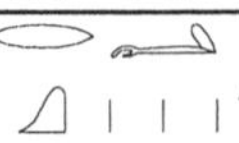 [409]	Amenh. II	001	001	000	000	-----	-----

10.
***nn rqy**.j m tꜣw rs.jw*
*jw(j) **mḥ.tjw m ksw** n bꜣ.w.j*[410]

„Es **gibt nicht meinen Rebellen** in den südlichen Ländern.
Die Nordbewohner kommen in **Verneigung** wegen meiner Ba-Macht“ (Urk. IV 1232, 14)

11.
tm tšj r nb tꜣ.wj ḥr prj
*wnw.t n.t **ḫsf rqy.w.f***
[n kꜣ] mry nb.f ḥsy nṯr nfr

„Der nicht vom Herrn der beiden Länder wich auf den Schlachtfeldern
im Augenblick der **Abwehr** seiner **Rebellen** (des Königs)
[für den Ka][411] des Geliebten seines Herrn (des Königs) und des Gelobten des guten Gottes[412]“.

(Urk. IV 938, 14)

402 Urk. IV 1232, 14.
403 Urk. IV 938, 14.
404 Urk. IV 969, 6. Es ist ein Raum für r freigelassen, aber nicht ausgefüllt.
405 Urk. IV 1199, 7.
406 Urk. IV 1278, 13.
407 Urk. IV 1296, 13.
408 Urk. IV 1296, 14.
409 Urk. IV 1329, 7.
410 Die Ba-Macht ist eine Eigenschaft, die sowohl der König als auch der Gott besitzen können. Sie ist eine Wirkungsmacht, die bei den Fremdvölkern einen bestimmten Unterwerfungsgestus wie die Verbeugung auslöst, vgl. Anm. 107.
411 Ergänzung nach Urk. IV (1984: 344).
412 Vgl. Anm. 136.

12.
ꜥꜣ ḥrj.t m ḫbn.tjw
nb snḏ.wt m bṯn.w-jb bḥn** [r] **rqj

„Groß an Schrecken unter den Verbrechern.
Furchterregender unter den **Aufrührern**, der die **Rebellen bändigt**".[413]
(Urk. IV 969, 4-6)

13.
jy(j).n.j r njw.t n.t ẖr nṯr
***nn rqy.j** tp tꜣ*
n dr jwꜥ ḥr ns.t.f
n(n)[414] *smꜣr.j*
n(n) jṯ(.j).j jḫ.t n ḥwrw

„Ich bin zu meiner Stadt der Nekropole gekommen.
Nicht gab es meinen **Rebellen** auf Erden.
Nicht habe ich einen Erben von seinem (rechtmäßigen) Amt vertrieben.
Nicht beraubte ich einen Schwachen seiner Habe". (Urk. IV 1199, 6-10)

14.
tj sw m mj km.t ẖr.f
***nn** r.f **rqy** m sḥḏ.t jr.t Jtmw*
pḥtj[415] *Mnṯw ḫt ꜥḥ.w.f*

„Als er (der König) noch ein Same war, gehörte ihm Ägypten.
Es gab **keinen Rebellen** gegen ihn innerhalb dessen, was das Auge des Atums erleuchtet.
Die Kraft des Gottes Month ist in seinen Gliedern".[416] (Urk. IV 1278, 11-14)

15.
m-ḫt jy(j).t ḥm.f m Rṯnw ḥr.t
***sḫr.n.f rqj.w.f** nb.w*
ḥr swsḫ tꜣš.w km.t ...

„Seine Majstät kam aus dem Bergland Palästina,
nachdem er alle seine **Rebellen zu Fall gebracht**
und die Grenze Ägyptens erweitert hatte". (Urk. IV 1296, (A)13, 15)

---

[413] Siehe den eulogischen Teil der Biographie Intef, der einen königlichen Charakter aufweist; Urk. IV 967, 14 bis 972, 14.
[414] Die Negation ***nn** smꜣr.j* und ***nn** jṯ(j)* ist hier ***n** sḏm.f* gleichwertig; siehe Satzinger (1968: 39-41).
[415] Über Titel und Epitheta, die die physische Kraft des Königs zum Inhalt haben, vgl. Anm. 109 und 122.
[416] Es handelt sich um eine Eulogie des Königs Amenhotep II., siehe auch Anm. 80.

16.
m-ḫt jy(j).t ḥm.f m Rṯnw ḥr.t
sḫr.n.f rqj.w.f nb.w
ḥr swsḫ tȝš.w km.t ...

„Seine Majestät kam aus dem Bergland Palästina,
nachdem er alle seine **Rebellen zu Fall gebracht**
und die Grenze Ägyptens erweitert hatte ...“. (Urk. IV 1296, (K)14, 16)

17.
ḏ(j).n.f n(.j) tȝ ḥr ndbw.f
***nn rqj.w.j** m tȝ.w nb(.w)*

„Er (Amun) gab (mir) die ganze Erde.
Nicht gibt es meinen **Rebellen** in allen Ländern“. (Urk. IV 1329, 7)

Lexem *rqj.w*	Datierung	Ges.	Kgl.	Priv.	Lit.	Andere Lexeme / Untaten des Feindes	Aktion gegen den Feind
18. 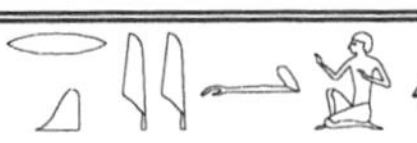 [417]	Amenh. II	001	000	001	000	-----	-----
19.  [418]	Amenh.III	001	000	001	000	*bšṯ.w*	*thm, sm3*
20. 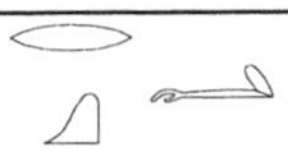 [419]	Amenh.III	001	001	000	000	*Sṯ.tjw*	*ḥwj, sḫr*
21. 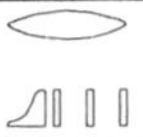 [420]	Amenh.III	001	001	000	000	-----	-----
22.  [421]	Haremh.	001	000	001	000	*jw.tj*	-----
23.  [422]	NR	001	000	001	000	*ḫft.j, ḫ3k-jb, sbj*	*ḥwj, sḫr, sḥtm, dr*
24. 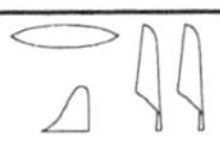 [423]	NR	001	000	001	000	-----	-----

18.
Parallele zum Beleg (13). (Urk. IV 1199, 7)

19.
wr b3.w.k[424] *r pḥ.ṯw*
ḏ(j).k ḏd ***bšṯ.w*** *r.k* ***thm****.n n ḫ.t rn.n*
sm3*.n.k* ***rqy.w****.k nb.w* ***ḫtb****(.w) ḫr ṯb.tj.k*

„Groß an Ba-Macht, gegen den, der dich angreift.
Du läßt die **Aufrührer** gegen dich sagen: es **bedrängte** uns die Flamme unseres Namens.
Du hast alle deine **Rebellen abgeschlachtet**, so daß sie **niedergestreckt** unter deinen Fußsohlen **liegen**“.

(Urk. IV 1661, 3-5)

[417] PM I 179 (TT 88); Parallele zu Urk. IV 1199, 7.
[418] Urk. IV 1661, 5; Edwards (1939: BM Nr. 657, 12).
[419] Petrie (1897: Taf. 9, 8); DZA Nr. 26084520.
[420] Urk. IV 1670, 13.
[421] Gardiner (1913: 168); Lichtheim (1945: 197) übersetzt: „Strife is its abomination, There is none that girdeth (5) himself against his fellow. This land that has not its opponents“.
[422] Moret (1909: 24, Taf. 22, 4).
[423] DZA Nr. 26085680; Ranke (1935: 265, 6).
[424] Vgl. Anm. 107 und 122.

20.
[ḥwj] sṯ.tjw
***sḫr rqj.f** ḥr tꜣ.w nb.w*
jr(j) ḫꜣs.wt m jwn[425]
wd(j) šꜥ.t[426]*.sn*

„[Der] die Asiaten [**schlägt**],
der seinen **Rebellen niederwirft**
und die Fremdländer zum **Leichenhaufen macht**
und ihnen **Schrecken einflößt**". Petrie (1897 Taf. 9, Fig. 8)

21.
km.t dšr.t ẖr ḥr s.t.f
***nn rq(j).w.f** m tꜣ.w nb.w*
ḫꜣs.t nb.t ẖr ṯb.tj
jn.w.sn ḥr psḏ.w.sn

„Ägypten und die Wüste sind unter seiner Aufsicht,
ohne daß es seine **Rebellen** (des Königs) in allen Ländern **gibt**.
Jedes Fremdland ist unter seinen Fußsohlen.
Ihre Abgaben (der Rebellen) sind auf ihren Rücken". (Urk. IV 1670, 13-14)

22.
***nn wn** ḥr sw r sn.w.f*
*tꜣ pn jw.tj **rqj.w.f***

„Niemand rüstet sich (zum Kampf) gegen seinen Genossen.
Dieses Land, dessen **Rebellen** es **nicht gibt**". Gardiner (1913: 168)

23.
jw.k nsw ḏ.t sꜣ.h
Ḥr.w mn ḥr ns.t.k
*nḏ.tj.k **ḥw(j) ḫftj.k dr sbj***
***sḫr ẖꜣk-jb** sꜣw.f jb.k rʾ nb*
***sḥtm rqw** nn wn.f ḏ.t nḥḥ*

„Du (Gott Osiris) bist der König der Ewigkeit.
Möge dein dein Sohn Horus auf deinem Thron bleiben.
Dein Beschützer (Horus), der deinen **Feind schlägt**, der den **Frevler vertreibt**,
der den **Übelgesinnten zu Fall bringt**, der dein Herz jeden Tag erfreut
und den **Rebell vernichtet**, so daß er nicht mehr existiert bis in alle Ewigkeit".
Moret (1909: Taf. 22, 3-4)

[425] Wb I 54, 4.
[426] Wb I 387, 14.

24.
ʿnḫ Rʿ.w mt njk
*jw.k **mn**.tw **rqy**.k **ḫr**.f*

„Es lebe Re, es sterbe der Bösewicht.
Mögst du **dauern,** und **dein Rebell** (er) möge **fallen**“. (DZA Nr. 26085680)

Lexem *rqj.w*	Datierung	Ges.	Kgl.	Priv.	Lit.	Andere Lexeme / Untaten des Feindes	Aktion gegen den Feind
25. 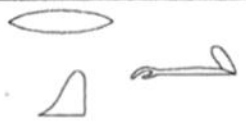 [427]	Dyn. 18	001	000	001	000	-----	*mḏd*
26. 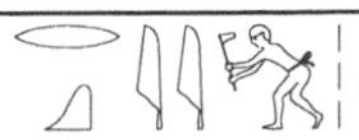 [428]	Sethos I	001	001	000	000	-----	*sḫr*, *ḥwj*
27. 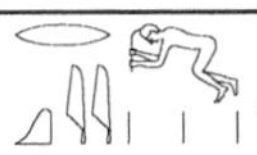 [429]	Sethos I	001	001	000	000	*ḫ3s.wt*	*ḥwj*, *sḫr*
28.  [430]	Sethos I	001	001	000	000	*pḏ.t psḏ.t* *K3š*, *Rṯnw*	*sḫr*, *ḥwj* *sm3*, *ptpt*
29.  [431]	Sethos I	001	001	000	000	-----	*ptpt*
30. 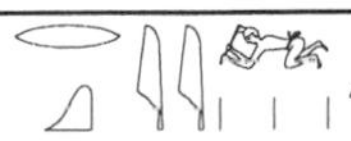 [432]	Ramses II	001	001	000	000	-----	*sḫr*
31. 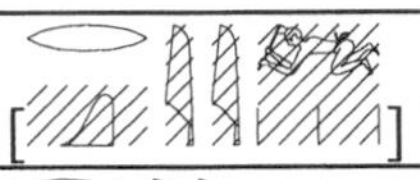 [433]	Ramses II	001	001	000	000	-----	*sḫr*
32. 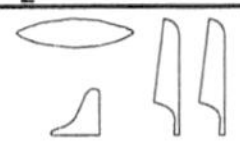 [434]	Ramses II	001	001	000	000	-----	*sḫr*

25.
ḏd[*.f*] *jnk ḥm 3ḫ jb*
jw.tj ḏ(j).f sw ḥr gs jw [...] [...]
[...] *m jb.f ṯsm*[435] ***ḥr mḏd***[436] ***rqj.f***

„[Er] (der Beamte Amunhotep) sagt: ich war einer, der klug ist,
der sich nicht auf eine Seite stellt (unparteiisch). Der? [...] [...]
[...] in seinem Herzen, (schnell wie) ein Windhund beim **Schießen** auf seinen **Rebellen**".
Borchardt (1925: 139 d.)

26.
[*nṯr nfr...sḫ*]*r rqy.w.f* [...]
ḥw(j) [...]*jm.sn* [...*sḫr*] *wr.w.sn*

„[Der gute Gott (der König)[437], ... der seine **Rebellen zu Fall bringt**.
Der [...] **schlägt**, der ihre Häuptlinge **niederwirft** ". (KRI I 21, 7)

[427] CG 583, S. 139 Borchardt (1925).
[428] KRI I 21, 7.
[429] KRI I 30, 1.
[430] KRI I 98, 16. Siehe bei Schulman (1988: Fig. 33) ein Photo ohne Bearbeitung.
[431] KRI I 140, 11.
[432] KRI II 150, 13.
[433] KRI II 166, 9.
[434] KRI II 313, 2.
[435] Arabisch „Sluqi".
[436] Wb II 191, 14 f.; Der schießt, um zu treffen. Vgl. auch Wb II 192, 10: Horusname *Ḥr mḏd.w*.
[437] Vgl. Anm. 136.

27.
Ḥr.w Ṯm3-ʿ.w[438] *nb jrj jḫ.t*
ḥw(j) ḫ3s.wt sḫr rqy.w.f

„Horus (der König) mit kräftigem Arm, Herr des Rituals,
der die **Fremdländer schlägt** und seine **Rebellen** zu **Boden streckt**“. (KRI I 30, 1)

28.
nṯr nfr ḥw(j) pḏ.t psḏ.t
wsr jb sḫr ⸢*rq*⸣*3y.w.f*[439]
sm3 K3š ptpt ⟨R⟩ṯnw

„Der gute Gott (der König)[440], der die **Neunbogen schlägt**,
tapfer, der seine **Rebellen zu Fall bringt**,
der **Kusch tötet** und die Retenu **niedertrampelt**“. (KRI I 98, 15-16)

29.
[...] *nb p.t ḥq3 šnn.t jtn*
pr(j)-ʿw sḫm[441] *m rqy.w*[*.f*] *ptpt* [...]

[...] Herr des Himmels (der König), Herrscher dessen, was die Sonne umkreist,
angriffslustig, der Macht erlangt über [seine] **Rebellen**, der [...] **niedertrampelt**“.
(KRI I 140, 11)

30.
ʿnḫ nṯr nfr mj.t.t Rʿw
jtj jṯ(j) t3.w nb(.w) m ḫpš.f
sḥj rs tp mnḫ sḫr.w
pḥ.tj[442] *sḫr rqy.w.f*

„Es lebe der gute Gott, Ebenbild des Re,
der Herrscher, der alle Länder mit seinem Schwert/Arm erobert;
der wachsame Ratgeber mit vortrefflichen Plänen,
kraftvoll, der seine **Rebellen** zu **Boden wirft**“. (KRI II 150, 13)

---

[438] Als Bezeichnung für den König, vgl. Wb III 124, 2.
[439] Vgl. Urk. IV 565, 15-16; Hintze (1962: 31-40).
[440] Vgl. Anm. 136.
[441] *Pr(j)-ʿ.w* ist eine Eigenschaft, die im übertragenen Sinne die Kühnheit im offensiven Kampfverhalten ausdrückt und damit eine psychische Kraft bedeutet, vgl. Anm. 109 und 122.
[442] Siehe die vorige Anm.

31.
ḫpš.f wsr mj mnṯ.w
pḥ.tj.f[443] *mj s3 nw.t*
Ṯm3-ʿ.w[444] ***sḫr** r[**qy**.w.f ḥw(j) wr.w] ⸢ḫ3s.wt nb.(wt)⸣*
qn(j) sw r ḥfn.w

„Dessen Arm kräftig ist wie der des Month,
dessen Kraft ist, wie die des Sohnes der Nut (Gott Seth),
mit kräftigem Arm, der seine **Rebellen zu Fall bringt**,
der siegreich ist gegen Hunderttausende". (KRI II 166, 9)

32.
***sḫr rqy** nb*
ḏ(j) n.k qn(.t)[445] *n ʿ.w.wj.k*

„Der (der Gott) jeden **Rebellen zu Fall bringt**,
und deinen beiden Armen Kraft verleiht".
(KRI II 313, 2)

---

[443] Vgl. Anm. 109 und 122.
[444] Als Bezeichnung des Königs, vgl. Wb III 124, 2.
[445] Vgl. Anm. 109 und 122.

Lexem *rqj.w*	Datierung	Ges.	Kgl.	Priv.	Lit.	Andere Lexeme / Untaten des Feindes	Aktion gegen den Feind
33.  [446]	Ramses II	001	001	000	000	*bṯn.w*	*nḥm ṯꜣ.w*
34. 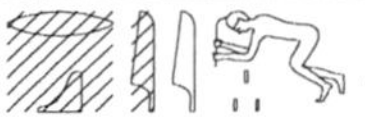 [447]	Sethnacht	001	001	000	000	-----	*dr*
35. 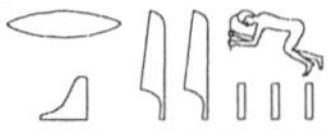 [448]	Sethnacht	001	001	000	000	-----	-----
36.  [449]	Rams. III	001	001	000	000	-----	-----
37.  [450]	Rams. III	002	002	000	000	-----	*dr*
38.  [451]	Rams. III	001	001	000	000	-----	*smꜣ, sky*
39.  [452]	Rams. III	001	001	000	000	-----	*sḫr*
40.  [453]	Rams. III	001	001	000	000	-----	*dr, mkj*

33.
jw šsr.w.sn m sꜣ.sn mjt.t Sḫm.t
***nḥm ṯꜣw** r fnḏ n **bṯn.w**[454] tꜣ*
ḫns** n ḫtꜣ ntj m **rqy.w.f

„Seine Pfeile (des Königs) sind in ihren Rücken wie die der Sachmet.
Der **raubt** den **Lebensodem** von der Nase der **Aufrührer** des Landes.
Umzingelt[455] ist Chatti, welches sein **Rebell** (des Königs) ist". (KRI II 173, 13-14)

34.
bjk[456] nbw sḫm ḫpš
***dr** [pḏ.t psḏ.t ḥwj rq]j.w*

„Falke des Goldes: mit kräftigem Arm,
der [die **Neunbogen**] **vertreibt**[457] und die [**Rebellen schlägt**]".[458] (KRI V 671, 15)

[446] KRI II 173, 14-15; PM II 438 (18), III.
[447] Seidlmayer (1998: 376 c).
[448] Ebd. S. 375 Z. 15.
[449] Bouriant (1890: 173).
[450] KRI V 11, 4.
[451] KRI V 302, 12.
[452] MH VI 414, 13.
[453] KRI V 68, 5.
[454] Vgl. Wb I 179, 6 mit Hinweis auf *bṯn.w*.
[455] Zur Übersetzung vgl. Kitchen (1996: 46).
[456] Zum Gold-Namen, vgl. Anm. 175.
[457] Wenn die Ergänzung richtig ist, haben wir im ersten Halbsatz eine Parallele zum Gold-Namen Thutmosis III. siehe von Beckerath (1999: 136-137 G 6).
[458] Seidlmayer (1998: 376-377).

35.
[rnp.t ḥsb][459] *2 ꜣpd 2 šmw sw 10*
nn rqy.w jn ḥm.f* (ꜥ.w.s.) *m tꜣ.w nb.w

„Zweites Regierungsjahr, zweiter Monat des Sommers, zehnter Tag,
Nicht gibt es **Rebellen** gegen seine Majestät (LHG) in allen Ländern“.[460] (KRI V 672, 10)

36.
***nn rq(j).w.f** m tꜣ.w nb(.w)*
ḫꜣs.t nb.t ⟨ẖr⟩ ṯb.tj.f

„**Nicht** gibt es seine **Rebellen** in allen Länder.
Jedes Fremdland ist unter seinen Fußsohlen“. Bouriant (1890: 173)

37.
*ḏ(j).f n.f ḫpš r **dr rqy.w.f***

„Er (der Gott) gab ihm Stärke, um seine **Rebellen** zu **vertreiben**“. (KRI V 11, 3-4)

38.
nsw ꜥꜣ pḥ.tj[461] ***smꜣ rqy.w.f***
sḫm jb m sk.yw hd ḥfn.w[462]

„König, groß an Kraft, der seine **Rebellen abschlachtet**.
Tapfer im Kampfgewühl, der Hunderttausende besiegt“. (KRI V 302, 12-13)

39.
wnn.k m Ḥr.w
nb(.w) ḫpš[463] ***ḥr sḫr rqy** nb ḏ.t*

„Du wirst sein wie Horus,
Herr der Stärke, beim **Niederwerfen** jedes **Rebellen** ewiglich“. (MH VI 414, 13)

40.
*wšb ḥr **km.t dr rqy.w.s***
mk(j) s(.j) nḥm.s(.j) m rꜣ-pḏ.t[jw][464]

„Der Ägypten in **Schutz** nimmt und die **Rebellen** gegen es **vertreibt**,
der es (Ägypten) beschützt und es vor den Barbarenstämmen rettet“. (KRI V 68, 5)

---

[459] Zur Lesung vgl. Barta (1986: 89-92).
[460] Seidlmayer (1998: 375, Z. 15).
[461] Vgl. Anm. 109 und 122.
[462] Als Beiname Ramses II.; Vgl. Wb II 505, 2.
[463] Vgl. Anm. 109 und 122.
[464] Vgl. Wb II 397, 9.

Lexem *rqj.w*	Datierung	Ges.	Kgl.	Priv.	Lit.	Andere Lexeme / Untaten des Feindes	Aktion gegen den Feind
41.  465	Rams. III	001	001	000	000	-----	*⟨s⟩ḫr, sm3*
42. 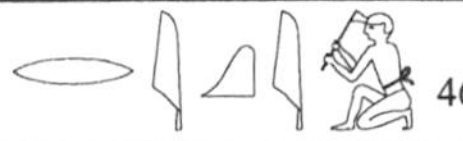 466	Rams. III	001	001	000	000	-----	*dḫ*
43.  467	Rams. III	001	001	000	000	-----	*dr, skj*
44. 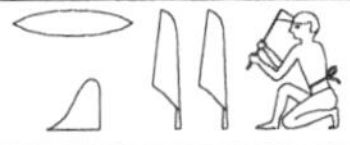 468	Rams. III	001	001	000	000	-----	*sḫr*
45.  469	Rams. III	001	001	000	000	*sṯ.tjw*	*dḫ, ḥwj*

41.
nb t3.wj (wsr m3ʿ.t Rʿw mrj Jmn.w)
wsr rnp.wt mj Jtm.w
Ṯm3-ʿ.w[470] ***⟨s⟩ḫr rqy.w.f***
***sm3.j** n.k t3(.w) nb(.w) w3y(.w)*

„Herr der beiden Länder, Ramses III., Geliebter des Amuns,
reich an Jahren wie Atum.
Mit kräftigem Arm, der seine **Rebellen zu Fall bringt**.
Ich (Gott Amun-Re) **schlachte** dir alle fernen Länder“. (KRI V 92, 13-14)

Weitere Bezeichnungen für Feinde wie ***ḫrw.yw*** (KRI V 93, 1) und ***ẖ3k.w-jb*** (KRI V 93, 3) erscheinen in demselben Kontext des Besiegten.

42.
*šsp n.k ḫpš r **dḫ rqy.w.k***

„Nimm dir das Sichelschwert, um deine **Rebellen niederzuwerfen**“.
(MH II 121 A, 3)

43.
*ḏ(j).f n.f ḫpš r **d[r] rqy.w.f***
sk(j)** sp sn.w **tm** [ḥr] **mw.f

„Er (der Gott) gibt ihm das Sichelschwert[471], um seine **Rebellen** zu **vertreiben**
und die, die nicht „auf seinem Wasser“ sind, zu vernichten“. (DZA Nr. 26084450)

---

465 KRI V 92, 13-14.
466 MH. II 121, (A), 3.
467 DZA Nr. 26084450.
468 DZA Nr. 26084530.
469 DZA Nr. 26084440.
470 Als Bezeichnung des Königs, vgl. Wb III 124, 2.
471 Oder die Stärke.

44.
wnn.k m Ḥr.w nb(.w) ḫpš
ḥr s[ḫ]r rqy.k ḏ.t

„Du bist wie Horus, Herr des Schwertes,
beim **Niederwerfen** deines **Rebellen**". (DZA Nr. 26084530)

45.
šsp n.k ḫpš r dḫ rqy.w.k
šsp n.k ḫpš r ḥw(j).k sṯ.tjw

„Nimm dir das Sichelschwert, um deine **Rebellen** zu **unterwerfen**.
Nimm dir das Sichelschwert, um die **Asiaten** zu **schlagen**". (DZA Nr. 6084440)

Lexem *rqj.w*	Datierung	Ges.	Kgl	Priv	Lit.	Andere Lexeme / Untaten des Feindes	Aktion gegen den Feind
46. 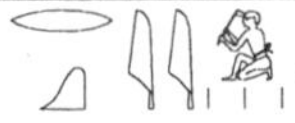 [472]	Merenpt.	001	001	000	000	-----	-----
47.  [473]	NR	001	000	000	001	*th3*	*ḫ3b*
47a.  [474]	NR	001	000	000	001	*šmm*	-----
48. 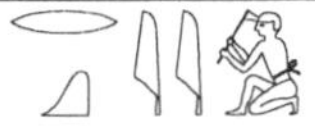 [475]	Rams. V	001	000	000	001	-----	*dr*
49.  [476]	Dyn. 21	001	000	000	001	-----	-----
50.  [477]	Dyn. 21	001	000	000	001	-----	*jrj rwj*
51.  [478]	Dyn. 21	001	000	000	001	-----	-----
52.  [479]	Dyn. 21	001	000	000	001	-----	*jrj rwj*

46.
dd n.f t3.w nb.w ḥr mtn wꜥ
nn rqy.w.f

„Gegeben sind ihm (dem König) alle Länder auf einem Weg.
Nicht gibt es seine **Rebellen**“. Gardiner (1937: 3, 2)

47.
wsf ḥ3t rq(j)
ḫ3b.tw n th3
sdr ḥ3.t md.t

„Lasse dir Zeit vor dem **Rebellen**,
beuge dich vor dem **Frevler**
und schlafe vor dem Reden“. Grumach (1972: 38, 5,12)

[472] pAnas. II., 3, 2 Gardiner (1937).
[473] pBM 10474 Lange (1925: 40, 12); Zur Übersetzung und Transkription siehe Grumach (1972: 38 5, 12 2a).
[474] pBM 10474 Lange (1925: 77, 14); Zur Übersetzung und Transkription siehe Grumach (1972: 95, 14).
[475] KRI VI 228, 6.
[476] pKairo CG 58042; nach Quack (1994: 284, B 15, 14). Der Eintrag Wb V 231, 9 ist zu streichen.
[477] Ebd.; ebd. (1994: 293, B 18, 7).
[478] Ebd.; ebd. (1994: 308, B 20, 8).
[479] Ebd.; ebd. (1994: 323, B21, 19).

47a.
m jr(j) ṯꜣj rꜣ mdj pꜣ šmm
***m** tw.k **snsn**.n.k s rqꜣj*

„Habe keinen Anteil an dem Heißen,
und **verbrüdere** dich **nicht** mit dem **Rebellen**“.[480] Grumach (1972: 95)

48.
nṯr nfr ꜥn ḥr m ḥḏ.t mj Jtm.w
ꜥn trj nfr ꜣb.wy mj Jmn.w
*nḫt ꜥ.w **dr rqy**.f mj sꜣ nw.t*
pḥ.tj.f[481] *mj Mnṯ.w*

„Der gute Gott[482] (der König), mit schönem Antlitz mit der weißen Krone wie Atum.
Hoch geachteter, der Gutes wünscht wie Amun.
Mit kräftigem Arm, der seinen **Rebellen vertreibt** wie der Sohn der Nut (Gott Seth).
Seine Kraft (des Königs) ist die des Month“. (KRI VI 228, 5-7)

49.
m jrj swḏ ḥrj.k (n) nṯr.k
bw [jrj.f] sḏm
*[**wnn**].k (m) **rqy** r-ḥr.f rꜥ nb*
jw ḥꜣ.ty rḫ.s

„Zeige deinen Vorgesetzten nicht deinem Gott an.
Er (der Gott) hört nicht.
Du wirst bei ihm (dem Vorgesetzten) täglich als **Rebell gelten**,
weil (sein) Herz es weiß“. Quack (1994: 88-89)

50.
*jr(j) **rwj** r rmṯ **rqy***
m-jrj jrj.t.f n.k (m) jrj

„**Halte** dich **fern** vom **Rebellen**,
mach ihn dir nicht zum Gefährten“. Quack (1994: 98-99)

Es folgt: „Befreunde dich mit einem wahrhaft Aufrichtigen, wenn du gesehen hast, was er (früher) getan hat, wenn deine Korrektheit seiner entspricht, damit eure Gemeinschaft ausgeglichen ist“.

---

[480] Shirun-Grumach (1991: 223) meint, daß der Text des Amenemope „wurzelt in gut altägyptischer Tradition (Pflichten des Beamten, Regel für den Umgang, Zurückhaltung im Streit)“. Die Feindbezeichnung ***ḫft.j*** kommt ebenfalls in dieser Lehre vor.
[481] Vgl. Anm. 109 und 122.
[482] Vgl. Anm. 136.

51.
jmj.k wṯs jb.k n pꜣ sj ḏrḏr
r rḏj.t gmj{jt}.f rʾ.k {r.j} ꜣs
(m) smj sn.nw prj m rʾ.k
wḥm.⟨f⟩ s jry.k ***rqy***

„Enthülle dein Herz nicht dem fremden Mann,
um ihm deinen überhasteten Ausspruch kundzutun
in der schlechten Rede, die aus deinem Mund gekommen ist.
Er wird es wiederholen und du wirst als **Rebell** gelten". Quack (1994: 106-107)

52.
j:jrj ***rwj*** *r rmṯ* ***rqy***
jw ḥꜣ.ty gr m ẖn.w pꜣ mšʿ
bw ṯꜣy.t kjj r tꜣ qnb.t
bw snḥ.t bw rḫ.j

„**Halte** dich **fern** vom **Rebellen,**
während das Herz schweigsam ist inmitten der Menge.
Ein Fremder wird nicht vor Gericht geschleppt.
Ein Anonymus wird nicht gefesselt". Quack (1994: 114-115)

Lexem *rqj.w*	Datierung	Ges.	Kgl.	Priv.	Lit.	Andere Lexeme / Untaten des Feindes	Aktion gegen den Feind
53.  [483]	Smendes	001	001	000	000	-----	*ḥwj*
54.  [484]	Dyn. 21[485]	001	001	000	000	-----	*dr*
55.  [486]	Takelot II	001	001	000	000	*ẖnn*	*dr*

53.
ʿnḫ kꜣ nḫt mrj Rʿw
swsr ʾImn.w ḫpš.f r sqꜣ mꜣʿ.t
Nb.tj sḫm pḥ.tj[487] ***ḥw(j) rqy.w.f***

„Es lebe der Stier, Geliebter des Re,
der Amun seinen Arm stärkt, um die Maat zu erhöhen.
Der Herrinnenname[488]: Stark an Kraft, der seine **Rebellen schlägt**".
Daressy (1888: 135)

54.
[...]jb.sn ḥʿj(w) n mrj.f jy(j).n.f r rs.j
m qn(j) n nḫt[489] *r shr(j) jb tꜣ* ***dr rqy.f***

„[...] ihr[490] Herz jauchzte, weil er (der Gott) gewünscht hatte, daß er (der Priester) nach Süden kommt
in Tapferkeit und Macht, um das Herz des Landes zufriedenzustellen und den **Rebell**[491] gegen ihn zu **vertreiben**".
Beckerath (1968: Taf. 1, 6)

[483] Daressy (1888: 135, 1).
[484] Von Beckerath (1968: Taf. I, 6 letzte Zeile).
[485] Zur Datierung der Stele der Verbannten vgl. Schneider (1994: 276-277) mit Hinweis auf Jansen-Winkeln (1992a: 22-27).
[486] RIK. III Taf. 16, 24.
[487] Vgl. Anm. 109 und 122.
[488] Siehe von Beckerath (1999: 10 f. und 178-179 N).
[489] Vgl. Anm. 109 und 122.
[490] Es bezieht sich auf das Gefolge des Priesters Mencheperre. Siehe dazu von Beckerath (1968: 7-36).
[491] Es handelt sich hier um einen Opponenten des Hohenpriesters und Generals Mencheperre, dessen Anhänger (des Rebellen) von Mencheperre nach seiner Machtergreifung begnadigt wurden. Von Beckerath (1968: 32-36) vergleicht dieses Ereignis mit dem des Prinzen Osorkon aus der 22. Dynastie, der seine Rebellen begnadete, nachdem er sie besiegt hatte.

55.
[g]rg ḫbꜣ(.w) m njw.t nb(.t) n(j)w tꜣ rsj
⟨r⟩dr rq(j)w.f nw ẖnw tꜣ pn
wn(w) ⌜wꜣ⌝j [r] ḫnn m rk.f

„Der (Prinz Osorkon) in Ordnung gebracht hat, was verwüstet war in jeder Stadt des Südens.
Der seine **Rebellen** im Inneren[492] dieses Landes **vertrieb**,
die in seiner Zeit **rebelliert** hatten". [493] Caminos (1958: 30-31)

[492] Es handelt sich hier um innere Feinde der Residenz; vgl. Caminos (1958: 29 § 42, 30, Anm. f), der von Verschwörern der Residenz ausgeht: „I take *rqw.f nw ẖnw* to refer domestic enemies, as opposed to foreign foes"; Kitchen (1986: 320-332 § 292 * f.). Ein weiterer Beleg für Feind (*ḫftj*) kommt in derselben Inschrift (Kol. 20) vor, dessen Zusammenhang unsicher ist. Zur Ergänzung siehe Caminos (1958: 20-22 § 35) bzw. weiter unten bei *ḫft.j*.
[493] Zu *wꜣj r* als „Euphemismus" siehe Anm. 254 und 745.

Lexem *rqj.w*	Datierung	Ges	Kgl	Priv	Lit.	Andere Lexeme / Untaten der Feinde	Aktion gegen die Feinde
56.  [494]	Darius I	001	001	000	000	-----	*ḫr*
57. 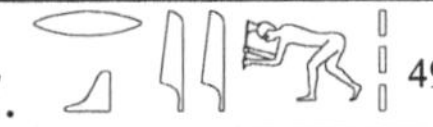 [495]	Darius I	001	001	000	000	*ḫft.j, sbj*	*ḫsf, sʿnḏ*
58. 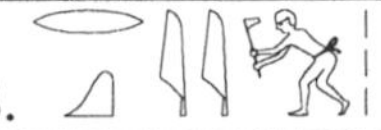 [496]	Darius I	001	001	000	000	----	[*sʿnḏ*]
59.  [497]	Nektaneb.I	001	001	000	000	-----	*ḥwj*
60.  [498]	Nektaneb.I	001	001	000	000	-----	*sḫr*
61.  [499]	Nektaneb.I	001	001	000	000	-----	*smꜣ*

56.
ʿnḫ Rʿw m hrw njk
jw.k ***mn.tj rqꜣy.w.k ḫr.y***

„Es lebe Re am Tage des Bösen.
Du **bleibst** (standhaft), (während) deine **Rebellen fallen**". (DZA Nr. 26085660)

57.
rḏ(j) n.f N.t pḏ.t.s jmj ʿ.w.s
r ***sḫr ḫft.jw*** *nb.w*
mj jr(j) n.s n sꜣ.s Rʿw m sp tp(j)
wsr.f *jm.s r* ***ḫsf sbj.w.f***
r ***sʿnḏ rqy.w.f*** *m tꜣ.wj nb.w(j)*

„Neith hat ihm (dem König) eigenhändig ihren Bogen gegeben,
um alle seine **Gegner zu Fall zu bringen**,
wie sie es für ihren Sohn Re beim „Ersten Mal" getan hatte.
Machtvoll ist er (der König) durch sie, um seine **Feinde abzuwehren**,
(und) um seine **Rebellen** in den beiden Ländern zu **dezimieren**". Yoyotte (1972: 255)

58.
wsr.f[500] [...] ***rqy.w.f*** *m tꜣ.w nb.w*

„Er (der König) ist **machtvoll**. [Der] seine **Rebellen** in allen Ländern [dezimiert?]".
Posener (1936: 50-63, Taf. IV, 4)
Vgl. den vorigen Beleg.

494 DZA Nr. 26085660.
495 Yoyotte (1972: 255, 7).
496 Posener (1936: Taf. IV, 4). Zur Übersetzung und zum Kommentar siehe S. 50-63.
497 Roeder (1952/54: 385).
498 Roeder (1952/54: 389).
499 Roeder (1914: 61 bzw. Taf. 17 Kol. 5).
500 Vgl. Anm. 109 und 122.

59.
nsw qn(j) ḥw(j) rqy.w.f

„Tapferer König, der seine **Rebellen schlägt**".[501] Roeder (1952/54: 385)

60.
⌜wnn⌝ ḥm.f jw ⌜nḏtj⌝
sḫr.f [rq]ꜣy.w.f

„Seine Majestät existiert (als?) ⌜Ritter⌝, der seine **Rebellen zu Fall bringt**".
Roeder (1952/54: 389)

61.
Rꜥw j(y)j smꜣ.n.f rqy.w.f
m ḫpr.w.f n jḥtj

„Re kommt, nachdem er seine **Rebellen abgeschlachtet** hat,
in seiner Gestalt des *Jḥtj*[502]. Roeder (1914: 61, 5)

---

[501] Grimal (1986: 656 (551)) mit Hinweis auf Blumenthal (1970: 225-226 F 3.3).
[502] Ein Gott in Bes-Gestalt, der als Beschützer des neugeborenen Kindes fungiert, vgl. Wb I 123, 3.

8.2. (*rqj-jb*)

Lexem *rqw-jb*	Datierung	Ges.	Kgl.	Priv.	Lit.	Andere Lexeme / Untaten des Feindes	Aktion gegen den Feind
62.  [502a]	12 Dyn.	001	000	000	001	-----	-----
63.  [503]	Amenh. II	001	001	000	000	*ꜣd.w*	*ḫsf*, *s[ḫr]*

62.
jn nt pw wn.n.j sꜣ.f
sb(j).n.j jnb.t.f
***rq.t-jb** pw ḥr mꜣꜣ.f wj*
ḥr jr(j).t wp.wt.k

„Oder ist es etwa so, daß ich sein Frauengemach geöffnet
und seine Umzäunung übertreten hätte?
Bösheit/Abneigung des Herzens ist es, weil er mich sieht
beim Erfüllen deines Auftrages“. Blumenthal (1995: 896)
63.
nḏ.tj{ḥr}[504] ***jt.f ḫsf ꜣd.w***
ṯmꜣ ꜥ.w ***s[ḫr]***[505] ***rqw-jb***[506]

„Der Beschützer seines Vaters, der die **Wütenden fernhält**.
Ṯmꜣ ꜥ.w[507], der den **Rebellen zu Boden wirft**“. (Urk. IV 910, 12)

502a Koch (1990: 47, R 141). Zur weiterführenden Literatur siehe, Burkard/Thissen (2003: 110-119).
503 Urk. IV 910, 12.
504 Eine fehlerhafte Analogiebildung nach Wb II 372, 12. *ḥr* ist hier bedeutungslos.
505 Mein Vorschlag richtet sich nach der vorhandenen Schraffur. Falls diese dem Original nicht entspricht, bietet sich eine Reihe von Verben an, die mit *s* beginnen, z.B. *smꜣ*; *skj*; *ssḥ* und *sḏ*.
506 Osing (1976: 335). Vgl. das Kompositum *rq.t-jb* in Sinuhe (B 116) wörtlich „(Ab)Neigung des Herzens“.
507 Als Beiname des Horus, Wb V 367, 18.

8.3. Kommentar:

Bei der Auswertung der Belege ergeben sich folgende Beobachtungen:
Etymologisch leitet ***rqj*** sich im Gegensatz zu nichtableitbaren, wurzelhaften Substantiva von einem Verbum ***rqj*** ab.[508] Der Gebrauch in den späteren Sprachstufen zeigt den langen Belegzeitraum dieses Begriffes in der ägyptischen Sprache unter gleichzeitiger Bedeutungsverschiebung von „abweichen" über das stärkere „abwehren" zu „jemanden befeinden".

„Die Hieroglyphe  scheint zwei verschiedene Laute wiederzugeben, einmal den präpalatalen, stimmhaften Reibelaut [*j*], aber auch einen Stimmritzenverschlußlaut, der schwächer ist als  und unserem festen Vokaleinsatz in Ver'ein entspricht".[509] Zum Wechsel zwischen *j* und *w* im Auslaut führt Edel führt eine Reihe von Beispielen an, in denen es schwierig ist, zwischen den beiden Lautwerten im Auslaut zu unterscheiden.
Djefaihapi kopiert im ersten Beleg die Attitüde des Königs. Ähnliche Phrasen finden sich in anderen Biographien.[510]
Im zweiten Beleg aus der Zeit Neferhoteps I. heißt es: „Nicht wird leben, der gegen mich rebellieren wird (*rqj*). Nicht wird der Aufrührer (*jtn.w*) atmen (*nn tpj*). Nicht wird sein Name unter den Lebenden weilen".[511]
Beim dritten sind es anscheinend Vasallen der Hyksosherrscher, die vom König Kamose bei seinem Vorstoß sowohl nach Norden gegen sie als auch nach Süden gegen Kusch vernichtet worden sind. [512]
Beim fünften Beleg könnte es sich um „reale" Feinde der Königin Hatschepsut handeln, da sie mit einiger Sicherheit sechs Feldzüge oder Razzien unternommen hat. In diesem Beleg liegt ein Parallelismus membrorum vor.[513]
Die „poetischen Stele" weist eine Eulogie auf, in welcher **drei** Feindbegriffe vorkommen. Die Stärke Thutmosis' III. und sein Anspruch auf die Weltherrschaft kommen in einer Reihe von Phrasen sehr deutlich zum Ausdruck (z.B. Beleg 8).[514]
Im Beleg (13) rühmt sich der Grabinhaber Mencheper, zur Nekropole gelangt zu sein, ohne einen Gegner auf Erden gehabt zu haben. Hier weist diese Aussage auf reale bzw. innere Feinde hin. Privatleute orientieren sich sicherlich bei diesen Phrasen im bescheidenem Maße an den königlichen Aussagen z.B. von Hatschepsut, Thutmosis III. und Amenhotep II.[515]

---

[508] Osing (1976: 335) in der Grundbedeutung „beugen", „neigen". Siehe auch Takács (1999:. 142). Vgl. *rq.t-jb* in Sinuhe (B 116), im Sinne von „(Ab)neigung des Herzens"?
[509] Edel (1955/1964: §137 f.).
[510] Quack (1992: 127-128).
[511] Vgl. die LEXEME „*jtn.w*", Beleg (7); „*ḫft.jw*", Beleg (3); „*ẖ3k.w-jb*", Beleg (1) und „*sbj.w*", Beleg (2). Willems (1990: 27-54, bes. 36-37 und 42, Anm. 76) führt verschiedene Beispiele an, welche Frevler und deren Bestrafungen zum Inhalt haben.
[512] Von Beckerath (1964: 197-211) schreibt: „Wir wissen, daß zur Zeit der Hyksosherrschaft in Ägypten verschiedene kleinere Königtümer nebeneinander bestanden haben müssen, die wohl zumeist unter einer mehr oder weniger losen Oberhoheit der Hyksos standen".
[513] Siehe dazu Schneider (1994: 131).
[514] Vgl. Anm. 80. Für weitere Denkmäler, die mehrere Feindbezeichnungen nebeneinander nennen, vgl. dieses Kapitel, Beleg (23).
[515] Vgl. in diesem Kapitel Belege (5, 6, 10, 14)

Der Text der Elephantine-Stele (Beleg 35) nimmt Bezug auf die Verhältnisse bei der Wende von der 19. Dynastie zur 20. Dynastie.[516] Chaos und Anarchie herrschen über das Land, welches „(nur noch) ein Schatten seiner selbst war".[517] Die Feinde wurden durch den Beistand der Götter Z. 13 besiegt. Da es sich hier um innere Feinde handelt, kommt *rqy.w* erwartungsgemäß in Zeile 15 vor. Diese Stele weist mindestens zwei weitere Feindbegriffe *k3y.w* in der Zeile 14 und *ḫft.j* in Zeile 16 auf. Es könnten noch zwei weitere Feind-Bezeichnungen sowohl am Anfang der zweiten als auch der neuenten Zeile ergänzt werden. Die Stele bietet keine Geschichtsdarstellung, sondern entspricht dem Schema der Königsideologie.[518] Bemerkenswert ist, daß dieses Dokument unterschiedliche Bezeichnungen für Feind aufweist.
Die Rebellen werden im Beleg (55) mit dem Zusatz ***nw-ẖnw t3 pn*** als „innere Feinde dieses Landes" expliziert.

Die meisten der oben erwähnten Textstellen zeigen mit einiger Sicherheit, daß die Bezeichnung ***rqj.w*** überwiegend für innenpolitische Feinde verwendet wird.

Rqj bezeichnet durch die nahezu ausschließliche Verwendung in königlichen Inschriften realpolitische Feinde im Gegensatz zu mythischen Feinden. Zibelius-Chen sieht in *rqj* zurecht einen Terminus, der die politische Opposition qualifiziert.[519] Auch Grimal bezeichnet die *rqj*-Feinde als „ennemis dissidents".[520]

In der loyalistischen Lehre kommt *rqy* (Widersacher) als Gegensatz zu *ḥsy* (Gelobter) vor – ein weiteres Indiz für *rqj* als „inneren Feind".[521] Bei Shupak wird *rqj* „the foe" als Synonym für ***thw***, „the violent man", „attacker" and *šmw r3* gebraucht. Weitere Synonyme für *rqj* sind ***šmm***, ***thw***. Als „antithetic parallelism" führt sie ***mtr.tw***, ***m3ᶜ.w*** „strait", „true" an.[522]

Hervorzuheben ist, daß auf einer nicht königlichen Grabstele (**23**) die ganze Bandbreite zum Begriff „Feind" anzutreffen ist; hier werden vier Lexeme in Kombination mit vier unterschiedlichen Verben genannt, was selten in dieser Dichte auf Denkmälern, zumal auf privaten, vorkommt.[523]

Rqj kommt mit folgenden Lexemen und Verben vor:

---

[516] Zum historischen Hintergrund siehe Drenkhahn (1980: 68 f.); Brunner (1982: 109 f) und zuletzt Schneider (2003: 134 f.). Vgl. LEXEM „*bšṯ.w*" Beleg (85) aus dem großen Papyrus Harris.
[517] Seidlmayer (1998: 375 Z. [4]).
[518] Zur Ergänzung siehe Seidlmayer (1998: 375, Anm. c und y und S. 384). Vgl. LEXEM „*k3y.w*", Beleg (1).
[519] Zibelius-Chen (1990: 345 f.) ist der Auffassung, „die politische Opposition ist weiter qualifiziert durch *rqw* „Widersacher", „Dissident" seltener *ḫft.j* „Gegner". Der Dissident ist ein *tšw* „Abweichler" und leistet *jtn* „Widerstand", ein Terminus, der auch zur Bezeichnung von widersätzlichen[sic] Handlungen gegen Vorgesetzte dient. Weiter bedeutet *bšṯ* „Agitator" ein *bṯn-jb* „einer, der sich widersetzt", ein *ẖ3kw-jb* „ein feindlich bzw. übel Gesinnter, der ein *bt3* ‚Verbrechen' begeht. Aufruhr (*ḥ3ᶜjt*) ist der Begleitumstand seines Wirkens, ja er freut sich sogar daran".
[520] Grimal (1986: 671, Anm. 634).
[521] Quack (2005: 77-78) mit dem Hinweis, daß das Augenmerk in der Loyalistischen Lehre auf die inneren Feinde gelenkt wird.
[522] Shupak (1993: 117, 119).
[523] Vgl. die LEXEME „*ḫft.jw*", Beleg (80); „*ẖ3k.w-jb*" Beleg (16) und „*sbj.w*" Beleg (21).

Lexem:

ḫ3k-jb	(8, 9, **23**)
bṯn.w	(12, 33)
ḫft.j	(**23**, 57)
sbj	(**23**, 57)
3dw	(63)
jtn.w	(5)
bšṯ.w	(19)
šnṯ.j	(8)

Aktion gegen den Feind:

sḫr	(15, 16, 20, **23**, 26, 27, 28, 30, 31, 32, 39, 41, 60, 63)
ḥwj	(1, 20,**23**, 26, 27, 28, 45, 53, 59)
dr	(1, **23**, 34, 37, 40, 43, 48, 54, 55)
ḫsf	(4, 11, 57, 63)
sm3	(19, 38, 41, 61)
ptpt	(28, 29)
swsḫ t3š	(15, 16)
sḥtm	(**23**, 28)
skj	(38, 43)
tjtj	(8, 9)
dḫ	(42, 45)
bḥn	(12)
nḥm ṯ3w	(33)
sꜥnḏ	(57)
sswn	(4)
sdn	(4)

9. Lexem: *ḫft.jw*

9.1. Belegstellen

Lexem *ḫft.jw*	Datierung	Ges	Kgl	Priv	Lit.	Andere Lexeme / Untaten der Feinde	Aktion gegen die Feinde
Wb III 276-277	**AR-Gr**	**106**	**075**	**017**	**014**		
1. 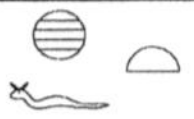 [524]	AR	003	000	003	000	-----	-----
2.  [525]	Dyn. 9/10	001	000	001	000	-----	[*b*]*ḥn*
3.  [526]	Dyn. 9/10	001	000	001	000	*ḫm*	-----
4.  [527]	MR	001	000	000	001	-----	-----
5.  [528]	MR	001	000	000	001	-----	-----
6.  [529]	Sesost. I	001	000	001	000	-----	*sḫr*
7.  [530]	Sesost. I	001	000	001	000	-----	*sḫr*
8. 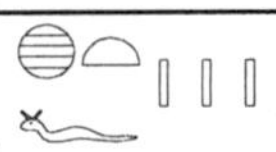 [531]	Sesost. I	001	000	001	000	*sbj.w*	*dr*
9. 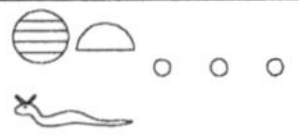 [532]	Sesost. I	001	000	001	000	-----	*sm3*-Stier *r sḫr*

1.
nn ḫft.(j) k3(.j)

„Es gibt **keinen Gegner** meines Ka“. Ranke (1935: 168, 21-23)

2.
ḥm nṯr 3s.t Sš3.t
jmj-r3 wp(w).t ḥtp nṯr
⌜*jmj-r3 k3.t?*⌝ *rḫ jr(j).t.f*
[*b*]*ḥn ḫft.jw Wsjr*

[524] Ranke I (1935: 168, 21-23). Die Bedeutung des Namens spielt in der ägyptischen Kultur eine große Rolle, siehe Exkurs „DIE LIST DER ISIS“.
[525] Griffith (1889: Taf. 5, 246) bzw. Urk. VII 58, 19.
[526] Das Determinativ weicht geringfügig vom Original ab; Edel (1984: 39).
[527] Žaba (1956: 35 Nr. 248).
[528] Žaba (1956: 35 Nr. 248 L_2).
[529] Newberry I (1893: Taf. 8, Kol. 1-2).
[530] Newberry I (1893: Taf. 8, Kol. 4-5).
[531] Griffith/Newberry (1894: Taf. 6, Fragment 4 Kol. 4). Diese Schreibung weist kein Feinddeterminativ auf.
[532] Lange/Schäfer (1908: 156, 16-17). Das Determinativ weicht geringfügig vom Original ab.

„Der Priester der *ꜣs.t* und der *Sšꜣ.t*.
Aufseher der Ein-/Verteilungen des Gottesopfers[533],
[Vorsteher der Arbeiten], der seine Pflicht kennt[534]
und die **Gegner** des Osiris **tötet**“.[535]
Griffith (1889: Taf. 5, 246)

3.
j(w).f r ***ḫft.j*** *[n] ꜣḫ.w*
ḫm.n *nb [sm]j.t*

„Er [soll den] Verklärten ein **Gegner** sein,
einer, den der Herr der [Nekro]pole **nicht kennt**“.
Kahl (1999: 213)
Es folgt: „Sein Name soll nicht genannt werden unter den Verklärten, die Erinnerung an ihn soll nicht bei den auf Erden Weilenden sein“.[536]

4.
jw sḏm ẖ.t.f nj-sw ***ḫft.j***

„Wer auf seinen Bauch hört, gehört dem **Gegner**“. Burkard (1991: 205 Nr. 284)

5.
jw sḏm ⟨ẖ.t⟩{jb}.f nj-sw ***ḫft.j***

„Wer auf seinen Bauch{herz}[537] hört, gehört dem **Gegner**“. Burkard (Variante L_2)

6.
šms.j nb(.w).j ḫft ḫntj.f
r sḫr ḫft.jw.f *m ḫꜣs.tjw (fdw)*[538]

„Ich folgte meinem Herrn, als er stromaufwärts fuhr,
um seine **Gegner zu Fall zu bringen** in den vier Fremdländern“. Newberry I (1893: 25)

---

533 Ward (1982: 20, (122)) liest: „Overseer of the inventories of devine offerings“. Jones (2000: 97, (402)) übersetzt: „Overseer of the division(s)/apportionment(s) of the devine offerings“.
534 Wb I 105, 18.
535 Für weiterführende Literatur vgl. Kahl (1999: 18).
536 Willems (1990: 27-54, bes. 36 f.) führt verschiedene Texte auf, die Frevler und deren Bestrafungen zum Inhalt haben.
537 An dieser Stelle weist die Handschrift L_2 *jb* statt *ẖ.t* auf. Es ist ein eindeutiger Flüchtigkeitsfehler, da *jb* in den vorhergehenden Versen mehrfach steht, siehe Burkard (1977: 150, v. 248).
538 Newberry I (1893: 25) übersetzt: „in the four? foreign lands“. Dies würde die Vernichtung des Gegners in allen vier Himmelsrichtungen bedeuten.

7.
ꜥḥꜥ.n ḥm.f wḏꜣ(.w) m ḥtp
sḫr.n.f ḫft.jw.f m kꜣš ẖsj

„Dann kehrte seine Majestät gesund heim,
nachdem er seine **Gegner** im **elenden Kusch zu Fall gebracht hatte**".
Newberry (1893: 25)

8.
ḏd mdw Gb dr.n.f ḫft.jw.k
sbj.w ḥr.k m ẖnw pr(.w) ḫrw[...]

Geb hat deine **Gegner vertrieben**.
Die **Rebellen** gegen dich sind im Per Kheru[539] [...]?".
Griffith/Newberry (1894 II: Taf. 6, Fragment Nr. 4)

9.
smꜣ r sḫr ḫft.jw n(j).w ḥm.f

„Ein Wildstier[540] beim **Niederwerfen** der **Gegner** seiner Majestät (Osiris)".[541]
Obsomer (1995: 523)

---

[539] Als Name eines Gewässers, vgl. Gauthier II (1925: 121) und Wb I 530, 6.
[540] Wb IV 124, 1.
[541] Es bezieht sich auf Osiris, siehe Obsomer (1995: 529, Anm. y).

Lexem *ḫft.jw*	Datierung	Ges.	Kgl.	Priv.	Lit.	Andere Lexeme / Untaten der Feinde	Aktion gegen die Feinde
10.  [542]	Sesost. I	001	000	001	000	*sbj.w bṯn.w* *ꜣq*	*sḫr, spḥ*
11. 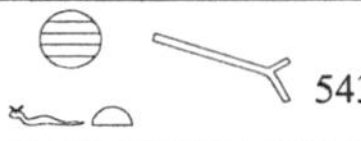 [543]	Sesostr. I	001	000	000	001	-----	-----
12. 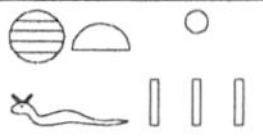 [544]	MR	001	000	001	000	-----	*sꜣw*
13.  [545]	MR	001	000	001	000	-----	*sḫr*
14.  [546]	Dyn. 12	001	000	000	001	*btꜣ.w* *ḫpr*	-----
15. 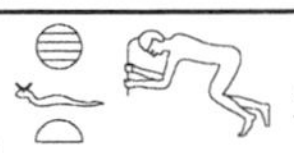 [547]	2. ZwZt.	001	000	000	001		*šnṯ*
16.  [548]	Antef V	001	001	000	000	-----	*ṯꜣj*
17.  [549]	Antef V	001	001	000	000	*sbj*	-----

10.
sḫr šꜥt.f sbj.w
⌜ꜣq⌝.n bṯn.w.f n šꜥt ḥm.f
sp[ḥ.n].f ḫft.jw.f

„Sein Schwert (des Königs) **brachte** die **Rebellen zu Fall.**
Seine Aufrührer sind durch das Schwert seiner Majestät **zugrunde gegangen**.
Er **fesselte** seine **Gegner**". Seyfried (1981: 97).

11.
m wp.w s 2 m nšnj.sn
wḏb sḫwn r wḏꜥ sw
jw.f⟨ḥr(?)⟩jr[.t...(?)]-r'
ky jrr.f m ḫft.j

„Trenne nicht zwei Menschen in ihrem Wutausbruch,
der Streit wendet sich gegen den, der ihn schlichten will.
Er macht [die beiden Menschen zu Viel]redner[n](???),
während der andere, der sich einmischt, als **Gegner behandelt** wird".[550]
Fischer-Elfert (1999: 248)

---

[542] Rowe (1939: 189, 4) und Seyfried (1981: 97).
[543] Fischer-Elfert (1999 Tafelband: § 24, 6).
[544] Gautier/Jéquier (1906: Taf. 21).
[545] DZA Nr. 29544270 (Louvre-Stele C1).
[546] Barta (1969: Abb. 8, 115).
[547] Sethe (1959: 30, 5).
[548] Helck (1975: 73,12). Zum Aufstand des Tetian siehe ders. (1986: 126 f.).
[549] Helck (1975: 73,17).
[550] Fischer-Elfert (1999: 250 c) mit Verweis auf Anchscheschonqi 19, 11-12.

12.
sꜣw.f ḫft.jw.k
n bṯ.f ẖr.k ḏ.t

„Der (der Gott) deine **Gegner bewacht**,
und dich nicht im Stich läßt ewiglich". Gautier / Jéquier (1902: Taf. 21).

13.
sḫr.n(.j) ḫft.jw n nb.j
nn ky ḏd.t.f mjt.t

„(Ich) (der Beamte) **brachte** den **Gegner** meines Herrn **zu Fall**,
wobei es niemanden gibt, der Gleiches sagen könnte". (DZA Nr. 25944270)

14.
ḏd.j nm mjn btꜣ.w[551] *m ꜥq-jb*
sn jrr.w ḥnꜥ.f ḫpr.w ḫft.j

„Zu wem kann ich heute noch reden? (Wer) ein **Verbrecher** war, ist (heute) ein Vertrauter geworden.
Der Bruder, mit dem man handelt, ist zum **Gegner** geworden".[552] Barta (1969: 26)

15.
šnṯ kꜣ.k (j)ḫ.t r ḫft.j.k

„Möge Dein Ka deinen **Gegner bekämpfen**".[553] Lichtheim (1973: 218)

16.
ḫn(.w) bjn(.w) wꜣj r ḫpr m pꜣ rꜣ-pr
ṯꜣj.w ḫft.jw jn wꜣj rn.f Ttj sꜣ Mꞽn htp

„Schlechte Dinge waren **fern davon**[554] zu **geschehen** in diesem Tempel.
Erfaßt wurden die **Gegner** durch den, der fern ist von seinem Namen[555], Teti, Sohn des Minhotep". Helck (1975: 73, 12)

17.
tm(w) sḫꜣ.t rn.f m rꜣ-pr pn
mj jrr.t r mjtj.f sbj ḥr[556] *ḫft.j nṯr.f*

„**Nicht** wird man seines **Namens gedenken** in diesem Tempel,
wie es gemacht wird gegen seinesgleichen, (nämlich) die **Rebellen** und die **Gegner** gegen seinen Gott".[557] Helck (1975: 73, 17)

---

[551] Faulkner (1956: 38, Anm. 94) transkribiert *btꜣ.w* und nicht *bṯ.w*.
[552] Zur Übersetzung und Literatur siehe Buchberger (1993: 332, Anm. 19).
[553] Vgl. Wb IV 519, 7. Im Sinne von „dem Feind die Sache streitig machen" bzw. „sich siegreich behaupten".
[554] Zu *wꜣj r* als „Euphemismus" siehe Anm. 254 und 745.
[555] Gemeint sind hier Verbrecher, denen das Recht auf ihren Namen aberkannt wurde: siehe Quack (1993: 61) mit Hinweis auf Wb I 246, 14-16. Zum Sprachtabu siehe die vorige Anmerkung.
[556] Zur Koordination zweier Substantiva, Wb III 131, 25.

Lexem *ḫft.jw*	Datierung	Ges.	Kgl.	Priv	Lit.	Andere Lexeme / Untaten des Feindes	Aktion gegen den Feind
18.  558	Hatschep.	001	001	000	000	-----	*jrj ꜥḫm*
19.  559	Hatschep	001	001	000	000	-----	*hh r*
20. 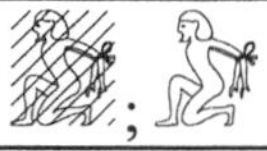 560	Hatschep	001	001	000	000	-----	*nsr r*
21.  561	Hatschep.	001	001	000	000	-----	*ḏd(j) ꜥb*
22. 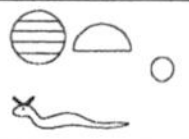 562	Thutm. III	001	000	001	000	-----	*sḫr*
23.  563	Thutm. III	001	001	000	000	-----	*tjtj*
24.  564	Thutm. III	001	001	000	000	-----	*sḫr, dr*
25.  565	Thutm. III	001	001	000	000	-----	*smꜣ*

18.
***jr(j).t ꜥḫm** m [**ḫft.j**] ḥr jb wsḫ.t*
ꜥḥꜥ ḥꜣ.f r ḏ(j).t ḫt m ꜥḫ

„**Vollziehen** eines **Brandopfers** an dem [**Gegner**] inmitten des Tempelhofes.
Sich aufstellen hinter ihm (Brandopferbecken), um das Feuer an das Brandopferbecken zu setzen“.

Grimm (1988: 209)
19.
ḏ(j)[.j] ḥryt[.ṯ] m tꜣ.w nb.w
Wnwnw.t jmj.tw[566] *jnḥ.wj[.ṯ]*
***hh wnmj.t** r **ḫft.jw**[.ṯ]*

„Ich (die Göttin) setze den Schrecken [vor dir] in alle Länder.
(Ich bin) *Wnwnw.t*[567] zwischen [deinen] (der Königin) Augenbrauen,
das **fressende Feuer** gegen [deine] **Gegner**“. (Urk. IV 286, 16)

---

557 Vgl. Posener (1946: 54). Willems (1990: 27-54, bes. 36-37) führt verschiedene Texte auf, die Frevler und deren Bestrafungen zum Inhalt haben.
558 Urk. IV 286, 16. Das Determinativ weicht geringfügig vom Original ab.
559 Urk. IV 390, 15.
560 Grimm (1988: 209).
561 Naville VI (1908: Taf. 160).
562 Urk. IV 1166, 12.
563 Urk. IV 1229, 13.
564 Urk. IV 1230, 4.
565 Urk. IV 812, 3.
566 Wb I 76, 3.
567 Als Name einer Schlange, siehe Wb I 318, 15.

20.
jy(j).kwj m Ḥr.w wᶜ.t.t
ḥr nsr r ḫft.jw.j

„Ich (die Königin) bin gekommen als einzige(r) Horus,
indem ich meine **Gegner verbrenne**“. (Urk. IV 390, 15)

21.
[nḫt]ᶜ.w hrw n ḫsf
dd(j).t ᶜb m ḫft.jw.s[...]

„Mit [starkem] Arm am Tage des Abwehrens,
die (Königin) das **Horn senkt** in ihre **Gegner** [...]“.[568] Naville (1908: Taf. 160)

22.
jr(j).k st ḥnm.tj m ḥs.wt snb.tj rš.wt
wnn.k ḫrw.k m3ᶜ sḫr ḫft.j .k
m ḥ(.w)t.k sm3.t m nḥḥ ḏnm.t m ḏ.t

„Verbringe sie (die Lebensjahre) voller Gunst, Gesundheit und Freude.[569]
Du sollst existieren, wobei deine Stimme gerechtfertigt und dein **Gegner gefallen** ist
in deinem Grab für immer und ewig“.[570] (Urk. IV 1166, 12)

23.
sḫr.n st sḫm pḥ.tj
ṯm3 ᶜ.w[571] *tjtj⟨.f⟩ ḫft.jw.f*

„Der *sḫm pḥ.tj* brachte sie zu Fall.
ṯm3 ᶜ.w **trampelte** seine **Gegner nieder**“.[572] (Urk. IV 1229, 13)

[568] Vgl. Buchberger (1993: 443-444), der von sinnweltlicher Transformation/Rollenübernahme bzw. von uralten emblematischen Komposition aus Mensch und Tier spricht; er vergleicht Hatschepsut, die als Sphinx dargestellt ist und die hilflosen Feinde niedertrampelt, mit dem Werwolf: „Wie die hilflose Gestik der auf der Standlinie des Monsters gefällten Feinde symbolisiert, erzeugt der Widerstand gegen diese ägyptische „Wunderwaffe“ allenfalls tote Helden. Standfestigkeit triumphiert über den Gegner, der jeden Halt verloren hat. Aufrüstung auf ägyptisch, oder: ‚Und bist du nicht willig, dann brauch' ich Gewalt'. Das uralte Propagandamärchen: gegen eine ‚Wunderwaffe', zumal eine, die offenkundig nicht von dieser Welt ist, kann es keine adäquate Gegenwehr geben“.

[569] Wörtlich: „Vereint mit Gunst, indem du gesund und glücklich bist“.

[570] Diese Textpassage gehört zu dem Gesang eines Harfenspielers. Betont wird hier, wie allgegenwärtig der Feind ist. Die guten Wünsche bestehen darin, nicht nur das Leben in Gunst und Gesundheit zu verbringen, sondern darüberhinaus den Feind im Grab unschädlich zu machen bis in alle Ewigkeit.

[571] Zur Übersetzung vgl. Beylage (2002: 179, Anm. 547).

[572] Es handelt sich um eine Eulogie des Königs Thutmosis III., siehe Shirun-Grumach (1982: 117 f.) und zu diesem Thema Anm. 80.

24.
jn ꜣḫ.t sḫr(.t).n.f st
nsr.t.f dr.t ḫft.jw.f

„Seine Stirnschlange (des Königs) ist es, die sie (die **Gegner**) für ihn **zu Fall bringt**, seine Flamme, die seine **Gegner fernhält**“.[573] (Urk. IV 1230, 4)

25.
rḏ(j).n n.f sꜣ Mw.t pḥ.tj.f[574]
r smꜣ ḫft.jw.f

„Der Sohn der Nut (Seth) gab ihm (dem König) seine Kraft, damit er (der König) seine **Gegner abschlachte**“. Beylage (2002: 302-303)

[573] Es handelt sich um eine Eulogie des Königs Thutmosis III., siehe Shirun-Grumach (1982: 117 f.) und allgemein zu diesem Thema Anm. 80.
[574] Vgl. Anm. 109 und 122.

Lexem *ḫft.jw*	Datierung	Ges.	Kgl.	Priv.	Lit.	Andere Lexeme / Untaten des Feindes	Aktion gegen den Feind
26.  [575]	Thutm. III	001	001	000	000	-----	*smꜣ*
27.  [576]	Amenh. II	001	001	000	000	*rs.t*	-----
28.  [577]	Amenh. II	001	001	000	000	*rs.t*	-----
29.  [578]	Amenh.III	001	001	000	000	-----	*sḫr*
30.  [579]	Amenh.III	001	001	000	000	-----	*sḫr*
31.  [580]	Dyn. 18	001	000	000	001	*kꜣj sbj*	*smꜣ*
32. 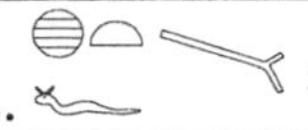 [581]	Dyn. 18	001	000	000	001	*ḫrwy*	-----
33. 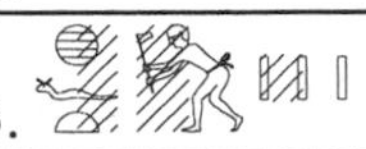 [582]	Sethos I	001	001	000	000	*ḫr*	-----

26.
ḫd.n.f ḥr.f jb.f ꜣw(t) jb
smꜣ.n.f ḫft.jw.f

„Er (der König) fuhr frohen Herzens auf ihm (dem Kanal) stromabwärts,
nachdem er seine **Gegner abgeschlachtet** hatte“. (Urk. IV 814, 16)

27.
nn wꜥ nḥm(.y) sw m ꜥ.w.f
jr(j).f rs.t m ḫft.jw.f
***pḏ.(w)t psḏ.t** r mj.tt*

„Es gibt niemanden, der sich aus seiner Hand retten konnte,
wenn er (der König) die **Rebellen** als seine **Gegnern behandelte**[583]
und ebenso die **Neunbogen**“. (Urk. IV 1291, 9)

[575] Urk. IV 814, 16.
[576] Urk. IV 1291, 9.
[577] Urk. IV 1291, 10.
[578] Urk. IV 1780,10.
[579] Urk. IV 1781, 2.
[580] Quack (1992: 196).
[581] Helck (1970: 35-36).
[582] KRI I 10, 7.
[583] Zur Übersetzung vgl. Beylage (2002: 272-273) der „wenn er Vernichtung anrichtet unter seinen Feinden“ übersetzt. Diese Übersetzung ist nicht mit der Beleglage zu vereinbaren, siehe LEXEM „*rs.wt.*“, Belege (4-5).

28.
Eine Parallele zum vorigen Beleg

29.
sḫr.f ḫft.jw.k m m.t m ꜥnḫ
mn.tj ḥr s.t.f [n] ꜥnḫ.w

„Er (der Gott) bringt deine **Gegner zu Fall** im Tod wie im Leben,
so daß Du bleibst auf seinem Thron [der] Lebenden". (Urk. IV 1780, 10)

30.
tꜣ.w nb.w ẖr ṯb.tj.k
sḫr.f ḫft.jw.k m m.t m ꜥnḫ

„Alle Länder befinden sich unter deinen Sohlen."
Er (der Gott) bringt deine **Gegner zu Fall** im Tod wie im Leben".
(Urk. IV 1781, 2) Vgl. Beleg 29

31.
smꜣ.n.f ḫft.jw .f[584] *ḥḏ(j).n.f msj.w.f*
*ḥr **k(ꜣj).t.sn** jr(j).t **sbj***

„Er (der Gott) **tötete** seine **Gegner** und schädigte seine Kinder,
da sie **beabsichtigten**, zu **rebellieren**".[585] Quack (1992: 78-79)

32.
ḏ(j).j** n.k sꜣ m **ḫrw.y
*sn m **ḫft.(j)***
*s(j) ḥr **smꜣ** jt.f*

„Ich **zeige** dir, wie ein Sohn zum **Feind** wird,[586]
ein Bruder zum **Gegner**,
und wie ein Mann seinen Vater **tötet**". Felber (2005: 70)

33.
hd.k ḫpr(.w)
ḫrw.k mꜣꜥ
ḫft.jw.k ẖr.k

„Dein siegreicher Angriff[587] ist gelungen.
Deine Stimme ist gerechtfertigt.
Dein **Gegner** ist dir **unterworfen**". (KRI I 10, 7)

---

[584] Eine Parallele zu ist:
smꜣ.n.f ḫꜣk.w-jb mm(j)
„Er tötete die Aufsässigen darunter". Vgl. auch Quack (1992: 78, Z. 20).
[585] Für *sbj* als einer, der verbal (mit sein Mundwerk) lästert, Vgl. Fischer-Elfert (1999: 341).
[586] Im Sinne von „ich gebe dir ein Beispiel".
[587] Wb II 505, 13-14.

Lexem *ḫft.j*	Datierung	Ges.	Kgl.	Priv.	Lit.	Andere Lexeme / Untaten des Feinded	Aktion gegen den Feind
34. 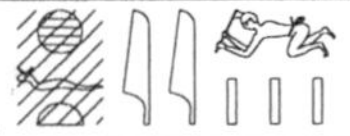 [588]	Sethos I	001	001	000	000	-----	*sḫr*
35.  [589]	Sethos I	001	001	000	000	-----	*sḫr*
36.  [590]	Sethos I	001	000	001	000	-----	*sḫr*
37.  [591]	Ramses II	001	001	000	000	-----	*ḥwj, ḫt*
38.  [592]	Ramses II	001	001	000	000	-----	[*sḫr*]
39. 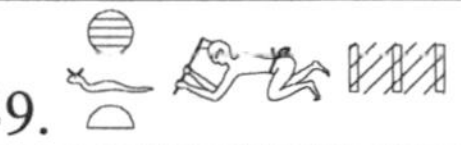 [593]	Ramses II	001	001	000	000	*ḫft.j* *tkk tꜣš*	*sḫr*
40. 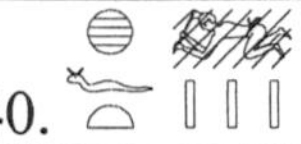 [594]	Ramses II	001	001	000	000	*ẖꜣk.w-jb*	*ḥsq, ḫr*
41. 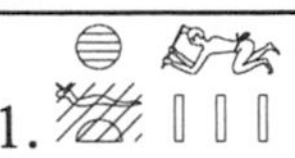 [595]	Ramses II	001	001	000	000	----	*sꜥrq*

34.
Ḥr.w ṯmꜣ ꜥ.w
nb(.w) jr(j).t (j)ḫ.t ***sḫr*** *[ḫft].jw*[596]*.f*

„Horus, mit kräftigem Arm[597],
Herr der Rituale, der seine **Gegner zu Fall bringt**“. (KRI I 14, 11)

35.
ḏ(j).sn ḥknw n jmj.w p.t
r ***sḫr ḫft.j*** *n rꜣ-wꜣ.t.f*

„Sie (die Priester) huldigen denen, die sich im Himmel befinden,
um den **Gegner** auf seinem Weg **niederzuwerfen**“. Davies (1997: 284)

36.
sḫr*.s n.f* ***ḫft.jw****.f nb*

„Sie (die Göttin) **wirft** für ihn (den König) seine **Gegner** zu **Boden**“. (KRI I 301, 4)

---

[588] KRI I 14, 11.
[589] KRI I 48, 13-14.
[590] KRI I 301, 4.
[591] KRI II 165, 12-13.
[592] KRI II 167, 12.
[593] KRI II 168, 13.
[594] KRI II 168, 15.
[595] KRI II 318, 15 C 22.
[596] Als Ergänzung kann wohl die Schreibung *rqy.w* in Betracht gezogen werden, die ramessidisch oft belegt ist.
[597] Als Bezeichnung für den Gott Horus vgl. Wb V 367, 18.

37.
k3 nḫt ḥw(j) ḫft.jw.f
ḏ(j).t ḫt sṯ.tjw ꜥḥ3

„Starker Stier, der seine Gegner schlägt
und die kämpfenden Asiaten **zurückweichen** läßt". (KRI II 165, 12-13)

38.
[nsw nḫt ḏsr ḫꜥw.t]
Sḫm pḥ.tj Ṯm3 ꜥ.w[598]
[sḫr] ḫft.jw.f

„Siegreicher König, prächtig an Kronen,
Sḫm pḥ.tj Ṯm3 ꜥ.w
der seine **Gegner zu Fall bringt**". (KRI II 167, 12)

39.
[sḫ]r ḫft.jw.f
jn(j.j) n.k [ḫ3s.wt nb(.wt)
wn] ḥr tkk t3š.{f}⟨.k⟩

„Der (König) seine **Gegner zu Fall bringt**.
Ich (der Gott) bringe dir alle Fremdländer,
die deine **Grenze angreifen**". (KRI II 168, 13)

40.
ḥsq.k tp.w n ḫ3k.w[-jb]
[ḫft.jw].k ḫr(.w) ⟨nb⟩ n 3t.f[599]

„Du (der König) **enthauptest** die **Häuptlinge** der **Übelgesinnten**.
Deine **Gegner** sind **niedergefallen**, jeder zu seiner Zeit". (KRI II 168, 15)

41.
sw mj k3 spd ꜥb.wj wr jw3.t
sfḫ sꜥrq.n.f m ḫft.jw.f

„Er ist wie ein Stier mit scharfen Hörnern (und) starkem Hals.[600]
Der abläßt, (nur) wenn er seinen **Gegnern** ein **Ende gemacht hat**".[601] (KRI II 318, 15)

---

[598] Vgl. Anm. 109 und 122.
[599] Parallele zu KRI I 9, 7; KRI V 110, 10 und KRI VI 285, 1-2.
[600] Zur Übersetzung siehe Maderna-Sieben (1997: 72, Anm. 40).
[601] In dieser Eulogie wird der kriegerische Charakter des siegreichen Königs Ramses II. hervorgehoben. Zum König als Kriegsherr in der Eulogie der frühen Ramessidenzeit, siehe Anm. 80.

Lexem *ḫf.t.j*	Datierung	Ges.	Kgl.	Priv.	Lit.	Andere Lexeme / Untaten des Feindes	Aktion gegen den Feind
42.  602	Ramses II	001	001	000	000	-----	*sʿrq*
43.  603	Ramses II	001	000	001	000	-----	*ḥwj*
44.  604	Ramses II	001	000	001	000	*ḫrwy*	*pgꜣ*
45. 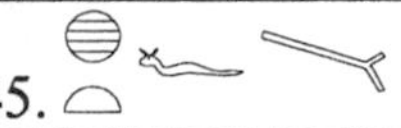 605	Ramses II	001	001	000	000	-----	*ʿq*
46. 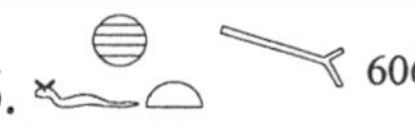 606	Ramses II [607]	001	000	000	001	-----	-----
47. 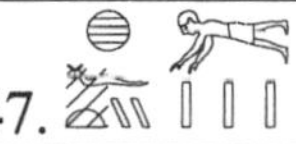 608	Merenpt.	001	001	000	000	-----	*dr*
48. 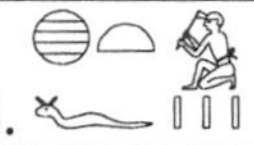 609	Merenpt.	001	001	000	000	*sbj*	-----
49. 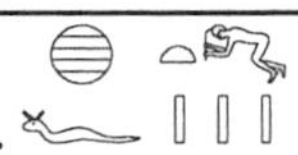 610	Merenpt.	001	001	000	000	-----	-----

42.
sw mj kꜣ spd ʿb.wj wr jwꜣ.t
[sfḫ sʿrq.n.f m ḫft.jw.f]

„Er ist wie ein Stier mit scharfen Hörnern (und) starkem Hals.[611]
der abläßt, (nur) wenn er mit seinen **Gegnern** ein **Ende gemacht hat**". (KRI II 318, 16)
(Eine Parallele zum vorigen Beleg)

43.
kꜣ rnpj ḥw(j) ḫft.jw.f
ʿbw.tj m nṯr.w sꜣḥ m p.t

„Junger Stier, der seine (des Königs) **Gegner schlägt**.
Ein Gehörnter[612] unter den Göttern, Orion[613] im Himmel". Zandee (1966: 4 und 29 f.)

---

602 KRI II 318, 16 C 20.
603 KRI III 288, 4.
604 KRI III 288, 10.
605 KRI II 30, 8. Alle anderen Textzeugen weisen *ḫr.w n Ḫtꜣ* auf.
606 Fischer-Elfert (1992: 80); Gardiner (1911: 30) mit weiteren Parallelen auf Ostraka.
607 Zur Datierung vgl. Gardiner (1911: 4*) bzw. Fischer-Elfert (1986: 261 f.). Zur Echtheitsfrage und Funktion des Anastasi I-Briefes siehe Fischer-Elfert (1986: 290), desen Fazit lautet: „Der Brief des Hori ist eine in Briefform gekleidete öffentliche Anklage zur Zeit Ramses' II. an die Adresse des Schreibers- und (des literaten) Offizierstandes, mit dem Ziel, deren vermeintliches berufliches Wissen sowie dessen schulische Vermittlung bloßzustellen und einer eingehenden Kritik zu unterziehen".
608 KRI IV 10, 9.
609 KRI IV 13, 14.
610 KRI IV 16, 2.
611 Zur Übersetzung siehe Maderna-Sieben (1997: 72, Anm. 40).
612 Vom König als Stier, vgl. Wb I 174, 2.
613 Hier wird der König mit dem Gott Osiris identifiziert. Vgl. dazu Zandee (1966: 31).

44.
rḏ(j.w) n.f ***ḫft.jw.f ẖr.f***
pg3*(.*w*) *n.f ḫrw.y.f

„Seine **Gegner** wurden (durch die Götter) **unter** ihn gelegt
und seine **Feinde** wurden ihm **abgeschlachtet**“. Zandee (1966: 4 und 44 f.)

45.
ꜥḥꜥ.n.f ꜥq m ⟨*ẖnw*⟩ *p3 ḫrw.yw n n3* ***ḫft.j*** *n ḫt3*
jw.f wꜥ ḥr tp nn ky ḥnꜥ.f

„Er (der König) **drang** in die (Mitte) der Truppen des **Feindes** von Chatti.
Er war allein, wobei es niemanden bei ihm gab“. (KRI II 30, 8)

46.
mk jr(j) j.ḏd.k st w3j(j) r ḫpr
jr(j) prr nb m r3.k ***r ḫft.j*** *nb*

„Siehe, was du sagst, wird fern davon sein, zu geschehen,
alles, was aus deinem Mund kam, wird **gegen** jeden **Gegner** sein“.[614] Quack (1992a: 152)

47.
j.dr ḫft.jw.f
fq3 t3(w) nb(w) r ḏr [...]

„Der (der König) seine **Gegner vertreibt**
und alle Länder bis hin zum äußersten [...] beschenkt.[615] (KRI IV 10, 9)

48.
jꜥj jb n ḥwt k3 Ptḥ m n3y.sn ḫft.jw
ḏ(j) ršw T3tnn m n3y.f sbj.w

„Der (der König) Memphis seinen Mut **kühlen** läßt **an** ihren **Feinden**
und Tatenen sich **freuen** läßt über seine **Rebellen**“.[616] Fecht (1983: 114)

49.
jr.t n nṯr nb m s3 ꜥwn.s
nts jn(j).s pḥ.wj n ḫft.jw.s

„Denn das Auge eines jeden Gottes verfolgt den, der es begehrt,
es (das Auge) wird **erreichen** die äußerste Grenze seiner **Gegner**“.[617] Fecht (1983: 117)

---

[614] Zur Übersetzung vgl. Fischer-Elfert (1986: 71), der „Siehe, mach’, daß das, was du gesagt hast, eintreten wird. Mach’, daß alles, was aus deinem Munde kommt, gegen irgend einen Feind gerichtet ist“ übersetzt.
[615] Ich nehme an, daß hier loyale Länder gemeint sind. Wenn es sich aber um feindliche Länder handelt, dann würde die Bedeutung *fq3* „ausrotten“ hier besser passen, vgl. Wb I 579, 11-12) und Kitchen (2003: 9).
[616] Vgl. Hornung (1983: 226): „Der Memphis Rache nehmen ließ an seinen Feinden“. Für weiterführende Literatur vgl. Davies (1997: 173 f.).
[617] Vgl. Hornung (1983: 229). Für weitere Literatur, ebd.

Lexem *ḫft.j*	Datierung	Ges.	Kgl.	Priv.	Lit.	Andere Lexeme / Untaten des Feindes	Aktion gegen den Feind
50. 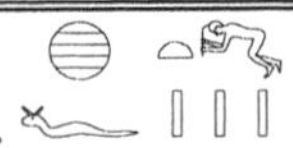 618	Merenpt.	001	001	000	000	*sqj ˁnḫ*	-----
51.  619	Merenpt.	001	001	000	000	-----	*ḥḥj*
52.  620	Merenpt.	001	001	000	000	-----	*sḫr*
53.  621	Merenpt.	001	000	001	000	-----	*dr*
54. 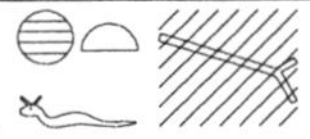 622	Sethos II	001	000	000	001	*ḫr.w*	*mn.tj*
54.a 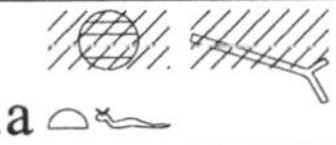 623	Sethos II	001	000	000	001	*ḫr.w*	*mn.tj*
55.  624	Dyn. 19[625]	001	001	000	001	-----	-----
56.  626	Dyn. 19	001	001	000	001	*sšwˁ*	-----
56.a  627	Dyn. 19	001	001	000	001	-----	*ḥḏ*
56.b  628	Dyn. 19	001	001	000	001	-----	-----

50.
bj3j.t ˁ3.t ḫpr.tj m t3 mrj
ḏd(.w) ***pḥ*** *sw ⟨m⟩ ḏr.t.s m* ***sqj ˁnḫ***
m n3 sḫ.w m nsw nṯr.j ***m3ˁ.tj r ḫft.jw.f*** *m b3ḥ p3 Rˁw*

„Ein großes Wunder ist für Ägypten geschehen,
gegeben wurde sein **Angreifer**[629] in seine Hand als **Kriegsgefangener**
durch die Planung des göttlichen Königs, der **gerechtfertigt** ward **gegen** seine **Feinde** vor Pre".

Fecht (1983: 117)

618 KRI IV 16, 6.
619 KRI IV 2, 3.
620 KRI IV 24, 5. Die Hieroglyphe(X1) ist mit eckigen Klammern zu versehen.
621 KRI IV 108, 4.
622 Gardiner (1937: 38, 5-6).
623 Gardiner (1937: 64, 4-5).
624 Gardiner (1909: 52); Helck (1995: 30 C1).
625 Gardiner (1909: 2-3) datiert die Handschrift frühestens in die 19. Dynastie: „The orthography of our text thus brings us to very much the same results as its palaeography: the date of the writing of the recto cannot be earlier than the 19th dynasty, but there are indications that the scribe used a manuscript a few centuries older".
626 Gardiner (1909: 69); Helck (1995: 43-44).
627 Gardiner (1909: 73-74).
628 Gardiner (1909: 83); Helck (1995: 56).
629 Wörtlich: „Der ihn angreift".

51.
ʿḥʿ ⟨ḥr⟩ pgꜣ ḥr pḥ.wj n tꜣ
*ḥr ḥḥj **ḫft.j** n tꜣ ḏr.f*[630]

„Der auf dem Schlachtfeld standhält
beim **Suchen** des **Feindes** in dem ganzen Land". Davies (1997: 189 f.)

52.
sḫm pḥ.tj ṯmꜣ ʿ.w[631] ***sḫr ḫft.j**(w).f*

„Stark an Kraft, mit kräftigem Arm, der seine **Gegner zu Fall bringt**". (KRI IV 24, 5)

53.
Jmn.w Rʿ,w ḥr ḫw(j).k rʾ-nb
*Mw.t ḥr **dr ḫft.jw**.k*
Ḫnsw m Wꜣs.t m sꜣ ḥʿ.w.k

„Amunre schützt dich (den Verstorbenen) jeden Tag.
Mut **vertreibt** deine **Gegner**.
Chons in Theben ist der Schutz deines Leibes". (KRI IV 108, 4)

54.
*jw.k **mn.tj ḫft.j**.k **ḫr**.w*
pꜣ md.t m k bn sw
jw.k ʿq m bꜣḥ psḏ.t pr.yt mꜣʿ ḫr.w

„Du **bleibst** und dein **Gegner fällt**.
Wer über dich (schlecht) redet, ist nicht mehr.
Du wirst vor die Neunheit eintreten und du kommst gerechtfertig heraus".
Caminos (1954: 138 und 143)

54.a
Eine Parallele zum vorigen Beleg Caminos (1954: 247)[632]

55.
m.ṯn js ḫ.t wꜣj.tj r kꜣj.w
***pr(j) wbd.t**.s r **ḫft.jw** tꜣ*

„Seht doch, das Feuer ist **fern von** den Höhen,
indem seine **Flamme** gegen die **Feinde** des Landes **herauskommt**".[633] Quack (1993: 65, (18))

---

[630] Vgl. KRI IV 36, 9 (Ad).
[631] Die erste Bezeichnung entspricht dem Gold-Namen des Königs Thutmosis III. *ḏsr ḫʿ.w sḫm pḥtj*. Die zweite ist ein Epitheton des Gottes Horus, vgl. Beylage (2002: 179, Anm. 547). Zu den Begriffen „Stärke und Kraft", vgl. Anm. 109 und 122.
[632] Siehe auch das Ostrakon bei Černy/Gardiner (1957: Taf. 113 1 Verso, 10).
[633] Zum Gebrauch von *wꜣj r* vgl. Anm. 254 und 745. Helck (1995: 30 C1) emendiert *ḫft.j* „Gegner" zu *ḫft* „gegen" und übersetzt „und die Flamme geht heraus gegen das Land".

56.
m.ṯn ḥmw.w nb(.w) n b3k.sn
sšw3 ḫft.jw t3 ḥmw.f

„Seht doch, alle Handwerker, sie arbeiten nicht,
denn die **Gegner** des Landes **schädigten** sein Handwerk (des Landes)“.[634]
Gardiner (1909: 69)

56.a
ḥḏ.w ḫft.jw n(.jw) ẖn.w (pf) špsj …

„**Vernichte** die **Gegner** der (jener) ehrwürdigen Residenz ...“. Helck (1995: 48-49 passim)

56.b
n m33 [.tw mk.tj] r [ḫ]ft.jw

„Nicht sieht [man einen Beschützer] vor den **Gegnern**“. Helck (1995: 56)

[634] Zur Übersetzung vgl. Helck (1995: 43): „Seht, alle Handwerker – nicht arbeiten sie, denn der Feind hat ihr Handwerk verarmen lassen“. Dabei hat er hier *t3* nicht berücksichtigt.

Lexem *ḫft.j*	Datierung	Ges.	Kgl.	Priv.	Lit.	Andere Lexeme / Untaten des Feindes	Aktion gegen den Feind
57.  635	Rams. III	001	001	000	000	-----	*dr, sḥr*
58.  636	Rams. III	001	001	000	000	-----	*dr*
59.  637	Rams. III	001	001	000	000	-----	*hh r*
60.  638	Rams. III	001	001	000	000	-----	*hh r*
61.  639	Rams. III	001	001	000	000	*ḫr*	-----
62.  640	Rams. III	001	001	000	000	-----	-----
63.  641	Rams. III	001	001	000	000	-----	*jrj tꜣš*
64.  642	Rams. III	001	001	000	000	*th(j)*	-----

57.
Mnṯw m [sꜣ].f ḥr dr ḫft.jw.f
sḥr ḏw.t nb(.t) r ḥꜣ.t.f

„Month ist sein (des Königs) [Schutz], der seine **Gegner vertreibt**
und das **Böse** von ihm **entfernt**“. (KRI V 31, 10)

58.
Jmn.w Rꜥw ḥr dr ḫft.j
ḥr ḏ(j) n.j tꜣ nb m ḫfꜥ.j

„Amunre **vertreibt** meine **Gegner**
und gibt mir das ganze Land in meinen Griff“. (KRI V 33, 10)

59.
ḏ(j) ꜥ.w.wj.j m sꜣ ḥꜣ.k
hh.j r ḫft.jw.k

„Ich (die Göttin) gebe meine Arme als Schutz hinter dich.
Meine **Flamme**[643] ist gegen deine **Gegner gerichtet**“. (KRI V 35, 16)

[635] KRI V 31, 10.
[636] KRI V 33, 10.
[637] KRI V 35, 16.
[638] DZA Nr. 27822450. Vgl. KRI V 35, 16.
[639] MH V 287, 5.
[640] KRI V 11, 7-8.
[641] KRI V 20, 16.
[642] KRI V 24, 15.
[643] Auch von Tefnut, die als feuerspeiende Stirnbinde die Feinde durch ihre Flamme vernichtet. Vgl. hierzu Sternberg (1985: 115).

60.
ḏ(j).j n.k tꜣ nb m ḫfꜥ.k
ḏ(j).j hh.j r ḫft.j.k

„Ich (die Göttin) gebe dir jedes Land in deine Faust
und richte meine **Flamme gegen** deine **Gegner**“.[644] (DZA Nr. 27822450)

61.
ḏ(j).n(.j) n.k ḫft.jw.k ḫr.k

„Ich (der Gott) veranlasste, daß deine **Gegner unter** dir sind“. (MH V 287, 5)

62.
[ḏ(j)(.j) n.k] srj.t nṯr.jt m ṯs(.w) pḏ.t
jn(j) pḥ.wj ḫft.jw.k
šm.k m nḫt jw(j).k m qn.t r tꜣ nb pḥ tw

„[Ich gab dir] meine göttliche Standarte als Truppenbefehlshaber,
um das **Äußerste** deiner **Gegner** zu **erreichen**.
Mögest du **siegreich** gegen jedes Land, das dich **angreift**, ziehen und in **Stärke** zurückkehren“.
(KRI V 11, 7-8)

63.
bjk nbw qnj[645] *nb.w ḫpš.wj*
jr(j) tꜣš r mrr.f m sꜣ ḫft.j(w).f

„Falke des Goldes[646]: Der Tapfere (der König), Herr beider Arme,
der die **Grenze** nach seinem Belieben **hinter** seine **Gegner setzt**“.
(KRI V 20, 16)

64.
ḫft.j nb th(j) km.t mꜥ Rbw
m pꜣ rkḥ m ḥꜣ.t r pḥ.wj

„Jeder **Gegner** aus Libyen, der Ägypten **angreift**,
ist **im Feuer von vorne bis hinten**“. (KRI V 24, 15)

---

[644] Vgl. auch RIK II 99 B, 7; Sachmet richtet ihre Flamme gegen die Feinde des Königs Ramses III. Die gleiche Textstelle ist im Chonstempel für Ramses IV. belegt:
ḏ(j).s hh.s r ḫft.jw.k
„Sie (Sachmet) richtet ihre Flamme gegen deine Feinde“.
[645] Vgl. Anm. 109 und 122.
[646] Zum Gold-Namen, vgl. Anm. 175.

Lexem *ḫft.j*	Datierung	Ges.	Kgl.	Priv.	Lit.	Andere Lexeme / Untaten des Feindes	Aktion gegen den Feind
65.  [647]	Rams. III	001	001	000	000	-----	*sḫr*
66. 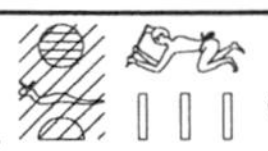 [648]	Rams. III	001	001	000	000	-----	*sḫr*
67. 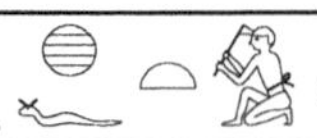 [649]	Rams. III	001	001	000	000	-----	*mkj*
68.  [650]	Rams. III	001	001	000	000	*thj tꜣš*	*smꜣ*
69.  [651]	Rams. III	001	001	000	000	-----	*sḥtm*
70. 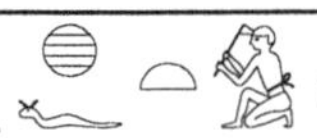 [652]	Rams. III	001	001	000	000	-----	-----
71. 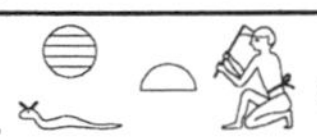 [653]	Rams. III	001	001	000	000	-----	*Sḫm*
72. 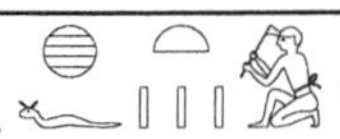 [654]	Rams. III	001	001	000	000	-----	*sḫr*

65.
[nṯr nfr wr] pḥ.tj[655]
[...sḫr] ḫf[t.jw.f]

„Der gute Gott[656], groß an Kraft,
der seine **Gegner** [**zu Fall bringt**]". (KRI V 55, 2)

66.
nsw sḫm pḥ.tj ṯmꜣ ꜥ.w[657]
⌜sḫr⌝ [ḫft].jw.f

„Der König, machtvoll an Kraft, kraftvoll an Armen,
der seine [**Gegner**] **zu Fall bringt**". (KRI V 55, 6)

[647] KRI V 55, 2.
[648] KRI V 55, 6.
[649] KRI V 61, 6.
[650] KRI V 76, 9.
[651] KRI V 78, 9.
[652] KRI V 80, 14-15.
[653] KRI V 101, 14.
[654] KRI V 110, 5.
[655] Vgl. Anm. 109 und 122.
[656] Vgl. Anm. 136.
[657] Vgl. Anm. 109 und 122.

67.
ꜥn.t.f ḥr [mkj] […] tw.f nb m ḥr.f r ḫft.j.f

„Seine (des Königs) Kralle [**schützt**] sein jedes [Gebiet] vor ihm gegen seine **Gegner**“.[658] (KRI V 61, 6)

68.
th(j).w nb (w) tꜣš.j smꜣ(.w) m ḫfꜥ.j
ḫft.jw.j m ḥꜣq.w [m/nj.w] ꜥḥ

„Alle **Angreifer** meiner **Grenze** sind in meinem Griff **abgeschlachtet**.
Meine **Gegner** sind Beute des Palastes“. (KRI V 76, 9)

69.
hꜣw-tm pḏ gr dm.t{k}⟨.f⟩
tw.f sḥtm ḫft.jw.f m tꜣ.w nb.w

„Einer, der tapfer ist beim Ausstrecken seines Schwertes.
Der seine **Gegner** in allen Ländern **vernichtet**“. (KRI V 78, 9)

70.
jw.f mj pḥ.tj[659] *jt.f Mnṯw*
mj Stḫ ḥr gmḥ ḫft.j.f

„Er[660] (der König) ist wie die Stärke seines Vaters Month
und **wie Seth**, wenn er seine **Gegner erblickt**“. (KRI V 80, 14-15)

71.
jr(j) mrr.f m tꜣ.w ḫꜣs.wt mj ꜥbr
sḫm m ḫft.j.f kꜣ n km.t

„Der handelt nach seinem Belieben in den Fremdländern wie Baal.
Der sich seiner **Gegner bemächtigt**, Stier von Ägypten“. (KRI V 101, 14)

72.
ḏsr ḫꜥw.t sḫm pḥ.tj ṯmꜣ ꜥ.w[661]
[sḫr] ḫft.jw.f[662]
jn(j)(.j) n.k ḫꜣs.wt nb(.wt)

„Prächtig an Kronen, machtvoll an Kraft und kraftvoll an Arm,
der seine **Gegner** [**zu Fall bringt**].
Ich (der Gott) bringe dir alle Fremdländer“. (KRI V 110, 5)

---

[658] Edgerton/Wilson (1936: 78, Anm. 21a).
[659] Vgl. Anm. 109 und 122.
[660] Ich würde hier „seine Stärke“ erwarten, vgl. Edgerton/Wilson (1936: 98, Anm. 5a).
[661] Vgl. Anm. 109 und 122.
[662] Vgl. KRI V 55, 6 und KRI VI 284, 13.

Lexem *ḫft.j*	Datierung	Ges.	Kgl.	Priv.	Lit.	Andere Lexeme / Untaten des Feindes	Aktion gegen den Feind
73.  [663]	Rams. III	001	001	000	000	*pḏ.t psḏ.t ẖꜣk.w-jb*	*ḥw(j), ḥsq*
74.  [664]	Rams. III	001	001	000	000	*Nḥsj*	-----
75.  [665]	Rams. III	001	001	000	000	*Ḫꜣrw*	-----
76.  [666]	Rams. III	001	001	000	000	*sbj*	*bḥn, sḫr*
77.  [667]	Rams. III	001	001	000	000	-----	-----
78. 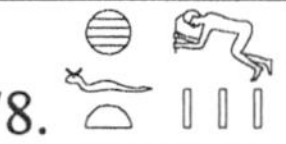 [668]	Rams. III	001	001	000	000	-----	-----
79.  [669]	Rams. III	001	001	000	000	-----	*dr*
80. 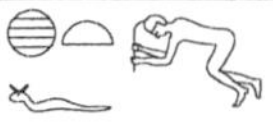 [670]	NR	001	000	001	000	*sbj, ẖꜣk-jb , rqw*	*ḥwj, dr, sḫr, sḥtm*

73.
ḥwj ḥḏ.k pḏ.wt [psḏ.t]
[ḥsq.k] tp.w ẖꜣk.w-jb[671]
ḫft.jw.k ḫr[.w] ⟨nb⟩ n ꜣ.t.f

„Deine Keule **schlägt** die [**Neun**]**bogen**.
Du **enthauptest die Häuptlinge der Übelgesinnten**.
Und deine **Gegner fallen**, (jeder) zu seiner Zeit“. (KRI V 110, 9-10)

74.
[jmw n.k][672] *pꜣ* ***nḥsj ḫft.j***
ḏ(j).j jr(j).k hjꜣwjꜣ[673] *m bꜣḥ pr ꜥꜣ*
jmj ḥr ḥr.k tw.k m bꜣḥ pr ꜥꜣ (ꜥ.w.s.)

Wehe dir, du **Neger** (und) **Gegner**.
Ich lasse dich ohnmächtig werden vor dem Pharao.
Lege (dich) auf dein Gesicht.[674] Denn du bist vor dem Pharao (LHG)“. (KRI V 114, 4)

663 KRI V 110, 10.
664 KRI V 114, 4.
665 KRI V 114, 11.
666 KRI V 199, 12.
667 KRI V 210, 9.
668 KRI V 210, 10.
669 KRI V 277, 13.
670 Moret (1909:24 Taf. 22, 3).
671 Vgl. KRI I 9, 7; KRI II 168, 15 und KRI VI 285, 1-2.
672 Zur Ergänzung siehe Wilson (1931: 212, Anm. 4).
673 Vgl. Wb I 272, 10 und Wilson (1931: 213, Anm. 1).
674 Anscheinend hat der Kontrahent eine Art Proskynese vor dem König gemacht.

75.
jmw n.k p3 Ḫ3rw ḫft.j ʿbʿ.tw m r' .f
pr ʿ3 (ʿ.w.s.) p3y.j nb(.w) m-ʿ.j r.k

„**Wehe** dir, du Syrer (und) **Gegner**, welcher mit seinem Mund prahlt.
Der Pharao (LHG), mein Herr ist mit mir **gegen dich**“. Wilson (1931: 213)

76.
šms.f Skr bḥn.f sbj
sḫr.f ḫft.j

„Er (der König) folgt(e) Sokar, nachdem er den **Rebellen gebändigt**
und den **Gegner zu Fall gebracht** hatte“. (KRI V 199, 12)

77.
Mjn wsr nḫt[675] ***m3ʿ ḫrw.f r ḫft.jw.f***
m3ʿ ḫrw *(Wsr m3ʿ.t Rʿw stp n Rʿw)* ***r ḫft.jw.f***

„Min, stark an Macht; **gerechtfertigt** ist er **gegenüber** seinen **Gegnern**.
Gerechtfertigt ist König Ramses II. **gegenüber** seinen **Gegnern**“. (KRI V 210, 9)

78.
Mjn wsr nḫt[676] ***m3ʿ ḫrw*** *Mjn* ***r ḫft.jw.f***
m3ʿ ḫrw *(Rʿw msj mrj Jmn.w)* ***r ḫft.jw.f***

„Min, stark an Macht; **gerechtfertigt** ist Min gegenüber seinen **Gegnern**.
Gerechtfertigt ist König Ramses II. **gegenüber** seinen **Gegnern**“. (KRI V 210, 10)

79.
jnk jt.k šps pr(j).n.k ḫnt.j
[jw.j m][677] *s3 ḥʿ.w.k ḥr* ***dr ḫft.jw.k***

„Ich bin dein ehrwürdiger Vater. Du bist aus mir herausgekommen.
Ich bin der Schutz deines Leibes beim **Vertreiben** deiner **Gegner**“. (KRI V 277, 13)

80.
nḏ.tj.k ***ḥw(j) ḫftj.k dr sbj***
sḫr ẖ3k-jb *s3w.f jb.k r' nb*
sḥtm rq(j)w nn wn.f *ḏ.t nḥḥ*

Dein Beschützer (Horus), der deinen **Feind schlägt**, der den **Frevler vertreibt**,
der die **Übelgesinnten zu Fall bringt**, der dein Herz jeden Tag erfreut
und den **Rebellen vernichtet**, so daß er **nicht mehr existiert** bis in alle Ewigkeit“.
Moret (1909: Taf. 22, 4)

---

[675] Vgl. Anm. 109 und 122.
[676] Vgl. die vorige Anmerkung.
[677] Kitchen (KRI V 277, 13) ergänzt *dj.j*. Der noch erhaltene Rest läßt beide Ergänzungen zu.

Lexem *ḫft.j*	Datierung	Ges.	Kgl.	Priv.	Lit.	Andere Lexeme / Untaten des Feindes	Aktion gegen den Feind
81.  [678]	Rams. IV	001	001	000	000	*ḫr*	-----
82. 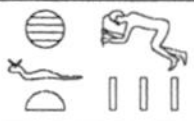 [679]	Rams. IV	001	001	000	000	-----	*dr*
83.  [680]	Rams.VI	001	001	000	000	-----	-----
84. 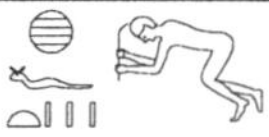 [681]	Rams. VI	001	001	000	000	-----	*sḫr*
85.  [682]	Rams. VI	001	001	000	000	*ẖꜣk.w-jb*	*ḥwj, ḥsq*
86.  [683]	Rams. IX	002	000	002	000	-----	*sḫr*
87.  [684]	Dyn. 21/22 [685]	001	000	000	001 [686]	*jṯꜣ*	-----
88.  [687]	Schosch.I	001	001	000	000	*sbj*	*wnwn, tjtj*
89. 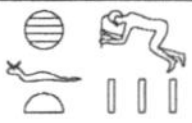 [688]	Schosch.I	001	001	000	000	*ẖꜣk.w-jb, ꜥꜣmw*	*tjtj, skj*

81.
Jtm.w Ḥr.w ḏꜣ p.t
nꜥj.k ḥrj nmt.k r Dꜣ.t
***ḫft.jw**.k **ḫr**.(w) r nm.t.sn*

„Atum, Horus, der den Himmel durchfährt.
Du befährst den Himmel, du schreitest zur Unterwelt,
(während) deine **Gegner** auf ihren Richtstätten **fallen**“. (KRI VI 21, 14)

678 KRI VI 21, 14.
679 KRI VI 22, 10-11.
680 Grandet (1994 II: Taf. 3, 7).
681 KRI VI 284, 13.
682 KRI VI 285, 1-2.
683 KRI VI 540, 10-11 und Lefebvre (1929: 49 f.).
684 Caminos (1977: Kol. 2, 6). Es handelt sich anscheinend um eine haplographische Schreibung für *ḫft*, sowohl als Präposition „vor“ als auch für das darauffolgende Determinativ für „Feind“. *Ḫrw ꜥꜣ* zu lesen ist denkbar, vgl. hierzu Caminos (1977: 27).
685 Aufgrund der Paläographie bzw. Kalligraphie wird die Handschrift mit zwei weiteren Handschriften, dem Onomasticon von Amenemope und der Geschichte von Wenamun, in die 21./22. Dynastie datiert, vgl. Caminos (1977: 3). Zuletzt sprach sich Quack (2001: 172) für eine spätere Datierung in die frühe Dritte Zwischenzeit aus.
686 Zum literarischen Neuägyptischen siehe Quack (2001: 168 f.).
687 RIK III Taf. 3/4, 9.
688 RIK III Taf. 3/4, 20.

82.
jr pw pr(j).k r ***dr.k*** *snk.t*
wrḥ.tw wnḫ.tw jn psḏ.t
mtw ḥkꜣ.w ḫpr.w r sꜣḫ ḥm.st
r ḏ(j).t nꜣy.w ***ḫft.jw*** *r* ***nm.t.st***

„Wenn du herauskommst, so geschieht es, damit du die Finsternis **vertreibst**,
indem du gesalbt und bekleidet bist durch die Neunheit.
Ihre (der Neunheit) Zauber ist entstanden, um ihre Majestät zu verklären
und ihre **Gegner** zu ihrer **Richtstätte** zu bringen“. (KRI VI 22, 10-11)

83.
wḏ.k bꜣ.w.j mj qd.sn ***r ḫft.jw.j***
*smn ḥtp.w.j mꜣ*ᶜ*(.w) n kꜣ.j*
*mn(w) m jmny.t r šꜣ*ᶜ *nḥḥ*

„Stelle meine Ba-Kräfte(des Gottes) in ihrer Gesamtheit **gegen** meine **Gegner**;
mögest (du) mein Opfer, das meinem Ka zugewiesen wird, fest bleiben lassen,
indem es als dauerndes Opfer bleibt bis in die Ewigkeit“.
Grandet II (1994: 11 Anm. 48-49)

84.
*ḏsr ḫ*ᶜ*w.t sḫm pḥ.tj ṯmꜣ* ᶜ*.w*[689]
*[****sḫr ḫft.jw****.k] jn(j).n.k ḫꜣs.wt št[ꜣ.w]*[690]

„Prächtig an Kronen, machtvoll an Kraft mit starkem Arm,
[der seine **Gegner zu Fall bringt**] und die schwer zugänglichen Fremdländer erbeutet“.
(KRI VI 284, 13)

85.
ḥwj *⸢ḥḏ.k⸣ [pḏ.t psḏ.t]*[691]
ḥsq *ḥḏ.k* ***tp.w ḫꜣk.w-jb***
*[****ḫft.jw****.k* ***ḫr****(w) n ꜣt.f]*

„Deine (des Königs) Keule **schlägt** die **Neunbogen**
und deine Keule **enthauptet** die **Häuptlinge** der **Übelgesinnten**.
[Deine **Gegner fallen**, (jeder) zu seiner Zeit“. (KRI VI 285, 1-2)

---

689 Vgl. KRI V 55, 6 bzw. 110, 5. Für diese und ähnliche Epitheta, vgl. Anm. 109 und 122. Für die Übersetzung, vgl. Beylage (2002: 179, Anm. 547-549).
690 Vgl. Anm. 173.
691 Als Parallele zum Gold-Namen Thutmosis III. siehe von Beckerath (1999: 136-137 G 6). Zum Gold-Namen allgemein, vgl. Anm. 175.

86.
***sḫr.f** **ḫ**[**ft.**]**jw.k** m m.t m ꜥnḫ*
*jw Jmn.w m s3 ḥꜥ.w.k psḏ.t.f ḥr **dr** **ḫft.jw.k***
ḫ3s.t nb.t ẖr ṯb.tj.k
***nn** **ḫsf**.tw ꜥ.w.*[*k*]

„Er (der Gott) **bringt** deine **Gegner zu Fall**, im Tod wie im Leben.
Amun ist der Schutz deiner Glieder. Seine Neunheit **vertreibt** deine **Gegner**.
Jedes Fremdland befindet sich **unter deinen Fußsohlen**.
Nicht wird man [deinen] Arm **abwehren**". (KRI VI 540, 10-11)

87.
***jṯ3** (j)ḫ.t(.j) bn st wḏ3.w*[692]
⟨ḫft⟩[693] ***ḫft.jw** ꜥ3.w*

„(Mein) Besitz wurde **gestohlen**. Er blieb nicht unversehrt
vor den großen **Gegnern**". Quack (2001: 175)

88.
*jw.k m **wnwn***[694] *ḥr **ḫft.jw.k***
tj**⟨**tj**⟩**.n.k** **sb**(j)**.w**{**t**} **r.k

„Du **bewegst** dich hin und her auf deinen **Gegnern**,
nachdem du die **Rebellen** gegen dich **niedergetreten hast**". (RIK III 3/4, 9)

89.
*Mnṯw wsr **tjtj** **ḫft.jw.f***
*ḥḏ.k **sk**(j)**.n.f** **ẖ3k.w-jb***
***ꜥ3mw** ⟨**nw**⟩ ḫ3s.wt w3(j).w*

„Month, der Starke, der seine **Gegner niedertritt**.
Deine Keule, sie **richtet** die **Übelgesinnten**
und die **Asiaten** der fernen Fremdländer **zu Grunde**". (RIK III Taf. 3/4, 20)

---

[692] Quack (2001: 175, Anm. 71, 72).
[693] Haplographische Schreibung von *ḫft*, vgl. Caminos (1977: 27).
[694] Breasted (1906: 356) übersetzt: „thou art [---] against thy enemies, when thou hast smitten the foe". Breasted bietet keine Erklärung für die *wnwn*. Ob es sich hier um ein Verb *wnwn* „hin und her bewegen" (Wb I 318) handelt, möchte ich offenlassen. Nach der Darstellung liegt es nahe, daß der König die Feinde schon besiegt hat, da sie sich im Griff des Gottes Amunre befinden.

Lexem *ḫft.j*	Datierung	Ges.	Kgl.	Priv.	Lit.	Andere Lexeme / Untaten des Feindes	Aktion gegen den Feind
90.  [695]	Takelot II	001	001	000	000	*wp(j) jȝw.t*	-----
91. 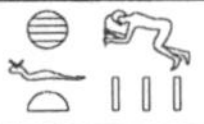 [696]	Takelot II	001	001	000	000	*tm wn*	-----
92. 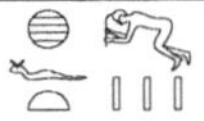 [697]	Takelot II	001	001	000	000	-----	-----
93.  [698]	Osork. II	001	001	000	000	*sbj.w*	*srwḏ*
94. 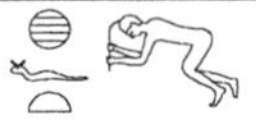 [699]	Osork. II	001	001	000	000	-----	*ḥwj*
95.  [700]	Dyn. 22 / 23	001	000	001	000	*rs.t*	-----
96.  [701]	Pije	001	001	000	000	-----	-----
97.  [702]	Dyn. 26 [703]	001	000	000	001	*whn*	-----
98. 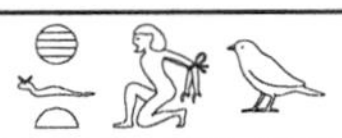 [704]	Dyn. 26	001	000	000	001	-----	-----

90.
[...] ***ḫft.j wp(j).t(j).fj jȝw.t ḥm nṯr tpj***
n Jmn.w nb.w nḥḥ [jr(j) ḏ.t]

„[...][705] den **Gegner**, der das **Amt** des Ersten Propheten
Amuns, des Herrn der Ewigkeit [des Schöpfers der Ewigkeit] **einnehmen wird**“.[706]
Caminos (1958: 20-22)

[695] RIK III Taf. 16, 20.
[696] RIK III Taf. 21, 11.
[697] RIK III Taf. 22, 2.
[698] Barguet (1961: 7, Anm. 1).
[699] Jacquet-Gordon (1960: 13-15, Anm. 1); von Beckerath (1999: 187, G3) und Grimal (1986: 656 (550)).
[700] Jansen-Winkeln (1985: 343, 2.5.5).
[701] Grimal (1981: 161, 14) ; Urk. III, 49, 130.
[702] Lange (1925: 48).
[703] Jedoch geht man von einer alten Vorlage aus, die der Ramessidenzeit entstammt. Grumach (1972: 3-6 und 182) bezeichnet die Vorlage als die „Alte Lehre“. Sie isoliert eine kleine Schrift, die vermutlich auf die ausgehende 18. Dyn. zurückgeht und in die Nähe höfischer Dekrete (Dekret des Königs Haremheb) zu setzen ist. Diese Schrift könnte man ihrer Meinung nach als Hauptquelle ansehen.
[704] Lange (1925: 48).
[705] Zur Ergänzung vgl. Caminos (1958: 22, Anm. e), der „A threat against the enemy“ vermutet.
[706] Im Sinne von okkupieren (Wb I 301, 11), vgl Caminos (1958: 23, Anm. f).

91.
jw[.n] r ꜣwj jb ḥr.k
n ḫft.jw.k tm wn

„[Wir] (die Beamten) freuen uns für dich (den Prinzen).
Es **gibt** deine **Gegner nicht**, (sie) haben **aufgehört** zu **existieren**“. Caminos (1958: 95)

92.
*ꜣw(j) jb.k **n ḫft.jw.k***
⸢s[r] n.k nṯr ꜥꜣ ḫpr(.w)

„Freue dich, (denn) es **gibt** deine **Gegner nicht**.
Was der große Gott dir prophezeite, ist schon geschehen“. Caminos (1958: 113-114)

93.
*[**srwḏ.k mnty.t**].k m ꜥḥ.w n sbj.w.k*
jn⟨jn⟩[707].k ds m jwf.w.sn
*jw.k **mn.tj ḫft.j.k ḫr**(.w) **n mn nb** jm.k*

„Du **stichst** dein **Messer** fest in die Leiber der **Rebellen**.
Du **zerschneidest** mit einem Messer ihr Fleisch.
Du **bleibst**, dein **Gegner fällt**. Es **gibt kein Leiden** mehr in dir“. Barguet (1961: 7)

94.
bjk[708] nbw sḫm pḥ.tj
*ḥw(j) **ḫft.jw.f** wsr fꜣw*

„Falke des Goldes: *sḫm pḥ.tj*,
der seine **Gegner schlägt** und mächtig an Ansehen ist“. Jacquet-Gordon (1960: 13 15.)

95.
jrr rs.**(w)**t**[709] **m ḫft.jw.f
wnn mšꜥ pẖr hꜣ.f mtwt nṯr jm.f

„Der die **Rebellen** als seine **Feinde behandelt**,
indem (?) die Armee ihn umgibt und der Same des Gottes in ihm ist“.
Jansen-Winkeln (1985: 240)

---

[707] Vgl. Barguet (1961: 7, Anm. 2) mit Hinweis auf Wb I 94, 10.
[708] Jacquet-Gordon (1960: 15) liest *Ḥr nb.w*. Ich folge hier von Beckerath (1999: 17, Anm. 3 und 20, Anm. 2) mit Hinweis auf Urk. IV 161, 2. Vgl. das Kapitel „FEINDE IN DER KÖNIGSTITULATUR“ unter Osorkon II.
[709] Vgl. Jansen-Winkeln (1985: 240, Anm. 6) mit Hinweis auf Urk. IV 1291, 10. Es gibt Schreibungen für *sbj*, die so aussehen, allerdings kommen sie in den griechisch-römischen Tempeln vor. An der Übersetzung ändert sich nichts, unabhängig davon, für welche Leseart man sich entscheidet.

96.
jw.j snḏ.kwj n bꜣ.w.k
ḥr md.t pf nbj
jr(j) ḫft.j r.j

„Ich fürchtete mich vor deiner Ba-Macht
wegen jener feurigen Rede,
die einen **Feind** gegen mich **machte**".[710] Kausen (1982/85: 583)

97.
jw.f ḫft.j n whn m ḥꜥ.f

„Er ist ein **Gegner**, der in seinem Leibe **zerstört ist**".[711] Grumach (1972: 56 8, 3)

98.
jw pꜣy.f pr(.w) ḫft.j n pꜣ dmj[712]

„Sein Haus ist ein **Gegner** der Stadt". Grumach (1972: 56 8, 5)

---

[710] Grimal (1981: 160) übersetzt: „j' ai peur de ta puissance et me dis: sa flamme m'est hostile!".
[711] Zur Übersetzung vgl. Lichtheim (1976: 151VIII, 3): „He is an opressor of the weak, a foe bent on destroying your being, the taking of the life is in his eye".
[712] Die Feindbezeichnung (auch bei dem vorigen Beleg) bezieht sich auf gierige Personen, die einen falschen Eid ablegen, die Grenze zum Fruchtland schädigen und den Acker einer Witwe begehren. Grumach (1972: 56, 59 f.) meint: „Als Grundlage für das Kapitel dienen zwei Abschnitte der Alten Lehre (Maxime 3 = Prov. 22, 28 und Maxime 9 = Prov. 23, 10)". Mit dem Begriff „ die Alten Lehre" ist die Vorlage dieses Textes gemeint (Grumach 1972: 5).

Lexem *ḫft.jw*	Datierung	Ges.	Kgl.	Priv.	Lit.	Andere Lexeme / Untaten des Feindes	Aktion gegen den Feind
99.  [713]	Darius I	001	001	000	000	*sbj, rqy.w*	*sḫr, ḫsf, sʿnḏ*
100.  [714]	Darius I	001	001	000	000	*sbj.w*	*rtḥw*
10. 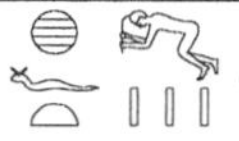 [715]	Darius I	001	001	000	000	-----	*bḥn*
102. 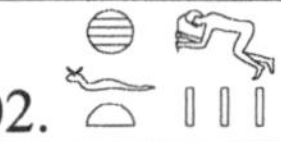 [716]	Darius I	001	001	000	000	-----	*sḫr*
103.  [717]	Darius I	001	001	000	000	-----	-----
104.  [718]	Darius I	001	001	000	000	-----	*dr*
105.  [719]	Darius I	001	001	000	000	-----	*tjtj*
106. 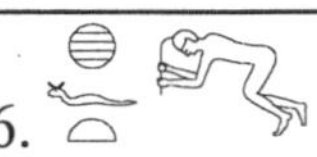 [720]	Darius I	001	001	000	000	*ḫr*	-----
107.  [721]	Darius I	001	001	000	000	-----	*sḫr*

99.
rḏ(j) n.f N.t pḏ.t.s jmj ʿ.w.s
*r **sḫr ḫft.jw** nb.w*
mj jr(j) n.s n sꜣ.s Rʿw m sp tp(j)
*wsr.f jm.s r **ḫsf sbj.w.f***
*r **sʿnḏ rqy.w.f** m tꜣ.wj nb.w(j)*

„Neith hat ihm (dem König) eigenhändig ihren Bogen gegeben,
um alle seine **Gegner zu Fall** zu **bringen**,
wie sie es für ihren Sohn Re beim Ersten Mal getan hattc.
Machtvoll ist er (der König) durch sie, um seine **Feinde abzuwehren**,
(und) um seine **Rebellen** in den beiden Ländern zu **dezimieren**". Yoyotte (1972: 255)

---

[713] Yoyotte (1972: 255, 7).
[714] Davies (1953: Taf. 23, 4 Nordwand).
[715] Davies (1953: Taf. 23, 4 Nordwand).
[716] Davies (1953: Taf. 27, 19).
[717] Davies (1953: Taf. 33, 11).
[718] Davies (1953: Taf. 33, 12).
[719] Davies (1953: Taf. 33, 34-35).
[720] Davies (1953: Taf. 49, Rede des Königs).
[721] Posener (1936: Taf. 4, 3).

100.
sn.t wr(.t) m j3b.t.t ḥr s3 f ḥr j3b.t.t
ḫpr.w.s jm ⟨m⟩[722] *ḥrj(.t) nm.t*
r rtḥ{w} ***ḫft.jw sbj.w*** *n(j)w ḫntj jmn.t.t*

„Die Große Schwester im Osten ist bei seinem (des Gottes) Schutz auf dem östlichen Berg.
Ihre Gestalt ist dort? als Obere der Richtstätte,
um die **Gegner** und die **Rebellen** des Osiris zu **bestrafen**". Davies (1953: Taf. 23, 4)

101.
jnk Ḥr.w nḏ.tj {ḥr}[723] *jt.f Wsjr*
ḫr skj.j *ḏw nb jrj*[724] *n jt.j Wsjr*
bḥn.n.j ḫft.jw.f[725]

„Ich bin Harendotes (der Beschützer seines Vaters) Osiris.
Ich habe alle Leiden, die an Osiris sind, **vertrieben**
und seine **Gegner geschlachtet**". Davies (1953: Taf. 23, 12)

102.
nb pḥ.tj [726]*m wj3 n ḥḥ.w*
sḫr ḫft.jw *n(j)w Wsjr*

„Herr der Kraft in der Barke von Millionen Jahren.
Der (Gott) die **Gegner** des Osiris **zu Fall bringt**". Davies (1953: 27, 19)

103.
nꜥj.k p.tj .k
nn ḫft.j.k

„Du (der Gott) durchfährst deine beiden Himmel,
ohne daß es deinen **Gegner gibt**".[727] Davies (1953: Taf. 33, 11)

104.
pḥ.tj.f sḫm[728]
ḥr ***dr ḫft.j.f***

„Seine (des Gottes) (Zauber)Kraft ist machtvoll,
um seine **Gegner** zu **vertreiben**".[729] Davies (1953: Taf. 33, 12)

---

[722] Ich emendiere *n* zu *m* der Identität.
[723] Eine fehlerhafte Analogiebildung nach dem Wb II 372, 8 f.; *ḥr* ist hier bedeutungslos.
[724] Wb I 104, 18.
[725] Zur Lesung vgl. Lepsius (1842: Kap. 146, 16-17).
[726] Vgl. Anm. 109 und 122.
[727] Zur Übersetzung vgl. Assmann (1975: 301) und Barucq/Daumas (1980: 332).
[728] Vgl. Anm. 109 und 122.
[729] Zur Übersetzung vgl. Assmann (1975: 302) und Barucq/Daumas (1980: 333).

105.
⸢pḏ.t⸣[730].k 3ms.k jm r s3.k
r tjtj ḫft.j.k m ṯsj.w

„Dein Bogen und deine Keule sind dort zu deinem Schutz,
um deine **Gegner niederzutreten** wie **Rebellierende**[731]“. Davies (1953: Taf. 33, 34-35).

106.
dw3 nṯr.w m nfr.w.k ḥrtp dw3(w)
ḫft.j ḫr.(w) m nm.t

„Die Götter preisen deine (des Gottes) Schönheit im Morgengrauen.
Der **Gegner** ist an der Richtstätte **gefallen**“. Davies (1953: Taf. 49)

107.
ʿ.w.s ẖr šmr.t tp ʿ.w.s
r sḫr ḫft.jw.f rʿ nb

„Ihr (der Göttin) Arm trägt den Bogen vor ihr,
um seine (des Königs) **Gegner zu Fall** zu **bringen**“. Posener (1936: 50 f.)

---

[730] Gegen die Lesung von Brugsch (1878: Taf. 37, 33). Zum Vergleich siehe Davies (1953: Taf. 33, 34-35).

[731] Wörtlich: „Die sich (gegen den Gott) erheben“ (Wb V 405, 3 f.). Assmann (1975: 306) liest *ṯsj.w* ‚Haufen' und übersetzt: „Dein Bogen und deine Keule sind dort zu deinem Schutz, um deine Feinde niederzutreten zu Haufen“. Zur Übersetzung vgl. Barucq/Daumas (1980: 339, Anm. (bp) und (bq)).

9.2. **Kommentar:**

ḫft.j ist die am häufigsten belegte Bezeichnung für „Feind". Sie ist eine Nisbe, die von einer Präposition *ḫft* „gegenüber" abgeleitet ist.[732] Deshalb habe ich diesen Ausdruck in dieser Arbeit mit „Gegner" übersetzt.

Die meisten Lexeme werden mit Einkonsonantenzeichen ⟨hieroglyphs⟩, seltener mit dem mehrkonsonantigen Zeichen (G4) ⟨hieroglyphs⟩ geschrieben. Diese Schreibung mit dem Zeichen (G4) ist in der 18. und 19. Dynastie häufiger, in der 20. selten (Schreibung Nr. 81) anzutreffen. In den Inschriften der griechisch-römischen Tempel (Edfu, Dendera und Philae) wird es mit ⟨hieroglyph⟩ oder ⟨hieroglyph⟩ statt ⟨hieroglyph⟩, ⟨hieroglyph⟩ statt ⟨hieroglyph⟩ und ⟨hieroglyph⟩ statt ⟨hieroglyph⟩ geschrieben. Damit weist dieses Lexem einen langen Belegzeitraum bzw. eine Kontinuität auf, die sich durch alle ägyptischen Epochen hinzieht. Dabei kommt diese Bezeichnung in fast allen Texten gleichermaßen vor.

Im pJumilhac[733] ist eine Deutung der Hieroglyphe ⟨hieroglyph⟩ am Ende einer Auseinandersetzung zwischen Baba und Thot angeführt: „Dann sagte Thot zu ihm (Baba): ‚Großer, deine Hoden hängen heraus!'. Da ging er (Baba) gegen Thot vor, ausgerüstet mit seinen Waffen, worauf Thot seine Zaubersprüche gegen ihn sprach. Da ergriff er (Baba) seine kupferne (?) Waffe und schlug sie in seinen eigenen Kopf". Danach folgt:

ꜥḥꜥ ḏd.n Ḏḥwtj[734] *n nṯr.w*
ꜥḥꜣ.f n (jm).f
ḫpr rn.f n ⟨hieroglyph⟩ *r mn hrw pn*

„Darauf sagte Thot zu den Göttern:
Seine Waffe (des Baba) ist in ihm.
So entstand sein Name *ḫft.j* bis zum heutigen Tage".[735]
Hiermit wird eine Erklärung genannt, wie das Feinddeterminativ zu dieser Form kam.

Die Alten Ägypter maßen wie andere Völker des alten Orients dem Namen große Bedeutung bei: Wessen Name ausgetilgt oder vergessen wurde, der war selbst für immer vernichtet, als hätte er nie existiert. Wer nach dem Tod weiterleben wollte, mußte unter allen Umständen dafür sorgen, daß sein Name erhalten blieb. Der erste Beleg aus dem Alten Reich enthält dementsprechend einen Satznamen, welcher den Wunsch des Namensgebers ausdrückt: „Es gibt nicht den Gegner meines Ka".
Die Belege (2, 3, 8, 9) kommen in einem religiösen Kontext vor. Der vierte Beleg aus der Lebenslehre Ptahhoteps charakterisiert den *ḫft.j* als einen, der auf seinen Bauch hört.

Obwohl einige Belege (6, 13) aus privaten Inschriften stammen, enthalten sie Aussagen über „Feinde eines Königs". Ähnliches zeigen auch die Belege (36, 43, 44).

---

[732] Osing (1976: 315).
[733] Vandier (1961: 93-94).
[734] Zur Lesung ⟨hieroglyph⟩ als Thot siehe Derchain (1990: 24, Anm. h).
[735] Leitz (1994a: 105) mit weiterführender Literatur.

Bei den beiden Belegen (16, 17) handelte es sich um innere Feinde, welche von Teti (Bürgermeister von Koptos und hoher Angestellter des Min-Tempels) unterstützt worden sind, worauf der König Antef V. mit dem Absetzen jenes Beamten im Koptosdekret reagierte. Nach Helcks Meinung soll Teti einen Staatsstreich geplant haben.[736]
Der Beleg (86) steht im Zusammenhang mit dem Aufruhr des Hohenpriesters Amenhoteps unter dem König Ramses IX.[737] Des weiteren bezieht sich der Beleg (96) auf innere Feinde eines Großfürsten aus der Zeit der „libyschen Anarchie".[738]
Die Textbeispiele aus dem Neuen Reich spiegeln die „Staatsideologie" des siegreichen Königs und des besiegten Feindes wider (Belege 18-52, 64-73). Auf der Israelstele (Beleg 48) läßt Merenptah Memphis an ihren Feinden und Tatenen über die Rebellen gegen ihn erfreuen. Schadenfreude ist hier sicherlich gemeint. Der Beleg (64) zeigt das böse Schicksal und die totale Vernichtung der libyschen Angreifer; „sie sind von vorne bis hinten im Feuer".
Die Belege (74-75) kommen als Beischriften des Stockkampfes unter dem Erscheinungsfenster des Königs Ramses III. in Medinet Habu vor. Dort sind zehn Kampfhandlungen abgebildet. Die Kontrahenten dieses Stockkampfes sind sowohl Ägypter als auch Ausländer, wobei die Ägypter immer die Oberhand behalten. „Somit steht die gesamte Komposition in einem engen Zusammenhang: Wie Pharao über die feindlichen Häuptlinge souveräner Sieger ist, sind es auch seine Soldaten über die Ausländer und vice versa".[739] Interessant ist, daß der Syrer im Beleg (75) „zweifellos ein Libyer ist".[739a]

Einerseits handeln Götter oft für den König und vernichten seine Feinde (Belege 8, 19, 36 53-63 und 99). Andererseits werden Könige mit den Göttern identifiziert und handeln wie diese gegen die Feinde (Belege 34, 70, 77 und 94). Darüber hinaus vollziehen die Priester (2)– im Auftrag des Königs – ein Opfer und töten Feinde des Gottes. Der könig ist wie **Month**, **Seth** oder **Baal**, wenn er seine Feinde erblickt oder sich seiner Gegner bemächtigt. In den Beispielen (53-63) treten die Götter als Handelnde für den König auf und beseitigen die Feinde.

In einigen literarischen Texten (Neferti, Loyalistische Lehre und die Lehre eines Mannes für seinen Sohn) wird auch *ḫft.j* verwendet. In der Lehre eines Mannes für seinen Sohn (Beleg 11) liegen einige Ratschläge zur Vermeidung von Familienzwist vor; Dort wird man aufgefordert, sich nicht einzumischen: „Trenne nicht zwei Parteien in ihrem Wutausbruch".

Die Unheilsweissagungen des Neferti berichten vom moralischen Niedergang der Gesellschaft: „Ein Sohn wird zum Feind, ein Bruder zum Gegner" (vgl. Beleg 32). Doch am Schluß der Rede des Neferti werden die Feinde überwunden, die Ordnung „*mꜣʿ.t*" wiederhergestellt und die Lüge „*jsf.t*" entfernt.[740] Ferner enthält die Lehre für Merikare ebenfalls einige Feindausdrücke, darunter auch *ḫft.j*. Dort erscheint dieser als Gegner, der vom Gott getötet wird, weil er an Rebellion gegen den Gott denkt (Beleg 31).[741] Was die Lehre des Königs Amenemhet anbelangt, stellt Quack fest: „Wie man sieht, fehlt es zwar

---

736 Helck (1969: 284-284) und Martin-Pardey (1990: 186 f.).
737 Spiegelberg (1923: 47-48). Siehe auch KRI VI 815, 5 f.
738 Jansen-Winkeln (1985: 239-241).
739 Decker (1975: 81). Vgl. zuletzt Decker/Herb (1994: 569).
739a Hier liegt eine Verwechslung des Syrers mit dem Libyer vor. Diese Szene ist von einer ähnlichen aus der Zeit Ramses' II. gedankenlos kopiert worden. Denn die traditionelle Feind des Königs Ramses III. war der Libyer und nicht der Syrer, vgl. Wilson: 1931: 212, Anm. 3).
740 Felber (2005: 70-71).
741 Quack (2005: 82).

nicht an negativ konnotierten Handlungsbegriffen, aber kein einziger der üblichen Ausdrücke für Feinde oder Rebellen fällt". Weiter heißt es: „War bereits in der Lehre Amenemhets der Schwerpunkt auf die inneren Feinde gelegt, so wird in der sogenannten Loyalistischen Lehre das Augenmerk ausschließlich auf diese Gruppe gelenkt, während ausländische Feinde überhaupt nicht auftreten".[742]

Was die Verwendung von literarischen Stilmitteln angeht, so weist der Beleg (54) einen antithetischen Parallelismus auf.[743] Dort geht es um einen persönlichen Feind eines Lehrers und anschließend um die Glückwünsche eines Schülers an seinen Lehrer: „Amun bereite dir Freude in deinem Herzen! Er gebe dir ein schönes Alter, daß du ein fröhliches Leben durchlebst, bis du zu Ehrwürdigkeit kommst, deine Lippen sind heil und dein Auge sieht weit. [...]".[744]

Das Beispiel (55) weist ein „Sprachtabu" auf. Damit haben wir es hier mit dem Einschub ***wꜣj r*** „fern von" zu tun, der dazu dient, eine direkte Verbindung zwischen positiv konnotierten Figuren (Göttern, Königen) und widrigen Ereignissen (Verschwörungen, Krankheiten), die ihnen tatsächlich widerfahren, im Satz selbst zu vermeiden. Hier wird ein anderer Einschub – nämlich **„Feinde des NN"** – zwischen den negativen Ereignissen und den positiv konnotierten Figuren eingefügt, wodurch sinnwidrig die Gefahr vom Gott, König oder Ägypten auf die „Feinde" abgelenkt bzw. gebannt wird.[745] Merkwürdig ist, daß bei dieser Textstelle (55) ein **„doppeltes"** Sprachtabu vorliegt. Wir haben sowohl den Einschub ***wꜣj r*** vor dem „Feuer" als auch die „Feinde" vor dem Land Ägypten. Und man erwartet aber nur einen „Puffer" von den beiden, um den gewünschten Sinn zu erzielen! So wie es hier aussieht, haben wir mit einem Pleonasmus zu tun. Wenn man aber ***ḫft.j*** „Gegner" als Präposition ***ḫft*** „gegen" interpretiet, dann würde es heißen: „seine (des Feuers) Flamme kommt heraus gegen das Land".[745a]

Ḫft.j bezeichnet sowohl (reale) innere „Feinde" eines Königs (z.B. Belege 7, 10 16, 17) als auch mythische Feinde eines Gottes. Aus einem privaten nichtköniglichen Kontext wird dieser Begriff ebenfalls für gesellschaftliche Feinde verwendet (z.B. Belege 11, 14, 32, 98).[746] Diese Beschreibung gilt auch für den Beleg (46) aus dem satirischen Brief des Papyrus Anastasi I, in dem Hori sich gegen die Schmähungen des Amenemope verteidigt.

---

742 Ebd. (S. 77).

743 Vgl. LEXEM „*sbj.w*", Beleg (38).

744 Nach Kees (1933: 215). Diese Textstelle entstammt den Schülerhandschriften.

745 Posener (1970: 30-35); Quack (1993: 65, (18)); Depuydt (1998: 39 f.) und zuletzt Schenkel (2005:111). Andere Auffassung: Franke (1998: 51 f.). Erwähnenswert ist, daß es im (Ägyptisch-)Arabischen bei Fluchformeln ein vergleichsweise ähnliches Sprachtabu gibt. Man stößt einen Fluch aus wie „Gott verfluche den Vater des **Fernen**" oder „verflucht sei der Vater der **Fernen**". Gemeint aber sind hier die Eltern von Personen wie z.B. Fatima oder Mohammad, die der Familie angehören oder sehr nahe stehen. Durch diese „euphemistische" Umschreibung wird der Fluch von „Fatima" oder „Mohamed" auf das Wort „die **Fernen**" abgelenkt bzw. abgewendet. Allgemein Zu diesem Thema vgl. Havers (1946: 132 § 72); Schorch (2000: 5 f. bzw. 236, Anm. 69) zog mehrere Definitionsmöglichkeiten der Begriffe „Sprachtabu „ und „Euphemismus" in Erwägung: (1) „Sprachtabu und Euphemismus werden als Synonyme aufgefaßt. (2) Euphemismus und Sprachtabu werden auf einer Ebene angesiedelt, aber nicht als Synonyme verstanden. Dazu werden beide entweder als Parallelphänomene nebeneinandergestellt, wobei das Sprachtabu auf die magisch-religiöse Sphäre bezogen und der Euphemismus dem profanen Bereich zugeordnet wird, oder aber das Sprachtabu wird dem Euphemismus als auf die magisch-religiöse Sphäre beschränkter Teilbereich desselben eingegliedert. (3) Sprachtabu bezeichnet die Tabuisierung eines Wortes oder einer lexikalischen Einheit der Sprache, welche zu deren Vermeidung im Sprechen (Parole) führt. [...] Im Vergleich der zweiten und dritten Definition spricht zugunsten der letzteren, daß sie die Möglichkeit einführt, zwischen der Funktion einer konkreten sprachlichen Realisierung als Euphemismus und der Motivation, die zur Wahl eines euphemistischen Substituts führt, terminologisch klar zu unterscheiden, was bei der zweiten Bestimmung demgegenüber fehlt".

745a Helck (1995: 30) emendiert *ḫft.j* zu *ḫft*.

746 Franke (2005: 99, Tabelle 2.1 (No. 3)) führt einen Beleg für *ḫft.j* auf, den ich übersehen habe.

Über die *ḫft.jw* in den Pyramidentexten heißt es: „Die Bezeichnung Feinde (*ḫft.jw*) ist ebenfalls wenig konkret und paßt auf Götter wie Dämonen und Menschen“.[747] Dabei handelt es sich jedoch bei diesen bewußt allgemein gehaltenen Formulierungen um den Wunsch des verstorbenen Königs, möglichst alle seine Feinde umfassend zu vernichten.[748]
Der Beleg (**80**) weist vier Zentralbegriffe für Feind in Kombination mit vier unterschiedlichen Verben auf.[749]
Zusammen mit den folgenden Lexemen und Verben wird *ḫft.j* ganannt:

Lexem:

sbj	(8, 10, 17, 48, 76, **80**, 88, 93, 100)
ẖꜣk-jb	(40, 73, **80**, 85)
ḫrwy	(32, 44, 45)
rqw	(**80**)
rs.t	(27, 95)
bṯn.w	(10)

Aktion gegen den Feind:

sḫr	(6, 7, 9, 10, 13, 24, 29, 30, 34-36, 39, 52, 65, 66, 72, 76, **80**, 84, 86, 99, 102, 107)
dr	(8, 24, 47, 53, 57, 58, 79, **80**, 82, 104)
ḥwj	(37, 43, 73, **80**, 85, 94)
smꜣ	(9, 25, 26, 31, 68)
bḥn	(2, 76, 101)
ḥsq	(40, 73, 85)
sꜥrq	(41, 42)
sḥtm	(69, **80**)
mkj	(67)
spḥ	(10)
tjtj	(23)
ṯꜣj	(16)

Das Verbum ***ḥsq*** kommt an den drei Textstellen mit ***ẖꜣk-jb*** vor. Vergleichsweise wird ***sḫr*** sehr häufig gegen *ḫft.j* gebraucht.

Untaten des Feindes:

jṯꜣ	(87)
ḫm	(3)
sšwꜥ	(56)
kꜣj sbj	(31)
thj km.t	(64)
thj tꜣš	(68)
tkk tꜣš	(39)

Das Verhalten des Feindes wird hier durch ***thj*** gut zum Ausdruck gebracht: Er **verletzt** die Grenze Ägyptens bzw. **greift** dessen Grenze **an**.

---

[747] Über die Feinde des Königs in den Pyramidentexten siehe Meurer (2002: 317).
[748] Ebd. S.226, Anm. 2.
[749] Vgl. den Kommentar zum LEXEM „*rqj.w*“, Beleg (23).

10. Lexem: *ḫrw.yw*

10.1. Belegstellen

Lexem *ḫrw.yw*	Datierung	Ges.	Kgl.	Priv.	Lit.	Andere Lexeme / Untaten des Feindes	Aktion gegen den Feind
Wb III 321, 7-13.	**MR-Sp.Zt**	**073**	**033**	**018**	**022**		
1.  [750]	Sesost. I	001	001	000	000	-----	-----
2. 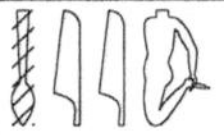 [751]	Sesost. I	001	001	000	000	-----	-----
3 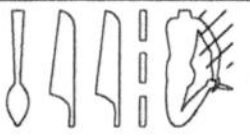 [752]	Sesost. I	001	001	000	000	*ꜥ3mw*	-----
4.  [753]	Sesost. I	001	000	000	001	-----	-----
5.  [754]	Sesost. I	001	000	000	001	-----	*srd*
6. 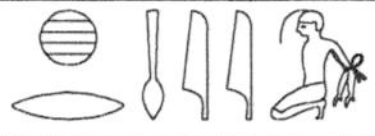 [755]	Sesost. III	002	002	000	000	*pḥ*	*pḥ*
7. 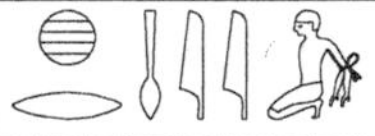 [756]	Sesost. III	002	002	000	000	*Pḥ*	*ssḫm*

1.
ḫr*(*w*)*.yw m* *ḫty.w
ḏ*(*.jw*) *m ꜥḫ.t

„Die **Feinde** auf der Terrasse des Tempels
wurden in das **Feuerbecken gelegt**“. Barbotin/Clère (1991: 9 Anm. 105-106)

2.
[šꜣꜥ.n](.j) m ***dndn ḫr*(*w*)*.y***
jsṯ sw ḥm Ḥr.w

„(Ich) [fing an], den **Feind** zu **enthaupten**,
während die Majestät des Horus ...“. Barbotin/Clère (1991: 10 Anm. 117-118)

3.
nm.t*[*s*] *m *ms*(*j*)*.w* ***ḫr*(*w*)*.yw***
jmny.t m ***ꜥꜣmw***

„[Seine] **Richtstätte** ist für die Kinder der **Feinde**.
Das (Vieh) des täglichen Opfers (besteht) aus den **Asiaten**“.
Barbotin/Clère (1991: 10 Anm. 121)

---

[750] Barbotin/Clère (1991: Taf. 11 bzw. Fig. 3 Kol. 30. Das Determinativ weicht geringfügig vom Original ab.
[751] Barbotin/Clère (1991: Taf. 11 bzw. Fig. 3 Kol. 32. Das Determinativ weicht geringfügig vom Original ab.
[752] Barbotin/Clère (1991: Taf. 11 bzw. Fig. 3 Kol. 32. Das Determinativ weicht geringfügig vom Original ab.
[753] Fischer-Elfert (1999 Tafelband § 20, 3).
[754] Fischer-Elfert (1999 Tafelband § 24, 8). Der Rest ist zerstört.
[755] Berlin 1157 Sethe (1959: 84, 1, 3).
[756] Janssen (1953: 52,5, 7). Die Ruder-Hieroglyphe in Zeile 5 ist waagerecht geschrieben.

4.
sḥḥ tkn jb pḥ.wj
nn ꜣs jb šwj m ḫrw.y
nb.w jmꜣ.t pw ḫpr n.f mr.w

„Der **Selbstbeherrschte** erstrebt ein (gutes) Ende.
Es gibt keinen **Unbeherrschten**, der frei wäre von **Feinden**.
Der Besitzer von Freundlichkeit ist es, dem **Anhänger** zuteil werden“.[757]
Fischer-Elfert (1999: 209)

5.
jn s srd ḫrw.⌜y⌝.f
wꜣḏ pw ḥn m rꜣ.f
ḫpr srḫy m ṯs.w ꜥḥꜥ

„Sogar ein Mann (von Rang) kann **Feindschaft gegen sich erwachsen lassen**.
Glücklich, wer beherrscht ist in Bezug auf sein Mundwerk,
(denn) Vorwürfe verwandeln sich in Kampfansagen“. Fischer-Elfert (1999: 249)

6.
***tm sfn n ḫr(w).y pḥ** sw*
***pḥ** pḥ.t(w).f*

„Einer, der **keine Gnade** kennt gegen den **Feind**, der ihn **angreift**.
Einer, der **angreift**, wenn er angegriffen wird“. Franke (2005: 97)

Zwei Parallelen sind auf der Uronartistele, Janssen[758]

7.
ḏr ntt jr gr m ḫt pḥ
ssḫm** jb pw n **ḫr(w).y

„Wer ruhig bleibt nach einem Angriff,
der **stärkt** das Herz des **Feindes**“. Franke (2005: 97)

---

[757] Ein weiterer Beleg findet sich bei Fischer-Elfert (1999: 225, 4, Anm. c). Allerdings ist die Textstelle so zerstört, daß man über den Inhalt nichts Genaues sagen kann.

[758] Janssen (1953: 51-55) übersetzt: „not being mild against the enemy who attacks him; [...] to desist after being attacked boldens the heart of the enemy“; Lichtheim (1973: 119): „Merciless to the foe who attacks him. To stop when attacked is to make bold the foe's heart“.

Lexem *ḫrw.yw*	Datierung	Ges.	Kgl	Priv	Lit.	Andere Lexeme / Untaten der Feinde	Aktion gegen die Feinde
8. 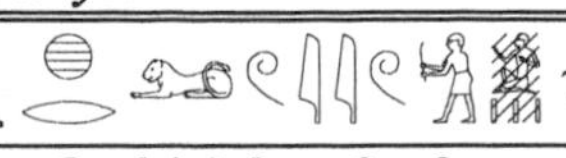 [759]	Dyn. 12/13	001	000	000	001	-----	-----
9.  [760]	Dyn. 12/13	001	000	000	001	-----	-----
10.  [761]	Dyn. 12	001	000	000	001	-----	*wꜥf*
11.  [762]	Dyn. 12	001	000	000	001	-----	*wꜥf*
12.  [763]	Sesost. III	001	000	000	001	-----	*snḏ*
13.  [764]	Sesost. III	001	000	000	001	*ḫnd ḥr tꜣš*	-----
14.  [765]	Neferh. I	001	001	000	000	*jtn.w*	*sḥtp, sdḥ*

8.
jw wsf.k r th(j).k
jw ꜥwn-jb.k r swḫꜣ.k
*jw **snm**.k r sḫpr **ḫrw.yw**.k*

„Deine (des Beamten) Trägheit wird dir Schaden zufügen.
Dein Neid wird dich töricht machen.
Deine **Gier** wird dir **Feinde** verschaffen“. Parkinson (1991: 39 B1, 313)

9.
Variante zum vorigen Beleg. Parkinson (1991: 39 B2, 42)

10.
***wꜥf** ꜥb pw sgnn ḏr.(w)t*
***n** ṯs.n **ḫr(w).yw**.f sk.w*

„Er (der König) ist es, der das Horn **niederbeugt** und die Hände ermatten läßt.
Nicht können seine **Feinde** die Schlachtreihen **ordnen**“. Blumenthal (1995: 892 § 11)

11.
***wꜥf** ꜥb pw sgnn ḏr.(w)t*
***n** ṯs.n **ḫr(w).yw**.f sk.w*

„Er (der König) ist es, der das Horn **niederbeugt** und die Hände ermatten läßt.
Nicht können seine **Feinde** die Schlachtreihen **ordnen**“. (Variante des vorigen Belegs)

[759] pBerlin Parkinson (1991: 39 B1 313).
[760] pBerlin Parkinson (1991: 39 B2 42).
[761] Sinuhe Koch (1990: B 54-55).
[762] Sinuhe Koch (1990: R 78-79).
[763] Sethe (1959: 67, 8); Die Schreibung weicht geringfügig vom Original ab.
[764] Sethe (1959: 67, 11); Die Schreibung weicht geringfügig vom Original ab.
[765] Helck (1975: 27, 1).

12.
jsw nh.t pw
nḥm** snḏ m **ḫr(w).y.f

„Eine Schutzwehr ist er (der König),
die den Furchtsamen vor seinem **Feind rettet**“.[766] Sethe (1959: 67, 8)

13.
jsw Sḫm.t pw
*r **ḫr(w).y ḫnd** ḥr **t3š.f***

„Sachmet ist er
gegen die **Feinde**, die auf seine **Grenze treten**“.[767] Sethe (1959: 67, 11)

14.
sḥtp**.n.k ⸢**ḫr**⸣**w
***sdḥ**.n.k ꜥ.w n **jtn.w** ẖr [...]*

Du (der Gott) hast die **Feinde befriedet**,
und den Arm der **Aufrührer niedergebeugt** [...]“. Helck (1975: 27, 1-2)

---

[766] Für weitere Literatur siehe Assmann (1975: 634).
[767] Zur Übersetzung vgl. Assmann (1975: 478-479).

Lexem *ḫrw.yw*	Datierung	Ges.	Kgl.	Priv.	Lit.	Andere Lexeme / Untaten des Feindes	Aktion gegen den Feind
15.  [768]	Dyn. 18	001	000	000	001	*ꜥ3mw*	-----
15.a  [769]	Dyn. 18	001	000	000	001	*ḫft.j*	-----
16.  [770]	Dyn. 18	001	000	000	001	-----	-----
17.  [771]	Dyn. 18	001	000	000	001	-----	-----
18.  [772]	Dyn. 18	001	000	000	001	-----	*s3w*
19.  [773]	Dyn. 18	001	000	000	001	*mrj ḥdj.t*	-----
20.  [774]	Dyn. 18	001	000	000	001	-----	-----
20.a  [775]	Dyn. 18	001	000	000	001	-----	-----

15.
jw ḫrwj.w ḫpr ḥr jꜥb.tt
jw ꜥ3mw h3j r km.t

„**Feinde** werden sich erheben im Osten.
Asiaten werden herabsteigen nach Ägypten". Felber (2005: 70)

15.a
ḏj.j n.k s3 m ḫrw.y
sn m ḫft.j s ḥr sm3 jt.f

„Ich **zeige** dir, wie ein Sohn zum **Feind** wird,
einen Bruder zum **Gegner**, und wie ein Mann seinen Vater **tötet**". Felber (2005: 70)

16.
jw mr wšš jḫ.t ḫrwy
n qbb.n ḫrw.y m ẖnw km.t

„Es leidet der, den **Feindseligkeit**? zerstört.
Nicht untätig ist der **Feind** im Inneren Ägyptens". Quack (1992: 40-41)

---

[768] Nfr.tj Helck (1970: 28 VIIe Pet.).
[769] Nfr.tj Helck (1970: 35 IXf, Pet.). Für weitere Literatur siehe Bellion (1987: 339).
[770] Merikare Quack (1992: 178 (E 68).
[771] Merikare Quack (1992: 180 (E 80).
[772] Merikare Quack (1992: 188 (E 105).
[773] Merikare Quack (1992: 188 (E 108).
[774] Merikare Quack (1992: 190 (E 113).
[775] Merikare Quack (1992: 190 (E 114-115).

17.
šmsj.w jb.k m jrj.t.n.j
nn ḫrw.y m q3b t3š.k nb

„Folge deinem Herzen infolge dessen, was ich getan habe.
Nicht gibt es einen **Feind** innerhalb all deiner Grenze". Quack (1992: 48-49)

18.
s3w pẖr m mr.w n ḫrw.y
jw s3w.t snḫḫ.s rnp.wt

„**Hüte** dich vor dem Umgang mit dem Gesinde des **Feindes**.
Die Wachsamkeit läßt die Jahre dauern". Quack (1992: 62-63)

19.
*jw **ḫrw.y mrj.f ḥḏj.t** jb sp.f ẖsj*

„Der **Feind** aber **liebt** die **Herzenskränkung**, sein Fall ist übel".[776] Quack (1992: 64-65)

20.
mn.w pw wḏ3
*jr rḫ **ḫrw.y nn ḥḏj.f** st*

„Das Unversehrtsein ist etwas Dauerndes.
Wenn der **Feind** es weiß, wird er es **nicht zerstören**".[777] Quack (1992: 68-69)

20.a
nn wn šw m ḫrw.y
rḫ jḫ.t pw n jtb.wj
n wḫ3.n nsw nb šnj.t

„Auch wenn es **niemanden gibt**, der **frei von Feinden** ist:
Er ist der Wissende der beiden Ufer.
Der König, Herr eines Hofstaates, kann nicht unwissend sein".[778] Quack (1992: 68-69)

---

[776] Goedicke (2002: 115 f.).
[777] Goedicke (2002: 115 f.).
[778] Goedicke (2002: 115 f., bes. 121) bemerkt, daß „*Ḫrwj*, in view of the concluding statment, does not refer to a specific troublemaker, but is intended with a general meaning". Vgl. Parkinson (2005: 16).

Lexem *ḫrw.yw*	Datierung	Ges.	Kgl.	Priv.	Lit.	Andere Lexeme / Untaten des Feindes	Aktion gegen den Feind
21.  [779]	Thutm.III	001	001	000	000	-----	*sḫr, swsḫ*
22.  [780]	Thutm.III	001	001	000	000	-----	-----
23.  [781]	Thutm.III	001	001	000	000	-----	-----
24.  [782]	Thutm.III	001	001	000	000	*pf ẖsj*	-----
25. 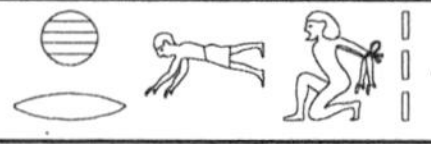 [783]	Thutm.III	001	001	000	000	-----	*ḥꜣq*
26.  [784]	Thutm.III	001	001	000	000	*pf ẖsj*	-----
27.  [785]	Amenh. II	001	001	000	000	-----	-----
28.  [786]	Amenh. II	001	001	000	000	-----	-----

21.
r sḫr ḫr(.w) pf ẖsj
r swsḫ tꜣš km.t
mj wḏ.n jt.f Jmn.w Rꜥ.w [...]

„Um den elenden **Gefallenen** (Feind) **zu Fall zu bringen**
und die Grenze Ägyptens zu erweitern,
gemäß dem, was dein Vater Amun-Re befohlen hat [...]". (Urk. IV 648, 14-15)

22.
ḫrw.yw jm ꜥḥꜥ ḥr [*bnr*]
jw.sn wꜣj r ꜥšꜣ.w

„(Man [meldete]):
daß die **Feinde** dort am [Ausgang] stehen,
wobei sie **fern davon**[787] sind, **zahlreich** zu sein". Quack (1993: 69, (29))

[779] Urk. IV 648, 14.
[780] Urk. IV 650, 1.
[781] Urk. IV 651, 10.
[782] Urk. IV 656, 4.
[783] Urk. IV 658, 9.
[784] Urk. IV 661, 15.
[785] Urk. IV 1297, 9A mit einer Parallele.
[786] Urk IV 1297, 13A mit einer Parallele.
[787] Siehe Anm. 254 und 745.

23.
jmj tw jw(j).t ntj jb.f
jm.ṯn m šms.w ḥm.j
mdj k3.sn m n3.[n] ḫr.w.w bw.t Rʿw
jn jw ḥm.f wḏ3 ḥr ky mṯn
jw.f w3j r snḏ n.n

„Man gehe nach seinem Wunsch,
(oder) man möge im Gefolge meiner Majestät marschieren.
Denn sie werden sagen bei den **Gefallenen** (Feinden), dem **Abscheu** des Re:
Ist seine Majestät auf einem anderen Weg vorgerückt,
indem er **fern davon** ist, sich vor uns **zu fürchten**".[788] Quack (1993: 70, (30))

24.
grg.ṯn sspd ḫʿ.w.ṯn
r ntt jw.tw ṯḫn r ʿḥ3
ḥnʿ ḫr(.w) pf ẖsj m dw3

„Haltet euch bereit, rüstet euch,
da man zum Kampf
mit jenem **elenden Gefallenen** (Feind) **zusammentrifft**". (Urk. IV 656, 1-4)

25.
jsṯ ḥ3 n jr(j) mšʿ n ḥm.f rḏ(j).t jb.w.sn
r ḥ3q[789] *n3 n jḫ.wt n n3 n ḫr.w*

„Hätte sich nicht das Heer seiner Majestät abgegeben,
die Sachen dieser **Gefallenen** (Feinde) zu **plündern**".
Es folgt: „[Sie] hätten Megiddo in diesem Augenblick [eingenommen]". (Urk. 658, 8-9)

26.
r nt.t jr(j) nb.t ḥm.f r dmj pn
r [ḫ]r.w pf ẖsj ḥnʿ mšʿ.f ẖsj

„Was all das anbelangt, was seine Majestät getan hat gegen diese Stadt
und gegen jenen **elenden Gefallenen** (Feind) und sein elendes Heer". (Urk. IV 661, 14-15)

27.
wn jn.tw ḥr ʿḫ(j).t p3 s 6 m nn ḫr.w
m ḫft ḥr sb.tj n W3s.t n3 n ḏ(r.w)t r mj.t.t

„Man **hing** sechs Menschen von diesen **Gefallenen** (Feinden)
an den Mauern Thebens auf und die Hände auf gleiche Weise". (Urk. IV 1297, 9, 11 A)

Eine Parallele zum vorigen Beleg. (Urk. IV 1297 10, 12 K)

---

[788] Zum Sprachtabu siehe die Anmerkungen 254 und 745.
[789] Vgl. Lorton (1974: 53-65, bes. 57 f.).

28.
ʿḥʿ.n sḫn.t(j).n.tw p3 ky ***ḫr.w***
*r t3 stj ʿ****ḫ****(j) n p3 sb.tj n Np(3)t*

„Da fuhr man stromaufwärts mit anderen **Gefallenen** (Feinden) nach Nubien,
wo (sie) **aufgehängt** wurden an den Mauern von Napata". (Urk. IV 1297, 13, 15 A)

Eine Parallele zum vorigen Beleg. (Urk. IV 1297, 14, 16 K)

Lexem *ḫrw.yw*	Datierung	Ges.	Kgl.	Priv.	Lit.	Andere Lexeme / Untaten des Feindes	Aktion gegen den Feind
29.  [790]	Amenh.III	001	001	000	000	*thj mṯn*	*dr rn*
30.  [791]	Amenh.III	001	001	000	000	*thj mṯn*	-----
31.  [792]	Amenh.III	001	000	001	000	-----	-----
32. 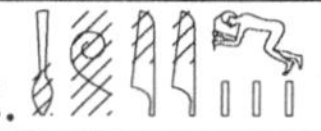 [793]	Sethos I	001	001	000	000	-----	-----
33.  [794]	Ramses II	001	001	000	000	*ḫft.jw*	*sḫr*
34.  [795]	Ramses II	001	001	000	000	-----	*sm3*
35.  [796]	Ramses II	001	001	000	000	*pṯ.wt psṯ.wt*	*sm3, ḥwj*
36.  [797]	Ramses II	001	001	000	000	-----	*sm3*

29.
*[m3j ḥs3 dg(j).f **ḫrw.w**]*
*[**th**](j) **mṯn**.f **dr**.w **rn**.f*

„Wilder Löwe, wenn er den **Feind** erblickt,
der **gegen ihn aufsässig** wird,[798] dessen **Name ausgetilgt** wird".[799] (Urk. IV 1723, 3)
Vgl. den nächsten Beleg.

30.
nṯr nfr m3j n ḥq3.w
*m3j ḥs3 **dg(j) ḫrw**.f*
*[**th**](j) **mṯn**.f*

„Der gute Gott[800], Löwe unter den Herrschern.
Ein grimmiger Löwe (der König), wenn er die **Feinde erblickt**,
die **gegen ihn** (den König) **aufsässig** werden[801]". (Urk. IV 1745, 14-15)

---

790 Urk. IV 1723, 3.
791 Urk. IV 1745, 15. Die Schreibung weicht geringfügig vom Original ab.
792 Urk IV 1800, 5.
793 KRI I 18, 10.
794 KRI II 86, 15 S mit weiteren Parallelen, die ziemlich verderbt sind.
795 KRI II 129, 6.
796 KRI II 134, 9.
797 KRI II 204, 14.
798 Wörtlich: „der seinen Weg übertritt"; im Sinne von „untreu werden", vgl. Wb V 320, 14-16.
799 Schade-Busch (1992: 339 Nr. 324c). Es handelt sich um eine Eulogie des Königs Amenophis III, siehe dazu Anm. 80.
799 Assmann (1975: 268, 27) faßt *ʿb* als Horn auf.
800 Vgl. Anm. 136.
801 Wörtlich: „der seinen Weg übertritt" bzw. „aufsässig gegen ihn ist", vgl. Wb V 320, 14-16.

31.
ḫbd sw nṯr pn šps nḥm.tw j3w.t.f
ḫft ḥr ḏ(j).w n s ntj ḫrw.f

„Hassen soll ihn dieser erhabene Gott. Man nehme sein (des Frevlers) Amt weg, (indem) es gegeben wird einem Manne, welcher sein **Feind** ist“.[802] (Urk. IV 1800, 5)

32.
m3j nḫt h3b mṯn.w št3.w ...
ḥr ḥḥj ḫrw.yw.f ḥr ḫ3s.t nb(.t)
ꜥḥ3 qn.t n sn.nw.f

„Siegreicher Löwe, der schwer zugängliche Wege **durchstreift**[803] ...
beim **Suchen** seiner **Feinde** in allen Fremdländern.
Tapferer Kämpfer ohne seinesgleichen“. (KRI I 18, 9-10)

33.
ḥrj.t tp ḥr tp.k sḫr.w ḫft.j.w.k
ḏ(j).s{t}[804] *hshs m nsr.t m ḥr.w ḫrw.yw.k*

„Die Uräusschlange auf deinem (des Königs) Haupt **brachte** deine **Feinde** zu **Fall**.
Sie spie den **Gluthauch** in die **Gesichter** deiner **Feinde** “. (KRI II 86 15 S)

34.
m3j ꜥnḫ šms.w n ḥm[.f]
sm3 ḫr.w

„Lebender Löwe, ein Begleiter seiner Majestät (im Krieg),
der die **Feinde** abschlachtet“. (KRI II 129, 6)

35.
nsw nḫt sm3 ḫrw.f
ḥw(j) pḏ.wt [psḏ.t m] ḫpš.f wꜥ(.w)

„Siegreicher König, der seine **Feinde schlachtet**
und die **Neunbogen** allein mit seinem Schwert **schlägt**“. (KRI II 134, 9-10)

36.
m3j [šms ḥm.f][805] *sm3 [ḫrw.f]*[806]

„Der Löwe (des Königs), der seiner Majestät folgt und seine **Feinde tötet**“. (KRI II 204, 13)

---

[802] Zur Übersetzung vgl. Urk. IV (1984a: 262). Es handelt sich um eine Drohformeln. Zu Drohformeln siehe den Kommentar zum LEXEM „*jtn.w*“, Anm. 50.
[803] Vgl. Anm. 173.
[804] Vgl. KRI II 86, 13-14 L1-L2.
[805] Zur Ergänzung siehe KRI II 205, 7.
[806] Mit einer Parallele KRI II 197, 8.

Lexem *ḫrw.yw*	Datierung	Ges.	Kgl.	Priv.	Lit.	Andere Lexeme / Untaten des Feindes	Aktion gegen den Feind
37.  807	Ramses II	001	001	000	000	*jw(j) r*	-----
37.a 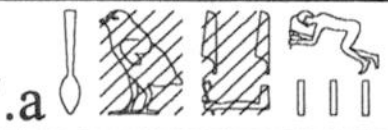 808	Ramses II	001	001	000	000	-----	*ẖdb*
37.b  809	Ramses II	001	001	000	000	-----	*ẖdb*
37.c  810	Ramses II	001	001	000	000	*jw(w) r*	*ẖdb*
38. 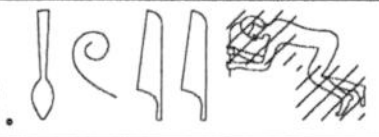 811	Ramses II	001	000	001	000	*ḫft.j*	*pgꜣ*
39.  812	Ramses II	001	000	001	000	-----	-----
40. 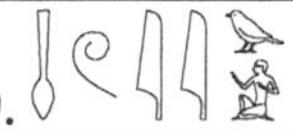 813	NR	001	000	000	001	-----	-----
41. 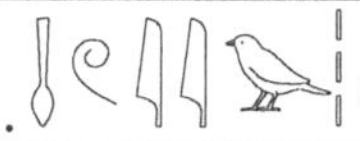 814	NR	001	000	000	001	-----	-----

37.
jr jw(j) ky ***ḫrw.yw r*** *nꜣ tꜣ.w*
n (wsr mꜣꜥ.t Rꜥw stp n Rꜥw) pꜣ ḥqꜣ ꜥꜣ n km.t

„Wenn ein anderer **Feind zieht gegen** die Länder
des (*wsr mꜣꜥ.t Rꜥw stp n Rꜥw*), des Großherrschers von Ägypten“. (KRI II 228, 3-4)

37.a
wr ꜥꜣ n ḫtꜣ ***ẖdb*** *pꜣy.f* ***ḫrw.yw.f***

„Der Großfürst von Cheta (soll) seinen (des Königs) **Feind töten**“. (KRI II 228 5)
Es folgt: „Aber wenn der Großfürst von Chatti nicht (selbst) gehen will“,

37.b
jw.f ḥr ḏ(j).t ḥn pꜣy.f mšꜥtꜣ.y[.f] n ḥ⸢tr⸣
⸢m tw⸣ ***ẖdb*** *pꜣy.f* ***ḫrw.[y]w.f***

„so soll er sein Heer und seine Reiterei schnell aussenden,
um seine (des Königs) **Feinde** zu **töten**“. (KRI II 228, 6)

---

[807] KRI II 228, 3-4.
[808] KRI II 228, 5.
[809] KRI II 228, 6.
[810] KRI II 228, 9.
[811] KRI III 288, 10.
[812] KRI III 433, 12. Zur Übersetzung und zum Kommentar vgl. Gaballa (1977: 25 f., Taf. LXIII, 15).
[813] pErmitage 1119; DZA. Nr. 28070500, vgl. Bellion (1987: 145).
[814] pErmitage 1119; DZA. Nr. 28070450, vgl. Bellion (1987: 145).

37.c
ḫr [jr jw(j)] ⸢ky⸣ ḫr[wy.w] r pꜣ wr [ꜥꜣ n ḫtꜣ]...
pꜣ [ḥqꜣ n km.t m tw.f] jy(j).n.f m nḫ
r ḫdb pꜣy.f ḫrw.yw.f

„Wenn ein **anderer Feind** gegen den Großfürsten von Chatti **zieht**... ,
so soll der Großherrscher von Ägypten **kommen** als **Schützer**,
um seinen (des Großfürsten) **Feind** zu **töten**“.[815] (KRI II 228, 8-9)

38.
rḏ(j)(.w) n.f ḫft.j.w.f ḫr.f
⸢p⸣gꜣ(.w) n.f ḫrw.y⸢w.f⸣

„Seine **Gegner** wurden **unter** ihn **gelegt** (durch die Götter),
und seine **Feinde** wurden ihm (durch die Götter) **abgeschlachtet**“. Zandee (1966: 4 und 44 f.)

39.
m hꜣ.w pꜣ ḫr.w n ꜣḫ.t Jtn.w jw
[...] ꜣḫ.t Jtn.w [ntj] tw tw jm

„In der Zeit des (gefallenen) **Feindes** von Achetaton[816]
[...] Achetaton, wo man (der König) war“.[817] (KRI III 433, 12)

40.
šd(j) wj m pꜣ wꜥ sp
pꜣ wn pꜣ ḫrw.y tꜣ ḫt
jw.s rkḥ.tj tꜣ ntj dj

„Rettet mich dieses eine Mal,
denn der **Feind** und die große **Hitze**
sind es, die hier sind“. (DZA Nr. 28070500)

41.
jḫ ḏd.k n Ptḥ jn(j) wj jw.j ꜥnḫ.kwj
pꜣ wn.j dj m-ẖnw pꜣ ḫrw.yw

„Du sollst Ptah sagen: hole mich zurück, indem ich lebe.
Denn ich bin hier inmitten der **Feinde**“. (DZA Nr. 28070450)

[815] Edel (1982/85: 147).
[816] Vgl. Gardiner (1938: 124).
[817] Es handelte sich hier um einen Familienstreit, der über dreihundert Jahre dauerte. Der erste, unter dessen Nachkommenschaft dieser Rechtsfall eingeleitet worden war, war ein Beamter namens Neshi unter König Ahmose. Er bekam ein Stück Land als Belohnung für seine gute Leistung im Kampf gegen die Hyksos. Unser Schatzhaus-Schreiber Mose unter Ramses II. ließ diesen Prozeß in seinem Grab in Memphis anbringen. Nun ist das Rechtsurteil nicht mehr vorhanden. Aufgrund seines Plädoyers und wegen der großen Anzahl der Zeugen kann man aber mit Sicherheit annehmen, daß es zugunsten von Mose ausgefallen ist.

Lexem *ḫrw.yw*	Datierung	Ges.	Kgl.	Priv.	Lit.	Andere Lexeme / Untaten des Feindes	Aktion gegen den Feind
42. 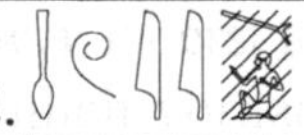 [818]	Ramses II	001	000	001	000	-----	-----
43.  [819]	Merenptah	001	001	000	000	-----	*smꜣ*
44 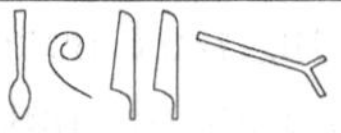 [820]	Merenptah	001	000	000	001	*ꜥḥꜥ*	-----
45. 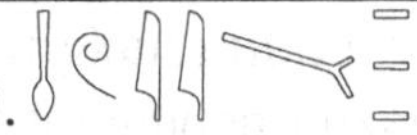 [821]	Merenptah	001	000	000	001	-----	-----
45.a 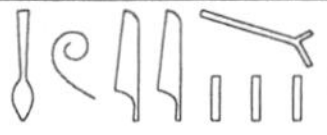 [822]	Sethos II	001	000	000	001	*šꜣd m ṯꜣ.wt*	-----
45.b 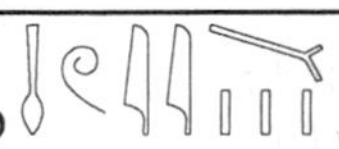 [823]	Sethos II	001	000	000	001	-----	-----
45.c  [824]	Sethos II	001	000	000	001	-----	-----

42.
hꜣb(.j) n.k
gb.k(wj) r jqr ***ḫrwy***[...]

„Ich habe dir geschrieben,
indem ich überaus elend bin wegen eines **Störenfrieds**? [...]".[825] Wente (1990: 120)

43.
pꜣ kꜣ nb pḥ.tj[826]
smꜣ ḫr(w).yw.f

„Der Stier (der König), Herr der Kraft,
der seine **Feinde** (die Libyer) **tötet**". (KRI IV 13, 10)

[818] Černy/Gardiner (1957: Taf. 107, rto 7).
[819] KRI IV 13, 10. Für weitere Literatur siehe: Davies 1997: 173 f.
[820] pSall. I 7, 5 Gardiner (1937: 84, 16).
[821] pAnast. III 5, 12 Gardiner (1937: 26, 13).
[822] pBM 10247 Fischer-Elfert (1992: 130, 2).
[823] pBM 10247 Fischer-Elfert (1992:144, 5).
[824] pAnast. IV 9, 10 Gardiner (1937: 44, 16).
[825] Wente (1990: 120) übersetzt es mit „troublemaker".
[826] Vgl. Anm. 122.

44.
p3 ḫrw.y ꜥḥꜥ ḥr.y[827]
jw p3 wꜥw šm.t ḥr ꜥš n nṯr.f
mj n.j šd(j).k wj

„Der **Feind steht kampfbereit**;
der Offizier geht und ruft seinen Gott an:
Komm zu mir, damit du mich rettest". Gardiner (1937: 84, 16)

45.
spr.f r p3 ḫrw.yw jw.f mj 3pd.w sṯt
jw nn wn pḥ.tj[828] *m ḥꜥ.w.f*

„**Kommt** er (der Offizier) vor den **Feind**[829], so ist er (schwach) wie ein ausgerupfter[830] Vogel, in dessen Gliedern keine Kraft ist". Gardiner (1937: 26, 13)

45.a
p3 ḫrw.yw j(y)j r jr(j) r š3d[831] *m ṯ3.wt*
gm(j).w tw nnj(.y) tw nhs(j).k

„Der **Feind** war gekommen, um heimlich einen **Überfall auszuüben**,
man fand dich ermattet und mußte dich wecken". Fischer-Elfert (1986: 168 Anm. ak)

45.b
ḥ3tj.k ft f3j.tw.k r ṯnṯn
t3 p.t wn jb.ḫr.k p3 ḫrw.yw n ḥ3.k

„Dein Herz ist überdrüssig, wenn du dich aufraffest, daherzutraben.
Öffnet sich der Himmel, dann wähnst du den **Feind** hinter dir".[832] Fischer-Elfert (1986: 203)

45.c
spr.f r p3 ḫrw.yw
jw.f mj 3pd.w sṯt

„**Kommt** er (der Offizier) vor den **Feind**[833],
so ist er (schwach) wie ein ausgerupfter Vogel".
Eine Parallele findet sich bei Gardiner (1937: 44, 16)

---

[827] Vgl Wb III 147, 1.
[828] Vgl. Anm. 122.
[829] Vgl. Wb IV 102, 12. An dieser Stelle der Schülerhandschriftnn wird dem gefährlichen Beruf des Offiziers der angesehene Beruf des Schreibers gegenübergestellt. Zur Übersetzung und zum Kommentar vgl. Caminos (1954: 92).
[830] Die Bedeutung ist unsicher, vgl. Wb IV 363, 1. Zur Übersetzung vgl. Caminos (1954: 92).
[831] Für die Lesung *šdj* siehe Fischer-Elfert (1986: 168, Anm. ak).
[832] Davor wurden die feindlichen *Š3sw* charakterisiert. Zur Übersetzung und zum Kommentar vgl. Fischer-Elfert (1986: 201-206). Bei der Charakterisierung der *Š3sw* vergleicht Fischer-Elfert (1986: 208-211) diese mit den *ꜥ3mw* in der Lehre für Merikare. Dabei stellt er eine Reihe von Gemeinsamkeiten fest.
[833] Siehe die Anmerkung zum vorigen Beleg. Zur Übersetzung und zum Kommentar vgl. Caminos (1954: 169).

Lexem *ḫrw.yw*	Datierung	Ges.	Kgl.	Priv.	Lit.	Andere Lexeme / Untaten des Feindes	Aktion gegen den Feind
46. 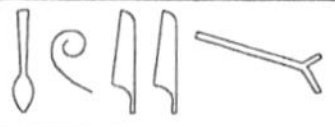 [834]	Sethos II	001	000	001	000	*jy(ỉ)*	-----
47.  [835]	Sethos II	001	000	001	000	*ẖdb*	-----
48.  [836]	Sethos II	001	000	001	000	*h3j*	-----
49. 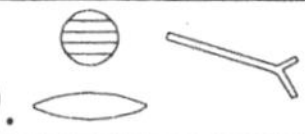 [837]	Dyn. 19	001	000	001	000	-----	-----
50. 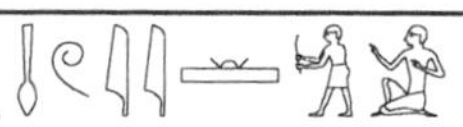 [838]	Dyn. 19	001	000	000	001	-----	-----
51. 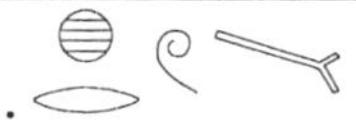 [839]	Siptah	001	000	001	000	-----	*sm3*

46.
ꜥn p3 ḫrw.y jy(j)
jw Tnr-Mnṯw j.jṯ3.f
jw.f ḏj.f n nb.t [...]

„Als der **Feind kam,**
nahm *Tnr-Mnṯw* es
und gab es der [...]?“.[840] Černy (1939: Taf. 24, 5)

47.
p3 ḫrw.y ḥr ẖdb Nfr ḥtp

„Der **Feind**[841] **tötete** Neferhotep“. (KRI IV 408, 12)

48.
jw p3 ḫrw.y h3j

„Als der **Feind herabkam**“.[842] (KRI IV 420, 1)

---

[834] oDM 319 KRI IV 335, 3.
[835] pSalt 124 KRI IV 408, 12.
[836] oCairo J. 72465 KRI IV 420, 1. Die Hieroglyphe (A1) ist nach Kitchen in Hieratisch wiedergegeben.
[837] Bakir (1970: 1977, 2 Taf. 26).
[838] pLeiden I 344 Helck (1995: 2, 4); Gardiner (1909: recto Taf. 1, 5).
[839] Grandet (2000: 245). Siehe zuletzt Ders. (2003: 59, 292)
[840] Zur Übersetzung vgl. Allam (1973: 115 oDM 319); Helck (1965: (914)); Wente (1967: 41 (y) 63 (af)). Zu der Interpretation von Feind vgl. Krauss (1997: 169-170); Ders. (1976: 184 (a, b, f); Allam (1973: 215, Anm. 2, S. 284 Anm. 4); Helck (1955: 43 f.).
[841] Černy (1929: 247, 3) bemerkte, daß der Feind hier kaum ein ausländischer Feind sein kann. „for this would presuppose an occupation of Thebes by an hostile enemy; rather a personal enemy of Neferhotep is alluded to, and perhaps Peneb is meant after all, in which case Neferhotep might be one of the men who are stated to have been killed by Peneb“. Krauss (1997: 169-170) hält den Feind für Amenmesse, der somit die Thebais in jenen Jahren von außen erobert hätte.
[842] Allam (1973: 70 Anm., 284, Anm. 4) bemerkt, daß man der Meinung ist, es handele sich dabei um einen Bürgerkrieg. Helck (1955: 43 f.) dagegen ist der Annahme, daß es sich hier um Beduinenüberfälle handelt. Krauss (1997: 169-170, Anm. 44) verweist auf die Bedeutung des Verbums „herabsteigen“: „Angesichts der

49.
jw.f sḫ m pꜣ ḫ.t
jw.f mj ḫr(.w) nb(.w) n Pꜣrʿ.w

„Er (der Polizist) hat mit dem Stock geschlagen,
Er ist wie jeder **Feind des Re**".[843] Bakir (1970: Taf. 26, 3)

50.
[jwms s nb ḥr] snm
ḏr mꜣꜣ s sꜣ.f m ḫrw.y.f

„[Wahrlich jedermann] trauert,
weil ein Mann seinen **Sohn** als seinen **Feind betrachtet**".[844] Helck (1995: 2, 4)

51.
jy(j).t jr(.jw).n.sš Pꜣ-sr n(j) pꜣ ḫrj r-ḏd
smꜣ Pr-ʿꜣ (ʿ.w.s.) ḫr.w ʿꜣ Bꜣy

„Der Nekropolenschreiber Paser kam, um zu sagen:
Der Pharao (LHG) **tötete** den **Großen Verbrecher** Bay".[845] Grandet (2000: 341)

---

verkehrsgeographischen Verhältnisse liegt es nahe, an einen aus dem höherliegenden südlichen Niltal in die Thebais gekommenen Feind zu denken". Meurer (1998: 307 f.). Vgl. vorige Anm.

[843] Zur Übersetzung und zum Kommentar des pTurin 1977 vgl. Allam (1973: 318-319). Hier wird der Kontrahent (der Polizist) mit dem Feind eines Gottes identifiziert.

[844] Wenn der Sohn sich in einen Feind des eigenen Vaters verwandelt, dann stellt dieses Beispiel eine Klimax des gesellschaftlichen Verfalls dar.

[845] Zur Datierung und weiteren Literatur siehe Grandet (2000: 339-342) bzw. Ders. (2003: 59-60).

Lexem *ḫrw.yw*	Datierung	Ges.	Kgl.	Priv.	Lit.	Andere Lexeme / Untaten des Feindes	Aktion gegen den Feind
52.  [846]	Ramses III	001	001	000	000	-----	*jnj*
53.  [847]	Ramses III	001	001	000	000	*thj t3š*	*hd*
54.  [848]	Ramses III	001	001	000	000	-----	*nḥd, sm3*
55.  [849]	Ramses III	001	001	000	000	-----	*sqr, dm3*
56. 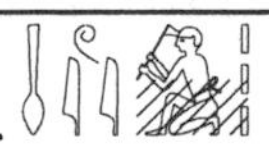 [850]	Ramses III	001	001	000	000	*thj sw*	*mḥ, hd*
57. 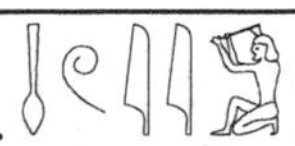 [851]	Ramses III	001	001	000	000	*Mšwš*	*sm3, ptpt*
58.  [852]	Ramses III	001	001	000	000	-----	*sḥrj*

52.
p3 ḥ3q jn(j).n ḫpš ṯnr n Pr ꜥ3 (ꜥ.w.s.)
m ḫr.w n Mšwš: ...
s(j) 1 *ꜥ3 n* ***ḫrwy.w*** *s(j)* 5

Die **Beute**, die der starke Arm des Pharaos (LHG) gebracht hat
von den gefallenen Meschwesch: ...
(Mann 1) und von den Großen der **Feinde**: (Mann 5)".
Edgerton/Wilson (1936: 65)

53.
sḫm.tj ***hd ḫrw.yw.f***
h3w-tm mḥ m th(j) s(w)
ḥs3 ḥr r ***th(j) t3š.f***

„Mächtig (der König), der seine **Feinde attackiert**.
Tapfer, der den gefangennimmt, der ihn (den König) verletzt.
Grimmig gegen den, der seine (des Königs) **Grenze verletzt**". (KRI V 57, 5)

---

[846] KRI V 53, 2.
[847] KRI V 57, 5.
[848] KRI V 61, 5. Hier liegt eine Verwechslung zwischen den Hieroglyphen (F35) und (P8) vor.
[849] KRI V 93, 1.
[850] KRI V 101, 13.
[851] KRI V 289, 14-15.
[852] MH VI 430, 13. Hier liegt eine Verwechslung zwischen den Hieroglyphen *mdw*-Wanderstock (S43) und *ḫrw*-Ruder (P8) vor.

54.
*ḫr.w.f swhj ḥr **nḥd**[853] mj ꜥḫḫ*
*[s]**mꜣy**[854] [...] r **ḫr(w.y)w.f***

„Seine (des Königs) Stimme brüllte und **fauchte** wie die des Greifen.
Der **tötete** [...] gegen seine **Feinde**". (KRI V 61, 4-5)

55.
jw ḥm.k ⟨m⟩sqr.tj.fj st
*ꜥ.w.wj.k **dmꜣ** m tp **ḫrw.yw.k***

„Deine Majestät ist (wie) einer, der sie (die Feinde) **schlagen wird**,
indem deine Arme an dem Kopf der **Feinde zusammengelegt sein werden**".
Edgerton/Wilson (1936: 101)
Weitere Feindbezeichnungen erscheinen in diesem Kontext als besiegte Feinde
wie die ***rqy.w*** (KRI V 92, 13-14) und die ***ẖꜣk.w-jb*** (KRI V 93, 3).

56.
*prj ꜥ.w[855] **mḥ** m **thj** sw*
*wr pḥ.tj[856] **hd ḫrw.yw.f***

„Der Tapfere (der König), der den, der ihn **angreift**, **packt**.
Groß an Kraft (der König), der seine **Feinde besiegt**". (KRI V 101, 13)

57.
*[s]**mꜣ ḫrw.yw.f***
***ptpt** tꜣ n Mšwš*

„Der seine **Feinde abschlachtet**
und der das Land der *mšwš* **niedertrampelt**". (KRI V 289, 14-15)

58.
***sḥr(j) ḫr(w).yw**[.k] r wꜣ.t.k*

„Der (Gott) deine (des Königs) **Feinde** von deinem Weg **vertreibt**". (MH VI 430, 13)

[853] Siehe Jansen-Winkeln (1992: 259, Anm. 12). Er hält es nicht für unwahrscheinlich, *nḥd* mit *nḥd.t* „Zahn" in Verbindung zu bringen. Für weitere Literatur siehe Allam (1994: 35, Anm. 12).
[854] Die Stelle ist verderbt, vgl. Edgerton (1936: 78, Anm. 20b).
[855] Vgl. Wb I 527, 10.
[856] Vgl. Anm. 122.

Lexem *ḫrw.yw*	Datierung	Ges.	Kgl.	Priv.	Lit.	Andere Lexeme / Untaten des Feindes	Aktion gegen den Feind
59. 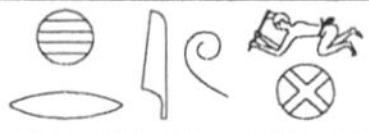 [857]	Rams. IV	001	000	001	000	-----	----
60.  [858]	Rams. IV	001	000	001	000	-----	-----
60.a  [859]	Rams. IV	001	000	001	000	-----	-----
61.  [860]	Rams. IV.	pass	000	pass	000	-----	-----
62.  [861]	Rams. IV.	004	000	004	000	-----	-----
63.  [862]	Dyn. 20	001	000	000	001	*jwj*	-----
64.  [863]	Ramses IX [864]	pass	000	pass	000	*jṯ3*	-----
65.  [865]	Ramses IX	pass	000	pass	000	*jṯ3*	-----

59.
m w n ḫr.w

„Im Bezirk des **Feindes**". (KRI VI 66, 5)

60.
m p3 w n ḫr.w

„Im Bezirk des **Feindes**". (KRI VI 67, 7)

60.a
ḥr t3 mry.t p3 w n ḫr.w

„Auf dem Kai des Bezirkes des **Feindes**". (KRI VI 67, 14)

[857] KRI VI 66, 5.
[858] KRI VI 67, 7.
[859] KRI VI 67, 14.
[860] pJudiciaire de Turin KRI V 352, 2 ; 353, 8; 357, 5; 360, 3 und passim. Für weitere Literatur siehe Peden (1994:195) und zuletzt Koenig (2001: 293 f.).
[861] pRollin KRI V 361, 4, 9; pLee KRI V 362, 11 passim; 363, 3, 7; pRifaud KRI V 363-366 passim.
[862] pLansing Gardiner (1937: 108, 12); Lichtheim (1976: 168-178).
[863] pBM 10068 (KRI VI 498, 4 bzw. KRI 497-505 und öfter).
[864] Gutgesell (1983: 146) datiert den Papyrus in das Jahr 17 des Königs Ramses IX.
[865] pBM 10068 (KRI VI 498, 13 und öfter). Zur Übersetzung vgl. Peet (1930: 87 f.).

61.
ḫr.w ꜥꜣ pꜣy Bꜣk-kꜣmn
wn.w m ꜥꜣ n ꜥ.t

„Der **Große Verbrecher** Paybakkamen,
der Vorsteher der Kammer war[866]“. (KRI V 352, 2, passim)

62.
[…] *ḫr.w ꜥꜣ.yw* …

„[…] die **Großen Verbrecher** ...“.[867] (KRI V 361, 4, passim)

63.
pꜣ ḫrw.y jw(j)
jnḥ.f sw m ꜥḥꜣ.w
wꜣj ꜥnḫ ḥr.f

„Der **Feind ist gekommen,**[868]
wobei er (der Feind) ihn (den Offizier) mit (Waffen) Pfeilen **umzingelt**,
so daß das Leben von ihm (dem Offizier) fern ist“.[869] Caminos (1954: 401, 407)

64.
[…] *jṯꜣ.w ḫry.w ꜥꜣ.w m hrw pn*

„[...]Die **Räuber** und die **Großen Verbrecher** an diesem Tag“.[870]
(KRI VI 498, 4, passim)

65.
gm(j).w mdj jṯꜣ.ḫr.w ꜥꜣ
rmṯ js.t Pn tꜣ wr.t sꜣ Jmn.w nḫt pꜣ ḫr m dnj.w.f

„Es wurde gefunden im Besitz des **Räubers**, des **Großen Verbrechers**, und des Nekropolenarbeiters Pentaweret, des Sohnes von Amunnacht, des Verbrechers, als sein Anteil“.[871]

(KRI VI 498, 13)

---

[866] Vgl. de Buck (1937: 154, 160, Anm. n); Peden (1994: 195 f.).
[867] Zur Übersetzung und zum Kommentar vgl. Goedicke (1963: 71-92), der magische Praktiken bei der Haremsverschwörung ausschließt. Von Lieven (1997: 185-190) ist der Meinung, daß in pLee (1,7 und 2, 4-5) ein Gottesurteil praktiziert wurde. Zu diesem Thema siehe zuletzt Koenig (2001: 303 f.).
[868] Als „Feind“ zu übersetzen, vgl. Fischer-Elfert (1986: 168-169 Anm. ak).
[869] Zum literarischen Stil der unterschiedlichen Redeweisen bzw. „Sprechsitten“ siehe Seibert (1967: 18-25). Für weitere Parallelen siehe pSallier I 7, 5 ebd. (1954: 318).
[870] Zur Übersetzung vgl. Peet (1930: 87).
[871] Ebd. S. 88).

Lexem *ḫrw.yw*	Datierung	Ges.	Kgl.	Priv	Lit.	Andere Lexeme / Untaten des Feindes	Aktion gegen den Feind
66.  [872]	Ramses IX	pass	000	pass	000	-----	-----
67.  [873]	Dyn. 22	001	000	001	000	-----	-----
68.  [874]	Pije	001	001	000	000	-----	-----
69. 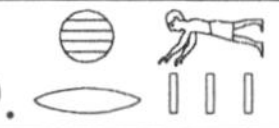 [875]	Pije	001	001	000	000	-----	-----
70. 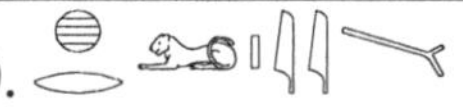 [876]	Dyn. 25	001	001	000	000	-----	-----
71. 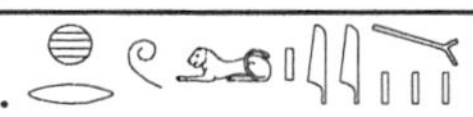 [877]	Dyn. 25/26	003	000	003	000	*ꜥm*	-----
72.  [878]	Dyn. 26	001	000	001	000	-----	*ꜥwꜣj*
73.  [879]	Sp.Zt.[880]	001	000	000	001	-----	*ꜥḥꜣ*

66.
ḫr(.w) ꜥꜣ …

„Der **Große Verbrecher** …“.[881] Peet (1930: Taf. X 2 Z. 24)

67.
ḥsmn.n.j r’.j r ḥḏ(j.t) ḥḏ(j) wj
sḫpr.n.j wꜣḥ jb.j ḫr.w.j m hnw

„Ich hielt meinen Mund (davon) rein, jemanden Schaden zu zufügen, der mich schädigte. Meine **Freundlichkeit** verwandelte meine **Feinde** in meine **Anhänger**“.[882]
Jansen-Winkeln (1985: 434, 7)

---

[872] pBM 10068 Peet (1930: Taf. X, 2 Z. 24) und KRI VI 499, 12.
[873] CG 559 Jansen-Winkeln (1985: 434, 7).
[874] Urk. III 22 bzw. Grimal (1981: 41).
[875] Urk. III 78.
[876] Janssen (1968: 165 f. Taf. XXV, 14).
[877] Černy (1932: 46 f. Taf. 5, 14, 22).
[878] Moret (1909: Taf. 63 Nr. D3).
[879] KRI II 285, 12.
[880] Zur Datierung und Klassifizierung dieses Textes als literarischen Text siehe Kammerzell (1991: 955 f.).
[881] Zur Übersetzung vgl. Peet (1930: 88).
[882] Hier liegen **Gegensatzpaare** vor (vgl. Beleg 4). Zur Übersetzung und zum Kommentar vgl. Jansen-Winkeln (1985, 11 f.): „Ich reinigte meinen Mund davon, jemanden zu verletzen, der mich verletzte. Mir ließ meine Herzensgüte meine Feinde zu meinen Anhängern werden“. Man erwartet einen Gewaltakt gegen den Feind. Doch durch seine (des 4. Propheten des Amonrasonther) Tugend (Geduld bzw. Ausdauer) wird sein Feind freundlich gestimmt.

68.
ḫft ḏd.tw n.f
ḫmn.w ***m ḫnt ḫrw.yw***
mdj mšꜥ n ḥm.f

„Da sagte man zu ihm (dem König Namart),
Hermopolis **ist konfrontiert** (mit) den **Feinden**[883]
des Heeres seiner Majestät“. Grimal (1981: 41)
69.
jr sš ꜣ.t n wn.n(.j)
mṯn m jp ***ḫr.w***
ẖr(.jw) ḏbꜥ pw n nsw

„Wenn der Augenblick verstreicht, ohne mir (die Tore) zu öffnen;
seht, (dann) seid ihr unter der Zahl der **Gefallenen**; (das bedeutet)
der Getadelten des Königs“. Grimal (1981: 81)

70.
jw.f sṯꜣ[884]*.tw.f jw.f šꜥ.t n Jmn.w*
jw.f ***hh*** *Sḫm.t sw*[885] ***ḫrw***[886] *Wsjr nb ꜣbḏw*
ḥnꜥ sꜣ n sꜣ.f nḥḥ ḏ.t

„Wer (den Befehl) übertreten wird, der wird dem Gemetzel Amuns (anheimfallen).
Er wird der **Flamme** der Sachmet[887] (anheimfallen). Er wird ein **Feind** des Osiris,
des Herrn von Abydos,
zusammen mit dem Kind seines Kindes ewiglich“. Janssen (1968: 167-171)

71.
j.jr(j) nꜣy.k ***ḫrw.y ꜥm****.w*
jmj.w ḏd.w st ḫpr.y

„Deine **Feinde** haben **erfahren**,
daß sie (die Aufträge/Angelegenheiten) (schon) ausgeführt sind“. Černy (1932: 48)

---

[883] Zur Übersetzung vgl. Grimal (1981: 40): „Hermopolis est face aux ennimis“; Lichtheim (1980: 70) übersetzt: „Khmun is faced with war from the troops of his majesty“. Die Übersetzung „Feinde“ erscheint mir wegen der Schreibung und des Kontextes plausibler.
[884] Ersetzt *thj* vgl. Janssen (1968: 170, Anm. bb).
[885] *st* für *sw* vgl. Janssen (1968: 171, Anm. dd).
[886] Vgl. Janssen (1968: 171, Anm. ee).
[887] Auch von Tefnut, die als feuerspeiende Stirnbinde die Feinde durch ihre Flamme vernichtet, vgl. hierzu Sternberg (1985: 115).

71.a
jn jw.j j h3b n.k j t3 jr(j).w[888] *dmj 3bw*
j n3y.k ḫrw.yw jšp(t) n jb ḥr sw

„Wenn ich dir die Getreidesteuer der Stadt Elephantine schicke,
dann werden deine **Feinde** darüber **verärgert** sein in (ihren) Herzen“.[889]
Černy (1932: 48, 22)

71.b
jmj jr(j) ḫ3ᶜ n3y.k ḫrw.yw ḥ3tj

„Erlaube nicht, daß deine **Feinde sich** darauf **verlassen**“.[890] Černy (1932: 49, 4)

72.
dj.ṯn sḫm.j[891] *m mw*
mj ᶜw3j Stš ḫrw.y.f

„Veranlaßt, daß ich Macht über das Wasser erlange,
so wie Seth sich seines **Feindes bemächtigte**“. Moret (1909: Taf. 63 Nr. D3)

73.
gm(j).n.f Bntrš m sḫr ẖr 3ḫ.w
gm(j).n.f sw ḫrwy n ᶜḥ3 ḥnᶜ.f

Vorher: Als der Sachkundige in *Bḫtn* eingetroffen war,
„fand er *Bntrš* in der Verfassung einer vom Geist besessenen Person.
Er erkannte ihn (den Geist) als einen **Feind, gegen den** (wörtl. mit dem) man **kämpfen sollte**“.[892] Kammerzell (1991: 962)

---

[888] Analog zu Viehsteuer, siehe Wb I 114, 4-5.
[889] Černy (1932: 48 (22)) übersetzt: „If I write to you about the grain-tax of the town of Elephntine, your enemies will be angry in (their) hearts about it“.
[890] Wörtlich: „ihr Herz darauf werfen“.
[891] Für *sḫm* als Eigenschaft für den König, vgl. Anm. 109.
[892] Zur Datierung und Klassifizierung dieses Textes als literarischen Text siehe Kammerzell (1991: 955 f.) und Kitchen (1999: 165 70) mit weiteren Literaturhinweisen.

10.2. Kommentar:

Dieses Lexem wird hauptsächlich entweder mit dem Zweikonsonantenzeichen (P8) oder mit dem Einkonsonantenzeichen (Aa1) geschrieben. Ersteres leitet sich vom Verbum III.-inf. *ḫrj* (*ḫrw* > ϩⲣⲟⲟⲩ) ab[893], dessen Grundbedeutung „Stimme, Geräusch“ ist. Letzteres, mit dem Einkonsonantenzeichen stammt von dem zweiradikaligen Verbum *ḫr*, dessen Grundbedeutung „fallen/fällen“ ist.[894]
Vereinzelt enthalten Schreibungen beide Hieroglyphen (P8) und (Aa1). Dies ist z.B. der Fall sowohl bei der Semna- und Uronatistele (Belege 6 und 7) als auch in der Bauerngeschichte und Sinuhe-Erzählung (Belege 9, 10).
Lexeme, die das Zeichen (Aa1) aufweisen, sind als „gefallene Feinde“ – wie bei feindlichen Fürsten, „von Chatti“ u.a.– zu interpretieren. Diese Bedeutungsnuance weisen die Belege (21, 23, 24, 26) auf. Zusätzlich werden die Feinde in den ebengenannten Beispielen mit dem Attribut (*pf*) *ḫsj* „elende“ bzw. *bwt Rꜥ.w* „Abscheu des Re“ versehen.
Ebenfalls ist der Beleg 39 mit dem Zeichen (Aa1) geschrieben. Man könnte ihn auch in diese Gruppe einordnen. Dort ist *ḫrw* „der Feind von Amarna“ kein anderer als der König Echnaton, dessen Name bald nach seinem Tod aus dem Gedächtnis verdrängt wurde.[895] In einem anderen Dokument wird Echnaton als *sbj* „Rebell“ bezeichnet.[896] In den beiden Fällen bezeichnen sowohl *ḫr.w* als auch *sbj* einen Frevler gegen die Maat-Ordnung.

Das Zeichen (E23) erscheint (Belege 8, 10, 70) vereinzelt in der Schreibung dieses Lexems. Weiter kommt es auf einer hieratischen Holztafel im Leidener Museum vor (Beleg 71). Černy hält die Schrift der zuletzt genannten Holztafel paläographisch für „abnormal-hieratic writing“. Diese Holztafel ist durch ein Hieratisch charakterisiert, welches während der 25. und 26. Dynastie in Gebrauch war.[897]

Andere Schreibungen mit dem Zeichen (G37) tauchen erst im Neuen Reich auf (Belege 19, 40, 41, 73). Diese Beispiele mit den auffälligen Zeichen wie eben der Sperling oder der Löwe können durchaus als Datierungskriterium dienen. Bei den Schreibungen (54 und 68) liegt eine Verwechslung der Hieroglyphe (P8) mit der (F35) vor. Bei den Schreibungen 58 und 72 wurden die Zeichen (P8) und (S43) verwechselt.
M.E. legen die Schreibungen, die mit der Hieroglyphe (P8) determiniert sind, eine Assoziation zum „(Vor)lauten“ bzw. „Unruhestifter/Störenfried“ nahe, und die, die mit der Hieroglyphe (Aa1) geschrieben sind, zu „fallen“ bzw. „Gefallenen“. D.h. die unterschiedlichen Schreibungen deuten möglicherweise auch auf inhaltliche Differenzierungen des Lexems hin. Bei den Schreibungen, welche beide Hieroglyphen (P8) und (Aa1) enthalten, liegt die erste Grundbedeutung vor. Eine Entscheidung im eben genannten Sinne läßt sich auch über den Kontext treffen.

---

[893] Osing (1976: 107).
[894] Ebenda, 127. Vgl. Hoch (1994: 245 Nr. 338) und Vycichl (1958: 388, 32), der das arabische Äquivalent mit der gleichen Bedeutung „fallen, sich niederwerfen (vor jemandem)“ erwähnt.
[895] Meurer (1998: 307).
[896] Siehe LEXEM „*sbj.w*“, Beleg (30) bzw. KRI III 158, 15. Dort handelt es sich um eine Datierungsangabe: „er starb im 9. Regierungsjahr des Rebellen“.
[897] Černy (1932: 46-47 und 52 Nr. 24) schreibt: „The recto and the verso from a single text written in the characteristic kind of hieratic used during the XXVth and XXVIth Dynasties, which gradually gave way to Demotic until it disappeared completely in the reign of Amasis“. Die Stele aus der Dachla-Oase ist u.a. von Parker (1966: 112 C.) wegen der Lesung des Namens Pije erwähnt worden.

Als Unterstützung für diese These führe ich die Belege der Semnastele (Belege 6 und 7) an. Im Stelentext geht es um Sesostris III., „Mann der Tat“, der den Feinden gegenüber keine Gnade kennt. Hier geht nicht um feindliche Fürsten, sondern um „ideologische“ Feinde, die der König als Beschützer Ägyptens vernichtet.[898]

Im Beleg (14) bringt Osiris die *ḫr.w* zur Ruhe und bezwingt die *jtn.w*. In diesem Text hat er den *sbj*-Rebellen vorher abgewehrt.
Der Papyrus Salt 124 (Beleg 47) liefert eine Textstelle, die möglicherweise einen „inneren“ Feind bezeichnet. Černy ist der Auffassung, daß: „*pꜣ ḫrw.y* is hardly a foreign enemy, for this would presuppose an occupation of Thebes by an hostile army; rather a personal enemy of Neferhotep is alluded to, and perhaps Penéb is meant after all, in which case Neferhotep might be one of the men who are to have been killed by Penéb“.[899]

Osing formuliert es folgendermaßen: „es muß demnach durchaus auch als möglich gelten, in den Belegen aus dem Jahr 5/6 Sethos II. und noch später (pSalt 124) ‚den Feind‘ und ‚den Krieg‘ auf eine Auseinandersetzung etwa mit Libyern zu beziehen“.[900] Krauss ist der Ansicht, daß es sich hier nicht um innere Auseinandersetzungen in der Thebais handele: „Bei dem Feind kann es sich um Amenmesse handeln, der danach die Thebais in jenen Jahren von außen erobert hätte. Ein Hinweis auf Amenmesse steht bekanntlich im pSalt 124. Als der Vorarbeiter Neferhotep eine Klage gegen den Arbeiter Paneb beim Wesir ***Jmn-msjw*** vorbrachte, legte dieser Wesir dem Paneb eine Strafe auf. Paneb aber beschwerte sich seinerseits bei  über den Wesir mit dem Ergebnis, daß Mesy den Wesir aus dem Amt entließ. Der Name Mesy ist durch das hieratische Zeichen (A14) als „feindlich“ determiniert. Diese Schreibung kann darauf deuten, daß Mesy den „Feind“ jener Jahre repräsentiert. Wie Černy bereits 1930 ausgesprochen hat, muß Mesy eine Bezeichnung des regierenden Königs sein, da nur dieser einen Wesir entlassen konnte“.[901]
Das Ostrakon DM 319 führt eine Reihe von Holzgegenständen auf.[902] Anschließend heißt es: „Dies hat mir mein Vater gegeben. Ich nahm es schon (mit) in unser Haus. Als der Feind kam, nahm ***Tnr-Mnṯw*** es und gab es [...]“ (Beleg 46). Ob es sich hier noch einmal auf die Auseinandersetzungen zwischen Sethos II. mit seinem Konkurrenten Amenmesse bezieht oder mit feindlichen Stämmen libyscher Herkunft, die später Theben-West überfielen, muß offen bleiben. Helck schreibt: „[...] so dürfte es sich hier kaum um große Auseinandersetzungen innerhalb Ägyptens selbst gehandelt haben, sondern um Beduinenüberfälle“.[903]
Der Turiner Papyrus Judiciaire ist der Hauptzeuge für eine Haremsverschwörung, der König Ramses III. zum Opfer fiel. Diese Verschwörung wurde aus Gründen der Thronfolge

898 Der König attakiert den Angreifer (*ḫrwy*). Er bewahrt nicht nur das väterliche Erbe, sondern erweitert die Grenze Ägyptens. Er ist sowohl Bewahrer als auch Mehrer des überkommenen Erbes. Das Setzen bzw. Erweitern der Grenze spielt eine zentrale Rolle in der ägyptischen Politik: „was einen jeden meiner „Söhne“ betrifft, der diese Grenze bewahrt, der ist mein Sohn [...] wer aber sie kampflos aufgibt, der ist nicht mein Sohn“, Sethe (1959: 84). Zur geschichtlichen Rolle des Königs in der 18. Dynastie, Hornung (1957: 125 f.). Für weitere Literatur siehe Meurer (1996: 32, Anm. 4-5). Eyre (1990: 134 f., bes. 165) charakterisiert den Text der Semnastele folgendermaßen: „The text of the Semnastele is perhaps best to be categorized as the hack work of a court composer, who drew in range of standard literary formulations to create a text for us on a special occasion. This was then exceptionally inscribed on a royal monument“. Zu den literarischen Zügen dieses Textes gehört die Königseulogie, siehe hierzu Anm. 80.

899 Černy (1929: 247, Anm. 3).

900 Osing (1979: 270 f.).

901 Krauss (1976: 169) und (1997: 169-170 d).

902 Allam (1973. 115, Anm. 4).

903 Helck (1955: 43-44). Für weitere Literatur vgl. Dodson (1999: 131 f.) und Janssen (1997: 99 f.).

ausgelöst. In den Gerichtsprotokollen bezeichnete der Feindbegriff die Verschwörer gegen den König Ramses III. Die Straftäter und Kriminellen wurden verurteilt. Man gestattete einigen von ihnen, sich selbst das Leben zu nehmen. Andere wurden verstümmelt.[904]
Sowohl der ägyptisch-hethitische Friedensvertrag zwischen Ramses II. und Hattusili III. als auch die Gerichtsakten des Prozesses wegen der Haremsverschwörung enthalten *ḫrwy* als Bezeichnung für Feind. Diese Zeugnisse gehören zu den „Staatsdokumenten", die von den höchsten Beamten des Landes im Auftrag des Königs verfaßt worden sind. Ob die Auswahl dieses Lexems in den beiden genannten Fällen bewußt erfolgte, läßt sich nicht mit Sicherheit feststellen. Dennoch ist es signifikant, daß *ḫrw.y* gebraucht wird und nicht *ḫft.j*, der auch in der Ramessidenzeit häufig belegt ist.
Edel übersetzt den ***ky*** *ḫrw.yw* (Beleg 37c) mit „auswärtige Feinde".[905] Bemerkenswert ist, daß sich jeder Vertragspartner dem anderen gegenüber verpflichtet, Hilfe zu leisten, auch wenn es sich um „innere Feinde" handelt. Der „innere Feind" wird mit dem Wort ***bꜣk*** „Untertan" ausgedrückt.[906] Des weiteren wird *ḫrw.y* unter Thutmosis' III. als einen militärischen Opponenten angesehen bzw. mit diesem in Zusammenhang gebracht.[907]

Im Beispiel (31) werden Personen angedroht, die das Opfer zurückhalten könnten, welches dem Oberdomänenverwalter Amunhotep bestimmt wurde: wer dieses Verbrechen begeht, ihn sollen die Götter hassen.[908] Sein Amt soll seinem Feind bzw. Kontrahenten gegeben werden. Hier bezeichnet das Wort sicherlich einen „persönlichen Feind".
Metaphorisch handelt der König an folgenden Stellen (29, 30 36) wie ein ***mꜣj ḥsꜣ*** „grimmiger Löwe, wenn er seine Feinde erblickt. Die Stimme des Königs wird im Beleg (54) bildhaft mit der eines Greifen beim Brüllen und Fauchen verglichen.[909]
Und wenn der Feind nur einen Augenblick zögert, sich dem Willen des Königs zu beugen droht ihm Strafe wie Beleg (69) zeigt:
„Wenn der Augenblick verstreicht, ohne mir (die Tore) zu öffnen;
Seht, (dann) seid ihr unter der Zahl der Gefallenen; (das bedeutet) der Getadelten des Königs".[910]

---

[904] V. Lieven (1997: 188) meint: „Als Gründe für die Selbstmorde käme etwa Angst vor einem schmerzhaften Tod durch Hinrichtung (z.B. Verbrennung oder Pfählung) in Frage, oder die Aussicht, nach einer Amtsenthebung sozial ‚tot' zu sein (die Lehren und Idealbiographien legen ein beredtes Zeugnis davon ab, wie wichtig dem Ägypter Karriere und gesellschafliches Ansehen waren)". Auf die Frage nach eventuellen magischen Praktiken geht Goedicke (1963: 71-92) ein. Er stellt dabei fest, daß keine magischen Praktiken nachzuweisen sind: „The answer is definitely negative, i.e. there is no trace of any supernatural actions in the entire account; on the contrary, the people who hatched the plot show a remarkable ingenuity in order to arrive their goal".
[905] Edel (1982/85: 147).
[906] Im Akkadischen ist „šanû" das Äquivalent für ägyptisch ***ky*** und „nakru" bezeichnet den Feind, siehe Edel (1997: 30-31). Einmalig in der Geschichte des Alten Orients bleibt die Überlieferung eines paritätischen Staatsvertrags, der in zwei Versionen erhalten ist. Darin haben beide Kontrahenten schriftlich festgehalten, wie die Flüchtlingsfrage geregelt wird.
[907] Lorton (1974: 62): „the presence of supporting troops from another city implies a battle, as does the use of *ḫrw* ‚military opponent'". mit Hinweis auf Ziskind (1968: 124 f. bzw. 127).
[908] Für ähnliche Drohformel siehe Schenkel (1965: 23-24) und den Kommentar zum LEXEM „*jtn.w*", Anm. 50.
[909] Zum Greif als bildhafter Ausdruck, Barta (1975: 335 f.).
[910] Wörtlich „unter den (drohenden) Finger eines Königs zu geraten", dessen Wink über Leben und Tod entscheidet. Wahrscheinlich bedeutet es „in der Hand des Königs" als pars pro toto, d.h. „machtlos". Ihr Leben hängt von der Entscheidung des Königs ab. Zum Kommentar vgl. Grimal (1981: 80, 85, Anm. 244):„Si une heure passe sans qu'on m' ouvre, concidérez-vous au nombre des abbatus, (et) cela répugne (?) du roi". Eine weitere Parallele wird von Grimal (1981: 160) folgendermaßen übersetzt: „Je suis certes un misérable". Der Finger ist an anderen Stellen negativ konnotiert. Der Finger des Gottes Seth, mit dem dieser das Auge beschädigte, ist unheilbringend (Wb V 563, 10, 9 bzw. 367, 7-8). Es ist in jedem Falle ein unglücklicher Zustand. Dafür spricht

Er ist wie Baal, der mächtig ist über seine Feinde (*ḫft.jw*)“.[911] An einer anderen Textstelle (72) wird der König mit Seth gleichgesetzt. Im Beleg (56) wird der, der den König angreift, von Angesicht zu Angesicht besiegt (*hd*). „Denn er (der König) ist groß an Kraft“.[912]

Die folgende Textstelle wurde aufgrund der Verwechslung zwischen und manchmal als *ḫrw*-Feind falsch gelesen. In der Literatur hat man früher diese Passage so übersetzt: „Einer, der Gutes tut bzw. gut handelt für den bösen Feind“; hier klingt fast das christliche „liebet eure Feinde“ an.[913] Da *ḫrw.y* in diesem Zusammenhang keinen Sinn ergibt, handelt es sich hier sicherlich um eine Verschreibung für ***mdw***:[914]

pꜣ jr(j) ***nfr*** *n* ***mdw*** ***ḏw***
r j.jr{r}.s(w) m tꜣ n ḫr.t nṯr

Du (der Gott), der **Gutes tut** auf eine **Übeltat** hin gegenüber dem,
der sie tut im Land der Nekropole“.[915]
Der Gedanke, daß der Gott oder der Mensch „Böses mit Gutem **vergilt**“ ist dem ägyptischen Denken allerdings nicht fremd. Das Grab Siut IV, 65 enthält folgende Texrstelle:

wšb.n.j bjn m nfr	„Ich beantwortete Böses mit Gutem
n ḏꜥr bw ḏwj	und suchte nicht das Schlechte,
n mrw.t wꜣḥ tp tꜣ	um auf Erden zu dauern
sb(j).t jmꜣḫ	und zur Seligkeit zu gelangen“.[916]

Im Beleg (49) wird das Verhalten eines Polizisten mit dem eines Feindes des Re verglichen. Der Schreiber des Briefes versichert seinem Adressaten, den Polizisten zu ihm zu bringen und zu bestrafen. Der Beleg (50) aus den Admonitions beschreibt u.a. den sozialen Niedergang der Gesellschaft: „[...] ein Mann betrachtet seinen Sohn als seinen Feind“. Die Entstehungszeit dieses Textes ist umstritten.[917]

---

das Determinativ mit der Hieroglyphe (G37) . Für weitere Übersetzungen siehe FHN I, 87 bzw. 107 und Kausen (1982/85: 583).

[911] Vgl. LEXEM „*ḫft.jw*“, Belege (70, 71).

[912] Grimal (1986: 674, Anm. 648) mit Hinweis auf das Verb *hd*: „Il est intéressant de s'arrêter sur *hd*, pour lequel on admet une polysémie qui va de „refouler“ à „viancre“, paradoxale en apparence, mais qui ne fait qu' exprimer deux pôles de la confrontation: celle-ci relève manifestiment, comme l'montré R. Parant, de la répression: son application aux „ennemis sacrilèges“ (*ḫrwjw*) le confirme. Das Adjektiv „sacrilège“ ist hier nicht im religiösen Sinne zu verstehen.

[913] Zur Übersetzung vgl. Peden (1994: 160-163), der „O one that acts *properly* with an evil enemy, more that what is done in the land of the necropolis“ übersetzt. Korostovtsev (1947: 161): „toi qui fait du bien à l' ennemi méchant plus que celui qui le fait?“. Korostovtsev (1947: 168 [22]) bemerkt: „Le point crucial consiste dans la signification des mots *ḫrw ḏw*, car si on accepte la traduction (ennemi méchant) on aurait dans ce texte une notion chrétienne, parfaitement étrangére à la religion égyptienne, celle de faire du bien au malfaiteur. Cela est très invraisemblable. Peut-être le texte est-il corrompu“.

[914] In der Bedeutung „Sache Angelegenheit“, Wb II 181, 16. Zur Schreibung vgl. in diesem Kapitel die Belege (58, 72).

[915] KRI VI 22, 13.

[916] Edel (1984: 106-107 bzw. 128-129 Z. 15) mit Hinweis auf die Erzählung des Bauern B1, 152: ***m wšb nfrt m bjnt*** „beantworte nicht Gutes mit Bösem“. Für ähnliche Phrasen, siehe LEXEM „*ḫrw.yw*“, Beleg (67).

[917] Gardiner (1909: 2-3) datiert die Handschrift frühestens in die 19. Dynastie; Helck (1995: 78-79) schreibt dazu: „Im Grunde spielt aber die Frage nach der Abfassungszeit keine Rolle, da die Admonitions eine im Laufe einer längeren Zeit zusammengewachsenen Sammlung von Texten sind, die um die Topoi ‚gesellschaftliches Unheil' und ‚gute alte Zeit' kreisen. Der Text ist nicht geschlossen im Zusammenhang mit einem bestimmten

Bei den drei Textstellen in dem Papyrus Mallet (Belege 59, 60 und 60a) handelt es sich um eine topographische Angabe, nämlich „das Gebiet des Feindes", das als Deponie von Holzkohle dient.[918] Leider erlaubt der Kontext keine präzise Aussage darüber, wo sich dieser Ort befunden hat. Gauthier vermutet ein Gebiet in Mittel(?)-Ägypten.[919] Im Papyrus Lansing (Beleg 63) werden die Vorteile des Schreiber-Berufes gegen die mühevollen und gefährlichen Leben eines Soldaten, der mit dem Feind konfrontiert ist, in Zusammenhang gebracht.[920]

Beim Beleg (71) handelt es sich m.E. um Getreidelieferungen an bestimmte Tempelanlagen (Verso 2-3). Es ist aber auch von einem Intriganten namens Inaros und von der Zerstörung seines Hauses die Rede (Verso 8-9).
Demnach sind hier keine (außen)politischen Feinde des Landes gemeint, sondern persönliche Gegner jenes Beamten, die ihm eventuell Schaden zufügen wollen. Leider sind die gesellschaftlichen Hintergründe dieses interessanten Textes nicht bekannt, um mit Sicherheit festzustellen, welche Art von Feinden hier gemeint sind. Sind es Wegelagerer, die den Überlandverkehr in einer Krisenzeit (Hunger/Krieg) gefährden und deshalb gewisse Dinge nicht wissen sollen? Oder geht es hier vielmehr um eine Auseinandersetzung innerhalb der Verwaltung in Elephantine?[921]

In der Lehre eines Mannes für seinen Sohn wird *ḫrw.y* „Feind" als **Gegensatz** für *mr.w* „Anhänger" verwendet (Beleg 4).[922] Im fünften Beleg läßt ein „negativ veranlagter" Mensch Feinde gegen sich erwachsen.[923] Im zweiten Teil der Lehre eines Mannes für seinen Sohn wird der Begriff *ḫrw.y* (auch *ḫft.j*) nicht für die Beziehung des Untertanen zum Herrscher, sondern nur für zwischenmenschliche Konflikte gebraucht. In Neferti begegnet man den Feinden sogar innerhalb der eigenen Familie (Beleg 15a).[924] In der Lehre für Merikare wird auf die historische Situation der Herakleopolitenzeit hingewiesen, in welche die Lehre gesetzt wird. Wahrscheinlich bezieht sich *ḫrw.y* dort auf das „Südgebiet" der Thebaner, die als politische Gegner erscheinen (Beleg 16). Anscheinend entsprach diese Tatsache – *ḫrw.w* als Bezeichnung für Ägypter – nicht der Textintention, Ägypter als Feinde gegen Ägypter darzustellen. Es könnte sich aber um eine bewußte Verschleierung handeln.[925]

historischen Ereignis geschaffen worden – sei es in der 1. Zwischenzeit oder in der Hyksoszeit. Er ist ein unpolitisches, ‚literarisches' Sammelwerk, eine Art von Zitatensammlung für die genannten Topoi.". Zur weiterführenden Literatur, vgl. Burkard/Thissen (2003: 119 f.).

918 Helck (1965: 943) übersetzt es als „Bezirk des Verbrechers". Wente (1990: 127-128) gibt es als „district of kheriu" wieder.

919 Gauthier IV (1927: 186).

920 Zum literarischen Stil der unterschiedlichen Redeweisen bzw. „Sprechsitten" siehe Seibert (1967: 18-25). Zur Übersetzung vgl. Caminos (1954: 401, 407). Für weitere Parallelen siehe pSallier I 7, 5 bei dems. (1954: 318). Es ist bemerkenswert, daß man in solch einem „literarischen" Text den Beruf des Soldaten kritisiert. Im vom Militär dominierten Staaten des heutigen Vorderen Orients wäre eine derartige öffentliche Kritik jedenfalls nicht ungefährlich.

921 Diesen inhaltlich schwer verständlichen Text charakterisiert Černy (1932: 47-48) folgendermaßen: „In printing a provisional translation I am quite aware that in many places I have failed to produce any satisfactory sense, and that my translation is mostly purely mechanical".

922 Vgl. dazu Beleg Nr. 67, der ein Gegensatzpaar aufweist. Dort stellt *ḫrwy* das **Antonym** zu *hnw* dar.

923 Parkinson (2005: 16, Anm. 12) spricht von „negative assessment of human nature ‚negative anthropology'".

924 Felber (2005: 70).

925 Quack (2005: 83). Morenz (1998: 101) erwähnt eine außergewöhnliche Darstellung, „wo Pharao nicht nur Fremde unterwirft, sondern einen durch Beischrift und Ikonographie als Ägypter Charakterisierten erschlägt".

Die Aussage: „es gibt keinen Feind innerhalb deiner Grenze“ (Beleg 17) wird durch den Beleg (20a) modifiziert: „es gibt niemanden, der frei von Feinden ist“.[926]

Ḫrw.y ist erst ab dem Mittleren Reich belegt, wobei es im Neuen Reich – vor allem durch das reichlich vorhandene Textmaterial der Urkunden der 18. Dynastie und der Ramessidenzeit – statistisch häufiger anzutreffen ist als in den anderen Epochen.
Dieser Begriff eröffnet ein breites semantisches Spektrum mit vielen Aspekten. Er ist in den meisten Textgattungen bezeugt, hauptsächlich in den königlichen (besonders ramessidischen) Texten. In den privaten und literarischen Texten ist er ebenfalls belegt. Man kann seine Häufigkeit mit der von *ḫft.j* vergleichen.[927]
Mit folgenden Lexemen und Verben kommt *ḫrw.j* vor:

Lexem:

ḫft.j	(15a, 33, 38)
jtn.w	(14)

Aktion gegen den Feind:

smꜣ	(34, 36, 43, 51)
sḫr	(21, 33)
wꜥf	(10, 11)
pḥ	(6)
pgꜣ	(38)
hd	(56)
ḥꜣq	(25)
ḥwj	(35)
ẖdb	(37)
sꜣw	(18)
swsḫ	(21)
sḥtp	(14)
sdḥ	(14)
dr	(29)

Untaten des Feindes:

thj	(29, 30, 53, 56)
ꜥwꜣj	(72)
ẖdb	(47)

---

926 Parkinson (2005: 16) bemerkt: „the king also asserts the inevitable nature of such threats, a factor that is fundamental to the pessimistic Egyptian world view“

927 Ein weiterer Beleg (Louvre C1) findet sich bei Franke (2005: 99, Tabelle 2.1 (No. 3)).

11. Lexem: *ẖꜣk.w-jb*

11.1. Belegstellen

Lexem *ẖꜣk.w-jb*	Datierung	Ges	Kgl	Priv	Lit.	Andere Lexeme / Untaten der Feinde	Aktion gegen die Feinde
Wb III 363, 14.	**1.ZwZt-Sp.Zt.**	**042**	**027**	**010**	**005**		
1. 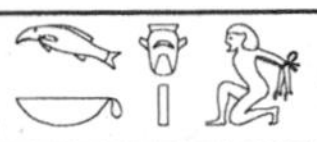 928	Dyn. 9/10	001	000	001	001	*sbj*, *jr(j) pnʿj.t*	*nn qrs.tj*
2.  929	MR	001	000	001	000	-----	*sḫr*
3. 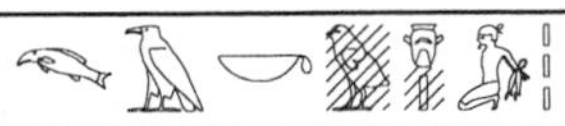 930	Dyn. 11	001	000	001	000	-----	-----
4. 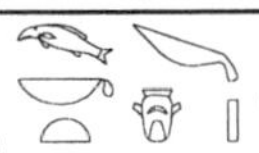 931	Sesost. I	001	000	001	000	-----	*sk(j)* *wsḫ tꜣš*
5. 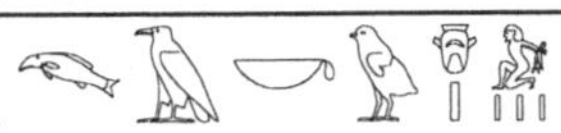 932	Dyn. 12	001	000	001	000	-----	*ḫsf*
6.  933	MR	001	000	001	000	*ḫft.j*	*sḫr*, *ḥw(j)*
7. 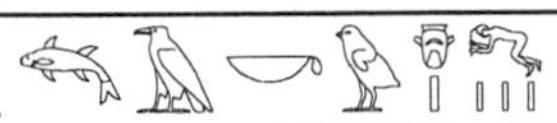 934	Ahmose	001	000	001	000	-----	-----

1.
jr swt sbj nb ẖꜣk-jb nb
jr(j).t.f pnʿy[.t] m[-ḫt] nn sḏm.n.f
nn wn rn[.f tp tꜣ]
nn qrs.t(j)[.f] m smj.t

„Was aber jeden **Rebellen** und jeden **Übelgesinnten** angeht,
der **Zerstörung anrichten** wird tro[tz] diesem, was er gehört hat,
[dessen] **Name soll nicht** [auf Erden] **existieren**,
[der] soll [**nicht**] **bestattet** werden im Bergland“.[935] Kahl (1999: 215)

2.
sḫr.k ẖꜣk.w-jb[...]

„Du **bringst** die **Übelgesinnten zu Fall**“. Schenkel (1965: 86)

---

928 Edel (1984: 99 bzw. 130-131). Das Determinativ weicht geringfügig vom Original ab.
929 Griffith (1889:Taf. 13, 6); Montet (1930/35: 100).
930 Couyat/Montet (1912: 82, 8). Das Determinativ weicht geringfügig vom Original ab.
931 Seyfried (1981: 97).
932 Griffith/Newberry (1892-93 II: Taf.13, 13).
933 Lange und Schäfer (1902: 108, 4).
934 Urk. IV 6, 12.
935 Zur Transkription und Übersetzung vgl. auch Edel (1984: 130-131) und Willems (1990: 27-54, bes. 36-37), dieser führt verschiedene Texte auf, die Frevler und deren Bestrafungen zum Inhalt haben.

3.
n sḏm.n.f ḫ3k.(w)-jb
ḏd ḫpr.w

„(Denn) er (der Leiter)[936] hört nicht auf die **Übelgesinnten**.
Der (der Leiter) spricht, und es geschieht“. Schenkel (1965: 255)

4.
sk(j) tp.w 3b.t ẖ3k.t-jb
wsḫ t3š pḏ nmt.t

„Der (König) die Häuptlinge der **übelgesinnten** Sippe **vernichtet**.
Der die **Grenze erweitert** und den **Schritt ausstreckt**“.[937] Seyfried (1981: 99-100)

5.
ḫsf m ẖ3k.w-jb

„Der (der Grabherr)[938] die **Übelgesinnten abwehrt**“.
Griffith/Newberry (1892-93 II: Taf. 13, 13)

6.
sḫr ḫftj.w.f
nḏ {ḥr}[939] jt.f
ḥw(j) ẖ3k.w-jb

„Der (der Gott) seine **Gegner zu Fall bringt**.
Beschützer seines Vaters,
der die **Übelgesinnten schlägt**“. Lange/Schäfer (1902: 108, 4)

7.
ʿḥʿ.n ḫr(.w) pfj jw(j)
Ttjʿn rn.f sḥwj n.f ẖ3k.w-jb

„Da kam **jener Feind**
namens Tetian, nachdem er sich die **Übelgesinnten versammelt hatte**“.[940] (Urk. IV 6, 11)

---

936 Zur Person und Titulatur des Expeditionsleiters Mentuhotep III., siehe Seyfried (1981: 243 f.).
937 Vgl. Blumenthal (1970: 229 F 3.12).
938 Zur Person siehe: Griffith/Newberry (1892/93: 30 f.).
939 Wb II 375, 6. *ḥr* ist hier reduntant.
940 Zum Aufstand des Rebellen Tetian siehe Helck (1986: 125 f.).

Lexem *ẖ3k.w-jb*	Datierung	Ges.	Kgl.	Priv	Lit.	Andere Lexeme / Untaten der Feinde	Aktion gegen die Feinde
8.  [941]	Hatschep.	001	001	000	000	-----	*jṯ(j)*
9.  [942]	Hatschep.	001	001	000	000	-----	-----
10.  [943]	Thutm.III	001	001	000	000	*rqj.w, šnṯ.jw*	*tjtj*
11.  [944]	Thutm.III	001	001	000	000	*rqy*	*tjtj*
12. 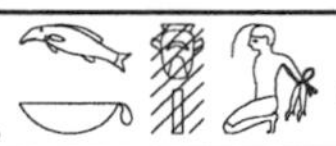 [945]	Thutm.III	001	000	001	000	-----	-----
13.  [946]	Amenh.II	001	001	000	000	-----	*jṯṯ, ḥsq*
14. 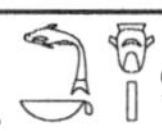 [947]	Amenh.III	001	002	000	000	-----	*dr*
15.  [948]	Amenh.III	001	001	000	000	-----	-----
16.  [949]	NR	001	000	001	000	*ḫft.j, sbj, rqj.w*	*ḥw(j), dr sḫr, sḥtm*

8.
⸢jṯ(j)⸣.ṯ ẖ3k.w-jb
ḫʿ(j).ṯ m ʿš
ḫkr ḥ3.t.ṯ m sḫm.tj

„Du (die Königin) **nimmst** die **Übelgesinnten gefangen**.
Du erscheinst im Palast,
wobei deine Stirn mit der Doppelkrone geschmückt ist“. Naville (1898: Taf. 60, 5)

9.
šbt.w ẖ3(k).w[950]*-jb*
jw(j) m qsw …

„Unzufrieden sind die **Übelgesinnten**.
(Dennoch) **kommen** sie in **Verbeugung**“. (Urk. IV 370, 7)

---

941 Naville (1898: Taf. 60, 5).
942 Urk. IV 370, 7.
943 Urk. IV 613, 1. Lichtheim (1976: 36) übersetzt: „So that you crushed the rebels and the traitors“.
944 Urk. IV 621, 9.
945 Urk. IV 1081, 13.
946 Urk. IV 1301, 13.
947 Urk. IV 1683, 10 mit einer Parallele.
948 Urk. IV 1724, 19.
949 Moret (1909: 24, Taf. 22, 4).
950 Es handelt sich hier um eine Haplographie, weil das vorausgehende Wort *šbt* mit einem Fisch-Zeichen endet und das nächste (*ẖ3k-jb*) mit einem ähnlichen beginnt. Für Schreibungen für *ẖ3k-jb* ohne *k* vgl. KRI V 220, 1. Für ähnliche Phrasen mit *dgdg* vgl. KRI V 97, 5-6.

10.
d(j).j ḫr rqy.w.k ẖr ṯb.tj.k
tjtj*[951]*.k šnty.w.k ẖ3k.w-jb
mj [wd̲.j] n.[k] t3 m 3w.f wsḫ.f
jmn.tj(.w) j3b.tj(.w) ẖr st ḥr.k

„Ich lasse deine **Rebellen unter** deine **Sohlen fallen**,
und dich die **Streitsüchtigen** und die **Übelgesinnten niedertreten**,
(so) wie ich dir das Land in seiner Breite und Länge zuweise,
(so daß) die Westlichen und die Östlichen unter deiner Aufsicht sind".[952]
(Urk. IV 612, 17-613, 1)

11.
d(j).j ḫr rqy.w.k ẖr ṯb.tj.k
tjtj.k ẖ3k.w-⌜jb⌝[953]
[mj wd̲.j] n.[k] t3 m 3w.f wsḫ.f

„Ich lasse deine **Rebellen** unter deine Sohlen **fallen**,
und dich die **Übelgesinnten niedertreten**,
(so) wie [ich] dir das Land in seiner Länge und Breite [zuweise]. (Urk. IV 621, 9)

12.
*[d̲(j).n.j] rḫ **ẖ3k-[jb] ḫr.f***
ḫft wd̲ n nsw m d̲r.t.j
ḥr [s]mnḫ sḫr.w.f

„Ich (der Beamte) **ließ** den **Übelgesinnten** wissen[954], daß er **fällt**
gemäß dem Befehl des Königs durch meine Hand,
bei der trefflichen Ausführung seiner (des Königs) Pläne". (Urk. IV 1081, 13-14)

13.
jṯṯ m nḫt.w m wsr.w
mj Mnṯw d̲bꜥ m ḫꜥ.w.f
ḥtp jb.f m3.n.f sn
ḥsq.n.f tp.w ẖ3k.w-jb

„Der (König) mit Stärke und Macht erobert
wie Month, der mit seinen Waffen versehen ist,
dessen Herz zufrieden ist, nachdem er sie (die Waffen) erblickt
und die **Häuptlinge** der **Übelgesinnten enthauptet** hat". (Urk. IV 1301, 13)

---

[951] Es ist auffällig, daß dieses Verbum sehr häufig bei Thutmosis III. z.B. auf der poetischen Stele und auf der Stele von Gebel Barkal gebraucht wird.
[952] Zur Übersetzung vgl. Osing (1999: 75-86).
[953] Vgl. Urk. IV 613, 1.
[954] Im Sinne von: „ich habe ihn belehrt" bei seinem Verstoß gegen die Gesetze. Zur Übersetzung vgl. Urk. IV (1984: 426).

14.
***nn ẖ3k-jb** nb.w m q3b jr.w*
nsw bjtj (Nb.w M3ʿ.t Rʿw tjt Rʿw)[955]
***dr.f grg** m t3 nb.w*

„**Nicht** gibt es einen **Übelgesinnten** in ihrem (der beiden Länder) Umkreis.[956]
König von Ober- und Unterägypten (*Nb.w M3ʿ.t Rʿw stp Rʿw*),
der das **Unrecht** aus dem ganzen Lande **vertreibt**". (Urk. IV 1683, 10-12)

15.
ḏ(j) t3.wj n mḫ3.t
nn ẖ3k-jb

„Der (König) die beiden Länder der Waage übergibt[957],
so daß es **keinen Übelgesinnten** (mehr) **gibt**".[958] (Urk. IV 1724, 18-19)

16.
jw.k nsw ḏ.t s3.h
Ḥr.w mn ḥr ns.t.k
*nḏ.tj.k **ḥw(j) ḫftj.k dr sbj***
***sḫr ẖ3k-jb** s3w.f jb.k rʾ nb*
***sḥtm rq(j)w nn wn.f** ḏ.t nḥḥ*

„Du (Gott Osiris) bist der König der Ewigkeit.
Möge dein Sohn Horus auf deinem Thron bleiben.
Dein Beschützer (Horus), der deinen **Feind schlägt**, der den **Frevler vertreibt**,
der die **Übelgesinnten zu Fall bringt**, der dein Herz jeden Tag erfreut
und den **Rebellen vernichtet**, so daß er **nicht mehr existiert** bis in alle Ewigkeit".
Moret (1909: Taf. 22, 4)

---

[955] Siehe von Beckerath (1999: 142-143 T5).
[956] Schade-Busch (1992: 320 Nr. 274) übersetzt: „in [seiner (des Königs)] Umgebung.
[957] Im Sinne von „ins Gleichgewicht bringt". Zur Übersetzung vgl. Urk. IV (1984a: 229).
[958] Es handelt sich um eine Eulogie des Königs Amenophis III., siehe hierzu Anm. 80.
[958] Assmann (1975: 268, 27) faßt *ʿb* als Horn auf.

Lexem *ẖ3k.w-jb*	Datierung	Ges.	Kgl.	Priv	Lit.	Andere Lexeme / Untaten des Feindes	Aktion gegen den Feind
17. 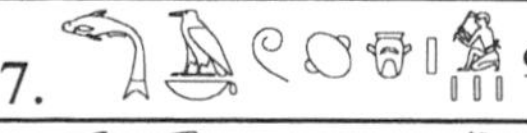 [959]	Amenh. II	001	000	000	001	*sbj.w*	-----
18.  [960]	Amenh. II	002	000	000	002	-----	*shrj*
19.  [961]	Dyn. 18	001	000	000	001	-----	-----
20.  [962]	Dyn. 18	001	000	000	001	*sbj*	-----
21.  [963]	Dyn. 18	001	000	000	001	-----	*sm3*
22. 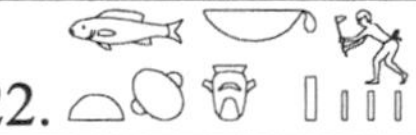 [964]	Sethos I	001	001	000	000	-----	*ḥsq, tjtj*
23.  [965]	Sethos I	001	001	000	000	-----	*rtḥ*
24.  [966]	Sethos I	001	001	000	000	-----	*sḫr*

17.
jw sbj.w n dndn.f
ẖ3k.w-jb n šfšf.t.f

„Die **Feinde** (des Königs) werden seinem **Zorn** [967]und
die **Übelgesinnten** der Furcht vor ihm **anheimfallen**“.[968] Felber (2005: 71)

18.
jw jʿr.t jmj ḫntj
ḥr shrj.t ⟨n.⟩f[969] ***ẖ3k.w-jb***

„Die Uräusschlange, die sich vorne befindet[970],
beruhigt ihm die **Übelgesinnten**“.[971] Felber (2005: 71)

[959] pPetersburg Helck (1970: 53 XIV, Pet.).
[960] pPetersburg Helck (1970: 54 XIV, Pet.).
[961] Merikare Quack (1992: 164 E 4).
[962] Merikare Quack (1992: 173).
[963] Merikare Quack (1992: 198 E 137).
[964] KRI I 9, 7.
[965] KRI I 30, 10.
[966] KRI I 358, 2-3 (L/V). Sowohl auf dem Leidener- als auch auf dem Wiener-Türsturz taucht die Hieroglyphe (D13)  in Verbindung mit (A14E) 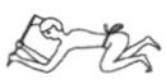 auf!
[967] pPetersburg 1116B weist *nḏnḏ* „Verhör“ auf, die drei anderen Textzeugen zeigen *dndn*.
[968] Vgl. Toro Rueda (2003: 168).
[969] Vgl. C 25224 und GČ 98, 1 Helck (1970: 54).
[970] An der Stirn des Königs, vgl. Helck (1970: 55).
[971] Vgl. Toro Rueda (2003: 168).

19.
sꜥšꜣ ẖꜣk.[w-jb]
[...]ḫnꜥ sḫ.[w.sn r].k

„der die **Übelgesinnten zahlreich macht**,
[...] und [ihre] Pläne [gegen] dich“. Quack (1992: 16-17)

20.
jw tꜣ pn r grg ẖr.s
wp.w[ḥr] ***sbj*** *gmj sḫ.w.f*
jw nṯr ***rḫ.w ẖꜣk.w-jb***
ḥww nṯr sḏb.w.f ḥr snf

„Dieses Land wird dadurch (wohl)gegründet sein[972],
abgesehen vom **Rebellen**, der seine Pläne ersonnen hat.
Gott **kennt** den **Übelgesinnten**.
Gott verdammt ihn wegen der Blut(schuld)“. Quack (1992: 32-33)

21.
smꜣ.n.f ẖꜣk.w-jb *m-m(j)*
mj ḥwj sj sꜣ.f ḥr sn.f
jw nṯr rḫ.w rn nb

„Er (der Gott) **tötete** die **Übelgesinnten** darunter,
so wie ein Mann seinen Sohn wegen dessen Bruders schlägt.
Gott kennt jeden Namen“.[973] Quack (1992: 78-79)

22.
ḥtp jb.f ḥr mꜣꜣ snf
ḥsq *tp.w* ***ẖꜣk.w-jb***
mrr.f ꜣ.t n ***tjtj*** *r hr.w n jhj*[974]

„Sein (des Königs) Herz freut sich beim Anblick des Blutes.
Der (der König) die **Häuptlinge** der **Übelgesinnten enthauptet**.
Er liebt den Augenblick des **Niedertretens** (des Feindes) mehr als den Tag des Jubelns“.
(KRI I 9, 7)

23.
[...][975] ***rtḥ.k ẖꜣ[k.w-jb]*** *...*

„[...]Der die **Übelgesinnten** in **Furcht versetzt** ...“. (KRI I 30, 10)

---

[972] Durch das maatgemäße Handeln.
[973] Vgl. Parkinson (2005: 16).
[974] Vgl. die Textstellen: KRI II 168, 15; KRI V 110, 9-10 und KRI VI 285, 1-2.
[975] Zur Ergänzung vgl. Kitchen (1993: 24) bzw. KRI V 93, 4. Beide Lexeme tauchen in der Rede Amuns an den König bei seinem Triumph auf. Allerdings sind bei der Parallele Ramses III. die Herzen der Übelgesinnten gemeint.

24.
j3w n nb.w 3bḏw mj ḥ^c(j) 3s.t
m pr(j) s3.s Ḥr.wm m3^c ḫrw
sḫr.n.f ḫ3k.w-jb

„Lobpreis an den Herrn[976] von Abydos, wie die Isis jubelt
über das Erscheinen ihres Sohnes Horus als Gerechtfertigter.
Er (der Gott) **warf** die **Übelgesinnten nieder**". (KRI I 357, 15-358, 3 nach V)

[976] Nach dem Stelentext (H) heißt es: „Lobpreis an Abydos", vgl. Clère (1959: 86-104).

Lexem *ḫ3k.w-jb*	Datierung	Ges.	Kgl.	Priv	Lit.	Andere Lexeme / Untaten der Feinde	Aktion gegen die Feinde
25.  [977]	Ramses II	001	000	001	000	-----	-----
26. 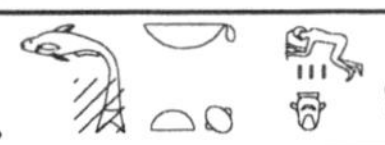 [978]	Ramses II	001	001	000	000	-----	*ḥwj, dgdg*
27. 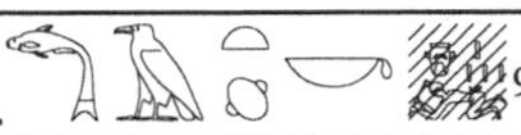 [979]	Ramses II	001	001	000	000	*Pḏ.t psḏ.t*	*ḥwj, ḥsq*
28.  [980]	Ramses III	001	001	000	000	-----	*ḥwj, dgdg*
29. 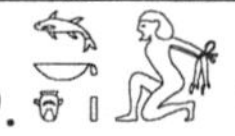 [981]	Ramses III	001	002	000	000	*sbj*	-----
30.  [982]	Ramses III	001	001	000	000	-----	*ḥwj*
31.  [983]	Ramses III	001	001	000	000	-----	*dgdg*
32. 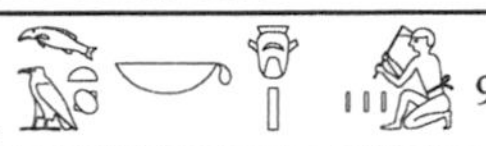 [984]	Ramses III	001	001	000	000	*pḏ.t psḏ.t ḫft.jw*	*ḥw(j), ḥsq*

25.

sḫ*ᶜ*.n(.j) šw.tj ḥr*  *m ẖnw nb* ᶜ*nḫ
ṯs.n(.j) wnḫ r tp ḫ3k-jb ẖr rd.wj

„Ich ließ die Doppelfeder erstrahlen  im Sarg.
Ich **knotete** die Binde an das Haupt und die **Übelgesinnten unter die Füße**“.[985]
(KRI III 224, 5)

26.

dj.j ḥr.j r mḥ.t.t bj3.n(.j) n.k
ḥw(j)(.j) n.k dšr.t ẖr ṯb.tj.k
[dgdg.k ḏb*ᶜ*.w m] ḫ3k.w-jb[986]

„Ich (Amunre) wende mein Gesicht nach Norden und vollbringe dir ein Wunder.[987]
Ich **schlage** dir das **Ausland**, welches **unter deinen Sohlen** liegt,
während du Myriaden von **Übelgesinnten zertrittst**“. (KRI II 162, 13-14)

---

977 KRI III 224, 5; Schulz (1992: 469 Nr. 281).
978 KRI II 162, 14. Vgl. Beleg (28). Ramses III. zitiert wörtlich diese Textstelle.
979 KRI II 168, 15.
980 KRI V 97, 6. Sowohl das Zeichen (G1)  als auch (V31) sind mit Schraffur am unteren bzw. am rechten Rand zu versehen. Vgl. Beleg (26).
981 KRI V 197, 3 bzw. 5.
982 KRI V 197, 5.
983 KRI V 220, 1.
984 KRI V 110, 10.
985 Anthes (1974: 47) bemerkt: „Der Feind unter den Füßen ist ein königliches Attribut, das aber auch auf verstorbene Bürger übertragen worden ist“.
986 Vgl. KRI V 97, 6.
987 Vgl. hierzu Beleg (28) und den kommentar zu diesem Lexem.

27.
ḥw*(*j*)*.n ḥḏ.k pḏ.t psḏ.t
ḥsq.k tp.w n ḫ3k.w-jb[988]

„Deine Keule **schlägt** die **Neunbogen**.
Du **enthauptest die Häuptlinge der Übelgesinnten**". (KRI II 168, 14-15)

28.
ḏj.j ḥr.j r mḥ.t.t ḫr bj3.j n.k
ḥw*(*j*)*.j n.k t3 dšr.t ḫr ṯb.tj.k
dgdg.k ḏbꜥ.w m ḫ3k.w-jb

„Ich (Amunre) wende mein Gesicht nach Norden und vollbringe dir ein Wunder.
Ich **schlage** dir das **Ausland**, welches **unter deinen Sohlen** liegt,
Während du Myriaden von **Übelgesinnten zertrittst**". Edgerton/Wilson (1936: 111)

29.
j mj dr sbj mj sb3 mj nḫn
rḏ*(*j*)[989]*.s snḏ.w.k m ḫ3k-jb

„O! Komme, **vertreibe** den **Rebell** und erziehe den Zögling.
Setze die **Furcht** vor dir unter die **Übelgesinnten**". (KRI V 197, 3)

30.
jw ***ḥw*(*j*)*.n.f ḫ3k-jb*** *jn nṯr nfr*
mrj Skr rḏ(*j*)*.f ḥb.w ꜥš3.w n*

„Er (der Herr von Ober Djedu)[990] **schlug** den **Übelgesinnten** für den guten Gott.
Geliebter des Sokar, der (Sokar) viele Feste geben möge für (Ramses III.)". (KRI V 197, 5)

31.
dgd*(*g*)*.k *ḫ3.w* ***ḫ3*(*k*)*.w-jb***

„Du (der König) **zertrittst** (Tausende) **Übelgesinnte**".[991] (KRI V 220, 1)

32.
nsw nḫt.w ***ḥw*(*j*)*.n ḥḏ.k pḏ.t psḏ.t***
[***ḥsq.k***] *tp.w n* ***ḫ3k.w-jb***
***ḫftj.w.k ḫr*(*.w*)** *n 3.t.f*[992]

„Siegreicher König, dessen Keule die **Neunbogen schlägt**.
Du **enthauptest** die **Häuptlinge der Übelgesinnten**,
(während) deine **Gegner fallen**, (jeder) zu seiner Zeit". (KRI V 110, 9-10)

---

[988] Vgl. KRI I 9, 7; KRI V 110, 9-10 und KRI VI 285, 1-2)
[989] Zur Transkription und Übersetzung vgl. Gaballa/Kitchen (1969: 8, Anm. 3).
[990] Vgl Gaballa/Kitchen (1969: 8, Anm. 5).
[991] Diese Textstelle steht in Zusammenhang mit den Wundertaten Amunre' für den König, vgl. Beleg (26) und den Kommentar zu diesem Kapitel.
[992] Vgl. KRI I 9, 7; KRI II 168, 14-15; KRI V 110, 9-10 und KRI VI 285, 1-2. Vgl. die vorige Anmerkung.

Lexem *ẖꜣkw-jb*	Datierung	Ges.	Kgl.	Priv	Lit.	Andere Lexeme / Untaten der Feinde	Aktion gegen die Feinde
33.  [993]	Ramses III	001	001	000	000	-----	*rtḥ*
34.  [994]	Ramses IV	001	001	000	000	-----	-----
35.  [995]	Ramses IV	001	001	000	000	-----	*spd, smꜣw*
36. 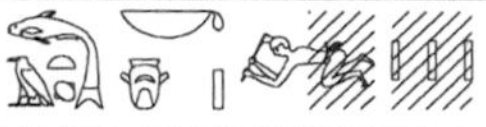 [996]	Ramses VI	001	001	000	000	*pḏ.t psḏ.t, ḫft.j.w*	*ḥwj , ḥsq*
37. 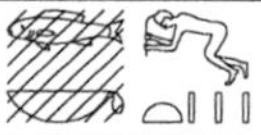 [997]	Schosch.I	001	001	000	000	*ḫft.j.w, ꜥꜣmw*	*tjtj, skj*
38. 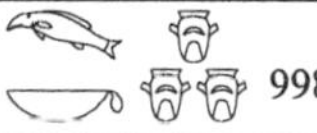 [998]	Pije	001	001	000	000	*sbj*	*smꜣ*
39.  [999]	Psamet. II	001	001	000	000	-----	*ꜥḥꜣ*
40. 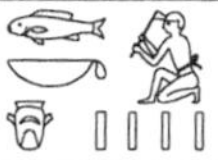 [1000]	Darius I	001	001	000	000	-----	*ḥwj*
41. 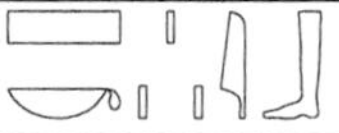 [1001]	Nektan. I	001	001	000	000	-----	*ḥsq*

33.
rtḥ*.*k ḥꜣtj.w* *ẖꜣk.w-jb[1002]
jw(j).n.k wr.w ẖr jn.w.s[n]

„Du (der König) **versetzt** die Herzen der **Übelgesinnten** in **Furcht**,
so daß die Fürsten mit ihren Gaben beladen zu dir kommen“. Edgerton/Wilson (1936: 101)
In dieser Inschrift kommen sowohl ***rqy.w*** (KRI V 92, 13) als auch ***ḫrw.yw*** (KRI V 93, 1) vor.

34.
j.ṯs.w jꜣw.t.j wr.t n jwꜥ.w.j
mk bw.t ḥm.w.tn ẖꜣk.w-jb

„Knüpft (ihr Götter) mein großes Amt an meine Erben.
Siehe, der **Abscheu** euerer Majestäten sind die **Übelgesinnten**“.[1003] (KRI VI 25, 9-10)

---

993 KRI V 93, 3-4.
994 KRI VI 25, 10. Hier fehlt *jb*. Vgl. auch Nr. 37.
995 pHarris Grandet (1994 I: Taf. 75, 8).
996 KRI VI 285, 1-2.
997 RIK III Taf. 4, 20. Die Schraffur weicht geringfügig vom Original ab.
998 Grimal (1981: 95, 19).
999 Goedicke (1981: 187f.). Zur Epigraphie und Orthographie siehe: Manuelian (1994: 81 § 10).
1000 Davies (1953: Taf. 33, 40).
1001 Brunner (1965: Taf. 24, 3). Für weitere Literatur siehe Lichtheim (1980: 87).
1002 Parallele zu der Tat Amuns für Sethos I. bei seiner Triumphszene in Karnak. Vgl. KRI I 30, 10.
1003 Zur Übersetzung und weiterer Literatur siehe Peden (1994: 159 f.).

35.
jw.f spd t3 ḏr.f wn.w bšṯ.
jw.f sm3wt*[1004] *n3 ḫ3k.w-jb wn.w m T3 mrj

„Er (der König) **brachte** das Land in **Ordnung**, welches aufrührerisch gewesen war,
und **korrigierte** die **Übelgesinnten**, die in Ägypten waren". Grandet I (1994: 336)

36.
nsw.nḫt.w ⌜*ḥw(j).n ḥḏ.k*⌝ *[pḏ.t psḏ.t]*
ḥsq.k tp.w ḫ3k.w-jb
ḫft.j.w.k ḫr(.w) n 3.t.f[1005]

„Siegreicher König, dessen Keule die **Neunbogen schlägt.**
Du **enthauptest die Häuptlinge der Übelgesinnten,**
(während) deine **Feinde fallen**, (jeder) zu seiner Zeit". (KRI VI, 285, 1-2).
Der König stellt die alte Ordnung wieder her, indem er die Gegner niedertritt (***tjtj ḫft.jw***) und die Übelgesinnten vernichtet (***skj ḫ3k.w-jb***) (KRI VI 285, 1-2).

37.
Mnṯw wsr tjtj ḫft.jw.f
ḥḏ.k sk(j).n.f ḫ3k.w-jb
ʿ3mw nw ḫ3s.wt w3(j).w

„Month, der Starke, der seine **Gegner niedertritt.**
Deine Keule, sie **richtet** die **Übelgesinten**
und die **Asiaten** der fernen Fremdländer **zu Grunde**". (RIK III Taf. 4, 20)

38.
m33 m r.f tn sp3.wt tp rsj n ***sm3.tw*** *wʿ nb jm*
wpw ***sbj.w*** *wʿ3 ḥr nṯr jr(j).t(w)* ***nm.t m ḫ3k-jb.w***

„Seht die Gaue des äußersten Südens! Niemand wurde dort **getötet**
außer den **Rebellen**, die **schmählich** über Gott **reden**. Die **Übelgesinnten wurden hingerichtet**".[1006] Kausen (1982/85: 574)

39.
wn ḥm.f ⟨ḥr⟩ jr⟨.t⟩ k3.t ʿḥ3 jʿb ʿḥ3
dj ḫ3k.w-jb *s3.sn n ḥwd wʿ ḥʿ3.w*

„Als seine Majestät das Werk des Krieges zusammen mit dem Krieger verrichtete,
wendeten die **Übelgesinnten** ihren **Rücken**, ohne daß ein einziger Pfeil bewegt wurde".[1007]

[1004] Zur Transkription siehe die Anmerkungen 243 und 244. Für weitere Literatur siehe Peden (1994: 211-213).
[1005] Kitchen/Gaballah (1970: 23) ergänzen die Stelle nach Parallelen. Vgl. z.B. KRI II 168, 15; KRI V 110, 9-10 und KRI VI 285, 1-2.
[1006] Grimal (1981: 94-95). In anderem Kontext heißt es: „die gegen den König rebellieren". Vgl. Blumenthal (1970: 250 f.).
[1007] Manuelian (1994: 340). Bei diesem Feldzug zogen sich die nubische Gegner beim Anblick des Königs, bevor das Heer Gebrauch von den Waffen gemacht hatte.

40.
kꜣ nḫt ꜥ.w pw
ḥwj ẖꜣk.w-jb

„Stier, mit kräftigem Arm ist er (der Gott),
der die **Übelgesinnten schlägt**“.[1008] Davies (1953: Taf. 33, 40-41)

41.
dšr jb mꜣn.f šnṯ.jw.f[1009]
ḥsq jb.w ẖꜣk.w-jb

Zornig, wenn er (der König) seine **Feinde** erblickt.
„Der (König) die **Herzen** der **Übelgesinnten abschneidet**“. Gunn (1943: 58)

[1008] Zur Übersetzung vgl. Barucq/Daumas (1980: 340); Assmann (1975: 307) und Osing (1990: 755, Anm. 6) mit weiterführender Literatur.
[1009] ***mꜣn*** steht für ***mꜣꜣ***, siehe Gunn (1943: 58, Anm. 4).

Lexem *ẖꜣkw-jb*	Datierung	Ges.	Kgl.	Priv	Lit.	Andere Lexeme / Untaten des Feindes	Aktion gegen den Feind
42. 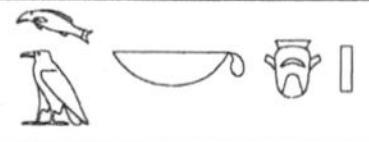 1010	Ramses V	001	000	000	001	-----	-----

42.
ꜣs.t m s.t sꜣr.t
ẖꜣk jb.s r ḥḥ.w m rmṯ.w
stp s.t r ḥḥ.w m nṯr.w

„Isis jedoch war eine weise Frau,
ihr Herz war **listiger** als das von Millionen von Menschen,
sie war erlesener als Millionen Götter". Graefe (1999: 91)

11.2. Exkurs: DIE LIST DER ISIS[1013a]

Ich kenne keine Textstelle, in der dieses Adjektiv ***ẖꜣk-jb***, das negativ konnotiert ist, einer (weiblichen) Gottheit zugeschrieben wird, wobei das Feinddeterminativ hier fehlt. M.E. kann man durchaus ägyptisch ***ẖꜣk*** in diesem speziellen (götllichen) Fall wertneutral bis positiv auffassen und mit „geschickt" bzw. „verständig" übersetzen. Denn man kann „List" im Deutschen auch positiv auffassen. Und im „Krieg" darf man die List anwenden. Verhoeven erläutert die Rolle der Isis in der Erzählung vom Streit zwischen Horus und Seth im Papyrus Chester Beatty I.: „Sie weiß, was sie will, und ihre Listen sind nicht korrupt, sondern ihr Markenzeichen als „Zauberreiche".[1011]
Nur einmal kommt sie in Konflikt mit ihrer Mutterrolle, als Seth an ihre Schwestergefühle ihm gegenüber appelliert, worauf sie es nicht schafft, ihn zu töten". In dieser Erzählung gelang es ihr, den göttlichen Fährmann Anti zu überlisten bzw. zu bestechen, um ihrem Sohn Horus bei der Verhandlung Beistand zu leisten.[1012]

[1010] pChester Beatty XI Gardiner (1935: Taf. 64, 5) und pTurin, Pleite/Rossi (1869/1876: Taf 131, 14).
[1013a] Zur Erzählung siehe Graefe (1999: 91) und vorige Anm.
[1011] Verhoeven (1996: 348). Zur Verführungskunst der Frau vgl. Moers (2001: 219, Anm. 263).
[1012] Junge (1991: 940).

11.3. Kommentar:

Fast alle Schreibungen sind mit dem (Oxyrhynchos) Fisch  und dessen Variaten geschrieben. Zwei Ausnahmen sind allerdings hervorzuheben:
Erstens weist die Naukratisstele (Beleg 41) eine seltene Schreibung, die aus Einkonsonantenzeichen besteht, auf.[1013] Zweitens ist die Schreibung (31) mit den Hieroglyphen (M12)  und (K2)  einmalig.[1014] Eine andere Erklärung für diese auffällige Schreibung wäre, daß wir es hier mit einer singulären Schreibung für das Zeichen (M12), d.h. „1000" zu tun haben. Dieses Zeichen aber wird in der Regel ohne Aleph geschrieben. Daher tendiere ich zu der ersten Lösung, weil mir die Zahl Tausend vergleichsweise zu gering erscheint. Da normalerweise Myriaden an Feinden vernichtet werden.[1015]
Das erste Glied dieses Kompositums ist ein Adjektiv und bedeutet „listig, verschlagen sein" und das zweite „Herz" bzw. „Sinn". Ich bevorzuge die Übersetzung „Übelgesinnte", weil sie beide Komponenten des Wortes enthält.[1016]

Im ersten Beleg kommt *ẖ3k-jb* im religiösen Zusammenhang mit *sbj* vor. Gemeint ist dort der Frevler, der die heilige Sphäre des Grabes verletzt. Sein Name soll nicht auf Erden existieren (*nn wn rn.f tp t3*). Solche Drohformeln findet man häufig in Gräbern.[1017] Im zweiten Beleg werden die *ẖ3k.w-jb* zu Fall gebracht (*sẖr*).
Im dritten Beleg wird der Leiter einer Expedition aus der Zeit Mentuhoteps III. wie folgt beschrieben: „Denn er hört nicht auf die Übelgesinnten. Er spricht und es geschieht". Diese Aussage ist teilweise aus den königlichen Inschriften entlehnt; Sesostris III. spricht: „Ich bin ein König, der spricht und handelt in einem".[1018] Spezifisch wird dieses Lexem im Beleg (4) als Kollektivum für eine „feindliche Sippe" verwendet. Diese werden vernichtet (*skj*).
In dem Grab des Ahmose in Elkab (Beleg 7) erscheinen die *ẖ3k.w-jb*-Feinde mit einem anderen Feind namens *Tjt-ʿn*. Beide werden vom König vernichtet, so daß sie nicht mehr existieren.

Auf der poetischen Stele Thutmosis' III. (Beleg 10) werden die *ẖ3k.w-jb* und die *šnṯ.jw* in Zusammenhang mit den *rqj.w* gebracht.[1019] Hier weist der Kontext auf innenpolitische Feinde hin. Weitere Belege, die auf innere Feinde verweisen, findet man bei den Belegen (14, 35 und 38). Dort wird die Existenz der Feinde in der Umgebung des Königs negiert (14). Im Beleg (35) bringt Ramses IV. das aufrührerische Land in Ordnung.[1020] Im Beleg (38) werden Rebellen bzw. Gotteslästerer der südlichen Gaue getötet.

[1013] Gunn (1943: 55-59) stellt fest, daß man dieses Phänomen, nämlich die Einkonsonantenzeichen zu verwenden, schon früher bemerkt hat. Er geht in seinem Artikel über die Naukratisstele darauf ein. Seiner Meinung nach ist dies auf griechischen Einfluß zurückzuführen, der bereits in der Saitenzeit wirksam war und bis in die 30. Dynastie andauerte.
[1014] Ähnliches findet man im Wb III 359, 14 und Wb III 360, 1 für *ẖ3.t* und *ẖ3j.t* aber nicht für *ẖ3k-jb*.
[1015] Vgl. Belege 26 und 28. Dort werden Zehntausende sowohl vom Ramses III. als auch vom dessen Vorbild Ramses II. zertreten. Sonst werden die Übelgesinnten ohne Zahlangabe vom König vernichtet, wie die meisten Belege zeigen.
[1016] Zandee (1960: 205 B. 14.p.) übersetzt: „the term would mean being cunningly or ill-disposed".
[1017] Zu den Textstellen mit Drohformeln in bezug auf den Namen, vgl. die LEXEME „*jtn.w*", Beleg (7); „*rqj.w*", Beleg (2); „*ḫft.jw*", Beleg (3) und „*sbj.w*", Beleg (2).
[1018] Z.B. der Text der beiden Stelen in Semna und Uronati, Franke (2005: 96).
[1019] Vgl. LEXEM „*rqj.w*" als Terminus für innenpolitische Opposition.
[1020] Hintze (1962: 38, Anm. 3).

Sowohl in der Rede des Neferti als auch in der Lehre für Merikare ist dieses Lexem belegt (Belege 17-21).
Wenn man dieses Lexem im Zusammenhang der dynastischen Machtkämpfe zwischen den Thebanern und den Herakleopoliten betrachtet, dann ist es auf die Gegner in der Lehre für Merikare übertragbar (Belege 20).[1021] Im Beleg (21) heißt es: „Er (der Gott) tötete die Übelgesinnten darunter, so wie ein Mann seinen Sohn wegen dessen Bruders schlägt". Hier handelt es sich um Feinde des Gottes. [1022] Denn der Vergleich zwischen dem Gott, der seine Feinde tötet und dem Vater, der seinen Sohn schlägt, will uns (bewußt) ablenken und auf eine eine (zwischenmenschliche) Ebene bringen. Denn die Menschen sind es, die gegen sich Feinde erwachsen lassen.[1023]
Im Beleg (22) freut sich das Herz des Königs Sethos I. beim Anblick des Blutes (der Feinde); denn er liebt den Augenblick des Niedertretens mehr als den Tag des Jubelns.
Im Beleg (25) werden die *ẖ3k.w-jb* gefesselt:

„Ich ließ die Doppelfeder erstrahlen [1024] im Sarg.
Ich knotete die Binde an das Haupt und die Übelgesinnten unter die Füße".

Im Beleg (26) wird ein „**Wunder**" für den König vollbracht. Amunre wendet sein Antliz nach Norden und schlägt das Ausland, während Ramses II. Myriaden von Übelgesinnten zertritt.[1025]
Ein Zitat dieser in Götterreden gebräuchliche Phrase findet sich im Beleg (28). Dort verheißt Gott Amun-Re-Harachte Ramses III. die Vernichtung seiner Feinde.
Bei genauer Betrachtung dieser und weiterer Parallelen fällt auf, daß sich dieses Schema mit der Reihenfolge der Himmelsrichtungen (Süd, Nord, West und Ost) zum ersten Mal bei Amenhotep III. findet. Dagegen fehlt bei Sethos I. der Süden und die Reihenfolge ist gestört. Bemerkenswert ist, daß immer in diesem Zusammenhang von der Vernichtung feindlicher Fremdländer die Rede ist.[1026] Der Beleg (32) ist ganz im Sinne der Königsideologie; der König schlägt die Neunbogen, enthauptet die Übelgesinnten und bringt die Gegner (*ḫft.j*)zu Fall.

[1021] Vgl. LEXEM „*ḫrw.yw*", Beleg (16) mit Kommentar. Zur Datierung der Lehre für Merikare, Quack (1992: 114 f.).
[1022] Quack (2005: 81) und Lorton (1993: 141 f.).
[1023] Vgl. Parkinson (2005: 16) ist der Ansicht, daß: „These aspects can be related to another ideological strategy of representing rebellion. Opposition within a state can also be ‚obscured' by presenting it as a general human failing, rather than, for example, as an effect of the instability of the elite".

[1024] Die Transkription dieser Zeichenkombination ( ohne Doppelfeder) bereitet mir Schwierigkeiten. Zur Übersetzung vgl. Kitchen (2000: 157) und Schäfer (1964: 27-28), der an ein Symbol des Osiris in Form eines Pfahles, dessen Ende eine Perücke trägt, denkt. Nach Schäfer wurde dieses Idol bei der Begräbnisfeier verwendet. Es wurde mit Federn und einer Stirnbinde geschmückt, in den Sarg gelegt und unter seinem Fußende befanden sich Darstellungen von Kriegsgefangenen. Wahrscheinlich stellt dieses Symbol ein omphalosähnliches Gebilde dar. Aufgrund der Gestalt und des Namens *t3 wr* „das große Land" vielleicht „das älteste Land" kann man vermuten, daß damit ursprünglich eine Art „Urhügel" gemeint war, siehe LÄ I, 47-48.
[1025] Eine Parallele findet sich bei Amenhotep III. (Urk. IV 1656, 5 f.). Dort verspricht Amun dem König quasi die universelle Herrschaft. Amun wendet sein Gesicht in alle Himmelsrichtungen und vollbringt ein Wunder für den König. Weitere Parallelen sind Urk. IV 612, 6; KRI I 26, 10 f.; KRI V 97, 5 f.; KRI V 110, 8; KRI V 219, 15 f.; KRI V 220,1 f. und KRI V 280, 1, siehe den Kommentar zu diesem Kapitel.
[1026] Für *bj3jt* „Wunder" vollbringen siehe Graefe (1971: 122). Des weiteren vertritt er die Meinung, daß „Die Übersetzung ‚Wunder' ist nicht recht angemessen, da mit „Wunder" zuviel abendländisch-christliches in *bj3jt* hineingetragen wird", ebd. S. 154, Anm.32. Für weitere Belege siehe die LEXEME „*ḫft.jw*", Beleg (50); „*ẖ3k.w-jb*", Belege (26, 28); „*sqr ꜥnḫ*", Beleg (65) und „*šnṯ.jw*", Beleg (11).

Dieses Lexem ist von der Ersten Zwischenzeit bis in die griechisch-römische Zeit bezeugt. Es kommt in unterschiedlichen Texten vor, mehr in königlichen als in privaten. Ebenfalls kommt es im religiösen Kontext vor (z.B. Beleg 1 und 16). Im zuletzt genannten Beleg wird der *ẖꜣk-jb* mit *ḫft.j*, *sbj* und *rqj* vom Gott Horus vernichtet. Der Beleg (**16**) weist vier Zentralbegriffe für Feind in Kombination mit vier unterschiedlichen Verben vor.[1027]

H̱ꜣk-jb kommt mit folgenden Lexemen und Verben vor:

Lexem:

sbj	(1, **16**, 17, 20, 29, 38)
ḫft.j	(6, **16**, 32, 36, 37)
rqj	(10, 11, **16**)
šnṯ.j	(10)

Aktion des Königs:

ḥwj	(6, **16**, 26-28, 30, 32, 36, 40)
ḥsq	(13, 22, 27, 32, 36, 41)
sḫr	(2, 6, **16**, 24)
ṯjṯj	(10, 11, 22, 37)
dgdg	(26, 28, 31)
rtḥ	(23, 38)
smꜣ	(21, 38)
dr	(14, **16**)
jṯj	(8)
jṯṯ	(13)
ꜥḥꜣ	(39)
wsḫ tꜣš	(4)
bjꜣjt	(26)
ḫsf	(5)
shrj	(18)
smꜣw	(35)
skj	(4)

Untaten des Feindes:

jrj pnꜥj	(1)

Augenfällig ist, daß hier vergleichsweise viele Verben das aggressive Verhalten des Königs zum Gegenstand haben. Die *ẖꜣk.w-jb* werden überwiegend mit dem Verbum *ḥsq* „abschneiden" gebraucht.[1028]

Das Verbum ***dgdg*** „zertreten" kommt (ab) in der 20. Dynastie vor.[1029]

[1027] Vgl. LEXEM „*rqj.w*", Beleg (23) und den Kommentar dazu.

[1028] Vgl. die LEXEME „*rs.wt*", Beleg (2); „*ḫft.jw*", Belege (40, 73, 84).

[1029] Wb V 501, 11. Vgl. ägyptisch-arabisch دغ دغ „zerquetschen". Im Arabischen dakka, „zertrümmern", „planieren", vgl. Wehr (1985: 394, 400). Siehe hierzu das (Berliner)Digitalisierte-Zettelarchiv DZA Nr. 31472090 f.

12. Lexem: *sbj.w*

12.1. Belegstellen

Lexem *sbj.w*	Datierung	Ges.	Kgl.	Priv	Lit.	Andere Lexeme / Untaten der Feinde	Aktion gegen die Feinde
Wb IV 87, 14.	**1. ZwZt-Dyn 30**	**044**	**026**	**010**	**008**		
1.  [1030]	Dyn. 9/10	001	000	001	000	*sbj, kꜣj,* *jrj šd-ḫrw, ḥḏ*	-----
2.  [1031]	Dyn. 9/10	001	000	001	000	*ẖꜣk-jb* *jrj pnꜥj.t*	-----
3. 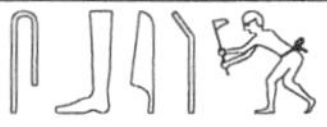 [1032]	MR	001	000	001	000	-----	*snjk*
4.  [1033]	MR	001	000	001	000	-----	*sḫr*
5.  [1034]	MR	001	000	001	000	*ḫft.jw*	*dr*
6.  [1035]	MR	001	000	001	000	-----	*sḫr*
7.  [1036]	Mentoh. III	001	001	000	000	*sbj ḥr*	*sḫr*
8.  [1037]	Sesost. I	001	000	001	000	-----	*sjd*
9.  [1038]	Sesost. I	001	000	001	000	-----	*sḥtp*

1.
(j)r(j)-pꜥ(w.t) ḥꜣt(j)-ꜥ.w Jtj-jb.j ḏd
jr sbj nb sbj.tj kꜣjw.t.f jrj.t šd-ḫr.w
[r] js[pn] ḥnꜥ n.tt jm.f
***ḥdj.tj.f** sḫꜣ.w* [...]

„Der Fürst und Graf[1039] *Jtj-jb.j* sagt:
was jeden **Rebellen** anlangt, der **freveln** sollte, der in seinem Herzen **planen** sollte,
[gegen dieses] Grab und das, was sich in ihm befindet, zu **zerstören**,
der die Schrift **beschädigen** sollte, [...]“.[1040] Kahl (1999: 213)

Am Schluß heißt es: „der soll nicht verklärt sein in der Nekropole, ...,
dessen Kinder sollen aus ihren Gräbern verdrängt werden“.

[1030] Edel (1984: 39, 61-62). Die Schreibung weicht geringfügig vom Original ab.
[1031] Edel (1984: 99, 130-131). Das Determinativ weicht geringfügig vom Original ab.
[1032] Lange/Schäfer (1902: 50, 4-5).
[1033] Griffith/Newberry (1894: Taf. 6, Fragment 4). Der Text ist nicht vollständig erhalten.
[1034] Griffith/Newberry (1894: Taf. 13, 8). Der Text ist nach dieser Stelle zerstört.
[1035] Griffith/Newberry (1894: Taf. 21, 2). Das Determinativ weicht vom Original ab.
[1036] Couyat/Montet (1912: 83, 2).
[1037] Lange/Schäfer (1908: 152, 10).
[1038] Lange/Schäfer (1908: 153, 11).
[1039] Zu diesen Titeln siehe Jones (2000: 315, 496).
[1040] Zur Transkription und Übersetzung vgl. Edel (1984: 62). Willems (1990: 27-54, bes. 36-37 und 42, Anm. 76) führt verschiedene Texte auf, die Frevler und deren Bestrafungen zum Inhalt haben. Siehe auch Edel (1984: 36).

2.
*jr swt **sbj** nb ẖ3k-jb nb jr(j).t.f pnʿy[.t]*
*m[-ḫt] **nn** sḏm.n.f **nn wn rn**[.f tp t3]*
***nn qrs**.t(j)[.f] m smj.t*

„Was aber jeden **Rebellen** und jeden **Feind** angeht, der **Zerstörung anrichten** wird tro[tz] diesem, was er gehört hat, [dessen] **Name** soll **nicht** [auf Erden] **existieren**, [der] soll [**nicht**] **bestattet** werden im Bergland".[1041] Edel (1984: 99, 130-131)

3.
*sḏm.j hnw **snjk sbj** m prj.t Sm*

„Möge ich das Jauchzen dessen, der die **Rebellen vernichtet**, hören beim Herausgehen des Sem-Priesters". Lange/Schäfer (1902: 50, 4-5)

4.
***sḫr sbj** ...*

„Der die **Rebellen zu Fall bringt** ...". Griffith/Newberry (1894 II: Taf. 13, 8)

5.
*ḏd md.w Gb **dr.n.f ḫft.jw.k***
***sbj.w.k** m ẖnw pr(.w) ḫrw[...]?*

„Geb **hat** deine **Gegner vertrieben**.
Deine **Rebellen** sind in Per Kheru[...]?".[1042] Griffith/Newberry (1894 II: Taf. 6)

6.
*ḥrj-tp **sḫr sbj***

„Der Oberste, der die **Rebellen fällt**". Griffith/Newberry (1894 II: Taf. 21, 2)

7.
*ḥr **sḫr.t**? **sbj.w ḥr** nsw*

„Beim **Niederschlagen** der **Rebellen gegen** den König". Schenkel (1965: 256)

[1041] Zur Transkription und Übersetzung vgl. Kahl (1999: 215). Willems (1990: 27-54, bes. 36-37 bzw. 42, Anm. 76) führt verschiedene Beispiele an, die Frevler und deren Bestrafungen zum Inhalt haben.
[1042] Als Name eines Gewässers, vgl. Gauthier II (1925: 121) und Wb I 530, 6.

8.
sjd sbj ḥr nsw

„Der den **Rebellen** gegen den König **demütigt**".[1043] Obsomer (1995: 526 f.)

9.
sḥtp sbj.w[1044] ***ḥr jrj.t.sn***

„Der die **Rebellen zur Ruhe bringt** wegen ihres Tuns".[1045]
Obsomer (1995: 526 f. bzw. 520-521)

[1043] Im Sinne von „impotent machen", vgl. Blumenthal (1970: 250 F 5.2). Für weitere bibliographische Hinweise siehe Obsomer (1995: 522 f.).
[1044] Zur Lesung vgl. Obsomer (1995: 530, Anm. au).
[1045] Zur Erwähnung des Maat-Begriffes auf dieser Stele siehe Lichtheim (1992: 35 Nr. 31).

Lexem *sbj.w*	Datierung	Ges.	Kgl.	Priv	Lit.	Andere Lexeme / Untaten des Feindes	Aktion gegen den Feind
10.  [1046]	Sesostr. I	001	001	000	000	*bṯn.w, ḫft.j*	*sḫr, ꜣq, sbḥ*
11.  [1047]	Sesostr. I	001	000	000	001	*sbj ḥr*	-----
12.  [1048]	Neferh. I	001	001	000	000	*sbj ḥr*	*sḫr*
13.  [1049]	Neferh. I	001	001	000	000	-----	*sḫr*
14.  [1050]	Neferh. I	001	001	000	000	-----	*ḫsf*
15.  [1051]	Neferh. I	001	001	000	000	-----	*ḫsf*
16. 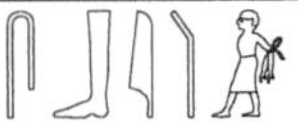 [1052]	Dyn. 17	001	001	000	000	*ḫft.j*	-----
17. 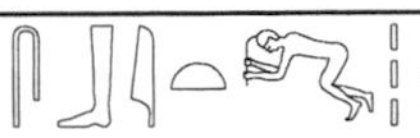 [1053]	Thutm. II	001	001	000	000	*ḥwtf*	-----
18. 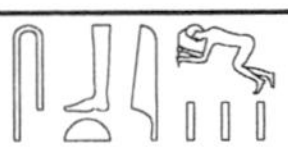 [1054]	Thutm. II	001	001	000	000	*bšṯ.w*	*sḫr*

10.
sḫr.n šꜥ.t.f ⸢sbj.w⸣
⸢ꜣq⸣ n bṯn.w.f n šꜥ.t ḥm.f
sp[ḥ] [ḫ]ft.jw.f

„Sein (des Königs) **Schwert bringt** seine **Rebellen zu Fall**.
Seine (des Königs) **Aufrührer** sind durch das **Schwert** seiner Majestät **zu Grunde gegangen**.
Der (König) seine **Gegner gefesselt** hat“. Seyfried (1981: 100)

11.
nn js n sbj ḥr ḥm.f
jw ẖꜣt.f m qmꜣ n mw

„Es gibt **kein Grab** für einen **Rebellen gegen** seine Majestät.
Sein Leichnam wird ins Wasser geworfen“.[1055]
Fischer-Elfert (1999: 340)

[1046] Seyfried (1981: 97).
[1047] Posener (1976: § 6, 4).
[1048] Helck (1975: 25, 17).
[1049] Helck (1975: 25, 19).
[1050] Helck (1975: 26, 17).
[1051] Helck (1975: 27, 7).
[1052] Helck (1975: 73, 17 und 1969: 284-285). Für weitere Literatur siehe Martin-Pardey (1990: 185 f.).
[1053] Urk. IV 138, 14.
[1054] Urk. IV 140, 3-5.
[1055] Auch für die, die „seinen Namen (des Königs) nennen, gibt es kein Grab“. Quack (2005: 78 f.).

12.
jw ⸢sḫr.n.f⸣ sbj ḥr ḥm.k

„Er (der Gott) hat den **Rebellen gegen** deine Majestät **zu Fall gebracht**".
Helck (1975: 25, 17)
13.
sḫr.f sbj m r3 pqr

„Er hat den **Rebellen** am Eingang von Peqer **zu Fall gebracht**".[1056] Helck (1975: 25, 19)

14.
šd(j).j n.k m ḫsf sbj[.w.k]

„Ich (der König) rezitiere zu deinen Gunsten beim **Abwehren** deiner (des Gottes) **Rebellen**".
Helck (1975: 26, 17)

15.
ḫsf.n.j sbj.w ḥm.k
snḏm.n.j jb [jt.j wsjr...]

„Ich (der König) habe deine (des Gottes) **Rebellen abgewehrt** und
das Herz [meines Vaters Osiris ...] erfreut". Helck (1975: 27, 7)

16.
***tm**(w) **s**ḫ3.t **rn**.f m r3-pr pn*
mj jrr.t r mjtj.f sbj ḥr[1057] ḫft.j nṯr.f

„**Nicht** wird man seines (des Rebellen) **Namens gedenken** in diesem Tempel,
wie es gemacht wird gegen seinesgleichen, (nämlich) die **Rebellen** und die **Gegner**
gegen seinen Gott". Helck (1975: 73, 17)

17.
***sbj.w⟨t⟩ w3(j.w) r ḥwtf** rmṯ km.t*
***r ḫnp** mnmn(.w)t ḥr s3 nn n mn.w*

„Die **Rebellen** sind **fern davon**[1058], die Ägypter zu **berauben**
und die Herden hinter den Festungen wegzubringen". Urk. IV 138, 14

18.
*m sp.f tpj nḫt r **sḫr.t bšṯ.w ḥr ḥm.f** nb.w*
***sbj.w** ḥr nb.w t3.wj*

„[...] bei seinem (des Königs) ersten Feldzug, um alle **Empörer gegen seine Majestät**
und um die **Rebellen** gegen den Herrn der beiden Länder zu **unterwerfen**". Urk. IV 140, 3-5

[1056] Zur Übersetzung vgl. Anthes (1974: 16-49 bes. 36).
[1057] Zur Koordination zweier Substantiva, Wb III 131, 25.
[1058] Zu *w3j r* als „Euphemismus" siehe Anm. 254 und 745.

Lexem *sbj.w*	Datierung	Ges.	Kgl.	Priv	Lit.	Andere Lexeme / Untaten der Feinde	Aktion gegen die Feinde
19.  [1059]	Thutm. III	001	000	001	000	-----	*sḥr*
20. 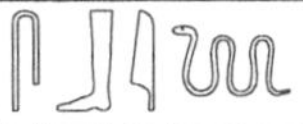 [1060]	Thutm. IV	001	001	000	000	*ḫr(.w)* *q3s.w*	*ḥsq*
21. 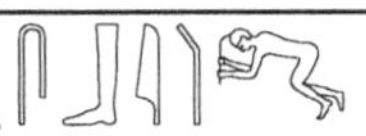 [1061]	Dyn. 18 ?	001	000	001	000	*ḫft.j*, *ẖ3k.w-jb*, *rqj.w*	*ḥw(j)*, *dr*, *sḫr* *sḥtm*
22.  [1062]	Dyn. 18	001	000	000	001	-----	*dr*
23.  [1063]	Dyn. 18	001	000	000	001	-----	*dr*
24.  [1064]	Dyn. 18	001	000	000	001	*ẖ3k.w-jb*	*ḥww*
25. 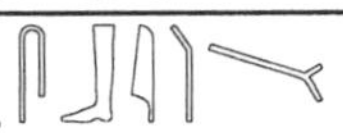 [1065]	Dyn. 18	001	000	000	001	*sbj ḥr*	*tkk*
26. 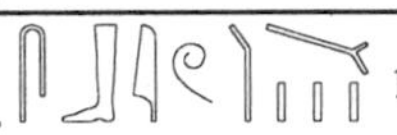 [1066]	Dyn. 18	001	000	000	001	*ẖ3kw-jb*	-----
27. 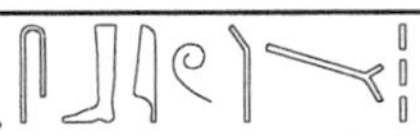 [1067]	Dyn. 18	001	000	000	001	*ẖ3kw-jb*	-----

19.
jw ḫrp.n(.j) k3.t m nšm.t
sḥr.n(.j) sbj ḥr ḥm.t.s

„Ich leitete die Arbeit an der Neschmet-Barke
und und **hielt** den **Rebellen fern** von ihrer (der Barke) Majestät". (Urk. IV 209, 16-17)

20.
nmj.k p.t jb.k 3w(j)w
mr dsds ḫpr.w m ḥtp.w
sbj ḫr(.w)** ꜥ.w.wj.f **q(3)s.w
ḥsq.n dm.tw** ***ṯs.wt.f

„Du (der Gott) durchfährst den Himmel, indem dein Herz froh ist
und der Desdes-See in Frieden ist.
Der **Rebell** ist **gefallen**, indem seine **Arme gefesselt** sind
und die **Messer** seine **Wirbel zerschnitten haben**".[1068] (Urk. IV 1603, 13)

[1059] Urk. IV 209, 16-17.
[1060] Urk. IV 1603, 13.
[1061] Moret (1909: 24, Taf. 22, 4).
[1062] Quack (1992: 167, 9 E/M).
[1063] Quack (1992: 168, 1-2 E/M).
[1064] Quack (1992: 173, 7 E/M).
[1065] Quack (1992: 189, 3-4 E/M).
[1066] Helck (1970: 53 XIV, Pet.).
[1067] Helck (1970: 53 XIV, C 25224).
[1068] Zur Übersetzung bzw. zum Kommentar vgl. Assmann (1969: 267-280).

21.
jw.k nsw ḏ.t s3.k
Ḥr.w mn ḥr ns.t.k
nḏ.tj.k ḥw(j) ḫft.j.k dr sbj
sḫr ẖ3k-jb s3w.f jb.k rꜥ nb
sḥtm rqw nn wn.f ḏ.t nḥḥ

„Du (Gott Osiris) bist der König der Ewigkeit.
Dein Sohn Horus bleibt auf deinem Thron.
Dein Beschützer (Horus), der deinen **Gegner schlägt**, der den **Frevler vertreibt**,
der den **Übelgesinnten zu Fall bringt**, der dein Herz jeden Tag erfreut
und den **Rebellen vernichtet**, so daß er **nicht mehr existiert** bis in alle Ewigkeit".
Moret (1909: Taf. 22, 3-4)

22.
srḫ sw m b3ḥ šny.t
*dr [sw]**sbj** pw gr.w*

„Zeige ihn (den Unruhestifter) an vor dem Hofstaat.
Verjage ihn, denn er ist ein Rebell". Quack (1992: 20-21)

23.
qꜥḥ ꜥš3.t dr t3 r.s
*nn ṯsj j.dr[.tw] **sbj***

„Beuge die Menge und vertreibe die Hitze von ihr.
Es gibt keinen Protest?, wenn (man) Rebellen fernhält". Quack (1992: 22-23)

24.
jw t3 pn r grg ẖr.s
*wp.w[ḥr] **sbj** gmj sḫ.w.f*
*jw nṯr **rḫ.w ẖ3k.w-jb***
ḥww nṯr sḏb.w.f ḥr snf

„Dieses Land wird dadurch[1069] (wohl)gegründet sein,
abgesehen vom **Rebellen**, der seine Pläne ersonnen hat.
Gott **kennt** den **Übelgesinnten**.
Gott **verdammt** ihn wegen wegen der Blut(schuld)". Quack (1992: 32-33)

[1069] Durch das maatgemäße Handeln.

25.
gr.w r sḫm-jb ḥḏj.t(w) wdḥ.w
tkk nṯr sbj ḥr r*ʾ*-pr.w

„Der Schweiger wird zum Gewalttätigen, wenn die Altäre beschädigt werden.
Gott **greift** den **an**, der gegen den Tempel **rebelliert**“.[1070] Quack (1992: 64-65)

26.
*jw **sbj.w** n **nḏnḏ**.f*[1071]
***ẖꜣk.w-jb** n šfšf.t.f*

„Die **Rebellen** werden seinem **Verhör**,
die **Übelgesinnten** der Furcht vor ihm (**anheimfallen**)“. (Variante des nächsten Belegs)

27.
*jw **sbj.w** n **dndn**.f*
***ẖꜣk.w-jb** n šfšf.t.f*

„Die **Rebellen** werden seinem **Zorn**,
die **Übelgesinnten** der Furcht vor ihm (**anheimfallen**)“. Felber (2005: 71)

[1070] Vgl. zuletzt Goedicke (2002: 118, Anm. 16): „*Sbj* is either a nominally used participle “the one who sinned about the temple” or a noun “sinner,” in which case *ḥr rꜣ-prw* should be seen as explaining the beneficiary of the divine action“.
[1071] Vgl. Toro Rueda (2003: 168).

Lexem *sbj.w*	Datierung	Ges.	Kgl.	Priv	Lit.	Andere Lexeme / Untaten des Feindes	Aktion gegen den Feind
28.  1072	Dyn 19[1073]	001	000	000	001	-----	-----
29.  1074	Ramses II	001	001	000	000	-----	*wbd*
30.  1075	Ramses II	001	001	000	000	-----	-----
31.  1076	Merenpt.	001	001	000	000	*ḫft.j*	-----
32.  1077	Merenpt.	001	001	000	000	*ḫr.w*	-----
33.  1078	Rams. III	001	001	000	000	-----	-----
34.  1079	Rams. III	001	001	000	000	*ẖ3k.w-jb*	*dr*
35.  1080	Rams. IV	001	001	000	000	[*ḫft.jw*]	*bḥn* *ḫr.w ẖrj.k*

28.
mṯn js w3(j) r ***sbj.w***
*ḥr j*ʿ*r*ʿ*r nḫtn.t R*ʿ*w* ***shr(r.t)*** *t3.wj*

„Seht doch, man war **fern davon**[1081] zu **rebellieren**
gegen die mächtige Uräusschlange des Re, die die beiden Länder zur **Ruhe bringt**".
Gardiner (1909: 54)

29.
*tw.j mj R*ʿ*w m ḫ*ʿ*j.f ḥr dw3j.t*
snn.w.j ḥr ***wbd*** *ḥr n* ***sbj.w***

„Ich (der König) bin wie Re bei seinem Aufgang am Morgen.
Meine Strahlen **verbrennen** das Gesicht der **Rebellen**". (KRI II 87, 5)

1072 Gardiner (1909: 54, 7, 3-4).
1073 Gardiner (1909: 2-3) datiert die Handschrift frühestens in die 19. Dynastie: „The orthography of our text thus brings us to very much the same results as its palaeography: the date of the writing of the recto cannot be earlier than the 19 th dynasty, but there are indications that the scribe used a manuscript a few centuries older".
1074 KRI II 87, 5.
1075 KRI III 158, 15.
1076 Way, von der (1992: Taf. 2/4, 3).
1077 KRI IV 7, 7-8. Für weitere Literatur siehe Davies (1997: 151 f.).
1078 KRI V 63, 13-14.
1079 KRI V 197, 3.
1080 KRI VI 18, 7. Vgl. Peden (1994:151 f.).
1081 Zu *w3j r* als „Euphemismus" siehe Anm. 254 und 745.

30.
[...] *r-ḏd mt.n.f m rnp.t* 9 *n p3 sbj*

„[...] Er starb im neunten Regierungsjahre des **Rebellen**".[1082] Gardiner (1938: 124)

31.
jʿj-jb ḥwt k3 ptḥ m n3y.sn ḫft.jw
dj ršw T3tnn m n3y.f sbj.w
wn sb3.w n Jnbw wnw ḏb3.w
dj šsp r'w pr.wt.f n3y.sn šb.w

„der (der König) Memphis seinen Mut **kühlen** läßt an seinen **Gegnern**
und Tatenen **sich freuen** läßt über seine **Rebellen**.
Der öffnet die Tore von Memphis, die verschlossen waren,
und der seine Tempel empfangen läßt ihre Speiseopfer". Fecht (1983: 108. 114)[1083]

32.
jw.f m ḫr.w
sbj n p3y.f mšʿ

„Er (der Libyer) ist ein **Gefallener**,
ein **Rebell** für (gegen) sein Heer". (KRI IV 7, 7-8)

33.
Mnṯw m ḫpr.w[*rmṯ*⌉ *p3 ntj m s3.n* [...]
jw.f m s3.n m(j) Stḫ ḥr m3(3) sbj
ptr.f ḥfn.w m snḥm.w

„Month ist in der *ḫpr.w*-Gestalt eines Menschen, der hinter uns (her) ist!
[...] indem er (der König) hinter uns (her) ist **wie Seth**, wenn er den **Rebellen sieht**.
Er hat Hunderttausende als Heuschrecken angesehen".[1084] (KRI V 63, 13-14)

[1082] Gemeint ist hier König Echnaton, den Zorn der Götter nach Meinung seiner Nachwelt zu Recht auf sich gezogen hatte. Vgl. Kitchen (2000: 107) bzw. Gardiner (1938: 124). Vgl. hierzu auch Helck (1995: 79) und Meurer (1998: 307).

[1083] Auch siehe Hornung (1983: 224 f.) bzw. Way, von der (1992: 85-87) und zuletzt Davies (1997: 173 f.).

[1084] Auch wenn der König die Gestalt eines Gottes annimmt, betrachten ihn seine Feinde als einen Menschen. Vgl. Buchberger (1993: 420-421 und 499): „Da die Menschen als Geschöpfe Gottes gelten, nimmt es nicht Wunder, wenn sie auch in eben ihrer „Gestalt" Werke Gottes darstellen".

34.
jmj dr m sbj
jmj sbꜣ m nḫn
ḏj snḏ.w.k m ḫꜣk-jb[1085]

„Komme (Gott) und **vertreibe** den **Rebellen**
und unterweise das Kind (Horus).
Flöße die **Furcht** vor dir dem **Übelgesinnten** ein". (KRI V 197, 3)

35.
bḥn.n.j sbj.w ḥr ḥm.k
[ḫftj.w].k ḫr(.w) ḫrj.k

„Ich (der König) habe die **Rebellen** gegen deine Majestät (den Gott) **getötet**.
Deine [**Feinde**] **fallen unter dich**". (KRI VI 18, 7)

[1085] Vgl. Gaballa/Kitchen (1969: 8, Anm. 3).

Lexem *sbj.w*	Datierung	Ges.	Kgl.	Priv.	Lit.	Andere Lexeme / Untaten des Feindes	Aktion gegen den Feind
36.  [1086]	schesch. I	001	001	000	000	*ḫft.jw*	*tjtj*
37.  [1087]	Pinodj. II	001	000	001	000	-----	-----
38. 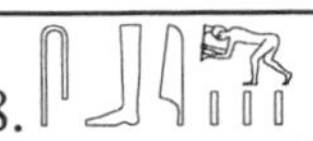 [1088]	Osork. II	001	001	000	000	*ḫft.j* *ḫr(.w)*	*srwḏ*
39.  [1089]	Pjye	001	001	000	000	*ẖ3k.w-jb.w*	-----
40. 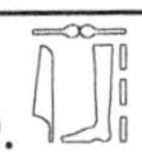 [1090]	Psamet. II	001	001	000	000	*šn*	*hd*
41.  [1091]	Darius I	001	001	000	000	*ḫft.j, rqj.w*	*sḫr, ḫsf* *sʿnḏ*
42.  [1092]	Darius I	001	001	000	000	*ḫft.jw*	*rtḥw*
43.  [1093]	Darius I	001	001	000	000	-----	*dr*
44.  [1094]	Nektan. I	001	001	000	000	-----	*s3w?, mkj*

36.
jw.k m wnj {wn}[1095] *ḥr ḫft.jw.k*
tj⟨tj⟩.n.k sb(j).w{t} r.k

„Du bist gegen deine **Feinde**.
Du hast die **Rebellen** gegen dich **niedergetreten**". (RIK III 3/4, 9)

37.
jw.f wḏ3 r [...] ⌜st⌝ n sbj.w

„Er ist **frei** von [...] an dem ⌜Ort⌝ der **Rebellen**". Kruchten (1986: 232-234)

1086 RIK III Taf. 3/4, 9.
1087 Kruchten (1986: 232-234).
1088 Barguet (1961: 7-10).
1089 Grimal (1981: 94-95).
1090 Manuelian (1994: 341, Kol. 7).
1091 Yoyotte (1972: 255, 7).
1092 Davies (1953: Taf. 23, 4 Nordwand). Die Schreibung weicht geringfügig vom Original ab.
1093 Davies (1953: Taf. 23, 13 Südwand).
1094 Brunner (1965: Taf. 24, 2). Für weitere Literatur siehe Lichtheim (1980: 87).
1095 Breasted (1906: 356) übersetzt: „thou art [---] against thy enemies, when thou hast smitten the foe". Breasted bietet keine Erklärung für die *wnjwn*. Ob es sich hier um ein Verb *wnj* „eilen" gegen die Feinde (Wb I 313, 10) handelt, möchte ich mit einem Fragezeichen versehen.

38.
*[**srwḏ.k mnty.t**].k m ꜥḥ.w n **sbj.w**.k*
***jn⟨jn⟩**[1096].k ds m jwf.w.sn*
*jw.k mn.tj **ḫft.j.k ḫr**(.w)*
n mn nb jm.k

„Du **stichst** dein **Messer** fest in die Leiber der **Rebellen**.
Du **schneidest** mit einem Messer in ihr Fleisch.
Du bleibst während dein **Gegner fällt**.
Es gibt kein Leiden mehr in dir". Barguet (1961: 7)

39.
*mꜣꜣ m r.f tn spꜣ.wt tp rsj n **smꜣ.tw** wꜥ nb jm*
*wpw **sbj.w** wꜥꜣ ḥr nṯr jr(j).t(w)*
nm.t** m **ẖꜣk-jb.w

„Seht die Gaue des äußersten Südens! Niemand wurde dort **getötet**
außer den **Rebellen**, die **schmählich** über Gott **reden**.
Die **Übelgesinnten wurden hingerichtet**".[1097] Kausen (1982/85: 574)

40.
ꜥḥꜥ.n Nḥsj n ḫ(ꜣ)s.t nb(.t) r.f
jb(.w).sn mḥ(.w) m qsn m mꜣꜣ.f[1098]
***hd.f šn**[1099] m ꜣd m-ꜥ **sbj.w** r.f*

„Da stand der Nubier aus jedem Bergland (feindlich) gegen es (das Heer).
Ihre (der Gegner) Herzen waren voll des Elends bei seinem (des Heeres) Anblick[1100].
Er **bekämpfte** jene, die dort **Unruhe stifteten**, (denn) er war **wütend** auf seine **Rebellen**"
Manuelian (1994: 339)

[1096] Vgl. Barguet (1961: 7, Anm. 2) mit Hinweis auf Wb I 94, 10.
[1097] In einem anderen Kontext heißt es: „die gegen den König rebellieren". Vgl. Blumenthal (1970: 250 f.) und Grimal (1981: 94-95).
[1098] Vgl. Goedicke (1981: 195, Anm. m). Um Goedickes Argumente nachvollziehen zu können empfielt es sich, das Original bei Bakry (1967: 227) einzusehen, da Goedicke ein *n* vegessen hat bzw. die Eule (G17)  mit dem Guinea-Huhn (G 21)  vertauscht hat.
[1099] Vgl. Manuelian (1994: 346, Anm. 216).
[1100] Ich folge hier dem Vorschlag von Wente bei Manuelian (1994: 346, Anm. 215).

41.
rḏ(j) n.f N.t pḏ.t.s jmj ꜥ.w.s
*r **sḫr ḫft.jw** nb.w*
mj jr(j) n.s n sꜣ.s Rꜥw m sp tp(j)
***wsr**.f jm.s r **ḫsf sbj.w**.f*
*r **sꜥnḏ rqy.w**.f m tꜣ.wj nb.w(j)*

„Neith hat ihm (dem König) eigenhändig ihren Bogen gegeben,
um alle seine **Gegner zu Fall zu bringen**,
wie sie es für ihren Sohn Re beim ersten Mal getan hatte.
Machtvoll ist er (der König) durch sie, um seine **Feinde abzuwehren**
(und) um seine **Rebellen** in den beiden Ländern zu **dezimieren**". Yoyotte (1972: 255)

42.
ḫpr.w.s jm? ⟨m⟩[1101] ḥrj(.t) nm.t
*r **rtḥw ḫft.jw sbj.w** nw ḫnt.j jmn.t.t*

„Ihre Gestalt (der Göttin) ist dort? als die Obere der Richtstätte,
(um) die **Gegner** und **Feinde** gegen Osiris zu **bestrafen**". Davies (1953: Taf. 23, 4)

43.
jr bꜣk ⟨nb⟩[1102] šms [nb].f
*n sḫm Bꜣs.t.t jm.f m **dr sbj.w***

„Was jeden Diener anlangt, der seinem [Herrn] folgt,
dessen soll Bastet sich nicht bemächtigen beim **Vertreiben** der **Feinde**".
Davies (1953: Taf. 23, 13)

44.
***sꜣw**[1103] **sbj.w**.f nb(.w)*
*nsw nḫt **mk(j) km.t***

„Die (die Göttin) alle seine **Rebellen bewacht**.
Ein machtvoller König, der **Ägypten schützt**". Lichtheim (1980: 87)

1101 Ich emendiere *n* zu *m* der Identität.

1102 Ich emendiere *k* zu *nb*.

1103 Maspero (1890/1900: 41). Für eine andere Lesung vgl. Gunn (1943: 55)der *ḥtm* liest, was auch möglich wäre. Ich fasse *sꜣw* als Partizip auf und schlage vor, das nächste Wort *sbj* zu lesen. Für *sꜣw* + Feindbezeichnung vgl. Gautier/ Jéquier (1902. Taf. 21).

12.2. Kommentar:

Die meisten Schreibungen werden mit dem Zeichen (A 14): 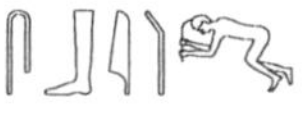 determiniert. Die neunte Schreibung weist das Zeichen (A13E)  als Determinativ dreifach auf. Andere werden mit dem Zeichen (I14)  (wie z.B. Beleg 20 und 33) geschrieben. Beim Beleg (20) stellt die Schlange wahrscheinlich Apophis, den Feind des Re, dar.
Dieses Lexem leitet sich vom Verb III. inf. *sbj* „freveln, empören, rebellieren" ab und ist seit dem Mittleren Reich belegt.[1104]

Die ersten beiden Belege zeigen dieses Lexem in einem religiösen Kontext. Dort ist ***sbj*** ein Frevler, der die heilige Sphäre des Grabes verletzen oder dessen Inschriften zerstören könnte. Demnach werden Drohformeln an den Grabfronten angebracht, um solche Übeltaten zu verhindern: „... der soll nicht verklärt sein in der Nekropole, ... dessen Besitz soll nicht existieren in der Nekropole, dessen Kinder sollen aus der Nekropole verdrängt werden". Eine Parallele zu dieser Drohformel bietet eine Textstelle auf der Abydosstele Neferhoteps I.:

„**Nicht** wird **leben**, der gegen mich (den König) **rebelliert** (*rqj*).
Nicht wird der **Aufrührer** (*jtn.w*)gegen mich (den König) Luft **atmen**.[1105]
Nicht wird sein Name unter den Lebenden weilen".[1106]

Ähnliche Drohungen findet man im Beleg (21). Dort werden die ***sbj.w*** und die ***ḫft.jw*** geschlagen (*ḥwj*), *ẖ3k.w-jb* zu Fall gebracht (*sḫr*) und die *rqj.w* vernichtet (***sḫtm***), so daß sie in alle Ewigkeit nicht mehr existieren. Der elfte Beleg schildert die schlimmste Strafe: „Es gibt kein Grab für einen Rebellen gegen seine Majestät".[1107]
Im dritten Beleg ist vom Jauchzen dessen die Rede, der den Frevler vernichtet (***snjk***). Im fünften Beleg handelt der Gott Geb für den König und vertreibt seine Feinde. Folgende Belege weisen eher einen religlösen Zusammenhang auf; ***Sbj*** ist ein Feind der göttlichen Barke (Beleg 19). Der König (als Re) verbrennt die Feinde des Re bei seinem Aufgang (29). Der Gott Tatenen freut sich mit dem König über die Feinde (31). Der König wird mit den Göttern Month und Seth gleichgesetzt, wenn er die Feinde erblickt (33). Im Beleg (34) werden die Feinde beim Sokarfest symbolisch vertrieben, wie diese Textstelle aus dem Medinet Habu berichtet: „Komme (Gott) und vertreibe (*dr*) den Rebellen (*sbj*)und unterweise das Kind (Horus). Flöße die Furcht vor dir dem Übelgesinnten (*ẖ3k.w-jb*) ein".[1108] Der König tötet die Feinde der Götter *ḫft.jw* (35).
Im Beleg (30) aus der Zeit Ramses' II. wird der Name Echnatons nicht genannt, sondern durch *sbj* ersetzt.[1109] Dort geht es um eine Datierungsangabe: „er starb im Jahre 9 des Rebellen".
In der großen Inschrift von Neferhotep I. aus Abydos (Belege 14, 15) erscheint *sbj* im religiösen Kontext und bezeichnet vielmehr den Gottesfeind.
Im Beleg (16) handelte es sich um innere Feinde des Königs, welche von Teti (Bürgermeister von Koptos und hoher Angestellter des Min-Tempels) unterstützt worden sind, worauf der

---

[1104] Osing (1976: 91 und 147).
[1105] Vgl. auch Posener (1946: 55).
[1106] Vgl. LEXEM *rqj.w*, Beleg (2) und *sbj.w*, Beleg (2) mit Kommentar.
[1107] Posener (1976: § 6, 4). Vgl. auch Quack (2005: 78).
[1108] Gaballa/Kitchen (1969: 8, Anm. 3).
[1109] Vgl. LEXEM „*ḫrw.yw*", Beleg (39) ist eine andere Bezeichnung, nämlich *ḫr.w* für denselben König belegt.

König Antef V. mit dem Absetzen jenes Beamten im Koptosdekret reagierte. Nach Helcks Meinung soll Teti einen Staatsstreich geplant haben.[1110]
In der Lehre für Merikare ist *sbj* bereits vier Mal belegt (22-25). Im Beleg (24) wird der Rebell beschrieben, als einer, der Pläne (gegen Gott) ersinnt: „*Sbj* ist generell als Begriff für politische Gegner in Ägypten häufig, von der Wurzel ist im Text auch das entsprechende Kausativum *s:sbỉ* „zur Rebellion bringen“ (E 28 = M II, 13) belegt, das bislang ein Hapax in der ägyptischen Sprache ist. In E 110 wird das Wort *sbỉ* eindeutig für religiöse Frevler verwendet“.[1111] Der *sbj*-Rebell ist auch einer, der verbal (mit seinem Mundwerk) lästert.[1112]
Der Beleg (26) aus der Rede des Neferti weist einen Parallelismus auf. Der Beleg (28) zeigt einen euphemistischen Sinn: dort wird das „rebellieren“ durch die Voranstellung von (*wꜣj r*) – wenn nicht negiert – abgewährt.[1113]
Die Osorkon-Chronik enthält einen interessanten Beleg mit antithetischem Parallelismus. (Beleg 38): „Du bleibst, dein Gegner fällt“.[1114]

Vittmann bemerkt, daß *sbj*/*sbꜣ*/*sꜣb* häufig in Sinne von „Sünder“ im Gegensatz zu ***rmṯ nṯr*** „Gottesmann“ in der Weisheitslehre des pInsinger vorkommt.[1115]

Lichtheim fasst *sbj* als Antonym zum (***rmṯ nṯr***), „man of god“ oder „wise man“ auf: „ the „fool“ is coupled with impiety (*sbꜣ*). In her view the auther of Papyrus Insinger employs these terms to enlarge the dichotomy of „wise man“ and „fool“. Gegen Lichtheim schreibt Shupak: „ The wicked man – *sꜣb*e, in form of *sbj* – already appears in the Middle Kingdom period (Wb. IV 87), and its meaning is „foe“, „rebel“, against the king or god. *Sbj* therefore belongs originally to the political context, and not to the vocabulary of wisdom. There is no connection between *sbj* and the terms denoting „fool“, „wise man“ and „man of god“ in the early wisdom literature“.[1116]

Die Tatsache, daß *sbj* neben *ḫft.j* und *ḫꜣk-jb* oft vorkommt, ist ein Indiz dafür, daß beide Begriffe unterschiedliche Bedeutungsnuancen besitzen. Da etliche Belege in den Grabinschriften bzw. auf Grabstelen überliefert sind, spricht dies dafür, daß *sbj* einen „Frevler“ bezeichnet, der häufig im religiösen Kontext vorkommt.[1117]

Der Beleg (**21**) weist vier Zentralbegriffe für Feind in Kombination mit vier unterschiedlichen Verben vor.[1118]

Sbj wird neben folgenden Lexemen und Verben genannt:

[1110] Helck (1969: 284-284) und Martin-Pardey (1990: 186 f.). Siehe LEXEM „*ḫft.jw*“, Belege (16 und 17).
[1111] Quack (2005: 82).
[1112] Vgl. Fischer-Elfert (1999: 341).
[1113] Vgl. Anm. 254 und 745.
[1114] Die Osorkon-Chronik enthält außer *sbj* weitere Feind-Lexeme wie z.B. *rqw*, *ḫft.j* und *sqr ꜥnḫ*.
[1115] Vittmann (2005: 213 f.).
[1116] Shupak (1993: 260).
[1117] Hier muß beachtet werden daß, die Belege aus der religiösen Literatur in dieser Arbeit nicht aufgenommen worden sind. Weitere Belege für *sbj* siehe die Kapitel „FEINDBEGRIFFE IN NAPATANISCHEN TEXTEN“ und „FEINDBEGRIFFE IN MEDIZINISCHEN TEXTEN“.
[1118] Vgl. das LEXEM „*rqj.w*“ Beleg (23) und den Kommentar dazu.

Lexem:

ḫft.j	(5, 10, 16, **21**, 31, [35], 36, 38, 41, 42)
ẖ3k-jb	(2, **21**, 24, 26, 27, 34, 39)
bšṯ.w	(18)
bṯn.w	(10)
rqj.w	(**21**)

Aktion gegen den Feind:

sḫr	(4, 6, 7, 10, 12, 13, 18, 19, **21**, 41)
dr	(5, **21**, 22, 23, 34, 43)
ḫsf	(14, 15, 41)
3q	(10)
wbd	(29)
bḥn	(35)
mkj	(44)
rtḥ	(42)
hd	(40)
ḥwj	(**21**)
ḫsf	(20)
s3w	(44)
sjd	(8)
sʿnḏ	(41)
sbḥ	(10)
snjk	(3)
srwḏ	(38)
sḥtp	(9)
sḥtm	(**21**)
tjtj	36)
tkk	(25)

Untaten des Feindes:

sbj ḥr	(7, 11, 12, 25)
jrj pnʿj	(2)
jrj šd-ḫrw	(1)
ḥww	(24)
ḥwtf	(17)
ḥḏ	(1)

Augenfällig ist, daß hier vergleichsweise viele Verben das aggressive Verhalten des Königs zum Gegenstand haben.

13. Lexem: *snṯ.w*

13.1. Belegstellen

Lexem *snṯ.w*	Datierung	Ges.	Kgl.	Priv	Lit.	Andere Lexeme / Untaten des Feindes	Aktion gegen den Feind
Wb III 462, 3-6.	**AR/NR**	**010**	**010**	**000**	**000**		
1.  [1119]	Sahure	001	001	000	000	-----	*ptpt*
2.  [1120]	Sahure	001	001	000	000	-----	-----
3. 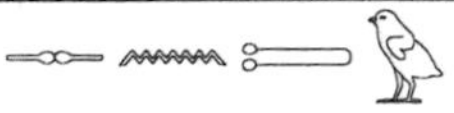 [1121]	Teti	001	001	000	000	-----	*d3*
4.  [1122]	Amenh. III	001	001	000	000	-----	-----
5.  [1123]	Sethos I	001	001	000	000	-----	-----
6.  [1124]	Sethos I	001	001	000	000	*ᶜq*	-----

1.
ptpt snṯ.w

„Der die **Rebellen niedertrampelt**" Borchardt (1913: Blatt 8)

2.
ḏd mdw ḏj.n(.j) n.k ***snṯ.w*** *nb(.w)*
ḥnᶜ ḏf3 nb(.w) jmj ḫ3s.wt nb(.w)

„Ich gebe dir die **Rebellen**
mit Aller Nahrung, die in allen Fremdländern ist". Borchardt (1913: 80)

3.
nsw bjtj (s3 Rᶜw Ttj)
Ḥr.w (sḥtp t3.wj)
d3 snṯ.w

„König von Ober- und Unterägypten Sohn des Re Teti.
Horus, der die beiden Länder zufrieden stellt:
Der, die **Rebellen niederschmettert**".[1125] Quibell (1909, 20)

[1119] Borchrdt (1913: Blatt 8). Das erste Determinativ hält eine Feder in der Hand.
[1120] Urk. I 168, 5.
[1121] Quibell (1909: 20); PM III part 2, 395. Die Inschrift befindet sich auf einem Keulenkopffragment aus dem Tempelkomplex von Teti im Ägyptischen Museum.
[1122] DZA Nr. 28697660.
[1123] Mariette (1869: Taf. 37 b 11).
[1124] Mariette (1869: Taf. 37 b 15).
[1125] Wb V 414, 4.

4.
[...] *sf*[1126] ***m ḥꜣtj.w sntj.w***

„[...] das Messer ist in den **Herzen** der **Rebellen**“. (DZA Nr. 28697660)

5.
mj *... r ꜣšr.wt.k jpn srf*
m nw ḥʿ.w m ẖpš.w m ***ḥꜣtj.w snṯ.w***

„Komme[1127] ... zu diesem deinem warmen Grillklein[1128]
aus diesen Fleischstücken, Schenkeln und den **Herzen** der **Rebellen**“.
Verhoeven (1984: 47 Dok. 28)

6.
ʿq(.w) n.k ẖpš.w jpn m prw.k
ʿq*(.w) n.k jb.w* ***snṯ.w*** *m prw.k*

„Dir treten diese Schenkelstücke in dein Haus ein.
Dir **treten** die **Herzen** der **Rebellen** in dein Haus ein“. Mariette (1869: Taf. b 37, 15)

1126 Ich ergänze bei *sf* ein T 30 . DZA. Nr. 28697660 schlägt die Hieroglyphe (D26)  vor. Diese Ergänzung paßt zu diesem Wort nicht, vgl. Wb III 442, 5 f..

1127 Der König Sethos I. spricht zu Nefertem.
1128 Zur Definition von *ꜣšr* siehe Verhoeven (1984: 17, Anm. 4; 31 und 43 f. bzw. 211). Es handelt sich hier um eine spezielle Garmethode, bei der die Objekte dieser Zubereitungsart - meist Gänse und anderes Geflügel - ganz am Spieß gegrillt werden.

Lexem *snṯ.w*	Datierung AR-NR	Ges. 000	Kgl. 000	Priv 000	Lit. 000	Andere Lexeme / Untaten des Feindes	Aktion gegen den Feind
7.  1129	Sethos I	001	001	000	000	*ʿq*	-----
8.  1130	Ramses II	001	001	000	000	*ḏꜣj*	*jrj ʿḏ.t*
9.  1131	Ramses III	001	001	000	000	-----	*ꜣšr.wt m ḥꜣtj*
10.  1132	Ramses III	001	001	000	000	*ḏꜣj*	*jr(j) ʿḏ.t*

7.
ʿq(.w) n.k t-wsḫ.t jpn m pr.w.k
ʿq(.w) n.k stp.w m jḥ.w srj.w m ***ḥꜣtj.w m snṯ.w***

„Dir tritt dieses Hallenbrot in dein Haus ein.
Dir **treten** die Fleischstücke, die Rinder, die Gänse und die **Herzen** der **Rebellen** in dein Haus ein". Mariette (1869: Taf. B 37, 16)

8.
ḏꜣj.f jm ḏꜣj s(w) ds pf n Ḥr.w
jr(j) ʿḏ(.t) ***snṯ.w*** *ḫw(j) mr.t ḥw.t.f*[1133]

„Wer aber feindlich handelt, den trifft das Messer von Horus,
das ein **Gemetzel** (unter) den **Rebellen anrichtet** und die Untertanen seines Hauses **schützt**". (DZA Nr. 28697530)

9.
r ꜣšr.wt.k pn srf
m ḥꜣ.tj.w sntj.w

„Komme zu ... „diesem deinem warmen Grillklein
aus den **Herzen** der **Rebellen**". Verhoeven (1984: 48 Dok. 29)

10.
ḏꜣj.f jm ḏꜣj s(w) ds pf n Ḥr.w
jr(j) ʿḏ(.t) ***snṯ.w***
ḫw(j) mr.t ḥw.t.f[1134]

„Wer aber feindlich handelt, den trifft jenes Messer von Horus,
das ein **Gemetzel** (unter) den **Rebellen anrichtet**
und die Untertanen seines Tempels **schützt**". (KRI V 327, 15)

[1129] Mariette (1869: Taf. 37 b 16).
[1130] DZA Nr. 28697530. Stammt aus dem Luxortempel.
[1131] MH IV 242 Szene C, Z. 9.
[1132] KRI V 327, 15. Stammt aus Medinet Habu.
[1133] Vgl. KRI V 327, 15.
[1134] Vgl. DZA Nr. 28697530.

13.2. Kommentar:

Sethe ist der Meinung, daß es sich bei den ersten Schreibungen – nach dem Determinativ zu urteilen – um einen allgemeinen Fremdvölkernamen handelt. Wahrscheinlich deutet das Determinativ auf verschiedene Fremdvölker hin, wie z.B. die Libyer, Nubier und Asiaten.[1135] Die ersten vier Schreibungen weisen kein Feinddeterminativ auf. Die übrigen Schreibungen (4-10) stammen aus dem Neuen Reich. Drei Schreibungen (4, 6 und 9) weisen das Mehrkonsonanten-Zeichen (G4)  auf. Andere werden mit Einkonsonanten-Zeichen geschrieben.

Die ramessidischen Lexeme zeigen als Feindeterminativ das Zeichen (A14)  mit Varianten.

Was die Bedeutung dieses Lexems anbelangt, könnte man das Verb *snj* 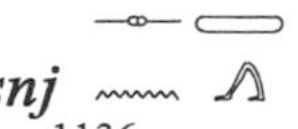 in der Bedeutung „Grenzfestung bzw. eine Mauer passieren, übertreten" anführen.[1136] Sethe ist der Meinung, daß nach der Schreibung des Wortes *snṯ.w* in griechisch-römischer Zeit hat man es mit dem koptischen Verb ⲥⲓⲛⲉ „übertreten" zusammengebracht.[1137]

Der Horusname des Königs Teti (Beleg 3): „Der die beiden Länder zufrieden stellt", deutet auf Spannungen im Land hin. Diese Meinung wird durch die Nachricht Manethos, daß der König ermordet wurde, bestärkt.[1138] Somit weist die Phrase: *d3 snṯ.w* „der die *snṯ.w*-Feinde niederschmettert" auf die Existenz von Rebellen hin.
Im vierten Beleg (aus dem Luxor-Tempel) werden die Herzen *ḥ3t.jw* der Rebellen durchbohrt:
„Das Messer ist in den Herzen der *snṯ.jw*".

Aus dem Abydostempel kommen die Belege (5, 6), welche aus einem rituellen Kontext stammen und „kanibalistische" Züge enthalten. Der König spricht zu Nefertem: „Komme zu diesem deinem (noch) warmen Grillklein aus ... den Herzen (*ḥ3t.jw*) der *snṯ.w*. Hier handelt es sich um eine Garmethode für Opferspeisen für Götter.[1139] Im fünften Beleg heißt es: „Zu dir kommen die Fleischstücke von Ochsen, Gänsen und von den Herzen der *snṯ.w* in dein Haus hinein". Im siebten Beleg aus demselben Tempel werden die *snṯ.w* durch das Schwert des Horus vernichtet. Hier sei angemerkt, daß in diesem Beleg *jb* statt *ḥ3.tj* verwendet wird.

Zusammenfassend läßt sich sagen, daß die Belege, die aus den Tempeln stammen eine Art Vernichtungsritual implizieren. Dort ist der Gott der Gesprächspartner des agierenden Königs, wie die Belege (7, 9) aus Abydos und Medinet Habu deutlich machen. Die Götter erhalten „Kulinarisches" zubereitet aus den Herzen der Feinde.

1135 Hölscher (1937: 36). Vgl. hierzu die Schreibungen und den Kommentar zum LEXEM „*btk.w*".
1136 Wb III 455, 13-14.
1137 Sethe (1913a: 80) und Westendorf (1977: 188).
1138 Goedicke (1986: Sp. 457). Zur Chronologie siehe Barta (1981b: 25).
1139 Vgl. Verhoeven (1984: 206 f.).

Verhoeven bemerkt dazu: „Der Satz *ꜣšr.t=k ... m ... ḥꜣ.tjw snṯ.w* ‚Komme zu ..., diesem deinem warmen Grillklein aus den Herzen der Rebellen wäre also Metapher für eine endgültige Beseitigung jedweder Seinsform der Rebellen nach ihrem rein physischen Tod. In der Koppelung von Kleinteiligkeit und gegrilltem Zustand, also den Charakteristika des Grillkleins *ꜣšr.t*, läge das tertium comparationis zwischen Opferspeise und Zerstörungsart der feindlichen Herzen“.[1140]

[1140] Ebenda, S. 211).

14. Lexem: *sqr ꜥnḫ*

14.1. Belegstellen

Lexem *sqr ꜥnḫ*	Datierung	Ges	Kgl	Priv	Lit.	Andere Lexeme / Untaten der Feinde	Aktion gegen die Feinde
Wb IV 307, 12.	**AR-Gr.**	**082**	**055**	**021**	**006**		
1.  1141	AR	001	001	000	000	*tꜣ nḥsj*	*ḫbs, jn(j)*
2.  1142	AR	001	001	000	000	-----	*jnj*
3.  1143	Dyn. 6	001	000	001	000	-----	*jnj*
4.  1144	Dyn. 6	001	000	001	000	----	*jnj*
5. 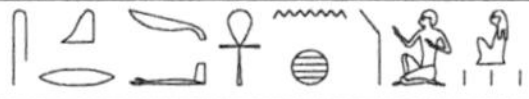 1145	Dyn. 12	001	000	000	001	-----	*jnj*
6.  1146	Dyn. 12	001	001	000	000	*nḥsj,*	-----

1.
ḫbs tꜣ-nḥsj
jn(j).t sqr(.w) ꜥnḫ ḫꜣ.w 7

„**Zerhacken** des **Negerlandes**.
Herbeibringen von 7 Tausend **Kriegsgefangenen**". Wilkinson (2000: 141)

2.
jn.w m tꜣ tḥn.w sqr(.w) ꜥnḫ 1100

„Die **Tribute** aus Libyen: 1100 **Kriegsgefangene**". Wilkinson (2000: 235)

3.
jy(j).n.mšꜥ pn m ḥtp
[jn(j).n.f ṯs.wt] jm.f ꜥšꜣ.t wr.t m sqr.w ꜥnḫ

„Dieses Heer kehrte wohlbehalten zurück,
nachdem es eine große Anzahl an [Truppen] aus ihm (dem Land) als **Kriegsgefangene** [**heimgebracht** hatte]".[1147] (Urk. I 104, 3)

[1141] Urk. I 236, 10; Schäfer (1902: 30 Z. 6). Weitere Literatur zu den Annalen, bei Barta (1981a: 11 f.), Wilkinson (2000: Abb. 1, 6. Register) und bei Baud (2000: 32-46).
[1142] Urk. I 237, 13. Vgl. auch Wilkinson (2000: Abb. 9).
[1143] Urk. I 104, 3. Die Hieroglyphe (A40) weicht geringfügig vom Original ab.
[1144] Urk. I 133, 15.
[1145] pBerlin 10499; Koch (1990: 8 R 15).
[1146] Naville (1891: Taf. 34 A).
[1147] Zur Übersetzung vgl. Osing (1977: 170-171) und zuletzt Kloth (2002: 10 Dok. Nr. 20).

4.
jw jn(j).n(.j) ṯn.w ꜥꜣ jm
r ẖnw m ***sqr****(.w)* ***ꜥnḫ***

„Ich **brachte** eine große Anzahl davon
zur Residenz als **Kriegsgefangene**“.[1148] (Urk. I 133, 15)

5.
tj sw ḥm jy(j).f
jn(j).n.f ***sqr.w ꜥnḫ*** *n Tḥnw*
mnmn.t nb.t nn ḏr.w

„Nun kam er (Sesostris) zurück,
nachdem er libysche **Kriegsgefangene**
und alle Viehherden ohne Zahl **gebracht** hatte“. Blumenthal (1995: 888 § 3)

6.
[*sḥwj*] ***sqr.w ꜥnḫ gm****(j).n.sn jm*
nḥsj jḥ ḥm.t 113 *ꜥꜣ ḥm.t* 11 *n ꜣpd* 3 *ꜣḫ.t*[...]

„[Liste] der **Kriegsgefangenen**, die sie da **fanden**:
Nubier, Kühe 113 und Eselinnen 11 im dritten Monat der „Achet“-Jahreszeit[...]“.[1149]
Naville (1891: Taf. 34, 11)

[1148] Zuletzt Kloth (2002: 13 Dok. Nr. 25).
[1149] Zur Übersetzung vgl. Naville (1891: 10).

Lexem *sqr ʿnḫ*	Datierung	Ges	Kgl	Priv	Lit.	Andere Lexeme / Untaten des Feindes	Aktion gegen den Feind
7. 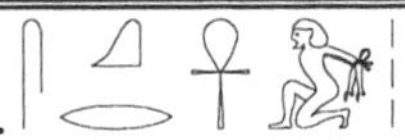 [1150]	Thutm.III	001	001	000	000	-----	*sbj, jnj, ḥꜣq*
8.  [1151]	Thutm.III	001	001	000	000	*Rṯnw*	*smꜣ, ptpt, jnj*
9. 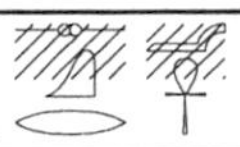 [1152]	Thutm.III	001	001	000	000	-----	*dmꜣ*
10. 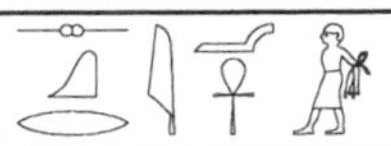 [1153]	Thutm.III	001	001	000	000	-----	*tjtj*

7.
wn.jnj.sn ḥr mdj sbj ḥꜣq jn(j).n.sn
m ḏ(r)w.t m ***sqr.w ʿnḫ*** *n ssmw.t ...*

„Sie **brachten** die **Beute** zusammen, die sie **fortführten** (und zwar) an Händen, an **Kriegsgefangene**, an Pferden“. (Urk. IV 659, 15)

8.
smꜣ *ḫꜣs.wt* ***ptpt*** *Rṯnw*
jn(j) *wr.w.sn m* ***sqr.w ʿnḫ***

„Der (der König) die Fremdländer **abschlachtet** und *Rṯnw* **zertritt**.
Der ihre (der Fremdländer) Fürsten als **Kriegsgefangene wegführt**“. (Urk. IV 809, 5)

9.
dmꜣ.j *jwn.tjw m ḏbʿ.w ḫꜣ.w*
mḥ.tjw m ḥfn.w m ***sqr(w) ʿnḫ***

„Ich (der Gott) **fessele** die Troglodyten (Südlichen) zu Zehntausenden und Tausenden und die Nördlichen zu Hunderttausenden als **Kriegsgefangene** zusammen“.
(Urk. IV 612, 16)

10.
jy(j).n.j ḏ(j).j ***tjtj.k*** *jmj.w ḥꜣ.t tꜣ*
snḥ.k *ḥrj.w šʿ m* ***sqr(w) ʿnḫ***

„Ich (der Gott) bin gekommen, um dich die Bewohner von dem Anfang der Erde **niedertreten** zu lassen
und dich die Sandläufer als **Kriegsgefangene fesseln** zu lassen“. (Urk. IV 617, 13)

[1150] Urk. IV 659, 15.
[1151] Urk. IV 809, 5.
[1152] Urk. IV 612, 16.
[1153] Urk. IV 617, 13.

Lexem *sqr ꜥnḫ*	Datierung	Ges	Kgl	Priv	Lit.	Andere Lexeme / Untaten des Feindes	Aktion gegen den Feind
11.  [1154]	Thutm. III	001	001	000	000	-----	*jnj*
12. 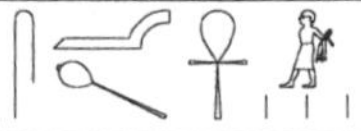 [1155]	Thutm. III	001	001	000	000	-----	*jnj*
13. 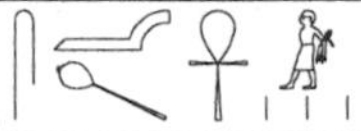 [1156]	Thutm. III	001	001	000	000	-----	*jnj*
14.  [1157]	Thutm. III	001	001	000	000	-----	*jnj*
15. 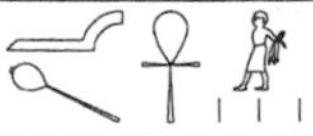 [1158]	Thutm. III	001	001	000	000	-----	*jnj*
16.  [1159]	Thutm. III	001	001	000	000	-----	*jnj*
17. 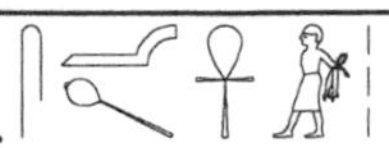 [1160]	Thutm. III	001	001	000	000	-----	*jnj*

11.
jn(j.j) n.k jwn.tjw m ḏbꜥ.w ḫꜣ.w
mḥ.tjw m ḥfn.w m sqr.w ꜥnḫ [1161]

„Ich (Amun) **bringe** dir die Troglodyten (Südlichen) zu Zehntausenden und Tausenden und die Nördlichen zu Hunderttausenden als **Kriegsgefangene**". (Urk. IV 621, 6)

12.
jn(j).n ḥm.f ms.w.sn m sqr.w ꜥnḫ

„Seine Majestät hat [1162] ihre (der Fremdländer) Kinder als **Kriegsgefangene gebracht**". (Urk. IV 780, 6)

13.
tꜣ.w nb(.w) štꜣ.w n(j.)w pḥ.w stj.t
jn(j).n ḥm.f m sqr.w ꜥnḫ [1163]

„Alle unbekannten Länder[1164] der äußersten Nordgrenze Asiens,
die seine Majestät als **Kriegsgefangene brachte**". (Urk. IV 780, 12)

1154 Urk. IV 621, 6.
1155 Urk. IV 780, 6.
1156 Urk. IV 780, 12.
1157 Urk. IV 781, 1.
1158 Urk. IV 795, 11.
1159 Urk. IV 796, 2. Die Plural-Striche sind mit Schraffur zu versehen.
1160 Urk. IV 796, 6.
1161 Vgl. Urk. IV 612, 16.
1162 Es ist als Partizip aufzufassen.
1163 Vgl. solche Parallelen in der Ramessidenzeit (KRI II 155, 14; 168, 11; 169, 14 und öfter).
1164 Hier sind die Völker oder die Bewohner dieser Länder gemeint.

14.
jn(j).n ḥm.f ms.w.sn m sqr.w ꜥnḫ r dmj n Wꜣs.t

„Seine Majestät hat ihre Kinder als **Kriegsgefangene** nach Theben **gebracht**“.[1165]
(Urk. IV 781, 1)

15.
jn(j).n ẖr.w.sn nb(.w) m sqr.w ꜥnḫ r Wꜣs.t
r mḥ pr.w n jt.f Jnm.w rꜥ.w nb.w ns.wt tꜣ.wy

„Und alle ihre (der Fremdländer) Angehörige, die er (der König) als **Kriegsgefangene** nach Theben **gebracht** hat,
um die Domäne seines Vaters, Amun Re, des Herrn der Throne beider Länder, zu füllen“.
(Urk. IV 795, 11)

16.
[jn(j).n ẖr.w.sn]
m [sqr.w ꜥnḫ r mḥ ...]

„[Und alle ihre (der Fremdländer) Angehörigen, die er (der König)]
als [**Kriegsgefangene gebracht** hat, um zu füllen ...]“. (Urk. IV 796, 2)

17.
jn(j).n ẖr.w.sn m sqr.w ꜥnḫ
r mḥ šnꜥ n jt.f [Jmn] m Jp.t sw.t

„Ihre (der Fremdländer) Angehörige die er als **Kriegsgefangene gebracht** hat,
um das Arbeitshaus seines Vaters, [Amun] im *Jp.t sw.t*, zu füllen“. (Urk. IV 796, 6)

[1165] Vgl. Urk. IV 780, 6.

Lexem *sqr ˁnḫ*	Datierung	Ges	Kgl	Priv	Lit.	Andere Lexeme / Untaten der Feinde	Aktion gegen die Feinde
18.  1166	Thutm. III	001	000	000	000	*Rtnw*	*ptpt, jnj*
19. 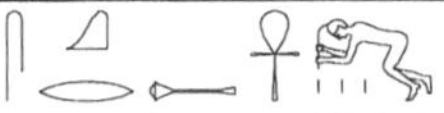 1167	Thutm. III	001	001	000	000	-----	*ḥ3q, jnj*
20. 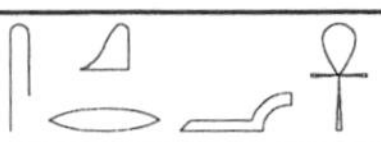 1168	Amenh. II	010	001	000	000	-----	*jnj*
21.  1169	Amenh. II	010	001	000	000	-----	*jnj*
22. 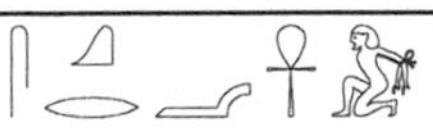 1170	Amenh. II	001	001	000	000	-----	*jrj*
23.  1171	Amenh. II	001	001	000	000	-----	*kfˁ*
24.  1172	Amenh. II	001	001	000	000	-----	*ḫpr*
25. 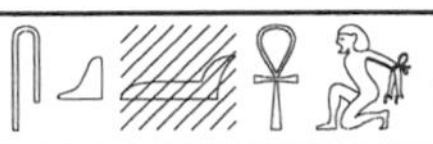 1173	Amenh. III	001	001	000	000	-----	*jnj*

18.
ptpt Rṯnw jn(j) wr.w.sn m sqr ˁnḫ

„Der (der König) *Rṯnw* **niedertritt**, der ihre[1174] (von *Rṯn.w*) Fürsten als **Kriegsgefangene bringt**".
(Urk. IV 809, 5)

19.
ḥ3q.n.j r(m)ṯ.w.sn nb(.w) jn(j.w) m sqr.w ˁnḫ
mnmn.t jrj nn ḏr jḫ(.w)t.sn r mj.t.t

„Ich (der König) **erbeutete** alle ihre Menschen, die als **Kriegsgefangene gebracht** wurden, ihre Herden ohne Grenze und ebenso ihre Habe".[1175] (Urk. IV 1231, 11)

1166 Urk. IV 809, 5.
1167 Urk. IV 1231, 11.
1168 Urk. IV 1304, 18, 1305, 2. Die Hieroglyphe (Aa7) ist im Original umzudrehen.
1169 Urk. IV 1306, 6. Zur Schreibung siehe die vorige Anmerkung.
1170 Urk.IV 1307, 11. Zur Schreibung siehe die vorige Anmerkung.
1171 Urk. IV 1310, 16; Die Hieroglyphe  weicht vom Original ab.
1172 Urk. IV 1334, 17. Die Hieroglyphe  weicht geringfügig vom Original ab.
1173 Urk. IV 1658, 11.
1174 Gemeint sind hier seine.
1175 Thutmosis III. zerhackte die Städte des Landes Mittani und legte Feuer an sie. Ferner verwandelte er sie in Ruinenhügel. Er nahm ihre Getreide weg und riß ihre Gerste aus. Alle ihre Bäume und Obstbäume wurden gefällt. Das zahlreiche Heer von Mittani wurde ausgelöscht wie Leute, die nie gewesen waren, wie Asche eines Feuers. Einem widerspenstigen Fremdland droht die völlige Vernichtung. Vgl. hierzu Buchberger (1993: 572) bzw. KRI II 153, 3.

20.
jn(j).n.f sw m ***sqr ꜥnḫ*** *ḥr ḏr.wj n(.jt) wrry.t.f*
pr(j).t ḥm.f m sjbyn ḥr ḥtr r tꜣ mry
pꜣ mry⟨n⟩ m sqr ꜥnḫ wꜥ ḥnꜥ.f

„Er (der König) **brachte** ihn (den Boten aus Mittani) als **Kriegsgefangenen** an den Seitenwänden seines Streitwagens mit.
Seine Majestät verließ *Sjbyn* auf dem Streitwagen in Richtung Ägypten,
der Maryannu als Gefangener allein mit ihm auf dem Gespann“. (Urk. IV 1304, 19-1305, 2)

21.
ꜥq ḥm.f jn(j).n.tw wr.w.f ms(.w).f ḥm(.w).f
m ***sqr ꜥnḫ*** *ẖr(.w).fnb(.w)*

„Seine Majestät zog (in die Stadt) ein. Man **brachte** deren (der Stadt) Großen, deren Kinder und Frauen
als **Kriegsgefangene** und all seine Verwandtschaft ebenso“. (Urk. IV 1306, 6)

22.
m ḫt mꜣ.n ḥm.f pꜣ ḥꜣq(.t) ꜥšꜣ(.t) wr.t
jw.tw ḥr jr(j.t) st m ***sqr ꜥnḫ***

„Nachdem seine Majestät die große und zahlreiche Beute **betrachtet** hatte,
machte man sie (die Beute) **zu Kriegsgefangenen**“. (Urk. IV 1307, 11)

23.
rḫ.t kfꜥ n(.j) ḥm.f ḏs.f m hr.w pn
sṯ.tj(.w) ***s(qr) ꜥnḫ*** *18 jḥ(.w) 19*

„Liste dessen, was seine Majestät an diesem Tag **erbeutete**:
asiatische **Kriegsgefangene** 18 und Rinder 19. (Urk. IV 1310, 16)

24.
[...] *nb(.w) m* ***sqr ꜥnḫ*** *r tꜣ mry*
mnmn.t.sn nb.t ***ḫrp.w*** *r km.t*

„[...] alle, die als **Kriegsgefangene** nach Ägypten.
All ihre Herde(n) wurden nach Ägypten **herbeigeführt**“. (Urk. IV 1334, 17)

25.
jn(j) wr.w.s m ***sqr(.w) ꜥnḫ***
m pḥ.tj[1176] *jt.f Jmn.w*

„Der (der König) seine (von Kusch) Fürsten als **Kriegsgefangene**
durch die Kraft seines Vaters Amun **herbeiführt**“. (Urk. IV 1658, 10-11)

[1176] Vgl. Anm. 122.

Lexem *sqr ꜥnḫ*	Datierung	Ges	Kgl	Priv	Lit.	Andere Lexeme / Untaten der Feinde	Aktion gegen die Feinde
26.  [1177]	NR	001	000	000	001	-----	*jnj*
27.  [1178]	NR	001	000	000	001	-----	*jnj*
28.  [1179]	NR	001	000	000	001	-----	*jnj*
29.  [1180]	NR	001	000	000	001	-----	*jnj*
30.  [1181]	NR	001	000	000	001	-----	*jnj*
31.  [1182]	Dyn. 18	001	000	001	000	-----	*jnj*
32.  [1183]	Dyn. 18	001	000	001	000	-----	*jnj, js ḥꜣq*

26.
tj sw ḥm jy(.j).f
jn(j).n.f sqr(.w) ꜥnḫ n ṯḥn.w
mnmn.t nb.t nn ḏr.w.s [1184]

„Nun aber kehrte er (Sesostris) zurück,
nachdem er libysche **Kriegsgefangene**
(und) alle Viehherden ohne Zahl **herbeigebracht hatte**".
Blumenthal (1995: 888)

27. -30. sind Varianten zum vorigen Beleg. Koch (1990: 8, R, Am, AOS und G)

31
wn jn.tw ḥr ꜥḥꜣ
m ꜣ.t km.t rsj n dmj pn
ꜥḥꜥ.n jn(j).n.j sqr ꜥnḫ s(.j)

„Es wurde gekämpft:
in dem Ort Ägyptens, der südlich von dieser Stadt liegt.
Ich (der Beamte) **brachte** einen **Kriegsgefangenen herbei**, 1 Mann". (Urk. IV 4, 4)

[1177] Sinuhe pAmherst IV; Koch (1990: 8, 3).
[1178] Sinuhe oAshmolean Museum 1945.40; Barns (1952: Taf. 1, 6-7) und Koch (1990: 8, 4).
[1179] Sinuhe pMoskau 4657; Koch (1990: 8, 5).
[1180] Sinuhe oKairo; Koch (1990: 8, 6).
[1181] Sinuhe oBerlin 12623; Koch (1990: 8a, Anm. 7a). Das Berliner Ostrakon weist ein falsches Determinativ auf. Nach Koch ist dieses durch den annähernd gleichen Konsonantenbestand von *sqr* und *sḏr* bedingt: „Der Schreiber hat seinen Fehler dadurch zu korrigieren versucht, indem er das falsche Determinativ mit roten Punkten umrahmte".
[1182] Urk. IV 4, 4.

[1183] Urk. IV 6, 3. Die Hieroglyphe (Aa7) ist im Original so geschrieben.
[1184] Mit Berücksichtigung aller Schreibungen in den verschiedenen Textzeugen, vgl. Koch (1990: 8). Das Kairoer Ostrakon weist eine interessante und seltene Schreibung auf. Die Hieroglyphe (N25) für Ausland ist nur einmal belegt.

32.
gm(j).t.f jn ḥm.f m Tj nt tꜣ ꜥ
wn.jn ḥm.f ḥr jn(j).tw.f m sqr ꜥnḫ
rmṯ.f nb mj js ḥꜣq

„Seine Majestät fand ihn (*ꜣꜣtjw*)[1185] in *Tj nt tꜣ ꜥ*.
Seine Majestät **führte** ihn als **Kriegsgefangenen**
und seine Leute als **„schnell Beute“ fort**.[1186] (Urk. IV 6, 3)

[1185] Wahrscheinlich handelt es sich um eine Bezeichnung für die heutigen Bedja-Völker (d.h. Beduinen), die in der arabischen Wüste nomadisieren und oft das Niltal heimsuchten, siehe Urk. IV (1914: 3, Anm. 3).
[1186] Zum Ausdruck *js ḥꜣq* siehe Morenz (1975: 395-400).

Lexem *sqr ʿnḫ*	Datierung	Ges	Kgl	Priv	Lit.	Andere Lexeme / Untaten des Feindes	Aktion gegen den Feind
33.  1187	Dyn. 18	001	000	001	000	-----	*jnj*
34.  1188	Dyn. 18	001	000	001	000	-----	*jnj*
35.  1189	Dyn. 18	001	000	001	000	-----	*jrj ḫ3.t, jnj*
36.  1190	Dyn. 18	001	000	001	000	-----	*jnj*
37.  1191	Dyn. 18	001	000	001	000	-----	*kfʿ*
38. 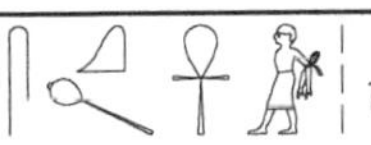 1192	Dyn. 18	001	000	001	000	*Š3sw*	*jnj*
39.  1193	Dyn. 18	001	000	001	000	*Nḥsj, K3š*	*sḫr*

33.
ʿḥʿ.n jn(j).n.j sqr ʿnḫ
mdj ms n ḥm.f

„Ich (der Beamte) **führte** einen **Kriegsgefangenen weg**
und er wurde seiner Majestät **herbeigebracht**". (Urk. IV 7, 13)

34.
jr(j).w jm m 3.t ḫby.t
jn(j).w ḫrj.w.sn m sqr.w ʿnḫ

„Es wurde dort (*Ḫnt-ḥn-nfr*) im Augenblick ein **Gemetzel angerichtet**,
ihre Menschen wurden als **Kriegsgefangene weggeführt**". (Urk. IV 9, 2)

35.
wn.jn ḥm.f ḥr jr(j).t ḫ3.t ʿ3(.t) jm.sn
nn ṯn.w m sqr.w ʿnḫ jn(j).n ḥm.f m nḫt.w.f

„Seine Majestät **richtete** ein großes **Gemetzel** unter ihnen **an**.
Zahllos waren die **Kriegsgefangenen**, die seine Majestät bei seinen Siegen fortführte".
(Urk. IV 9, 14)

[1187] Urk. IV 7, 13. Die Hieroglyphe (Aa7) ist im Original so  geschrieben und die Hieroglyphe  weicht geringfügig vom Original ab.
[1188] Urk. IV 9, 2. Zur Schreibung siehe die letzte Anmerkung.
[1189] Urk. IV 9, 14. Zur Schreibung siehe die letzte Anmerkung.
[1190] Urk. IV 10, 1. Zur Schreibung siehe die letzte Anmerkung.
[1191] Urk. IV 36, 7.
[1192] Urk. IV 36, 14.
[1193] Urk. IV 70, 2.

36.
mꜣ.n ḥm.f qn(j).j
jn(j).n.j wrrj.t ssm.t.s
*ntj ḥr.s m **sqr ꜥnḫ***

„Seine Majestät sah, daß ich tapfer war.
Ich (der Beamte) **führte** einen Wagen und sein Gespann,
das an ihm war, als **Kriegsgefangenen fort**". (Urk. IV 10, 1)

37.
***kfꜥ**.j n.f m Kꜣš ꜥnḫ.wj sn.w.wj*
*ḥr.w r **sqr.w ꜥnḫ** **jn(j).n.j** m Kꜣš*

„Ich (der Beamte) **erbeutete** ihm (dem König) zwei Lebendige
außer den **Kriegsgefangenen**, die ich aus Kusch **brachte**. (Urk. IV 36, 7)

38.
jn(j).t(w)** n(.j) ḥr Šꜣsw **sqr.w ꜥnḫ
*ꜥšꜣ.w wr(.w) n **ḥsb**.n.j st*

„Es wurden (mir) sehr viele aus dem Schasugebiet **Kriegsgefangene gebracht**,
ohne daß ich sie **gezählt** habe". (Urk. IV 36, 14)

39.
*[m]ꜣꜣ nḥsj.w rdy m tp.w **sqr.w ꜥnḫ***
*r **ḥtp nṯr** n Jmn.w ḫft **sḫr(j)**.t Kꜣš ẖsj*

[Be]sichtigen der Südländer und Häuptlinge der **Kriegsgefangenen**, die
in das Opfergut des Amuns nach dem **Niederwerfen** des elenden Kusch **gestiftet** worden sind".

(Urk. IV 70, 2)

Lexem *sqr ꜥnḫ*	Datierung	Ges	Kgl	Priv	Lit.	Andere Lexeme / Untaten der Feinde	Aktion gegen die Feinde
40. 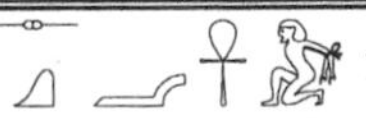 1194	Dyn. 18	001	000	001	000	-----	*jnj*
41.  1195	Dyn. 18	001	000	001	000	-----	*sṯꜣ*
42.  1196	Dyn. 18	001	000	001	000	-----	*jnj*
43.  1197	Dyn. 18	001	000	001	000	*ꜥꜣmw*	*jnj*
44.  1198	Dyn. 18	001	000	001	000	*ꜥꜣmw*	*dj*
45.  1199	Dyn. 18	001	000	001	000	*ꜥꜣmw*	*jnj*
45.a 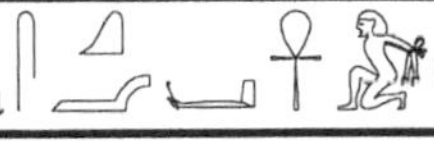 1200	Dyn. 18	001	000	001	000	-----	*jnj*

Vorher: „Bei der Niederwerfung des nubischen Aufstandes töteten die Soldaten alle Männer gemäß dem Befehl des Königs außer einem von diesen Kindern des Fürsten vom elenden Kusch",

40.
*jn(j.w) ꜥnḫ(.w) m **sqr ꜥnḫ** ḥnꜥ ẖr.w.sn*
r b(w) ẖr ḥm.f

„den man lebend als **Kriegsgefangene** mit ihren Leuten
zu dem Ort, wo seine Majestät sich befand, **gebracht** hat". (Urk. IV 140, 13)

41.
sṯ ḥm.f ḫꜥ(j)(.w) ḥr ṯnṯꜣ.t
ḫft sṯꜣ(.w) sqr.w ꜥnḫ

„Nun erschien seine Majestät auf der Thronestrade,
während man die **Kriegsgefangene vorführte**". (Urk. IV 140, 16)

42.
Vorher: Beaufsichtigen des Messens der Kriegsbeute
[...] ***sqr.w ꜥnḫ jn(j).n** ḥm.f m nḫt.w*

„[...] und der **Kriegsgefangenen**, die seine Majestät von seinen siegreichen Feldzügen (Urk. IV 524, 10) **fortführte**".

[1194] Urk. IV 140, 13. Die Hieroglyphe (Aa7) ist im Original so  geschrieben.
[1195] Urk. IV 140, 16. Zur Schreibung siehe die letzte Anmerkung.
[1196] Urk. IV 524, 10.
[1197] Urk. IV 890, 15.
[1198] Urk. IV 891, 1.
[1199] Urk. IV 891, 4.
[1200] Urk. IV 891, 10.

43.
jw ḫfꜥ.n(.j) ḥr ḫꜣs.t nṯ Ngbꜣ
jn(j).n(.j)** ꜥꜣmw s(j) 3 m **sqr ꜥnḫ

„Ich machte Beute in der Wüste Negef.
Ich (der Beamte) **führte** Asiaten, 3 Mann als **Kriegsgefangene fort**". (Urk. IV 890, 15)

44.
d(j).j** st m bꜣḥ ḥm.s*[1201] ***m sqr ꜥnḫ

„Ich (der Beamte) **brachte** sie (die Asiaten) als **Kriegsgefangene** vor seiner Majestät".
(Urk. IV 891, 1)

45.
***jn(j).n.j** ꜥꜣmw m **sqr ꜥnḫ** s(j) 13*
ꜥꜣ.w ꜥnḫ.w 70

„Ich (der Beamte) **führe** Asiaten, 13 Mann als **Kriegsgefangene**
und 70 lebende Esel **fort**". (Urk. IV 891, 4)

45.a
jn(j).n.j** [ꜥꜣmw] m **sqr ꜥnḫ
ḏꜣ(j).j pꜣ mw n nhrn
jw.sn m ḏr.t.j ...
*[**wꜣḥ**⌉.n.j m bꜣḥ nb(.w).j*

„Ich (der Beamte) **führte** ⌊Asiaten⌋ als **Kriegsgefangene fort**.
Ich überquerte das Gewässer von Naharina ...,
und sie (die Beute) war in meiner Hand.
Ich [**legte**⌉ sie vor meinem Herrn **nieder**".[1202] (Urk. IV 891, 10)

[1201] Im Text steht *k*.

[1202] Sethe meint, daß es sich hier nicht um gefangene Menschen handelt, die vor den König gegeben werden, sondern um Tiere (Pferde?), siehe Urk. IV 891, Anm. b.

Lexem *sqr ꜥnḫ*	Datierung	Ges	Kgl	Priv	Lit.	Andere Lexeme / Untaten der Feinde	Aktion gegen die Feinde
46. 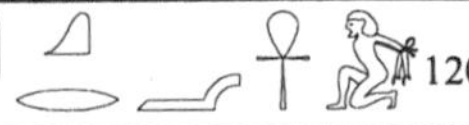 [1203]	Dyn. 18	001	000	001	000	*ꜥꜣmw*	*jnj*
46.a 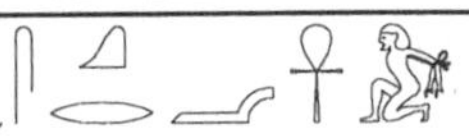 [1204]	Dyn. 18	001	000	001	000	*Mrjn*	*jnj*
47.  [1205]	Dyn. 18	001	000	001	000	*Ḏꜣhj*	*jnj*
48.  [1206]	Sethos I	001	001	000	000	-----	*smꜣ, jnj*
49.  [1207]	Sethos I	001	001	000	000	*Wr.w ḫꜣs.wt*	-----
50.  [1208]	Sethos I	001	001	000	000	*ḫꜣs.wt*	*jnj*
51.  [1209]	Sethos I	001	001	000	000	*Rṯnw*	*jnj*

46.
jn(j).n.j ꜥꜣmw s(j) 3 m ***sqr ꜥnḫ***
rḏ(j).n n.j nb(.w).j nbw ḥs.wt

„Ich (der Beamte) **führte** Asiaten, 3 Mann als **Kriegsgefangene fort**.
Da hat mir mein Herr Gold der Gunst gegeben“. (Urk. IV 893, 9)

46.a
pr(j).n(.j) ***jn(j).n(.j)*** *Mrjn s(j) 2 m* ***sqr ꜥnḫ***
wḥm.jn nb(.w).j r fqꜣ.j ḥr.s m bw nb nfr n sḥrp jb

„Ich zog aus und **führte** 2 Maryanu als **Kriegsgefangene fort**.
Wiederum belohnte mich mein Herr deswegen mit allem Guten der Herzensfreude“.
(Urk. IV 895, 5)

1203 Urk. IV 893, 9; Die Hieroglyphe (Aa7) ist im Original so  geschrieben.
1204 Urk. IV 895, 5; Die Hieroglyphe (Aa7) ist umgekehrt geschrieben.
1205 Urk. IV 1004, 5.
1206 KRI I 9, 8.
1207 KRI I 10, 11; Die Hieroglyphe   ist schräg angeordnet.
1208 KRI I 14, 10.
1209 KRI I 14, 15; Die Hieroglyphe ist etwas höher gestellt.

47.
jn*(*j*)*.n.f* *wr.w n*(*j*)*.w ḏ3hj
***m sqr ʿnḫ** r T3mrj*

„Er (der König) **führte** die Großen von Djahi
als **Kriegsgefangene** nach Ägypten **fort**". (Urk. IV 1004, 5)

48.
***sm3** st ḥm.f m sp wʿ b*(*w*) *w3ḥ.f jwʿ.w m jm.sn*
sp**[1210] **ḥr ḏr.t**.f m* ⟨sqr***⟩ ***ʿnḫ***
***jn*(*j*)** *r T3mrj*

„Seine Majestät **tötet** sie mit einem Mal und ließ keine Erben unter ihnen.
Wen seine Hand **übrig läßt**, ist (ein) **Kriegsgefangener**,
der nach Ägypten **fortgeführt** wird".[1211] (KRI I 9, 8)

49.
wr.w ḫ3s.(*w*)*t m **sqr ʿnḫ***
[***jn.w***]*.sn **ḥr psḏ**(.w).sn*

„Die Fürsten der Fremdländer sind (als) **Kriegsgefangene**.
Ihre [**Tribute**] sind **auf** ihren **Rücken**". (KRI I 10, 11)

50.
ḫ3s.(*w*)*t nb*(*.wt*)
jn*(*j*)*.n.f *sn m* (***sqr***) ***ʿnḫ***

„Alle Fremdländer
führte seine Majestät sie (als) **Kriegsgefangene fort**". (KRI I 14, 10)

51.
⸢*wr.w ʿ3.w n*(*j*)*.w Rṯnw*
jn*(*j*)*.n** ḥm.f m **sqr ʿnḫ⸣

„⸢Alle Großen von *Rṯnw*
führte seine Majestät (als) **Kriegsgefangene fort**⸣". (KRI I 14, 15)

[1210] Vgl. Wb III 440 7-7.
[1211] Zur Übersetzung vgl. Kitchen (1993: 8): „Who(ever) escapes his hand is (but) a prisoner brought to Nile-land".

Lexem *sqr ꜥnḫ*	Datierung	Ges	Kgl	Priv	Lit.	Andere Lexeme / Untaten des Feindes	Aktion gegen den Feind
52.  [1212]	Sethos I	001	001	000	000	*ḫꜣs.wt* *ḫm(j).w*	*jnj*
53.  [1213]	Sethos I	001	001	000	000	*ḫꜣs.wt* *ḫm(j).w*	*jnj*
54.  [1214]	Sethos I	001	001	000	000	-----	*jnj*
55.  [1215]	Sethos I	001	001	000	000	*Kꜥš, Rṯnw*	*smꜣ, ptpt, jnj*
56.  [1216]	Ramses II	001	001	000	000	*Ḫtꜣ*	*jnj*
57.  [1217]	Ramses II	001	001	000	000	-----	*ḥꜣq*
58.  [1218]	Ramses II	001	001	000	000	-----	*jnj*

52.
wr.w ḫꜣs.wt ḫm(j).wt km.t
jn(j).n ḥm.f m sqr ꜥnḫ jn.w[*.sn ḥr psḏ.sn*]

„Alle Fürsten der Fremdländer, die Ägypten **nicht kennen**,
brachte seine Majestät als **Kriegsgefangenen herbei** (mit) [ihren] Tributen [auf ihren Rücken]".

(KRI I 15, 12)

53.
Eine Parallele zum vorigen Beleg. (KRI I 22, 9)

54.
[*n rḫ ṯnw ḫr.w.sn*
jn(j.w) m sqr ꜥnḫ][1219]

[Man kennt (ihre) Zahl nicht.
Ihre Angehörigen wurden als **Kriegsgefangenen fortgeführt**]". (KRI I 31, 16)

[1212] KRI I 15, 12 mit einer Parallele, siehe KRI I 19, 6.
[1213] KRI I 22, 9; Die Hieroglyphe (F25) ist schräg angeordnet.
[1214] Lepsius III 129 bzw. KRI I 31, 16.
[1215] KRI I 99, 1.
[1216] KRI II 143, 14; Die Hieroglyphe (A62) weicht geringfügig vom Original ab.
[1217] KRI II 153, 10 und KRI II 154, 12. Bei den beiden Schreibungen weicht das Determinativ geringfügig vom Original ab.
[1218] KRI II 161, 8.
[1219] Vgl. KRI I 416, 6 und KRI II 163, 11.

55.
smꜣ Kꜣš ptpt ⟨R⟩ṯnw
jn(j.w) wr.w.sn m sqr.w ꜥnḫ

„Der (der König) **Kusch tötet** und das Land **Retenu niedertrampelt**
und seine (Retenu) Fürsten als **Kriegsgefangene fortführt**“.[1220] (KRI I 98, 16-99, 1)

56.
sḫwj wr.w n(j).w tꜣ ḫtꜣ
jn(j).n *ḥm.f* (*ꜥ.w.s.*) ***m ⟨sqr⟩ ꜥnḫ*** *r pr.w jt.f Jmn.w*

„Liste der Fürsten von Chatti,
die seine Majestät (LHG) als **Kriegsgefangenen** dem Haus seines **Vaters** Amun **stiftete**“.
(KRI II 143, 14)

57.
jn(j.w) *wr.w.sn* ***m ⟨sqr⟩ ꜥnḫ***
mj Ḥr.w ḥqꜣ.n.f tꜣ.wj

„Der (der König) ihre (der Fremdländer) Fürsten als **Kriegsgefangene fortführte**.
Wie Horus, als er die **Herrschaft** (über) die beiden Länder **ausübte**“. (KRI II 153, 10)

57.a
wr.w n(j).w Rṯnw [jn(j).n] ḥm.f m ⟨sqr⟩ ***ꜥnḫ***

„Die Fürsten der Retenu, die seine Majestät als **Kriegsgefangene fortführte**“.
(KRI II 154, 12)

58.
jn(j) *ḫr.w.sn* ***m⟨sqr⟩ ꜥnḫ***
r mḥ *šnꜥ(.w)*[1221] *n jt.f Jmn.w*

„Ihre (der Fremdländer) Angehörigen wurden als **Kriegsgefangene fortgeführt**,
um die **Werkstätten** seines Vaters Amuns zu **füllen**“. (KRI II 161, 8)

[1220] Zur Übersetzung und zum Kommentar vgl. Hintze (1962: 31-40).
[1221] Wirtschaftsgebäude oder Magazin, in dem gearbeitet wird, vgl. Wb IV 508, 1-2.

Lexem *sqr ʿnḫ*	Datierung	Ges	Kgl	Priv	Lit.	Andere Lexeme / Untaten des Feindes	Aktion gegen den Feind
59.  [1222]	Ramses II	001	001	000	000	-----	*jnj*
60.  [1223]	Ramses II	001	001	000	000	-----	*sm3, jnj*
61.  [1224]	Ramses II	001	001	000	000	*Nhrn, Ḫt3*	-----
62.  [1225]	Ramses II	001	00	000	000	*bšṯ.w*	*jnj*
63.  [1226]	Merenptah	001	001	000	000	*Rbw*	*jnj*

59.
*jn(j) ẖr.w.sn **m ⟨sqr⟩ ʿnḫ***[1227]
*r **mḥ šnʿ(.w)** n jt.f Jmn.w nsw nṯr.w*

„Ihre (der Fremdländer) Angehörigen wurden als **Kriegsgefangene fortgeführt**, um die **Werkstätten** seines Vaters Amuns, des Königs der Götter, zu **füllen**". (KRI II 163, 11)

60.
pḥ.tj.f[1228] *mj s3 Nwt ptpt ḫ3s.wt*
sm3**.wr(.w).sn **jr(j)** sn m **tm wn
jn(j)** sn **m (sqr) ʿnḫ

„Seine Kraft ist wie (die) des Sohnes der Nut. Der (der König) die Fremdländer zertritt.
Der ihre (der Fremdländer) Großen **abschlachtet** und veranlaßte, daß sie **nicht mehr existieren**.
Der sie als **Kriegsgefangene fortführt**". (KRI II 179, 5)

60.a
wr.w n ḫ3s.wt rs.j mḥ.tj
jn(j)**.n ḥm.f **m ⟨sqr⟩ ʿnḫ

„Die Großen der südlichen und nördlichen Fremdländer,
die seine Majestät als **Kriegsgefangene fortführte**". (KRI II 179, 7)

1222 KRI II 163, 11. Vgl. KRI I 416, 6; KRI II 177, 6-7. Beim letzten Beleg fehlt der Hieroglyphe A223  der doppelte Federschmuck.
1223 KRI II 179, 5 und KRI II 179, 7.
1224 Mariette (1880: 11); Die Hieroglyphe (F25) ist im Text mit einem „*sic*" zu versehen. Die Papyrusstaude zeigt nach oben und die Pluralstriche sind waagerecht unter dem Feinddeterminativ geschrieben.
1225 KRI II 317, 15 und KRI II 317, 16.
1226 KRI IV 9, 1; Die Hieroglyphe (A223) weicht geringfügig vom Original ab.
1227 Vgl. KRI I 416, 6 und KRI II 177, 6-7.
1228 Vgl. Anm. 122.

61.
tꜣ pn ḫsj nhrn ḥnꜥ wr.w ḫꜣs.wt nb.(w)t
jy(j) ḥnꜥ pꜣ ḫr.w n ḫtꜣ m ***sqr.w ꜥnḫ***

„Dieses elende Land Naharina, (das) mit den Fürsten aller Fremdländer
und mit dem Gefallenen von Chatti als **Kriegsgefangene kamen**".
Mariette (1889: 11)

62.
jn(j).n bšṯ.w *m* ***sqr.w ⟨ꜥnḫ⟩***[1229] *r Tꜣmrj*

„Der (der König) die **Aufständischen** als **Kriegsgefangene** nach Ägypten **herbeibringt**".[1230]
(KRI II 317, 15 nach C. 22)

62. a
jn(j).n bšṯ.w *m* ***sqr.w ⟨ꜥnḫ⟩***[1231] *r Tꜣmrj*

„Der (der König) die **Aufständischen** als **Kriegsgefangene** nach Ägypten **herbeibringt**".
(KRI II 317, 16 nach C. 20)

63.
qhq rbw ***jn(j).t(w)*** *m* ***sqr.w ꜥnḫ*** *s(j)* 218

„Die Qeheq und die Libu **wurden** als **Kriegsgefangene gebracht**, 218 Mann".[1232]
(KRI IV 9, 1)

[1229] Eine ungewöhnliche Schreibung!
[1230] In dieser Eulogie wird der kriegerische Charakter des siegreichen Königs Ramses II. hervorgehoben. Zum König als Kriegsherr in der Eulogie der frühen Ramessidenzeit, siehe Anm. 80.
[1231] Eine ungewöhnliche Schreibung!
[1232] Zur Übersetzung vgl. Davies (1997: 165).

Lexem *sqr ꜥnḫ*	Datierung	Ges.	Kgl.	Priv.	Lit.	Andere Lexeme / Untaten des Feindes	Aktion gegen den Feind
64.  [1233]	Merenptah	001	001	000	000	-----	-----
65.  [1234]	Merenptah	001	001	000	000	*Rbw*	*smꜣ, jnj*
66.  [1235]	Ramses III	001	001	000	000	[*sbj.w*]	*jnj*
67.  [1236]	Ramses III	001	001	000	000	-----	*ḏnḥ*
68.  [1237]	Ramses III	001	001	000	000	-----	*jnj, smꜣ*
69. 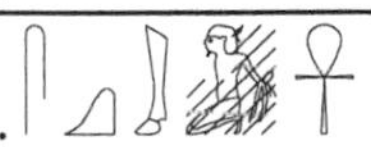 [1238]	Ramses III	001	001	000	000	-----	*ḥꜣq, ḏnḥ*
70. 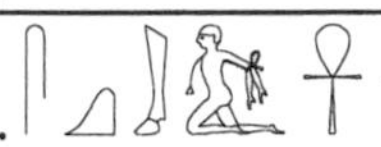 [1239]	Ramses III	001	001	000	000	-----	*jnj*

64.
bjꜣj.t ꜥꜣ.t ḫpr.tj n Tꜣmrj
ḏd(.w) pḥ.sw ḏr.t.s m sqr ꜥnḫ

„Ein großes Wunder hat sich für Ägypten ereignet:
der es **angegriffen** hat, wurde seiner (des Ägypten) **Hand** als **Kriegsgefangener gegeben**“.[1240]

(KRI IV 16, 4-6)

65.
Rbw smꜣ.n ḥm.f m sp wꜥ ḥnꜥ sqr(.w) ꜥnḫ
9376 *jḫ.wt jn(j.y) ḥnꜥ.sn*

„Die Libyer, die seine Majestät **tötete** zusammen mit den **Kriegsgefangenen** (waren) 9376 Dinge, die mit ihnen **gebracht** wurden“.[1241] (KRI IV 38, 4)

[1233] KRI IV 16, C 4-6.

[1234] KRI IV 38, 4. Die Hieroglyphe  weicht geringfügig vom Original ab.

[1235] KRI V 9, 16.

[1236] KRI V 19, 4; Die Hieroglyphe (D58) 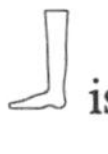 ist im Text mit einem „*sic*“ zu versehen.

[1237] KRI V 44, 11.

[1238] KRI V 50, 11.

[1239] KRI V 53, 5-6.

[1240] Zur Übersetzung „Wunder“ siehe Graefe (1971: 133 f. bzw. 122-125). Dort zeigt er den Unterschied zwischen der ägyptischen und der entmythologisierten abendländischen Denkweise. Für weitere Literatur vgl. Davies (1997: 173 f.). Grundsätzlich möchte ich mich hier der Auffassung Graefes (1971: 154, Anm. 32) anschließen: „Die Übersetzung „Wunder“ ist nicht recht angemessen, da mit „Wunder“ zuviel abendländisch-christliches in *bjꜣjt* hineingetragen wird“. Vgl. auch S. 133 § 31 f..

[1241] Zur Übersetzung vgl. Bakry (1973: 7 f.).

66.
jn(j).n.k [sbj.w].k m sqr**(.w) **ʿnḫ
mj** wd̠.j n.k **qn**(.t) **nḫt[1242]

„Du (der König) hast deine [**Rebellen**] als **Kriegsgefangene fortgeführt**,
wie ich (der Gott) dir Kraft und Stärke anbefohlen habe“. (KRI V 9, 16)

67.
*ḥ3q ḫpš.f **d̠nḥ**(.w) ẖr ḥ3.t.f*
*ʿ.w.wj.sn m **sqr**(.w) **ʿnḫ***

„Die Beute seines (des Königs) Armes ist **gefesselt**[1243] vor ihm,
ihre Arme sind (gefesselt) wie **Kriegsgefangene**“. (KRI V 19, 4)

68.
*ḫ3s.tjw **jn(j)**.n ḥm.f m **sqr**(.w) **ʿnḫ*** 2052
***sm3**(.w) ḥr s.t.sn* 2175

„Fremdländer, die seine Majestät als **Kriegsgefangene brachte**: 2052
die **Geschlachteten** auf ihren Plätzen: 2175“. (KRI V 44, 11)

69.
***ḥ3q**.f m **sqr**(.w) **ʿnḫ** Mšwš T3 ṯmḥw*
***d̠nḥ**(.w) m b3ḥ.f*

„Seine (des Königs) **Beute** ist wie **Kriegsgefangene** der Meschwesch und des Landes Temehu,
die **gefesselt** (wie Vögel mit geknickten Flügeln)[1244] vor ihm sind“. (KRI V 50, 11-12)

70.
*dmd̠ **jn(j)**.n p3 ḫpš ṯnr n pr-ʿ3 (ʿ.w.s.)*
*m **sqr**(.w) **ʿnḫ** tp.w šbn.w*[1245] 2052

„Die Summe aller möglichen Leute, die der tüchtige Arm des Pharaos (LHG)
als **Kriegsgefangene herbeigebracht** hat: 2052“.[1246] (KRI V 53, 5-6)

1242 Zu den Begriffen Kraft und Stärke vgl. Anm. 122.
1243 Vgl Wb V 578, 8-9: mit geknickten Flügeln wie bei einem gefesselten Vogel.
1244 Vgl. Wb V 578, 8-9.
1245 Siehe Wb V 268, 15.
1246 Vgl. Edgerton (1936: 65, Anm. 25a).

Lexem *sqr ꜥnḫ*	Datierung	Ges	Kgl	Priv	Lit.	Andere Lexeme / Untaten der Feinde	Aktion gegen die Feinde
71.  so [1247]	Ramses III	001	001	000	000	*ḫꜣs.wt* *ḫm(j).wt*	*jnj*
72.  [1248]	Ramses III	001	001	000	000	-----	-----
73.  [1249]	Ramses III	001	001	000	000	-----	*jrj ẖꜣy.t, jnj*
74.  [1250]	Ramses III	001	001	000	000	[*ḫꜣs.wt*]	*jnj*
75.  [1251]	Ramses III	001	001	000	000	[*ḫꜣs.wt*]	*jnj*
76.  so [1252]	Ramses III	001	001	000	000	*Ḫtꜣ*	-----
77. 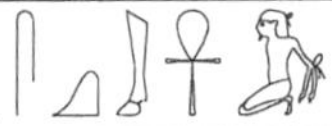 [1253]	Ramses III	001	001	000	000	-----	*ḥꜣq, ptpt, jnj*
78.  [1254]	Ramses III	001	001	000	000	-----	*ptpt, jnj*

71.
wr.w ḫꜣs.wt [ḫ]m(j).wt ***km.t***
jn(j).n ḥm.f m sqr(.w) ꜥnḫ ḥr ḫꜣs.t n Ṯḥnw

„Die Fürsten der Fremdländer, welche Ägypten **nicht kennen**,
brachte seine Majestät als Kriegsgefangene aus Libyen **herbei**“. (KRI V 56, 8)

72.
[…]*ꜥ.w.wj.sn tp.w.sn m* ***sqr ꜥnḫ***[1255]

„[...] ihre Arme und ihre Häupter sind (gefesselt) als **Kriegsgefangene**“. (KRI V 61, 15)

73.
⌜*jr(j.w)*⌝ *ẖꜣy*[*.t ꜥꜣ.t*] *jm.sn*
[*jn(j.w) ẖr.w.sn*] *m* ***sqr****(.w)* [***ꜥnḫ***]

„Der (der König) ein großes **Gemetzel** unter ihnen (den nördlichen Fremdländern) **anrichtet** und ihre Angehörigen als **Kriegsgefangene gebracht hat**“ (KRI V 99, 8-9)

1247 KRI V 56, 8.
1248 KRI V 61, 15.
1249 KRI V 99, 9. Die Pluralstriche sind mit Schraffur zu versehen.
1250 KRI V 103, 9.
1251 KRI V 104, 9. Die Hieroglyphe  weicht vom Original ab.
1252 KRI V 104, 11.
1253 KRI V 105, 4.
1254 KRI V 302, 14. Die Hieroglyphe (A75)  weicht vom Original ab.
1255 Siehe Peden (1994: 42-43) und Edgerton (1936: 79, Anm. 25a).

74.
ḏd mdw n wr.w n [ḫ3s.wt rs.jw(t)
jn(j).n ḥm.f] m sqr(.w) ꜥnḫ

„Die Fürsten der [südlichen Länder,
die seine Majestät] als **Kriegsgefangene [gebrachte hat]**“. (KRI V 103, 9)

75.
Eine Parallele zum vorigen Beleg. (KRI V 104, 9)

76.
Die Namen der Nordvölker:

p3 wr ẖsj n ḫt3 m sqr ꜥnḫ

„Der elende Fürst von Chatti als **Kriegsgefangener**“. (KRI V 104, 11)
(Es folgt der Fürst von Libyen u.a.)

77.
ḥ3q(.j) n.k ḫ3s.wt ptpt n.k dmj.sn
jn(j.j) n.k wr.w.sn m sqr(.w) ꜥnḫ

„Ich (der Gott) **erbeute** dir die Fremdländer und **trample** dir ihre Städte **nieder**.
Und ich **brachte** dir ihre Fürsten als **Kriegsgefangene herbei**“. (KRI V 105, 4)

78.
ptpt n.k dmj.sn ḥw(j)(.j) m s.t.sn
jn(j)(.w) wr.w.sn nb.w m sqr(.w) ꜥnḫ

„Der (der König) ihre (der Fremdländer) **Städte niedertrampelt** und (sie) an ihren Orten **schlägt**.
Der alle ihre Fürsten als **Kriegsgefangene fortführt**“. (KRI V 302, 14)

Lexem *sqr ᶜnḫ*	Datierung	Ges	Kgl	Priv	Lit.	Andere Lexeme / Untaten der Feinde	Aktion gegen die Feinde
79.  1256	Takelot II	001	001	000	000	-----	*jnj, ḏnḥ, sḫr*
80.  1257	Pije	001	001	000	000	-----	*ḥ3q, jnj*
81.  1258	Pije	001	001	000	000	-----	*sm3, jnj*
82. 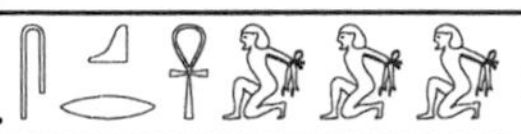 1259	Psamet. II	001	001	000	000	*ḫtr.w*	*d3j* *jrj m ḏr.wt*

79.
ᶜḥᶜ.n jn(j).tw sn n.f ḥr[ᶜ.w]
m sqr.w-ᶜnḫ mj ḥtr.w ḏ[nḥ.w]
⌜ᶜḥᶜ⌝.n sḫr.f n.f st[1260]

„Sogleich brachte man sie (die Rebellen) zu ihm (dem König)
als **Kriegsgefangene** wie **zusammengegebundene** Vögel.[1261]
Da **schlug** er sie für sich **nieder**". Caminos (1958: 50 § 68)

80.
ḥ3q(.w) mšᶜ.sn ḥnᶜ ᶜḥᶜ.w.sn
jn(j)(.w) m sqr.w ᶜnḫ r b(w) ḫr ḥm.f

„Ihre (der Unterägypter) Truppen zusammen mit ihren Schiffen wurden **erbeutet**.
Man **führte** sie als **Kriegsgefangene** zum Aufenthaltsort seiner Majestät **fort**".
(Urk. III 10, 17)

81.
sm3(.w) rmṯ jm.s ᶜš3.w
ḥnᶜ jn(j)(.w) m sqr(.w) ᶜnḫ r b(w) ḫr ḥm.f

„Viele Menschen wurden in ihr (Memphis) **getötet**
oder als **Kriegsgefangene** zum Aufenthaltsort seiner Majestät **fortgeführt**". (Urk. III 34, 96)

1256 RIK. III Taf. 16, 35; Caminus (1958: 48-50, Anm. e/f).
1257 Urk. III 10, 17.
1258 Urk. III 34, 96.
1259 Goedicke (1981: 187 f.) und Bakry (1967: 227, 9-10). Zuletzt Manuelian (1994: 341).
1260 Zur Ergänzung vgl. Caminos (1958: 50, Anm. f bzw. g).
1261 Gemeint sind die besiegten Feinde, siehe Wb V 578, 9-10.

82.
n wnḫ ḏr
***ḏꜣj.tw m ṯr.sn** mj nw*
*n pr(j) **wtḫ**(.w)*
***ḥtr.w m sqr.w ꜥnḫ** s(j.w)* 4200
*jr(j.w) sp **m ḏr.wt***

„Die Hand ließ nicht locker,
(sondern) man **watete in ihrem Blut** wie in einem Gewässer.
Nicht entkamen die **Fliehenden,**
(da sie) **gefesselt** waren als **Kriegsgefangene**: 4200.
Der Rest wurde **zu Händen gemacht**“. Breyer (2002: 53-54)

14.2. Kommentar:

Die erste Schreibung mit der Voranstellung des Lebenszeichen ist selten anzutreffen. Einige Schreibungen sind so  ohne *sqr* geschrieben. Sie kommen ab dem Beleg (48) oft vor. ***Sqr*** wird mit der Keule, mit dem Messer und häufig mit dem Zeichen (Aa7)  determiniert. Das zuletzt genannte Zeichen wurde als Matte o.ä. mißverstanden und ab der 19. Dynastie mit dem  oder  in ***sqr.ꜥnḫ*** mehrfach wiedergegeben (ab dem Beleg 49). Das erklärt, warum die folgenden Schreibungen entstanden sind: 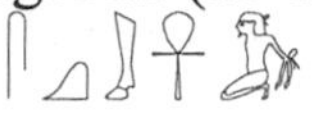 und . Einige Schreibungen wie z.B. diese  weisen ein ***j*** für ***r*** auf (Belege 55, 64 und 65). Dieser Lautwandel zwischen ***j*** und ***r*** ist ägyptisch gut belegt.[1262] Einige Schreibungen enthalten ***ꜣ*** und ***g*** (z.B. Beleg 62). Was das Aleph angeht, so handelt es sich um die neuägyptische Gruppenschreibung. Auch der Wechsel ***q ~ g*** ist bezeugt, da die Konsonanten ***q***, ***k*** und ***g*** im Laufe der Sprachgeschichte in zwei Laute zusammengefallen sind. Beleg (30) zeigt eine Mumie auf einer Bahre als seltenes Determinativ. Dieses könnte durchaus als Datierungskriterium dienen.
Sqr-ꜥnḫ ist als Bezeichnung von Kriegsgefangenen seit dem Alten Reich überliefert. Westendorf hat dieses Kompositum als „Gebundener" bzw. „gebunden zu Erschlagender" plausibel erklärt.[1263] Ähnlich faßt Vycichl ***ꜥnḫ*** als „Gefesselter" auf.[1264] Wahrscheinlich ist die Grundbedeutung von ***ꜥnḫ*** „leben" „(sozial) (ein) gebunden sein". Theoretisch könnte ***sqr ꜥnḫ*** einmal die folgende Bedeutung gehabt haben: „Geschlagener, der (aber dennoch wieder sozial ein)gebunden ist (d.h. als Arbeitssklave einen neuen Platz in der Gesellschaft gefunden hat)?"[1265] Morenz schlägt folgende Übersetzung vor: „Das Lexem ***sqr ꜥnḫ*** bezeichnet den Unterworfenen und kann m.E. grundsätzlich als ‚(potentiell) zu erschlagender, (doch aktuell) am Leben Gelassener' interpretiert werden".[1266]

Im Beleg (21) nimmt Amenhotep II. die Stadt Yaham ohne Kampfhandlungen ein. In diesem Zusammenhang wird die Besatzung der Stadt als ***sqr ꜥnḫ*** bezeichnet, obwohl kein Krieg stattfand. Man könnte ***sqr ꜥnḫ*** in diesem Fall mit (gefesselte) „Sklaven" übersetzen, da es Frauen und Kinder unter den „Kriegsgefangenen" gab, die definitiv keinen Krieg führten.[1267] Auch wenn Städte explizit Seiner Majestät den Frieden anboten, wird der Bote von Naharina ebenfalls als ***sqr ꜥnḫ*** bezeichnet (Beleg 20).[1268] Hier würde der „Gebundene" oder „Gefesselte" besser passen.
Lorton unterscheidet zwischen dem Begriff *sqr ꜥnḫ*, der den „Kriegsgefangenen" bezeichnet, und *ḥꜣq.t*, was soviel wie „Beute im Zuge einer Plünderung" bedeutet. An einigen Textstellen kommt *ḥꜣq.t* als Obergegriff vor, der später spezifiziert wird.[1269] Besonders in Medinet Habu steht *ḥꜣq.t* auch für abgeschlagene Hände.

1262 Schenkel (1965a:115); Edel (1955/64: 56 § 128) und Osing (1976:506, Anm. 219). Zum Koptischen ϣϭⲁ siehe Westendorf (1977: 343) und Crum (1939: 618 a.).

1263 Westendorf (1966: 153). In einer solchen Verbindung wäre *sqr* ein substantiviertes Partizip und *ꜥnḫ* ein attributives Partizip.

1264 Vycichl (1972: 43-44).

1265 Ich verdanke diesen Gedanken W. Schenkel.

1266 Morenz (1998: 101).

1267 Goedicke (1992: 135, Anm. 14 und 145-146).

1268 Urk. IV 1304, 15-19.

1269 Lorton (1974: 63 f.). Siehe hier Beleg (7) bzw. Urk. IV 659, 14 und Urk. IV 690, 15 f.

Ebenfalls kommt *ḥ3q* im Beleg (19) im Zusammenhang mit *jnj*. Dabei werden Menschen (*rmṯ*) erbeutet (*ḥ3q*), die später als *sqr ꜥnḫ* genannt werden. Des weiteren erscheint dieser Ausdruck in den Belegen (32. 67, 77, 80), wobei es sich beim Beleg (32) um die Kombination *js-ḥ3q* „Schnelle Beute" handelt.[1270]
Einmal kommt *ḥ3q.*im direkten Zusammenhang mit *sqr ꜥnḫ* vor (69).[1271] *Ḥ3q.t* bezeichnet im Unterschied zu *sqr-ꜥnḫ* nicht nur lebende Kriegsgefangene, sondern auch Dinge, die der König oder dessen Soldaten im Krieg erbeutet haben; wie z.B. einen Wagen mit dessen Gespann Urk. IV 9, 17 f.[1272]
Als Terminus für das „Herbeibringen" von Kriegsgefangenen bzw. Kriegsbeute wird das Verb *jn(j)* in fast allen Fällen gebraucht. Folgende Verben treten vereinzelt auf: *jrj m sqr ꜥnḫ* „Gefangene machen" (Beleg 22) und *ḥ3q* (Beleg 19).

Der letzte Beleg zeigt eine interessante Umschreibung für „töten" aus der Soldatensprache = „Der Rest wurde zu Händen gemacht".[1273]
Die Bezeichnung *sqr ꜥnḫ* kommt mit folgeneden Lexemen bzw. Fremdländern vor:

Lexem:
bšṯ.w (62)

Fremdland (Allgemein)
ḫ3s.wt (50, 55)

Fremdland (Süd)
Nḥsj (1, 6, 39)
K3š (39, 55)

[1270] Morenz (1975: 395-400).
[1271] Zu den Termini *ḥ3q* und *kfꜥ* vgl. Lorton (1974: 64 f.).
[1272] Ebd. S. 53-68 bes. 67) meint dazu: „The masculine noun *ḥ3q* is used in Dyn. XVIII in reference to person and things taken both in battle and in plunder, and is thus best rendered as ‚spoils'. [...] The feminine noun *ḥ3q.t* is first attested at the end of Dyn. XVII and refers to people, and sometimes also to things, taken in condition of plunder. [...] *sqr ꜥnḫ* seems etymologically to refer to someone smitten in battle but still alive, and thus to a prisoner of war. [...] The juridical implications of the subjection of the *sqr-ꜥnḫ* status to the will of the victor could also be applied to entire countries". Vycichl (1982: 75 f.) führt *ḥ3q*.t als weitere Bezeichnung für den Kriegsgefangenen auf. Zum Begriff *js ḥ3q* „Eilbeute" siehe Morenz (1975: 395-400).
[1273] Breyer (2002: 53-56).

<u>Fremdland (Nord-Ost)</u>

ꜥꜣmw	(43-46)
Nhrn	(61)
Rṯnw	(8, 18, 51, 55)
Ḫtꜣ	(56)
Ḏꜣhj	(47)

<u>Fremdland (West)</u>

Rbw	(63, 65)

15. Lexem: *šnṯ.jw*

15.1. Belegstellen

Lexem *šnṯ.jw*	Datierung	Ges	Kgl	Priv	Lit.	Andere Lexeme / Untaten des Feindes	Aktion gegen den Feind
Wb IV 520, 3-5.	**MR-Dyn. 30**	**013**	**004**	**003**	**006**		
1.  [1274]	MR	001	000	000	001	-----	-----
1a.  [1275]	MR	001	000	000	001	-----	-----
2. 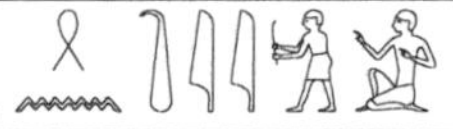 [1276]	MR	001	000	000	001	-----	-----
3.  [1277]	NR	001	000	000	001	-----	*fḫ*
4.  [1278]	NR	001	000	000	001	*ẖrj*	-----
5. 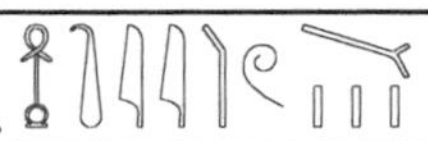 [1279]	NR	001	000	000	001	-----	*ḥw(j)*
6. 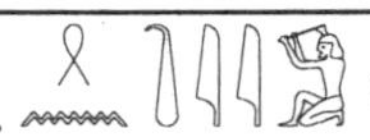 [1280]	Amenh. I	001	000	001	000	-----	-----

1.
jr rḫ.f st jw.f r šnṯ.y
qsn pw jtn.w m s.t tkn.t

„Wenn er (der Nachbar) es erfährt, dann wird er zum **Feind**;
ein Übel ist es, einen **Aufsässigen** in der Nähe zu haben“.[1281] Žaba (1965: 52, 455)

2.
šnṯ.j[1282] *pw šw ẖ.t.f*
ḫpr jtn.w m s3hh.w

„Ein (potentieller) **Feind** ist einer, dessen Bauch leer ist.
Ein **Aufsässiger** wird der, der benachteiligt wird“. Žaba (1965: 54, 484)

[1274] Žaba (1956: 52, 455).
[1275] Žaba (1956: 52, 555 L1). Eine Variante der vorigen Schreibung.
[1276] Žaba (1956: 54, 484 L1). pPrisse hat *srḫy* statt *šnṯ.j*.
[1277] Posener (1976: 79) mit weiteren Varianten.
[1278] Posener (1976: 84). Die Handschriften oM und 1198 haben Ähnlichkeit mit dem Wort *ẖnn.w* „Störenfried, Streitsüchtiger“, vgl. Wb III 383, 10. Vielleicht hat der Schreiber dieses Wort wegen des ähnlichen Determinativs und Lautklanges im Sinn gehabt?
[1279] Posener (1976: 87).
[1280] Urk. IV 61, 10.
[1281] Burkard (1991: 213) übersetzt: „Unselig ist Auseinandersetzung anstelle des Vertrauens(?)“. Lichtheim (1973: 72) „The hostile man will have trouble in the neighborhood“.
[1282] pPrisse weist einen *srḫ* „Ankläger“ auf.

3.
jw ḥsy.f r nbꜥꜣb.t
jw rqy.f r jwtj.f
jw mrj nsw r jmꜣḫy
[... tꜣ.wj] ***fḫ.f šnṯ.yw.f***

„Der, den er (der König) lobt, wird ein Herr der Opfergaben sein.
Der (aber), den er **befeindet**, wird ein **Habenichts** sein.
Der, den der König liebt, wird ein Versorgter sein.
[Er schützt] die beiden Länder und **richtet** seine **Feinde zu Grunde**". Posener (1976: 79.)

4.
ꜥnḫ pw n ḏd n.f dwꜣ/jꜣw
jw ***šnṯ.yw.f ẖrj*** *...*

„Er (der König) ist das Leben für den, der ihm Lob darbringt.
Seine **Feinde** werden **unter** ...".[1283] Posener (1976: 83-84)

5.
ḥw(j).sn n.f ***šnṯ.yw.f***
jsṯ ḥm.f (ꜥ.w.s.) m ꜥḥ.f

„Sie (die Götter) **schlagen** ihm seine **Feinde**,
während seine Majestät (LHG) in seinem Palast ist".[1284] Posener (1976: 87)

6.
nn šnṯ.jw.j nn sḫr.j
nn srḫ.j

„**Nicht gab** es meine **Feinde**, nicht gab es meinen schlechten Ruf.
Nicht gab es einen **Vorwurf** gegen mich". [1285] (Urk. IV 61, 10)

[1283] Zur Übersetzung siehe Schipper (1998: 167).
[1284] Eine fast wörtliche Parallele findet sich bei Thutmosis II., siehe Urk. IV 137, 15. Zur weiteren Literatur siehe Burkard/Thissen (2003: 174 f.).
[1285] Der Bürgermeister von Theben unter Amenhotep I. schreibt in der Art eines negativen Sündenbekenntnisses.

Lexem *šnṯ.jw*	Datierung	Ges	Kgl	Priv	Lit.	Andere Lexeme / Untaten des Feindes	Aktion gegen den Feind
7. 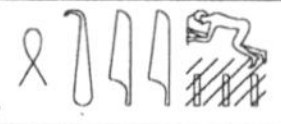 [1286]	Thutm. II	001	001	000	000	-----	*ḥw(j)*
8.  [1287]	Thutm. III	001	001	000	000	*rqj.w, ẖ3k-jb*	*tjt(j)*
9.  [1288]	Thutm. III	001	000	001	000	*ꜥw3j*	*jr(j) šꜥ.t nḥm*
10.  [1289]	Thutm. III	001	000	001	000	*pḥ sw/šnṯ sw*	*spḥ*
11. 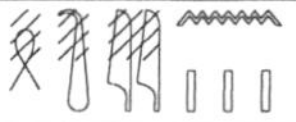 [1290]	Sethos I	001	001	000	000	*bšṯ.w*	*ḥw(j)*
12. 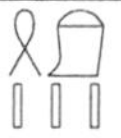 [1291]	Nektan. I	001	001	000	000	-----	*ꜥq dšr-jb*

7.
jt.f Rꜥw m s3.f Jmn.w nb.w ḫꜥ.wt t3wj
ḥww.sn n.f šnṯ.jw.f

„Sein Vater Re ist sein Schutz (sowie) Amun Herr der Kronen beider Länder.
Sie (die Götter) **schlagen** seine **Feinde** (des Königs)“. [1292] (Urk. IV 137, 15)

8.
ḏ(j).j ḫr rqy.w.k ẖr ṯb.tj.k
tjt.k šnty.w ẖ3k.w jb

„Ich ließ deine **Rebellen** unter deine Sohlen **fallen**
Und dich die **Feinde** und die **Übelgesinnten niederschlagen**“. (Urk. IV 613, 1).

9.
[jr(j)(.w) šꜥt] m šnṯ.jw[1293]
nḥm(.w) ꜥ.w.wj n ꜥw3j

„[Einer, der ein **Gemetzel**] unter den **Feinden** veranstaltet.
Einer, der vor den Armen des **Räubers rettet**“. (Urk. IV 968, 14)

[1286] Urk. IV 137, 14.
[1287] Urk. IV 613, 1. Lichtheim (1976: 36) übersetzt: „So that you crushed the rebels and the traitors“.
[1288] Urk. IV 968, 10.
[1289] Urk. IV 1076, 1. Mit dem Pronomen *sw* und einem Feinddeterminativ.
[1290] KRI I 26, 11. Das *n* ist ans Ende gesetzt, vgl. die anderen Schreibungen. Ich sehe das Determinativ des darauffolgenden Adjektivs *bšṯ* als Gesamtdeterminativ an. Oder hat der Schreiber beim Anbringen des Textes das hieratische Zeichen für  mit dem für  verwechselt?
[1291] Brunner (1965: Taf. 24, 3). Für weitere Literatur siehe Lichtheim (1980: 87).
[1292] Parallele zu der loyalistischen Lehre, vgl. Posener (1976: 26-28 (5, 4-5)). In einer Felsinschrift in Assuan schlagen Re und Amun die Feinde des Königs Thutmosis II.
[1293] Vorher spricht Intef in seiner Lobrede: „Ich war Augen des Königs, Herz des Herrn des Palastes, [...] der den Frevler bezwingt *btn.w* und den Aufrührer *ḫn* beruhigt“.

10.
rmṯ nb.t pꜥ.t nb.t rḫy.t nb.t m hnw
ḥr spḥ-pḥ sw šnṯ.w-sw

„Alle Ägypter, alle Menschen und alle Untertanen sind im Jubel,
beim **Fesseln** seines (des Königs) **Angreifers** und seines **Feindes**“.[1294] Gardiner (1925: 68)

11.
ḏj.j ḥr.j r mḥt.t bjꜣ(.j)t [n.k]...
[ḥwj.j n.k] ⸢šnṯ.jw⸣ bšṯ.w m sš.w wsr.w ḫpš.k[1295]

„Ich wende mein Gesicht nach Norden.[1296] Ich (Amunre) vollbringe ein Wunder für dich.
[Ich schlage für dich?] die **aufrührerischen Feinde** im Sumpfgebiet, durch die Stärke deines Armes“.

(KRI I 26, 11)

12.
nb ḫpš ꜥq n ꜥšꜣ[1297]
dšr jb mꜣn.f šnṯ.jw.f[1298]

„Herr des Sichelschwertes, der in die (**feindliche**) Menge eindringt.
Zornig, wenn er (der König) seine **Feinde** erblickt“. Gunn (1943: 58)

[1294] Im Sinne von: „der den König angreift und mit ihm Streit beginnt“. Beide Pronomina sind jeweils mit einem Feinddeterminativ versehen.
[1295] Siehe den Kommentar zum LEXEM „*ḫꜣk.w-jb*“, Beleg (26).
[1296] Nach Kitchen (1993: 21). Vgl. die letzte Anmerkung.
[1297] Vgl. Wb I 230, 13.
[1298] ***mꜣn*** steht für ***mꜣꜣ***, siehe Gunn (1943: 58, Anm. 4).

15.2. *šnṯ-jb*

Lexem *šnṯ-jb*	Datierung	Ges.	Kgl.	Priv.	Lit.	Andere Lexeme / Untaten des Feindes	Aktion gegen den Feind
13.  [1299]	**MR** [1300]	**001**	**000**	**000**	**001**	-----	-----

13.
nb(.w) wꜣḥ.k
njs ṯw s r sp.f n wn mꜣꜥ
jm(j) šnṯ-jb n(n) n.k st

„Herr, du mögest dauern,
damit dich ein Mann für sein Recht anruft.[1301]
Sei nicht **streitsüchtig**; es ist nichts für dich“.[1302]

[1299] Parkinson (1990: 37-38 (B1 301-302)).
[1300] Zur Datierung siehe Parkinson (1991a: 180-181).
[1301] Wörtlich: „wegen seiner Sache, die wahrhaftig ist“.
[1302] Siehe zum *jb* Toro Rueda (2003: 280).

15.3. Kommentar:

Die meisten Schreibungen werden mit der Hieroglyphe *šn* geschrieben, häufig mit dem phonetisch komplementiert. In einigen Belegen des Neuen Reiches (3-5) und in Inschriften griechisch-römischer Tempel kommt ein anderes Zeichen vor, nämlich . Anscheinend gibt man durch ein neu erfundenes Zeichen , das aus einer hieratischen Ligatur von und entstanden ist, wieder.[1303]

Die Lebenslehre des Ptahhotep und die Loyalistische Lehre weisen einige Schreibungen (mit Varianten) auf, die im Unterschied zu den anderen nur den schlagenden Mann als Determinativ haben. Der erste Beleg ist defektiv (ohne t) geschrieben.

Eine seltene und bemerkenswerte Schreibung liefert die Naukratisstele[1304] , welche häufig Einkonsonantenzeichen enthält. Daß diese Tendenz von der griechischen Alphabet-Schreibung beeinflußt wurde, hat Brunner verneint.[1305] In den Inschriften der Ptolemäerzeit steht z.B. das *d* für das *tj* Zeichen (besonders im Philae-Tempel).
šnṯ.j „der Streitsüchtige" leitet sich vom Verbum *šnṯ* „streiten" ab, welches u.a. im folgenden Kontext vorkommt:
m-šnṯ-ḫt m-mr<rt>=f
„„Do not quarrel with what he wishes!
nn-stj-mw n šnṯ-sw
„„There are no funerary libations for one who quarrels with him'".[1306]
Hier liegt eine Aufforderung zu Loyalismus und bedingungslosem Gehorsam vor. Denn Mißachtung des Herrschers führt zum Untergang.[1307]
Im Demotischen ist *ḫnt* „streiten" als Äquivalent erhalten.[1308] Das Wörterbuch gibt das Koptische ϣωντ als Äquivalent an. Dieses koptische Verbum ist aber in der Bedeutung „flechten" belegt. Daher kann das ägyptische Verbum nicht mit dem Koptischen verbunden werden.[1309]

Die ersten beiden Belege aus der Lehre Ptahhoteps zeigen Lebenssituationen, in denen der *šnṯ.j* im ersten Beleg ein „streitsüchtiger" Nachbar, dem unrecht widerfährt. Im zweiten ist er ein „Ankläger" oder „Querulant" dessen Magen leer ist bzw. benachteiligt wird. Hier appelliert die Lehere Ptahhoteps an die soziale Gerechtigkeit. Der Begriff *šnṯ.jw* zeigt hier einen benachteiligten Menschen, der zum Ankläger von sozialen Mißständen wird.[1310]

[1303] Erman (1933: 11-12 bzw. § 19, 2).
[1304] Brunner (1965: Taf. 23-24); Für weitere Literatur siehe Lichtheim (1976b: 139-146 und 1980: 87).
[1305] Brunner (1970: 155 f.). Gunn (1943: 55-59) ist der Ansicht, daß der griechische Einfluß bereits in der Saitenzeit wirksam war und bis in die 30. Dynastie andauerte.
[1306] Parkinson (2005: 14).
[1307] Fischer-Elfert (1999: 86 und 92)
[1308] Siehe Kapitel „FEINDBEGRIFFE IM DEMOTISCHEN".
[1309] Osing (1976: 794). Wb IV 519, 3. Vgl. Kapitel „FEINDBEGRIFFE IM KOPTISCHEN".
[1310] Zur Übersetzung vgl. Buchberger (1993: 334-335): „Einer mit leerem Magen ist ein (potentieller) Ankläger. Ein Unzufriedener (*ỉtn.w*) transformiert (sich leicht) in einen Aufrührer (*s:ꜣhh.w*)". Lichtheim (1973: 72, 79, Anm. 57) übersetzt: „one whose belly is empty is an accuser; one deprived, becomes an opponent". Ähnlich meint Burkard (1991: 214): „Und ein Ankläger ist der, der einen leeren Bauch hat. Es entsteht Widerstand in dem, der benachteiligt wird".

Die nächsten drei Beispiele (3-5) kommen in der loyalistischen Lehre vor, welche die Menschen zur Königstreue mahnen (Beleg 3): „Der, den er (der König) lobt, wird ein Herr der Opfergaben sein. Der (aber), den er **befeindet**, wird ein **Habenichts** sein".

Bei dem achten Beleg auf der poetischen Stele werden die ***šnṯ.jw*** neben den ***rqj.w*** und ***ẖ3k.w-jb*** genannt. Dabei erscheinen die ***šnṯ.jw*** als (innere) Feinde des Königs.[1311] Der zehnte Beleg bringt die Freude aller Menschen wegen des Fesselns des Königs Angreifers und dessen Feind zum Ausdruck. Auf der Naukratisstele (12) wird der König als ***dšr-jb*** „zornig" charakterisiert, wenn er seine Feind erblickt.
Aufgrund seiner häufigeren Verwendung in den Literarischen Texten (Lebenslehren) dürfte dieses Lexem wie *jtn.w* als gattungsspezifisch gewertet werden.[1312]
Im Mutritual wird ***šnṯ.j*** „der Streitsüchtige" mit ***ʿb*** „dem Unreinen" in Zusammenhang gebracht.[1313] Dieses Lexem wird neben folgenden Lexemen und Verben genannt:

Lexem:

bšṯ.w	(11)
rqj	(8)
ẖ3k-jb	(8)

Aktion des Königs:

jrj šʿ.t	(9)
ʿq	(11)
fẖ	(3)
nḥm	(9)
ḥwj	(5, 7, 11)
ḫr	(8)
spḥ	(10)
tjtj	(8)

Untaten des Feindes:

ʿw3j	(9)
pḥ	(10)
srẖ	(6)

[1311] Zu den Termini *ḥ3q* und *kfʿ* vgl. Lorton (1974: 64 f.).
[1312] Vgl. den Kommentar zum „*jtn.w*".
[1313] Siehe LEXEM „*ʿb*", Beleg (3).

16. Lexem: *k3y.w*

16.1. Belegstellen

Lexem *k3y.w*	Datierung	Ges	Kgl	Priv	Lit.	Andere Lexeme / Untaten des Feindes	Aktion gegen den Feind
Wb V 116, 6-7.	**Dyn. 20-30**	**001**	**001**	**000**	**000**		
1.  [1314]	Sethnacht	001	001	000	000	-----	-----
2.  [1315]	SpZt.	000	000	000	000	-----	-----
3.  [1316]	SpZt.	000	000	000	000	-----	-----
4.  [1317]	SpZt.	000	000	000	000	-----	-----
5. 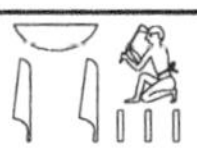 [1318]	Nektaneb. I	000	000	000	000	-----	*ḥsq*

1.
jr ḫꜥ.n nṯr nb nṯr.t nb.t
bj3y.t.sn ḫr nṯr nfr sr [n.f]
[...]k3y.w ẖrj.f

„Und als alle Götter und alle Göttinnen (im Fest) erschienen,
wirkten sie ihre Wunderzeichen für den guten Gott, wobei sie ihm [...] prophezeiten ...
[...und], die **Feinde** unter ihm [fallen]". Seidlmayer (1998:375, 381 Anm. (as)

2.
dj.s jh.t ḥr psḏ.t.s — „Es nahm ihn die Ihet-Kuh auf ihren Rücken,
mw.t.f pw ḏr sp tpj — denn sie ist seine Mutter von Anbeginn.
šdj.t⟨.n⟩.s m k3⟨y⟩.w.f — Sie rettete ihn vor seinen **Feinden**.
ḫp⟨r⟩ pw šd.t — Da entstand ihr Name Schedet". Beinlich (1991: 151)

3.
nḥm ḥḏ.t wr.t s3.s m k3[w]y.w.⟨f⟩

„Geschützt hat die große Weiße ihren Sohn vor seinen **Feinden**". Beinlich (1991: 223)

4.
Parallele des vorigen Beispiels

5.
Ḥr.w ḥsq [k]y.w — „Horus enthauptet die **Feinde**". Naville (1888: Taf. 5, 1)

1314 KRI V 672, 9 bzw. Seidlmayer (1998: 375, 381, Anm. (as)). Vgl. dazu KRI V 26, 1; Edgerton/Wilson (1936: 32, Anm. 60a) und Peden (1994: 18-19) mit der negativen Konnotation „Böses ersinnen".
1315 Beinlich (1991: 150 Z.133).
1316 Beinlich (1991: 222 Z.848).
1317 Beinlich (1991: 222 Z. 849) eine Parallele.
1318 Naville (1888: Taf. 5, 1).

16.2. Kommentar:

Dieser Terminus weist unterschiedliche Schreibungen auf, die mit dem Feindzeichen (A14) determiniert sind und leitet sich vom Verbum *k3j* „planen, aushecken" ab, welches negativ konnotiert ist.[1319]

Der erste Beleg aus der Zeit des Sethnacht deutet auf innenpolitische Feinde hin: „Es ist klar, daß dem Text als historischer Kern die kriegerischen Umstände der Machtergreifung des Sethnacht zugrunde liegen. Dies zu leugnen, und die Inschrift ganz in die Sphäre des Topischen zu verweisen, ginge zweifellos zu weit".[1320] Bemerkenswert ist, daß diese Stele mindestens drei unterschiedliche Bezeichnungen für Feind aufweist (*k3y.w* in Zeile 14; *rqy.w* in Zeile 15 und *ḫft.jw* in Zeile 16). Zwei weitere Feinddeterminative kommen in der zweiten und neuenten Zeile vor.

Bei den übrigen Belegen, die aus einem religiösen Zusammenhang stammen, handelte es sich um Götterfeinde.
Dieses Lexem ist durch seiner Grundbedeutung „(Böses)denken" negativ konnotiert.

[1319] Vgl. Fischer-Elfert (1999: 341); LEXEM „*ḫft.jw*", Beleg (31) und *k3j sbj.wt* „Rebellion ersinnen", Urk. IV 138, 14-15; KRI V 69, 14 mit Parallelen aus religiösem Kontext: Urk. VI, 19, 11. *k3j ḏw* „Böses denken" Urk. VI 39, 8. Man findet ähnliche Ausdrücke wie *wdj ḥ3ˁj.t* „Aufruhr anzetteln", vgl. dazu „*bšṯ.w*", Beleg (88). *bšṯ ḥr* „rebellieren gegen" in Urk. IV 648, 7 und Urk. IV 685, 5. Ähnliche Ausdrücke wie *šnṯ r / n* „kämpfen gegen bzw. streiten mit", Wb IV 519, 7.

[1320] Seidlmayer (1998: 384).

17. Lexem: *ḏꜣy.w*

17.1. Belegstellen

Lexem *ḏꜣy.w*	Datierung	Ges	Kgl	Priv	Lit.	Andere Lexeme / Untaten des Feindes	Aktion gegen den Feind
Wb V 517, 10-12.	**NR-GR**	**004**	**002**	**000**	**002**		
1.  [1321]	NR	001	000	000	001	-----	-----
2. 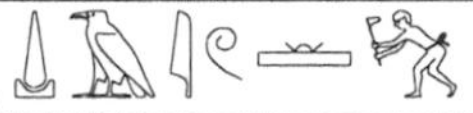 [1322]	NR	001	000	000	001	*ḫrw.y*	-----
3.  [1323]	Ramses III	001	001	000	000	*thw*	*smꜣm*
4.  [1324]	Ramses III	001	001	000	000	*ḏw*	*sḥr*

1.
mꜣꜣ s(j) [n sn.f mj] ḏꜣy.w.f
fn ḥr jn(j).t qbḥ.w [ḥr[1325] *tꜣ.w]*

„Es blickt ein Mann [auf seinen Bruder wie] seinen **Feind**.
Der Schwache (aber) bringt Kühlung [dem Hitzigen]". Helck (1995: 44)

2.
jw pꜣ ***ḏꜣj.w*** *kꜣp.w m pꜣ jsbr*
pꜣ ***ḫrw.y*** *ꜥḥꜥ ḥry*

„Der **Wegelagerer** liegt verborgen im Gebüsch.
Der **Feind** steht **kampfbereit**". Caminos (1954: 318)

3.
ḏr.t.k ḥnꜥ.j r smꜣm ***thw.j***
sḥr ***ḏꜣy.wt*** *nb.w jmj ḥꜥ.w.j*

„Deine Hand ist mit mir, um meine **Widersacher** zu töten
Und alle **Feinde**, die in meinen Gliedern sind, zu entfernen". (KRI V 36, 12)

4.
ḏr.tw.w n.j m jkm n šnbt.j
r sḥr ḏw.w ḏꜣy.w *jmj ḥꜥ.w.j*

„Ihre Hände (für mich) waren mir wie ein Schild für meine Brust,
um das **Übel** und die **Feinde,** die in meinen Gliedern sind, zu **entfernen**". (KRI V 42, 14)

[1321] Gardiner (1909: 70) und Helck (1995: 44).
[1322] Gardiner (1937: 84, 16).
[1323] KRI V 36, 12.
[1324] KRI V 42, 14.
[1325] Ich möchte *n* statt *ḥr* ergänzen.

17.2. Kommentar:

Außer den maskulinen gibt es auch feminine Schreibungen. Dieses Lexem kommt in medizinischen Texten mit anderen Bezeichnungen als Krankheitsdämon vor.

Die Wurzel *ḏ3j* mit der Grundbedeutung „kreuzen“, „queren“ kommt seit den Pyramidentexten sowohl in der Bedeutung „einen Fluß überqueren“ als auch „sich quer/feindlich in den Weg stellen“ vor.[1326] Denn beim kreuzen = gegen den Wind fahren wird der (Fluß)weg „gestört“. Seit dem Neuen Reich gibt es davon abgeleitet zum einen gelegentlich ein Wort *ḏ3j* „Schiff“ oder „Fähre“ zum anderen das hier behandelte Lexem *ḏ3y.w* „Quertreiber“, „Widersacher“.[1327] Im Koptischen ist nur noch ϫⲟⲓ „Schiff“ belegt.[1328] Bemerkenswert ist, daß die gleiche semantische Differenzierung wie im Altägyptischen im Arabischen vorliegt, wo die Wurzel *ʿdw* عدو zum einen (III) عادى „jem. befeinden“ zum anderen (II) عدى „einen Fluß überqueren“ bedeutet.[1329]

In den Admonitions 9, 8-9 bezeichnet *ḏ3y* den Bruder, der hier in einer gesellschaftlichen und sozialen Not als Feind angesehen wird.

Im zweiten Beleg (pSallier I 7, 5) liegt eine andere Nuance vor. Hier bedeutet *ḏ3y* „Straßenräuber“, der anderen am Wege auflauert, um sie zu berauben. Der Straßenräuber und der *ḫrw.y*-Feind im nächsten Satz stellen die Risiken des Soldatenberufes dar.

In den beiden letzten Belegen werden die Feinde wie Krankheiten oder Dämonen aus dem Körper des Königs mit Hilfe der Götter entfernt bzw. ausgetrieben.[1330] Die meisten Belege stammen aus magisch-religiösen und griechisch-römischen Texten, die hier außer Betracht bleiben.[1331]

1326 Wb V 511, 11. und 514, 14.

1327 Wb V 515, 5-6 und 517, 10.

1328 Vgl. Kapitel „FEINDBEGRIFFE IM KOPTISCHEN“.

1329 Rössler (1971: 305) und zuletzt Takács (1999: 259, 345). Wehr (1985: 821). Siehe das vorige Kapitel.

1330 Vgl. Grapow/Deines/Westendorf (1962 VII 2: 994) und Kapitel „FEINDBEGRIFFE IN MEDIZINISCHEN TEXTEN“.

1331 Für *ḏ3y* als Bezeichnung für ein göttliches Wesen, „die Krankheiten veranlassen“, „nicht in den Tempel eindringen können“, und „die sich dem Verstorbenen weder widersetzen, noch verfolgen sollen“, siehe Leitz (2002 Bd. VII: 591). Für weitere Belege siehe unter „Feinde in medizinischen Texten“

III. FEINDBEGRIFFE IN SPEZIELLEN TEXTGRUPPEN UND ZUSAMMENHÄNGEN

1. IN DER KÖNIGSTITULATUR[1332]

Der Name spielt in allen Kulturen der Erde eine herausragende Rolle. Orientalische Kulturen legen noch heute besonders großen Wert auf die Namensgebung. Die Bedeutung des Namens in der altägyptischen Kultur wird anhand der fünf Königsnamen zum Ausdruck gebracht. Der König drückt durch die Titulatur seine Beziehungen zu den Göttern aus und verkündet damit auch seine Ideologie.[1333]

Königsname Titel-Siglen	Aktion gegen Feinde / gegen Fremdländer	Übersetzung
Sesostris I. **Seyfried (1981: 97)**	***dn Jwntjw*** ***sn wsr.wt jmj.w sṯtjw*** ***ʿrf Ḥ3.w nb.w*** ***skj tp.w 3b.t ẖ3k-jb***	Der die *jwntjw* erschlägt, der die Hälse der *sṯtjw* abschneidet. Der die Korbländer[1334] umschließt, der die Häuptlinge der **übelgesinnten** Sippe **vernichtet**.
Sonbef (89 Anm. 3) N	***jtj (m) sḫm.f***	Der (mit) seine(r) Macht ergreift.
Sakarher (117) N	***ṯs pḏ.wt***	Der die (Neun)Bogen fesselt.
Dhuti (127) H	***jtj m nḫt(.w)***	Der mit Kraft erobert.
Amenhotep I. (133) H1 / H2	***wʿf t3.w***	Der die (alle) Länder bezwingt.
Thutmosis I. (133) N2 G2 (135) (passim)	***jtj t3.w nb(.w)*** ***ḥwj pḏ.t psḏ.t***	Der alle Länder erobert. Der die Neunbogen schlägt.
Thutmosis III. (137) G4 G6 (passim)	***ḥwj Ḥq3.w ḫ3s.wt*** ***pḥ sw*** ***ḥwj pḏ.t psḏ.t***	Der die *ḥq3.w ḫ3s.wt* schlägt, die ihn angreifen. Der die Neunbogen schlägt.
Amenhotep II. (139) G	***jtj (m) sḫm.f m t3.w nb.w***	Der mit seiner Macht in allen Ländern erobert.
Thutmosis IV. (141) G1 (passim)	 ***dr pḏ.t psḏ.t***	 Der die Neunbogen vertreibt.
Amenhotep III. (141) G1 G2 G8	***ḥwj sṯtjw*** ***ḥwj mntjw dr Ṯḥnwjw*** ***ptpt jwntjw*** ***jtj t3.sn***	Der die *sṯtjw* schlägt. Der die *mntjw* schlägt und die *Ṯḥnwjw* bezwingt. Der die *jwntjw* niedertritt und ihr Land erobert.
Aja (147) N1	***dr sṯtjw***	Der die *sṯtjw* vertreibt.

[1332] Alle Epitheta sind nach von Beckerath zitiert. Die arabischen Ziffer in den (000) direkt nach dem Königsnamen beziehen sich auf die Publikation von Beckerath (1999), außer von Sesostris I. Andernfalls werden die Quellen am Ort angegeben. Die Übersetzung orientiert sich an Schneider (1994). Die Epitheta *k3 nḫt*, *ʿ3 ḫpš* u.ä. werden nicht bei den Übersetzungen berücksichtigt.

[1333] Zur Bedeutung der Königsnamen siehe Vernus (1982: 320-341); Assmann (1983a: 146, Anm. 7); von Beckerath (1999: 1 f.) bzw. Schneider (1994: 22 f.).

[1334] Edel (1956: 11-13). Zuletzt Favard-Meeks (1989: 39 f.).

Königsname (Literatur) Titel-Siglen	Aktion gegen die Feinde / gegen Fremdländer	Übersetzung
Sethos I. (149) H5 N1a / N2a / N2b (151) N5 (passim)	***dr** ḫꜣs.wt m nḫt.w.f* ***dr** pḏ.t psḏ.t* ***wꜥf** ḫꜣs.wt* ***dr** mnṯjw*	Der die Fremdländer durch seine Stärke bezwingt. Der die Neunbogen vertreibt. Der die Fremdländer bändigt und die *mnṯjw* vertreibt.
Ramses II. (153) H4 / H19 H23 / H24 N1 / N2 (passim) N9 G6 (passim) **G9** (155)	***ptpt** ḫꜣs.t nb(.t) ḫr ṯb.tj.f* ***ḥwj** tꜣ nb* ***sḏ** sṯṯjw* *(mkj km.t) **wꜥf** ḫꜣs.wt* ***sḫr pḥ** sw* ***dr** pḏ.t psḏ.t* ***wꜥf** ḫꜣs.wt* ***dr bšṯ**.w*	Der die Fremdländer niedertritt unter seinen Sohlen, der jedes Land schlägt. Der die *Sṯṯjw* zerschlägt. (...) Der die Fremdländer bändigt. Der den ihn Angreifenden zu Fall bringt. Der die Neunbogen bezwingt. Der die Fremdländer bezwingt und die **Aufrührer** vertreibt.
Merenptah (157) H4 H9 (passim) G2 (passim)	*mꜣj **bḥn**.n.f* ***dr** pḏ.t psḏ.t* *snḫt km.t **dr** pḏ.t psḏ.t ...*	Löwe[1335], der (die Feinde) getötet hat. Der die Neunbogen vertreibt. Der Ägypten stark macht und die Neunbogen bezwingt.
Sethos II. (161) N1 passim N3 / N4 (Vgl. Ramses II. N1/G6)	***dr** pḏ.t psḏ.t* *mkj km.t **wꜥf** ḫꜣs.wt*	Der die Neunbogen vertreibt. Beschützer Ägyptens, der die Fremdländer bändigt.
Tewosre (163) N	***wꜥf** ḫꜣs.wt*	Die die Fremdländer bändigt.
Sethnacht (165) **G1** (passim) G2 (passim)	***dr** [pḏ.t psḏ.t* ***ḥwj** rqj]j.w.f*[1336] ***ḥwj** pḏ.t psḏ.t*	Der die [Neunbogen vertreibt bzw. der die **Rebell**]en schlägt. Der die Neunbogen vertreibt.
Ramses III. (165) H2 H4 H7 N2 (166) N4 G4	***ḥꜣq** Sṯṯjw* ***smꜣm** Ṯḥnwjw* ***hd** ḥfn.w /* ***dḫ** nꜣ **pḥ** sw* ***sksk** pḏ.t psḏ.t* ***dr** m tꜣ.sn* ***ptpt** Ṯḥnwjw m jwnw ḥr st.sn* ***jrj** tꜣš r mrr.f* *m sꜣ **ḫft.j(w)**.f*[1337] *sꜣ Rꜥw **ḥwj bšṯ.w***	Der die *Sṯṯjw* gefangennimmt. Der die *Ṯḥnwjw* schlachtet. Der Hunderttausende angreift bzw. der den ihn Angreifenden niederwirft. Der die Neunbogen vernichtet Und aus ihrem Land vertreibt. Der die *Ṯḥnwjw* niedertritt zu Leichenhaufen an ihrem Platz. Der die Grenze nach seinem Belieben setzt im Rücken seiner **Gegner**. Sohn des Re, der die **Aufrührer** schlägt.
Ramses IV. (167) N	***wꜥf** pḏ.t psḏ.t*	Der die Neunbogen bezwingt.
Ramses VI. (171) N1 / N2	***hd** ḥfn.w*	Der Hunderttausende angreift.
Ramses VII. (171) N1 / N2	***wꜥf** ḫꜣs.tjw* ***wꜥf** pḏ.wt*	Der die Bewohner der Fremdländer bezwingt. Der die (Neun)bogen bändigt.
Ramses IX. (173) G1	***dr** pḏ.t psḏ.t*	Der die Neunbogen vertreibt.

[1335] Es ist ein gut bezeugtes Attribut des Königs (vgl. z.B. Urk. IV 1301, 20). Sowohl von Beckerath (1999: 156, H4) als auch Barta (1989: 113, 13) lesen, ohne eine Parallele dafür anzugeben, *jw* „zurückkehren".

[1336] Zur Ergänzung vgl. Seidlmayer (1998: 376-377, Anm. c) und hier weiter oben in der Tabelle ***rqy.w*** unter Sethnacht.

[1337] Vgl. die Tabelle *ḫft.j* (KRI V 20 15-16) weiter oben unter Ramses III.

Königsname (Literatur) Titel-Siglen	Aktion gegen die Feinde / gegen Fremdländer	Übersetzung
Ramses XI. (175) N (Vgl. Ramses VI. N1/2)	*hd ḫfn.w*	Der Hunderttausende angreift.
Smendes (179) **N**	*ḥwj rqy.w.f*	Der die **Rebellen schlägt**.
Psusennes I. (179) N G	*wꜥf tꜣ.wj* *dr pḏ.t psḏ.t*	Der die beiden Länder bezwingt. Der die Neunbogen bändigt.
Schoschenq I. (185) G1/G2 (passim)	*ḥwj pḏ.t psḏ.t*	Der die Neunbogen schlägt.
Osorkon I. (185) G1 (passim) G2	*dr pḏ.t psḏ.t* *[d]r pḏ.t psḏ.t jty*	Der die Neunbogen schlägt. Der die Neunbogen[ver]treibt.
Osorkon II. (187)G2 / G3 G4	*ḥwj Mntjw* *ḥwj ḫft.j(w).f* *dr pḏ.wt*	Der die *mntjw* schlägt. Der seine **Gegner schlägt**. Der die Bogenleute vertreibt.
Pije (207)	—	—
Schabako (207)	—	—
Schebitko (209) G1(passim)	*ḥwj pḏ.t psḏ.t*	Der die Neunbogen schlägt.
Taharqo (209)	—	—
Psametik II. (217)	—	—
Apriës (217)	—	—
Amosis II. (217)	—	—
Nektanebis I. (227)	—	—
Teōs (227) G	*ḫwj Bꜣq.t* *wꜥf ḫꜣs.wt*	Beschützer Ägyptens, der die Fremdländer bändigt.
Nektanebos II. (229) N3 G2	*tkn ḫꜣs.wt* *smn hpw* *ḥwj pḏ.t-9*	Der die Fremdländer zertritt. Der Gesetzte festsetzt, der die Neunbogen schlägt.

1.1. Kommentar:

Zahlreiche aggressive Handlungen des Königs (*jtj*; *wˁf*; *ptpt*; *hd*; *ḥꜣq*; *ḥwj*; *smꜣ*; *sẖr*; *skj*; *sksk*; *sḏ*; *dr*; *dḫ*) lassen sich in der Königstitulatur nachweisen. Eine **Ausnahme** stellt Sesostris I. dar, dessen Aktionen gegen die Feinde nicht zur Königs-titulatur gehören. Dennoch habe ich sie angeführt, weil sie schon früher dieselben Strukturen aufweisen.
Neben den vielen Fremdländer-Bezeichnungen (*pḏ.t psḏ.t*; *ḫꜣs.wt*; *Mnṯ.jw*; *Sṯ.tjw*;*tꜣ.w nb.w*; *Ṯḥn.wjw*), die in diesem Kontext vorkommen, werden auch einige Feindbegriffe genannt. Letztere werden in der Übersetzung durch **Fettdruck** markiert.

Feind-Phrasen sind im Neuen Reich viel häufiger belegt als in anderen Epochen. Dies hängt mit der Expansionspolitik und dem militärischen Charakter jener Epoche zusammen. Als Beispiel dafür ist die Zeit von Ramses II. und Ramses III. zu nennen. Während das große außenpolitische Verdienst des ersteren der Frieden mit dem Hethiterreich darstellt, ist die herausragende militärische Leistung des letzteren die Abwehr der von Westen einfallenden Libyer sowie der von Nordosten gegen das Delta vordringenden Seevölker.[1338]

Allein das Verb *dr* ist mindestens 17 Mal belegt, davon 13 Mal mit *pḏ.t psḏ.t* zusammen. *wˁf* kommt zehn Mal vor, davon sechs Mal mit *ḫꜣs.wt*. Wahrscheinlich machen sich hier gewisse „Bevorzugungen" in der Wahl bestimmter Lexeme und Verben bemerkbar. Des weiteren tauchen die Neunbogen fast bei jedem König auf (20 Mal).

Ḫꜣk-jb tritt mit anderen Bezeichnungen (*rs.t*, *sbj.w*, *ḫft.jw* und *bṯn.w*) in Erscheinung und wird vernichtet (*skj*).[1339] Weiter wundert es uns nicht, daß *ḫft.j* hier nicht fehlt, da unter allen Feindbegriffen *ḫft.j* eine gewisse „Popularität" besaß. Ebendies bestätigt die Beleglage. *Rqj* ist bei (innen)politischen Gegnern wie bei den beiden obengenannten Königen (Sethnacht/Smendes) die zu erwartende Feindbezeichnung.[1340] *Bštꜣ.w* ist eine in der Ramessidenzeit oft belegte Bezeichnung. *Ḫꜣk-jb* kommen häufiger mit dem Verbum *ḥsq* „enthaupten"als *skj* „vernichten" vor.[1341]

Im folgenden werden die Feindbezeichnungen angegeben, die in den Tabellen nachweisbar sind:

skj tp.w ꜣb.t ẖꜣk-jb

„Der die Häuptlinge der **übelgesinnten** Sippe **vernichtet**". (Sesostris I)

dr bšṯ.w

„Der die **Aufrührer vertreibt**". (Ramses II G9)
[ḥwj rqj]j.w.f

[1338] Siehe Schneider (1994: 233 f.).
[1339] Nach Seyfried (1981: 97 f.).
[1340] Vgl. die Belege von *rqj* weiter oben unter LEXEM „*rqj.w*".
[1341] Mit dem Verbum *ḥsq* siehe die LEXEME „*rs.wt*", (Beleg 2); „*ḫft.jw*", (Belege 40, 73, 85) und „*ẖꜣk.w-jb*", (Belege 13, 22, 27, 32, 36, 41). Dagegen kommt *ẖꜣk-jb* mit *skj* nur zwei Mal vor, siehe LEXEM „*ẖꜣk.w-jb*", Belege (4, 37)

„Der seine **Rebellen schlägt**". (Sethnacht G1)

jrj tꜣš r mrr.f m sꜣ ḫft.j(w).f
sꜣ Rʿw ḥwj bšṯ.w

„Der seine Grenze nach seinem Belieben hinter seine Gegner setzt". (Ramses III G4)
„Sohn des Re, der die **Aufrührer schlägt**". (KRI V 304, 15)

ḥwj rqy.w

„Der seine **Rebellen schlägt**". (Smendes N)

ḥwj ḫft.j(w).f

„Der seine **Gegner schlägt**". (Osorkon II G3)

Zwei weitere Bezeichnungen möchte ich noch anfügen. Die erste stammt aus der griechischen Epoche, die zweite aus der napatanischen:

jrj ʿḏ.t m bšṯ.w.f[1342]

„Der ein **Gemetzel** unter seinen **Widersachern** anrichtet". (Ptolemaios III Euergetes H3)

ptpt tꜣy.f[1343] *sbj.w ẖr ṯb.tj*

„Der seine **Rebellen** unter den Fußsohlen **zertritt**". (Nastasen G(?))

Das Vorkommen vieler feindlichen Begriffe zeigt die zentrale Bedeutung der Feind-Vernichtung in der Königstitulatur sehr deutlich.

Bemerkenswert ist, daß bei den Königen der 25. Dynastie (außer Schebitko) weder Feindbegriffe noch aggressive Aktionswörter gegen Feinde bzw. gegen Fremdländer anzutreffen sind. Ist der Grund dafür vielleicht in der Tatsache zu suchen, daß diese Herrscher selbst aus einem Fremdland stammen?[1344]

1342 Die Lesung von Beckeraths (1999: 235, H (3)) *jrj-ʿḏt-m-bṯnw.f* ist zu korrigieren: *jrj ʿḏt-m-bšṯ.w.f*, da diese Schreibung für *bšṯ.w* oft belegt ist, siehe LEXEM „*bšṯ.w*", (passim).
1343 Vgl. Peust (1999: 34, 1). Die Lesung von Beckeraths (1999: 275, G (?)) *rḫy.t* ist zu korrigieren. Sicherlich liegt eine Verwechslung der Hieroglyphe (G1) mit (G23) vor. Zum Genus siehe Peust (1999: 232).
1344 Zur Königstitulatur der 25. bis 30. Dynastie vgl. Blöbaum (2006: 365 f.).

2. IN NAPATANISCHEN TEXTEN[1345]

Lexem *sbj.w*	Datierung	Ges.	Kgl.	Priv.	Lit.	Andere Lexeme / Untaten des Feindes	Aktion gegen den Feind
1.  1346	Harsijotef	001	001	000	000	-----	-----
2.  1347	Harsijotef	001	001	000	000	-----	-----
3.  1348	Harsijotef	001	001	000	000	-----	*qnqn*
4.  1349	Harsijotef	001	001	000	000	-----	-----
5.  1350	Harsijotef	001	001	000	000	-----	-----
6.  1351	Harsijotef	001	001	000	000	-----	*ptpt*

1.
ḏ(j).j n.k sbj.w nb(.w) ẖr ṯb.tj.k

„Ich gebe dir alle **Feinde unter** deine **Fußsohlen**". Peust (1999: 53 f.)

2.
jw(j).f ḥꜣ.tj ***sbj.(w)***

„Es kam der erste der **Feinde**". Peust (1999: 53 f.)

3.
jr(j) ***qnqn*** *jrm* ***sbj.w*** *Mdy*

„Ich **kämpfte** gegen den **Feind** von *Mdy*". Peust (1999: 53 f.)

4.
jrj.j ḏj šj pꜣ.j mšʿ
ḥnʿ ḥtr ***ḥr sbj.w*** *Mḫ*

„Ich sandte meine Fußtruppen
und die Reiterei **gegen** den **Feind** von *Mḫ*". Peust (1999: 53 f.)

[1345] Es wird nach der Peust (1999) zitiert.
[1346] Peust (1999: 24, Z. 14).
[1347] Peust (1999: 28, Z. 73).
[1348] Peust (1999: 28, Z. 78).
[1349] Peust (1999: 30, Z. 97).
[1350] Peust (1999: 30, Z. 100).
[1351] Peust (1999: 34, Z. 1).

5.
jw(j) ***sbj.w Rhrhs*** *wp.s rn.f Ḫrwr*
p3.w nb sp2 m ẖnw Brwt

„Es fiel der **Feind** (von) *Rhrhs* – sein Name ist *Ḫrwr*
mit all den Seinigen mitten in Meroe ein". Peust (1999: 53 f.)

6.
ḥsp 8 3bd 1 pry.t sw 9 ḫr Ḥr.w
k3 nḫt ***ptpt*** *t3y.f* ***sbj.w*** *ẖr* ***ṯb.tj***

„Regierungsjahr 8 am 9. Tobi, unter Horus,
starker Stier, der seine **Feinde** unter den **Fußsohlen zertritt**". Peust (1999: 61 f.)

Lexem *sbj.w*	Datierung	Ges.	Kgl.	Priv.	Lit.	Andere Lexeme / Untaten des Feindes	Aktion gegen den Feind
7. 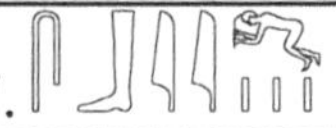 [1352]	Nastasen	001	001	000	000	-----	-----
8. 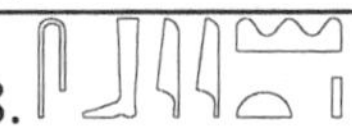 [1353]	Nastasen	001	001	000	000	-----	-----
9. 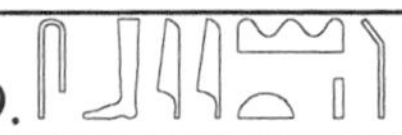 [1354]	Nastasen	001	001	000	000	-----	*ḏj ḫꜣy*
10.  [1355]	Nastasen	001	001	000	000	-----	*ḏj ḫẖꜣy*
11. 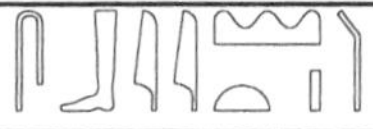 [1356]	Nastasen	001	001	000	000	-----	-----
12. 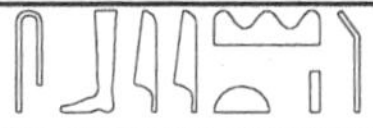 [1357]	Nastasen	001	001	000	000	-----	*ḏj ḫꜣy*
13. 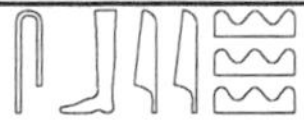 [1358]	Nastasen	001	001	000	000	*sqr.w(ꜥnḫ)*	-----
14. 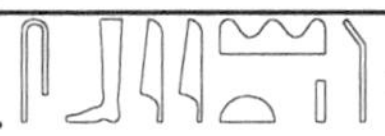 [1359]	Nastasen	001	001	000	000	-----	*ḏj ḫꜣy*

7.
jrj.j ḏj šj tꜣ pḏ.t ḥr sbj Mḫ Ntqnn.t

„Ich entsandte die Bogentruppe **gegen** den **Feind** von *Mḫ* und *Ntqnn.t*". Peust (1999: 59, 64)

8.
ḏj.j šj pꜣ pḏ.t ḥr sbj Rbr Jkrkr

„Ich schickte die Bogentruppe **gegen** den **Feind** von *Rbr Jkrkr*". Peust (1999: 59, 64)

9.
ḏj.j mšꜥ ꜥšꜣ.t ḥr sbj Jrrs
ḏj.j ḫꜣy ꜥꜣ

„Ich rief eine große Heerschar gegen den **Feind** von *Jrrs* zusammen
und richtete ein großes Gemetzel an". Peust (1999: 60, 64)

10.
ḏj.j šj.f tꜣ pḏ.t ḥr sbj Mḫ Trḫr.t[1360]
ḏj.j ḫꜣy ꜥꜣ

„Ich entsandte die Bogentruppe gegen den **Feind** von *Mḫ* und *Trḫrt*

[1352] Peust (1999: 40, Z. 46).
[1353] Peust (1999: 41, Z. 50-51).
[1354] Peust (1999: 41, Z. 53).
[1355] Peust (1999: 42, Z. 55).
[1356] Peust (1999: 42, Z. 57).
[1357] Peust (1999: 42, Z. 57).
[1358] Peust (1999: 43, Z. 63).
[1359] Peust (1999: 43, Z. 64).
[1360] Nach Peust (1999: 42, Anm. N55).

und **richtete** ein großes **Gemetzel an**". Peust (1999: 60, 64)

11.
ḏj.j šj ꜥšꜣ.t ḥr sbj Myk

„Ich rief eine große Heerschar gegen den **Feind** von *Myk* zusammen". Peust (1999: 65)

12.
jrj.f n.j sbj ḥr nh.t n Srsr.t
ḏj.j qnqn jrm.f ḏj.j ḫꜣy ꜥꜣ

„Obwohl sich der **Feind** bei der Sykomore von *Srsr.t* vor mir **niederwarf**,
kämpfte ich weiter gegen ihn und **richtete** ein großes **Gemetzel an**". Peust (1999: 60, 65

13.
ḏj.j n.k pꜣy.j pḏ.t nḫt jrm pḥ.tj[1361]
ḏj.j n.k ***sbj.w*** *nb.w* ***m sqr.w*** *ẖr ṯb.tj.k*

„Ich (der Gott) gebe dir meinen Bogen des Sieges und der Macht und
gebe dir alle **Feinde** als **Kriegsgefangene** unter deine Fußsohlen". Peust (1999: 60, 65)

14.
jrj.w ṯꜣj.w.f sbj.w Mdy nk.t n ḫ.t wḏꜣ.w n Bꜣst.t
ḥrj-jb Ṯr.t ꜣbys nsw Jsprt

„Die **Feinde** von *Mdy* **nahmen Eigentum** aus dem Amulettbestand der Bastet
von *Tr.t* und aus dem Schatz des Königs Aspelta **fort**". Peust (1999: 60, 65)

Willems schreibt, daß Grabschänder u.a. als ***sbj.w*** bezeichnet werden, wobei diese Bezeichnung häufig Apophis und Seth charakterisiert.[1362]

[1361] Zu diesen Begriffen vgl. Anm. 122.
[1362] Willems (1990: 48).

Lexem *ḫft.j*	Datierung	Ges.	Kgl.	Priv.	Lit.	Andere Lexeme / Untaten des Feindes	Aktion gegen den Feind
1.  [1363]	Harsijotef	001	001	000	000	-----	-----
2.  [1364]	Harsijotef	001	001	000	000	-----	-----

1.
ḫft.j j.jr(j) {r} jy(j) ḥr ȝt.k
bn jw.f nfr

„Der **Feind**, der gegen dich zieht,
soll erfolglos bleiben“. Peust (1999: 55)

2.
ḫft.j ntk j.jr(j) šj ḥr ȝt.{k}⟨f⟩
bn jw.f ḫpr pȝ.f ḫpš rd.w(j).f

„Der **Feind**, gegen den du ziehst,
sein Arm und seine Beine sollen sich nicht durchsetzen“.[1365] Peust (1999: 55)

[1363] Peust (1999: 24, 15).
[1364] Peust (1999: 24, 15).
[1365] Im Sinne von: „er soll keine Kraft bekommen“.

2.1. Kommentar:

Peust transkribiert in beiden Fällen mit *sbj* und begründet dies mit der Austauschbarkeit von <*s*> und <*š*> im Napatanischen. Seiner Meinung nach ist der Wechsel zwischen <*s*> und <*š*> im Napatanischen ohne Parallele im Ägyptischen.[1366]

Der Wechsel zwischen <*s*> und <*š*>, den Peust behandelt, ist nur für „<*s*> für etymologisch zu erwartendes <*š*>" gut belegt. Für den umgekehrten Fall, „<*š*> für etymologisch zu erwartendes <*s*>", ist dagegen nur ein einziges Wort angeführt, nämlich das hier genannte mit der auffälligen Schreibung , so daß mir der Vorschlag von Peust, beide Schreibungen mit *sbj* zu transkribieren, unzureichend erscheint.

Syntaktisch bilden sie im Unterschied zu den übrigen Belegen den Beginn einer Sinneinheit. Graphisch wurden beide Schreibungen eigenartigerweise mit dem Zeichen (M8A) geschrieben und mit dem Zeichen (N25) determiniert.

Des weiteren erscheint es verwunderlich, daß *sbj* sonst im Text[1367], und sogar unmittelbar vor den beiden kuriosen Schreibungen, ganz „normal" geschrieben ist. Auch dies schwächt die Beweisführung.[1368]

Die oben angeführten Kritikpunkte treffen auf den folgenden Beleg ebenfalls zu. Allerdings weicht dieser in der Schreibung [1369] von den beiden anderen geringfügig ab:

ḏj sw p3 wr p3.f ḫft.j

„Das (alles) musste der Fürst seinem **Gegner** (dem König) geben". Peust (1999: 60, 64)

Kann es sich bei den drei Schreibungen nicht um ein anderes Wort handeln, das nach dem Textzusammenhang ebenfalls die Bedeutung „Feind" hat, nämlich *ḫft.j*?

Dies ist lautlich gut möglich, denn *š* für altes *ḫ* ist durch das demotische *šft*[1370] < *ḫft* und das koptische ϣⲁϥⲧⲉ[1371] < äg. *ḫft.j* oder ϣⲟⲣⲡ[1372] < äg. *ḫrp* belegt.

[1366] Ebenda, 226-227.
[1367] Ebenda, S. 34, 1: in der Königstitulatur von Nastasen.
[1368] Ebenda, S. 41-42, Z. 50, 53, 55 und passim. Dort ist *sbj* mit dem Fremdlanddeterminativ geschrieben: .
[1369] Peust (1999: 42, Z. 54).
[1370] Vgl. Erichsen (1954, 505).
[1371] Westendorf (1977: 562).
[1372] Ebenda, S. 326.

Darüber hinaus findet sich in den Inschriften des Tempels von Edfu häufig die Schreibung 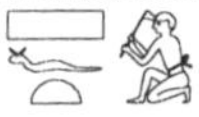 statt .[1373] Beide Lexeme sowohl *ḫft.j* als auch *sbj* wechseln sich auch in ein und demselben Text (z.B. pSalt 825) ab, so daß sie unmittelbar nacheinander vorkommen.[1374] Der Wechsel von ⲃ und ϥ ist aus dem Koptischen allgemein bekannt, z.B. ⲥⲛⲟϥ Pl. ⲥⲛⲱⲱϥ < *snf* 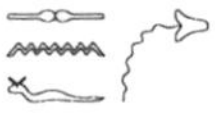[1375] oder ebenso gut Sg. ϩⲟϥ ~ ϩⲟⲃ < äg. *ḫfꜣ.w* .[1376] In Wirklichkeit ist *b* kein *b* (mehr), sondern ein bilabialer Frikativ (in korrekter phonetischer Transkription beta), steht also dem dentilabialen Frikativ *f* nahe.

Aus den oben angeführten Gründen kann man die drei Stellen *šb.t* für altes *ḫft(j)* lesen.[1377] Nach diesen Überlegungen ist m.E. der Wörterbuch-Eintrag (Wb IV 410, 13) *šꜣb* zu streichen.[1378]

[1373] Chassinat (1897: 16, 11-12; 35, 6; 78, 2; 369, 8; 384, 7; 417, beide Spalten 11).
[1374] Derchain (1965: passim).
[1375] Westendorf (1977: 191), vgl. Altkoptisch ⲥⲛⲟⲃ.
[1376] Ebd., S. 405. Vgl. den Wechsel (ⲃ statt ϥ) in Dialekt F9, Kasser (1981: 101).
[1377] W. Schenkel möchte ich für seine wertvollen Hinweise herzlich danken.
[1378] Dieses Kapitel wurde in der Festschrift Graefe publiziert, siehe Omar (2003: 215-219).

3. IN DER TAGEWÄHLEREI[1379]

Lexem / Textstelle	Transliteration	Übersetzung
1.  1380	*smꜣ.n.sn* ***sbj.w ḥr nb.w.sn*** ***sḫr.sn*** *ꜥpp m s.t.f nb*	„Denn sie (die Götter) hatten den **Rebellen** gegen ihren Herrn **getötet** und **Apophis zu Fall gebracht** an jedem seiner Orte".[1381]
2.  1382	*rḏ(j).t jb n* ***ḫft.j*** *n Rꜥw* ***ḏw*** *ḥr nꜣ jr(j)w.f r ms(j)w.f*	„Das **Herz** des **Gegners** des **Re** wird **traurig** gemacht wegen dessen, was er gegen seine Kinder getan hatte".
3.  1383	*ꜥḥꜥ rḏ(j). ꜣs.t hꜣy.t ẖms.w.sn r rꜣ.w.sn ḫr.w.f m* ***ḫft.j*** *n sꜣ.s Ḥr.w*	„Da ließ Isis ihre Widerhaken gegen ihre (der Nilpferde) Mäuler hinabsinken, wobei (einer) in den **Gegner** ihres Sohnes **Horus** fiel".[1384]
4.  1385	*ḥꜥ(j) m jb n Rꜥw psḏ.t.f m ḥb* ***sḫr ḫft.j nb*** *m hrw pn*	„Jubel ist Herzen des Re (LHG). Seine Neunheit ist im Fest. **Zu Fall bringen jedes Gegners** an diesem Tag".
5.  1386	*ꜥḥꜣ ꜥḥꜣ ꜥḥꜣ hrw pwy n fꜣ tp.f jn* ***sbj.w ḥr nb.w.f sḥtm rꜣ.f*** ***mdw*** *Stḫ sꜣ Nw.t* ***wḏꜥ tp.f*** *jr(j)w m* ***sbj.w ḥr nb.w.f***	„Gefährlich! Gefährlich! Gefährlich! Jener Tag der Erhebung seines Kopfes durch den **Rebellen** gegen seinen Herrn. **Vernichtet** ist sein **Maul**. Der Stab des Seth, des Sohnes der Nut ist derjenige, der seinen **Kopf abtrennt**, (nämlich den) dessen, der als **Rebell** gegen seinen Herrn **handelt**".
6. 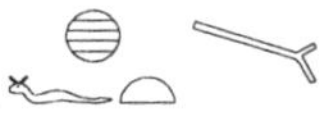 1387	*nḏ ḫr.t ḥr jb nb.w st* ***sḫr.w ḫft.j nn wn.sn***	„Begrüßung ihres (der Götter) Herrn, der die **Gegner** so **zu Fall gebracht hat**, daß sie **nicht mehr existieren**".
7.  1388	*ḫft jr(j).t sp jm pw* ***sḫr sbj.w ḥr nb.w.sn***	„Gemäß einer Handlung an ihm (dem Tag), die dem **Niederwerfen** der **Rebellen**[1389] **gegen** ihren (der Götter) Herrn entspricht".
8. 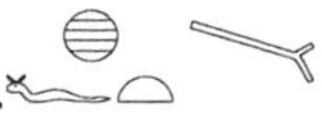 1390	*ꜥḥꜥ.n jr(j).w (j)ḫ.t m ns n* ***ḫft.j*** *n ꜥntj/Nmtj*[1391] *tm.k tkn nbw m pr.w ꜥntj/nmtj r mn hrw pn*	„Dann wurde **etwas** mit der **Zunge** des **Gegners** des Antj/Nmtj **gemacht**, damit du dich nicht dem Gold näherst im Haus des Antj/Nmtj bis zum heutigen Tag".

1379 Zitiert nach der maßgeblichen Publikation der Haupttextzeugen pSallier IV (rto) und pCairo JE 86637 (rto III-XXX; vso I-IX, 11) von Leitz (1994). Der Terminus ante quem ist die Regierungszeit Ramses II.

1380 Leitz (1994: 14-15, Anm. 10-11).

1381 Zur Übersetzung bzw. zum Kommentar vgl. Assmann (1969: 267-280).

1382 Leitz (1994: 46-47).

1383 Leitz (1994: 54-56).

1384 Als Parallele für den Feind des Horus erwähnt die nächste Passage den Feind des Seth. In beiden Fällen ist hier von dem „euphemistischen Feind" die Rede. Gemeint sind allerdings die Götter sowohl Horus als auch Seth. Der Feind ist hier apotropäisch verwendet.

1385 Leitz (1994: 73-74).

1386 Leitz (1994: 78-79).

1387 Leitz (1994: 80-81).

1388 Leitz (1994: 90-91).

1389 Gemeint sind Seth und seine Genossen. Zu Seth und seinem Gefolge als Feinde des Königs siehe Meurer (2002: 99 f.).

1390 Leitz (1994: 120-122).

1391 Zur Lesung von Antj/Nmtj vgl. Graefe (1980: 1-26).

Lexem / Textstelle	Transliteration	Übersetzung
9.  1392	*jb n nṯr.w ḏw r jr(y).t r wꜥb.t n Wsjr ḥnꜥ jr(y).t m **ḫft.j** n ꜥntj/Nmtj*	„Das Herz der Götter ist traurig[1393] wegen dessen, was gegen diese Balsamierungsstätte des Osiris getan wurde und dessen, was mit dem **Gegner** des Antj/Nmtj gemacht wurde".
10.  1394	*wm.jn nn nṯr.w ḥnꜥ Ḏḥwtj ḥr rḏ(j).t **smꜣ** {sw} **ḫft.j** n **Stḫ** m bꜣḥ sḫm.f*	„Daraufhin ließen diese Götter und Thot den **Gegner** des Seth vor seinem Heiligtum töten".
11.  1395	*hrw pwy n **pnꜥ ḫft.jw dp.t nṯr** m hrw pn*	„Jener Tag des Umkehrens der Gottesbarke" bzw. „**Niederwerfens** der **Gegner** der **Gottesbarke**".
12. 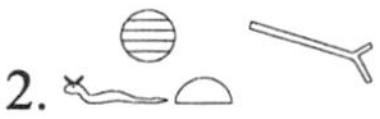 1396	*hrw pwy **sḫr ḫft.j** m **sbj.w** ḥr **nb.w.sn** m hrw pn*	„Jener Tag, an dem der **Gegner** als **Rebell gegen** ihren Herrn **zu Fall gebracht** wurde".
13.  1397	*hrw pwy n jr(j).t šꜥ.t m **ns** n **ḫft.j** n **Sbk** m hrw pn*	„Jener Tag, an dem die Zunge des **Gegners** des Sobek abgeschnitten wurde an diesem Tag".
14.  1398	*ḥꜣ.k **ḫft.j pfy** mt ḥmw r ḫft hꜣy.t m hrw 5 ḥrw rnp.t*	„**Zurück**, du **Gegner**, **Jener**, Toter, usw. während des Herabsteigens an den 5 Tagen, denen außerhalb des Jahres".
15. 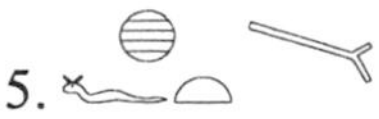 1399	*mk st **ḫft.j** pj pwy tꜣ pn **ḫft.j pfj** mt mt.t ḥmw r **sqr qs.w.sn sswn** ḫꜣ.t.sn*	„Siehe, es ist dieser **Gegner** dieses Landes, ein **Gegner**, **Jener**, ein **Toter**, eine Tote usw. Ihre **Knochen** werden **zerschlagen**, ihre **Leichname bestraft**".
16.  1400	*nfr ꜥḥꜣ nfr jm(j).k pr(j) ḥr tr n mtr.t ḏꜣy ꜥꜣ m ḥw.t Sḫm.t*	„Gut! Gefährlich! Gut! Du sollst nicht fortgehen zur Mittagszeit, wenn der **große Feind**[1401] im Sachmettempel ist".

1392 Leitz (1994: 123-124).

1393 Man hätte „das Herz des Feindes der Götter ist traurig" wie im Beispiel (2) erwartet, um diesen negativen Zustand zu vermeiden bzw. auf den Feind abzulenken.

1394 Leitz (1994: 156-157).

1395 Leitz (1994: 169-170).

1396 Leitz (1994: 302).

1397 Leitz (1994: 325).

1398 Leitz (1994: 417-418).

1399 Leitz (1994: 417-418).

1400 Leitz (1994: 392-393, Anm. a mit Kommentar).

1401 Gemeint ist der Apophis. Vielleicht auch in der Bedeutung Unheil, vgl. Leitz (1994: 393, Anm. a mit Kommentar).

3.1. Kommentar:

Nach Leitz enthält der Tagewählkalender Prognosen sowie Ge- und Verbote zum rechten Verhalten im Alltag. Der Text beginnt mit der Geburt des Re-Harachte am Neujahrestag.[1402] *Ḫft.j* ist mindestens 5 Mal im euphemistischen Sinne bzw. apotropäisch vor Götternamen verwendet.[1403] *Sbj* steht nicht nur für Apophis, sondern allgemein für Rebellen. Im letzten Beleg könnte *ḏ3y* *ᶜ3* der **große Feind** (oder das große Unheil) in der Mittagszeit auf Apophis in dem Sachmettempel hinweisen. Auffällig ist, daß hier ein positiv konnotiertes Adjektiv für den Feind gebraucht wird.[1404]

[1402] Leitz (1994: 483 f.).
[1403] Zum Gebrauch von „Euphemismus" siehe Anm. 254 und 745.
[1404] Vgl. LEXEM „*btk.w*", Beleg (1). Dort werden die Feinde mit dem Adjektiv *nḫt* versehen.

4. IN MEDIZINISCHEN TEXTEN[1405]

Lexem	Transliteration	Übersetzung / Textstelle
1.  1406	*dr rq.wt srwj wḫd m ꜥ.t nb.t n.s(j)*	„**Beseitigen** von **Resistenz-Erscheinung**[1407] (Krankheit), **Entfernen** von Schmerz-stoffen in irgendeiner Körperstelle des Mannes". pH. 138 (9, 15)[1408]
2. 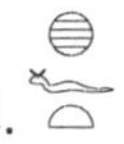 1409	*gsw*[1410] *jrr.tw s* ***sḫtm ḫft.j r dr ḫrw.y***	„Salbmittel (*gsw*), was man macht, um den (Krankheitsdämon) **Gegner** zu **vernichten**, um den **Feind** zu **beseitigen**". pBln. 99[1411]
3.  1412	*ḏd.n.f jnk nḏ sw mꜥ* ***ḫft.jw.f***	„Er (Re) hat gesagt: ich bin es, der ihn (den Kranken) **schützen** wird vor seinen **Gegnern**". pEb. 1, (1, 8); pH. 78 (6, 9)[1413]
4. 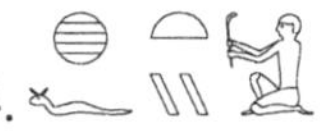 1414	*(...) jr(j).n nṯr jr(j).n* ***ḫft.j šnṯ.tw*** *n.f wꜥḥ nṯr jr(j).t.n.f m ẖ.t.j tn*	„(weichen möge die Schwäche) die ein Gott gemacht hat (und) die ein **Gegner** gemacht hat. Möge man ihn (den Wurm) **bestrafen**. Möge ein Gott **lösen**, was er (der Gott/der Feind?) in diesem meinem Bauch gemacht hat". pEb. 61 (19, 8)[1415]
5. 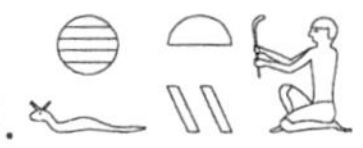 1416	*jr gm(j).k ḥr ẖnw.tj ꜥ.t nb.t ...* ***ḫft.j*** *pw n mt*	Wenn du (es) findest auf den Innenschichten (der Haut) *ẖnw.tj* ..., so ist es ein **Gegner** (Geschwulst?) des Gefäßes". pEb. 876 (109, 17)[1417]
6. 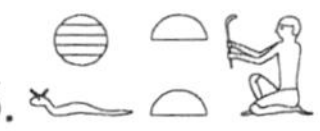 1418	*k(y).t ⟨pẖr.t⟩* ***špt ḫft.j.t*** *Ptḥ ms⟨ḏd.t⟩ Ḏḥwtj*	„Ein anderes (Heilmittel):[1419] Du mögest **ausfließen**, **Gegnerin** des Ptah, Verhaßte des Thot". pL. 8 (3, 6)[1420]

[1405] Die Auswahl der Textstellen und deren Übersetzungen, die ich oben tabellarisch aufgeführt habe, folgt der Publikation der medizinischen Texten von Grapow/Deines/Westendorf (1955/62) und Westendorf (1999). Weitere Beiträge dazu findet man bei Leitz (2002) und Fischer-Elfert (2005).
[1406] Grapow (1958 V: 411).
[1407] Nach Grapow/Deines/Westendorf (1958 IV, 2: 185 f.) könnte es sich um einen besonderen Zustand einer Schwellung handeln, da das Rezept im Papyrus unter die Mittel zur Behandlung von Schwellungen aufgenommen ist. Anscheinend bezeichnet die Widerspenstigkeit hier eine Krankheit, die nicht auf Medikamente positiv anspricht.
[1408] Zur Übersetzung und Erläuterung vgl. Grapow/Deines/Westendorf (1958 IV, 1: 238).
[1409] Grapow (1958 V: 450).
[1410] Für *gsw* siehe Koura (1999: 135).
[1411] Zur Übersetzung siehe Grapow/Deines/Westendorf (1958 IV, 1: 263).
[1412] Grapow (1958 V: 352, 2-3)
[1413] Zur Übersetzung siehe Grapow/Deines/Westendorf (1958 IV, 1: 308) bzw. Westendorf (1999: 547).
[1414] Grapow (1958 V: 195).
[1415] Gemeint sind Bandwürmer. Zur Übersetzung siehe zuletzt Westendorf (1999: 557).
[1416] Grapow (1958 V: 397 d.).
[1417] Zur Übersetzung siehe zuletzt Westendorf (1999: 709).
[1418] Grapow (1958 V: 436).
[1419] Oder eine andere Beschwörung.
[1420] Zur Ergänzung vgl. Grapow/Deines/Westendorf (1958 IV, 2: 195 L. 8, Anm. 2).

Lexem	Transliteration	Übersetzung / Textstelle
7. 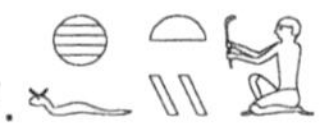 [1421]	*ḏd.tw m ḥkꜣ ḥr pẖr.t tn* ***dr ḫft.j*** *jmj wbnw*	„Was als Zauber über diesem Heilmittel gesprochen wird: **vertrieben** werde der **Feind**, der in der (Stirn)Wunde ist". pSm. 9 (5, 2)[1422]
8. 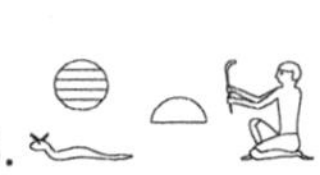 [1423]	*... jnn.t r* ***dr*** *s.t-ꜥ nṯr s.t-ꜥ nṯr.t* ***ḏꜣy.w ḏꜣy.t*** *mwt mwt.t* ***ḫft.j ḫft.j.t***	„... (das Horusauge), das gebracht ist, um die Einwirkung eines Gottes, einer Göttin, eines **Widersachers**, einer **Widersacherin**, eines Toten, einer Toten, eines **Feindes**, einer **Feindin** zu **beseitigen**". pL. 22 (7, 5)[1424]
9. ; 10.  [1425]	*ḥmw.t rꜣ ⟨r⟩n* ***ḫft.j*** *rn n(j) jt.f rn n(j.t) m(w)t.f j mꜣfd.t ḥbd rꜣ(.k) r* ***ḫft.j*** *pf*	„Beliebig fortsetzen (hier sind einzusetzen) der **Name** des **Feindes**, der Name seines Vaters, der Name seiner Mutter. O Mafdet-Katze,[1426] Reiße dein Maul auf gegen jenen **Feind**". pL. 38 (13, 5-7)[1427]
11.  [1428]	*ꜥb.s wnmj r wnmj jꜣbj r jꜣbj r nnj.w r* ***ḫmy.w ḫmj⟨.tj⟩.sn***[1429]	„Ihr[1430] rechtes Horn zur Rechten, das linke zur Linken gegen die Müden[1431], gegen die **Bösen**, die **angreifen** werden". pH. 215 (14, 8)[1432]
12.  [1433]	*j jrj.w p.t r nnj.t* ***ḫmy.w ḫmj.sn*** *ḥmw.t rꜣ sꜣ ḥꜣ ḥr sꜣ jy(j) sꜣ*	„O ihr zum Himmel Gehörigen: zu den weiblichen Müden, den weiblichen **Bösen**, die **angreifen** werden – beliebig fortsetzen. Schutz hinten, Schutz, es kommt Schutz". pH. 215 (14, 8)[1434]

[1421] Grapow (1958 V: 314, 2).
[1422] Zur Übersetzung siehe Grapow/Deines/Westendorf (1958 IV, 1: 180 und 1999: 721).
[1423] Grapow (1958 V: 103).
[1424] Zur Übersetzung siehe Grapow/Deines/Westendorf (1958 IV, 1: 60-61 bzw. IV, 2: 65). Grapow meint, daß dieser Begleitspruch dadurch bemerkenswert ist, weil er eigens für die Behandlung der Augen bestimmt ist. Die sonstigen Begleitsprüche sind allgemein gehalten.
[1425] Grapow (1958 V: 268-269).
[1426] Zur Bedeutung vgl. Meurer (2002: 294-295, Anm. 2) mit Hinweis auf Graefe (1980a: 1132-1133), der Ginsterkatze oder Pantherkatze als plausible Erklärung vorschlägt. Zur Rolle der Mafdet in diesem Zauberspruch, als Beschützerin des toten Königs (Osiris), die den Giftsamen der Schlangen unschädlich macht, siehe Westendorf (1966: 130 f.).
[1427] Zur Übersetzung siehe Grapow/Deines/Westendorf (1958 IV, 1:153).
[1428] Grapow (1958 V: 535). Als Bezeichnung göttlichen Wesens bzw. als Feinde des Osiris vgl. auch Leitz Bd.V (2002: 740) und Wilson (1997: 727). Vittmann (2005: 212, Anm. 78) im Ptolemäischen.
[1429] Zur Ergänzung vgl. Grapow/Deines/Westendorf (1958 IV, 2: 234, Anm. 6).
[1430] Es ist ein „Spruch für den Honig". Grapow (1958 IV, 2: 234) schreibt: „Es ist unklar, worauf das Femininsuffix *s* ihr geht". Das Horn gilt als Zeichen von Macht und Kraft (LÄ III. 9-10).
[1431] Bei Westendorf (1999: 234) als Bezeichnung für gespenstische Tote.
[1432] Zur Übersetzung vgl. Grapow/Deines/Westendorf (1958 IV, 1: 310 H 215 und IV, 2: 233-234).
[1433] Grapow (1958 V: 536). Als Bezeichnung göttlichen Wesens bzw. als Feinde des Osiris vgl. auch Leitz (2002 V: 740) und Wilson (1997: 727).
[1434] Zur Übersetzung vgl. Grapow/Deines/Westendorf (1958 IV, 1: 310 H 215 und IV, 2: 233-234).

Lexem	Transliteration	Übersetzung / Textstelle
13.  1435	*gsw*[1436] *jrr.tw s* ***sḥtm ḫft.j*** *r* ***dr ḫrw.y*** *jy(j) r s(j) m ḥsꜣ ḥr*	„Salbmittel (*gsw*), was man macht, um den (Krankheitsdämon) **Gegner** zu **vernichten**, um den **Feind** zu beseitigen, der kommt als einer mit grimmigem Gesicht gegen den Mann“. pBln. 99 (8, 8-9)[1437]
14. ; 15.  1438	*j S.t wr,t ḥkꜣ.w* ***wꜥḥ*** *wj …s.t-ꜥ nṯr …* ***ḏꜣy.w ḏꜣy.t*** *ḏꜣj.tj.fj sw jm.j*	„O Isis, Große an Zauberkraft, mögest du mich **lösen** ... von der Einwirkung eines Gottes ... eines **Widersachers**, einer **Widersacherin**“. pEb. 2 (1, 15)[1439]
16. ; 17.  1440	*tm ḏ(j).t* ***ḫdb*** *sw …* ***ḏꜣy*** *nb(w)* ***ḏꜣy.t*** *nb(w.t)*	„um nicht zuzulassen, daß ihn (N.N.) **niederwerfe** ... irgendein **Widersacher**, irgendeine **Widersacherin**“. Bt. Rs. 2 (5, 9)[1441]
18. ; 19.  1442	*… jnn.t r* ***dr*** *s.t-ꜥ nṯr s.t-ꜥ nṯr.t* ***ḏꜣy.w ḏꜣy.t*** *mwt mwt.t* ***ḫft.j ḫft.j.t***	„... (das Horusauge), das gebracht ist, um die Einwirkung eines Gottes, einer Göttin, eines **Widersachers**, einer **Widersacherin**, eines Toten, einer Toten, eines **Feindes**, einer **Feindin** zu **beseitigen**“. pL. 22 (7, 4)[1443]

[1435] Grapow (1958 V: 450).
[1436] Für *gsw* siehe Koura (1999: 135).
[1437] Zur Übersetzung siehe Grapow/Deines/Westendorf (1958 IV, 1: 263).
[1438] pEbers 2 (1, 15); Grapow (1958 V: 533).
[1439] Meurer (2002: 175, Anm. 4) und Grapow/Deines/Westendorf (1958 IV 1:309); Westendorf (1999: 548) und Meurer (2002: 175, Anm. 4).
[1440] pChester Beatty VI Rs. 2 (5, 9); Grapow (1958 V: 273).
[1441] Grapow/Deines/Westendorf (1958 IV 1: 156).
[1442] pLondon 22 (7, 4); Grapow (1958 V: 103).
[1443] Zur Übersetzung siehe Grapow/Deines/Westendorf (1958 IV 1: 60-61 bzw. IV 2: 65). Grapow stellt fest, daß dieser Begleitspruch dadurch bemerkenswert ist, daß er eigens für die Behandlung der Augen bestimmt ist. Die sonstigen Begleitsprüche sind allgemein gehalten.

4.1. Kommentar:

Die drei Kräfte Religion, Zauber und Medizin „werden im Herzbuch des Papyrus Ebers (Eb 854a) einzeln aufgerufen, wenn es bei der Aufzählung der Personen, die in der Lage sind, den Puls zu fühlen, heißt: jeder Arzt, jeder Sachmet-Priester, jeder Zauberer“.[1444]

„Unter den zweiundvierzig ‚Hermetischen Büchern’ der Ägypter, die Clemens Alexandrinus nennt, „sollen auch sechs medizinischen Inhalts gewesen sein: 1. ‚über den Bau des Körpers’; 2. ‚über die Krankheiten’; 3. ‚über die Geräte (des Arztes)’; 4. ‚[über] die Heilmittel’; 5. ‚über die Augen[krankheiten]’; 6. ‚über die Zustände der Frauen’“.[1445] Doch entsprechen die erhaltenen medizinischen Texte dieser Überlieferung nicht.

Die ältesten medizinischen Texte stammen aus dem Mittleren Reich (um 1990 v.Chr.), die größten und wichtigsten Papyri Smith und Ebers sogar erst aus dem Anfang des Neuen Reiches (um 1550 v.Chr). Man kann aber diese Texte aufgrund sprachlicher Kriterien mit sicherheit teilweise in das Alte Reich datieren.[1446]

Man trifft in den medizinischen Texten enthalten dieselben Bezeichnungen für Krankheitsbilder oder Dämonen, die für reale Feinde oder Rebellen verwendet werden wie z.B. *rqj*, *ḫft.j* oder *ḫrwy*.
In den Belegen (2-10) tritt *ḫft.j* als oft Krankheitsdämon neben anderen Dämonen wie *ḫmj.w*, *ḫrw.y* und *ḏꜣj(.tjw)*, auf.[1447] In einigen Beispielen (z.B. 8, 18) wird das Horusauge als Apotropaion gegen böse Einwirkungen, die von Göttern, Toten oder Feinden ausgehen, gebraucht.
Gefährliche Krankheiten sind als das Resultat einer feindlichen Handlung zu verstehen. Diese können u.a. von Göttern wie Seth verursacht werden.[1448] Die in den medizinischen Texten erwähnten Krankheiten könnten aber auch von Dämonen oder spukenden Toten (*mwt*) bewirkt werden, wie die Belege (14, 15, 18-19) für *ḏꜣy.w* zeigen.[1449]

Bemerkenswert im Beleg (1) ist der Gebrauch von *rqj* für eine resistente Krankheit (Schwellungen oder Geschwülsten): „Hier ist von *rḳw* ‚Widersacher’ als Abstraktum *rḳw.t* ‚Widersätzlichkeit’[sic] gebildet“.[1450] Es könnte sich hier um einen medizinischen Terminus handeln, der aus der Umgangssprache stammt. Des weiteren muß offen bleiben, ob es spezifische Fachausdrücke für bestimmte Krankheiten in der altägyptischen Medizin gab.
Eine interessante Bezeichnung einer Krankheit, *tꜣ n.t ꜥꜣmw* die wörtlich „die der Asiaten“ genannt wird, findet sich im pHearst 170 (11, 12-15). Dabei handelt es sich wahrscheinlich um die Beulenpest. Hier sind Asiaten negativ konnotiert und fungieren als „Krankheitsbringer“.[1451] Eine Variante dazu ist die Bezeichnung „die Franzosen-Krankheit“

[1444] Siehe Westendorf (1999 1: 3). Leitz konnte verschiedene Wirkungsprinzipien der Magie in Rezepten aus dem Papyrus Ebers nachweisen, in: Fischer-Elfert (2005: 41-62). Zu den Begriffen Religion und Magie vgl. auch Fischer-Elfert (2005a: 12 f.) mit weiterführender Literatur.

[1445] Grapow (1955 II: 1-2) mit einem Überblick über die Tradierung medizinischen Wissens.

[1446] Ebd S. 1.

[1447] Deines/Westendorf (1962 VII, 2: 656-658, 676 und 994).

[1448] Meurer (2002: 175, Anm. 4). Zu Seth und seinem Gefolge als Feind des Königs ebenda, S.99 f.

[1449] Grenzfälle zwischen natürlicher und übernatürlicher Ursache sind etwa dann gegeben, wenn ein Wurm eine Leiberkrankung hervorruft, dieser Wurm aber seinerseits von einem Gott in den Leib gebracht worden ist.

[1450] Deines/Westendorf (1961 VII, 1: 534).

[1451] Ägyptisch: *tꜣ nt ꜥꜣm.w* „Asiaten-Krankheit“. Diese erscheint unter besonderen Krankheitsbezeichnungen, die vorwiegend durch Zaubersprüche bekämpft werden, siehe Grapow/Deines/Westendorf (1958 IV 1: 258 und

oder Syphilis, benannt nach dem Hirten Syphilus im Fracastoros lateinischen Lehrgedicht des Jahres 1530 „Syphilis sive Morbus Gallicus“.[1452] Es könnter sich aber auch „um eine Form von Lepra handeln, die im 2. vorchr. Jt. im Gefolge diverser Bevölkerungsverschiebungen ihren Weg vom indischen Subkontinent in den Nahen Osten einschließlich Ägypten gefunden hat. Ihre Symptome werden in medizinischen Texten u.a. als ‚verkohlt' ‚tiefschwarz' und ‚versiegelt' aussehend beschrieben“.[1453]

Eine weitere bemerkenswerte Parallele dazu dürfte die mittelalterliche Bezeichnung Lues Saracenorum oder „Sarazenen-Seuche“ sein. Diese Bezeichnung stammt vom Benediktinermönch Beda Venerabilis, der zu Beginn des 8. Jh. im Norden Englands lebte und der biblischen Vorstellungswelt verhaftet war.[1454] Mit dieser Seuche meinte er das arabische Heer, das (Nord) Afrika, und Großteile Asiens sowie einiges von Europa erobert hatte. Dieses Heer sandte Gott wegen sündhaften Handelns der Menschen.[1455]

1962 VII, 2: 936) und Westendorf (1999: 311-312) mit weiterführender Literatur. Ausführlich bei Goedicke (1984: 91-105 und 1984a: 918-919).

[1452] Duden Fremdwörterbuch (1990^5: 761).

[1453] Nach Fischer-Elfert (2005a: 45 bzw. 136) erinnert diese Krankheit von ihrem Benennungsmotiv an die von den Griechen sog. „Phönizierkrankeit“.

[1454] Beda Venerabilis ist der Verfasser von z.B. „Histotiographie des Abedlandes“ und „De natura rerum“.

[1455] Rotter (1993:53 f.). Etymologisch leitet sich diese Bezeichnung sarazen, saraqen aus dem arabischen Adjektiv شرقي ab und bedeutet „östlich“ bzw. „oriental“.

5. IM TRAUMBUCH[1456]

Lexem *ḫft.j*	Datierung	Ges.	Kgl.	Priv.	Lit.	Andere Lexeme / Untaten des Feindes	Aktion gegen den Feind
1.  1457	Dyn. 20	001	000	000	000	-----	-----
2.  1458	Dyn. 20	001	000	000	000	-----	-----
3.  1459	Dyn. 20	001	000	000	000	-----	-----
4.  1460	Dyn. 20	001	000	000	000	-----	-----
5.  1461	Dyn. 20	001	000	000	000	-----	-----
6.  1462	Dyn. 20	001	000	000	000	-----	-----
7.  1463	Dyn. 20	001	000	000	000	-----	-----
8.  1464	Dyn. 20	001	000	000	000	-----	-----
9.  1465	Dyn. 20	001	000	000	000	-----	-----

Vor jeder Kolumne stand der Vorsatz: [*jr mꜣꜣ sw s(j) m rs.wt*][1466]
[„Wenn sich ein Mann im Traum sieht“]

1.
ḥr mꜣꜣ jḥ mt
nfr mꜣꜣ [mt n] ḫft.jw.f

„indem er ein **totes** Rind sieht;
gut, (d.h.) Sehen [des **Todes**?][1467] seiner **Gegner**“. Leitz (2000: 237 III, 13)

2.
[ḥr]⌜sn⌝ḥ rmṯ jꜣd m grḥ
nfr nḥm rʾ n ḫft.jw.f

[1456] Die maßgebliche Publikation stammt von Gardiner (1935), zuletzt bearbeitet von Leitz (2000: 221-257). Ich habe es fast als normal empfunden, daß mein „Feind“ mich nicht nur am Tage beschäftigte, sondern auch im Traume heimsuchte. Daher sollen hier einige Träume/Feinde nicht unerwähnt bleiben.
[1457] Gardiner (1935: II Taf. 5 Kol. 3, 13).
[1458] Gardiner (1935: II Taf. 6 Kol. 4, 5).
[1459] Gardiner (1935: II Taf. 6 Kol. 4, 8).
[1460] Gardiner (1935: II Taf. 6 Kol. 5, 3).
[1461] Gardiner (1935: II Taf. 6 Kol. 5, 23).
[1462] Gardiner (1935: II Taf. 6 Kol. 5, 25).
[1463] Gardiner (1935: II Taf. 6 Kol. 6, 19).
[1464] Gardiner (1935: II Taf. 7 Kol. 8, 2).
[1465] Gardiner (1935: II Taf. 8 Kol. 10, 16).
[1466] Siehe Gardiner (1935: II Taf. 5 Kol. 1 rto) und Leitz (2000: 235).
[1467] Nach Gardiner (1935: I 13 (3, 13)).

„indem er elende/wütende Menschen in der Nacht fesselt;
gut, (d.h.) die (üble Nach)rede seiner **Gegner** wird **weggenommen**“. Leitz (2000: 238 IV, 5)

3.
[ḥr s]mꜣ jḥ
nfr smꜣ ⸢ḫft.jw⸣.f

„indem er ein Rind [tötet⸣;
gut, **Töten** seiner **Gegner**“. Leitz (2000: 238 IV, 8)

4.
[swr.f⸣ snf
nfr jn(j) pḥ n ḫft.jw.f

„indem er Blut [trinkt];
gut, (d.h.) das Erreichen des Äußersten seiner **Gegner**“. Leitz (2000: 239 V, 3)

5.
ḥr ꜥfn.f [...]
nfr rwj ḫft.jw.f r ḥꜣ.t.f

„indem er sich verhüllt [...];
gut, (d.h.) das Entfernen seiner **Gegner** vor ihm“. Leitz (2000: 239 V, 23)

6.
ḥr ws(j).t ḫt nfr [...]
[nfr] ḫft.jw.f mt

„indem er Holz sägt [...];
[gut], (d.h.) seine **Gegner sind tot**“. Leitz (2000: 239 V, 25)

7.
ḥr mꜣꜣ.f gn
nfr ⸢gm(j)⸣[1468] pw ḫft.jw.f [mt]

„indem er sich schwach sieht;
gut, (d.h.) er wird seine **Gegner** **[tot]** finden“. Leitz (2000: 240 VI, 19)

8.
ḥr mꜣꜣ ḥnn.f nḫt.w
ḏw nḫt.w[1469] n ḫft.jw.f

„indem er seinen Phallus steif sieht;
schlecht, (d.h.) **Sieg** seiner **Gegner**“. Leitz (2000: 242 VIII, 2)

[1468] Paronomasie zwischen ***gn*** und ***gm*** nach Gardiner (1935 I: 15, Anm. 8).

[1469] Gardiner (1935 I: 17, Anm. 4) sieht in vielleicht eine Silbe des Infinitivs ⲛⲁϣⲧⲉ. Paronomasie.

9.
jnḏ ḥr rsw.t ⌜tn?⌝[1470] *nfr.t m33 grḥ m hr.w*
dr ṯms.w nb(w).t ḏw.t jr(j).n Stḫ s3 Nw.t
m3ᶜ ḫrw Rᶜw r ḫft.jw.f
m3ᶜ ḫrw.j r ḫft.jw.j

„Sei gegrüßt, du dieser schöner Traum, der gesehen wird nachts und tagsüber.
Vertrieben wird alles **Böse**, welches Seth, Sohn der Nut, angerichtet hat.
So wie Re gegenüber seinen **Gegnern gerechtfertigt** wird,
ebenso werde ich gegenüber meinen **Gegnern gerechtfertigt**“. Leitz (2000: 244 X, 16)

[1470] Vgl. Gardiner (1935 I:19, Anm. 8).

5.1. Kommentar:

Sieben von acht Träumen (äg. *rsw.t*) werden als *nfr* „gut" gedeutet. Der achte Traum ist der einzige, der als *ḏw* „schlecht" ausgelegt wird.[1471] Im neunten Beleg wird Isis in ihrer Rolle als Zauberkundige und Heilerin angerufen, um den Träumenden von den Qualen seines Traums zu befreien und alles Übel zu entfernen. Euphemistisch wird der Traum mit den Worten: „Sei gegrüßt, du dieser gute Traum" angeredet. Damit will man wohl die (Be)Deutung Traums positiv beeinflussen.

Bemerkenswerterweise ist es in Ägypten heute noch üblich, daß der Deuter/Zuhörer, bevor der Träumende seinen Traum erzählt, – egal, ob es sich um gute oder schlechte Träume handelt – sagt:

„Gut! Möge Gott ihn (den Traum) zum Guten verwandeln" (خير أللهم إجعلة خير).

Volten führt in seiner demotischen Traumdeutung einige Beispiele des Papyrus Chester Beatty III auf. Er meint, daß das Essen von Krokodilfleisch den Besitz des Feindes bedeutet.[1472] Jedoch haben die drei Textstellen, in denen das Essen des Krokodilfleisches (pChester Beatty III 2, 22; 5, 11 und 5, 17) vorkommt, mit dem Besitz des Feindes nichts zu tun. Bei der zuerst genannten Textstelle bedeutet das Essen vom Krokodilfleisch das Essen bzw. Leben von dem Besitz eines Beamten, d.h., daß man handeln wird wie ein Beamter. Das Krokodil ist hier negativ konnotiert und wird in der Geschichte des beredten Bauern als Symbol der Habgier interpretiert.[1473]

Leitz bemerkt: „Die Zuordnung Krokodil gleich Beamter ist eindeutig und für letzteren wenig schmeichelhaft, das tertium comparationis ist wohl ihre beiderseitige Habgier".[1474]

Er teilt die Träume in drei Kategorien ein:

I Das Geschehnis des Traums ist das genaue Gegenteil der Realität.

II Verbindung zwischen Traum und Deutung durch ein Wortspiel.

III Die allegorischen Träume im engeren Sinne.

Als Beispiel für die allegorischen Träume sei hier der erste Beleg aus dem Traumbuch genannt. Das Rind symbolisiert den Götterfeind, d.h. der Tod des Rindes bedeutet den Tod des Feindes. Dieses Beispiel eignet sich allerdings wohl auch für die zweite Kategorie des Wortspiels, da Rind nicht nur wie im Traum *jḥ*, sondern auch *smꜣ* heißt und dieses Wort lautgleich mit dem *smꜣ* „töten" in der Traumdeutung ist.[1475]

Zusammenfassend bemerkte Leitz: „daß es ein durchgehendes Ordnungsprinzip nicht gibt und daß es unklar bleibt, wie das Traumbuch denn praktisch verwendet wurde. Möglicherweise war es auch nur eine Sammlung von Träumen, ohne daß es jemals tatsächlich zur Deutung beliebiger Träume herangezogen wurde".[1476]

[1471] Auch wenn dieser jedoch eine gewisse Ambivalenz besitzt. Zur Etymologie von *rsw.t* „Traum" siehe Osing (1976: 64, 78 und 265).

[1472] Volten (1942: 8-16 bzw.77).

[1473] Vgl. Vogelsang (1964: 146). Zur Psychologie der Habgier siehe Assmann (1990: 86-87) bemerkt: „Weil der Habgierige zum Feiern außerstande ist, schädigt er sein ‚Herz' und seinen ‚Ka'. Hier geht es also um die Zerstörung nicht der Außenbezüge, sondern der inneren Persönlichkeit. [...] Habgier zerstört die sozialen Bindungen (so hat das auch der Oasenmann an einer früheren Stelle zum Ausdruck gebracht: ‚Habgier zerstört die Freundschaft'), und zerstört – in der Zeitdeminsion – die Dauer, die Einbindung des Einzelnen in die Fortdauer der Gruppe und ihrer Erinnerung".

[1474] Zur Traumdeutung im alten Ägypten siehe Leitz (2000: 221-246 bes. 233).

[1475] Ebd. S. 232.

[1476] Ebd. S. 235.

Zibelius-Chen [1477] schreibt: „Ziel der Traumdeutung ist die Prognostizierung zukünftiger Ereignisse. Die Methode der Traumdeutung bedient sich dabei verschiedener Prinzipien und arbeitet in der Hauptsache mit Analogieschlüssen, nach dem Kontraritätsprinzip oder mit Paronomasie, Wortspielen, Ideenassoziationen und zuweilen auch mit Symbolen. Nach dem Analogieschluß bedeuten angenehme Träume etwas Angenehmes, negative etwas Schlechtes“.[1478]

[1477] Zu Kategorien und der Rolle des Traums in Ägypten siehe Zibelius-Chen (1988a: 286-287). Siehe auch Graefe (1971: 138); Assmann (1978: 44, Anm. 98-99) mit Hinweis auf Hornung (1971: 118-119).

[1478] Allgemein zur Traumdeutung vgl. zuletzt Neumann (2002: 44), der die folgende Passage über die logisch verbundenen Ketten des Gedankens hinter dem Traum nach Freud zitiert: „In den bestgedeuteten Träumen muß man oft eine Stelle im Dunkel lassen, weil man bei der Deutung merkt, daß dort ein Knäul von Traumgedanken anhebt, der sich nicht entwirren will, aber auch zum Trauminhalt keine weiteren Beiträge mehr geliefert hat. Dies ist dann der Nabel des Traums, die Stelle, an der er dem Unerkannten aufsitzt. Die Traumgedanken, auf die man bei der Deutung gerät, müssen ja ganz allgemein ohne Abschluß bleiben und nach allen Seiten hin in die netzartige Verstrickung unserer Gedankenwelt auslaufen. Aus einer dichteren Stelle dieses Geflechts erhebt sich dann der Traumwunsch wie der Pilz aus seinem Mycelium“.

IV. FEINDBEGRIFFE IN SPÄTEREN SPRACHSTUFEN UND SPRACHEN

1. IM DEMOTISCHEN[1479]

Einige von den hier behandelten Lexemen (mit *) sind in den beiden späteren Sprachstufen (Demotisch und Koptisch) nachweisbar. Nach der Tabelle folgen einige Belege aus demotischen Texten in Übersetzung.[1480] Fehler bzw. Mängel, die bei der folgenden Tabelle aufgetreten sind, gehen zu Lasten des Verfassers.

Ägyptisch	Demotisch	Übersetzung
1. *ꜣbw.t* [1481]	*ꜣbwyw* [1482]	„Abweichler“, „Dissidenten“
2.* *nbḏ-qd* [1483]	*nbt* [1484]	„der Böse“, „Schädling“
3.* *rqw* [1485]	*rq*, *lgj* [1486]	„abwenden“
4. *ẖbtj* [1487]	*ẖbt* [1488]	„Widersacher“, „Frevler“, „Feind“
5.* *ẖftj* [1489]	*ẖft*, *šft* [1490]	„Gegner“
6.* *ẖrw.y* [1491]	*ẖrw.y* / *ẖyr* [1492]	„Feind“
7.* *sbj* [1493]	*sꜣb* / *sbꜣ* [1494]	„Sünder“, „Frevler“, „Gottloser“
8.* *šnṯ.j* [1495]	*ẖnt* [1496]	„streiten“
9. *ḏrḏr* [1497]	*ḏḏj* < *ḏꜣḏꜣ* [1498]	„Feind“ < „Fremder“

[1479] H.J. Thissen erweiterte meine hauptsächlich aus „Erichsen Demotischem Glossar“ gewonnene Feindliste durch wertvolle Hinweise. Trotz des „Ausnahmezustandes“, der in Köln während des Karnevals 2003 herrschte, mailte er mir seine demotischen Feindbegriffe prompt zu. Ihm sei an dieser Stelle herzlich gedankt.

[1480] Zur Bedeutung der demotischen Sprache für die Ägyptologie sowohl auf der linguistischen als auch auf der sozial-wirtschaftlichen Ebene siehe Depauw (1997: 17 f.) und Thissen (1990: 63-69).

[1481] Wb I 1, 8.

[1482] Ray (1976: 69, Anm. bb. Text 18 vso 13).

[1483] Vgl. LEXEM „*nbḏ-qd*“.

[1484] Erichsen (1954: 214-215), allerdings in der Bedeutung von „Sorge, Kummer, Schaden, Korb und Geflecht“; Kees (1922: 106-7 und 1924: 69-70), der ***nbd*** mit gefesselt assoziiert, sowie Hassan (1928: 117-119). Bei Zandee (1960: 208) wird ***nbḏ*** mit Apophis gleichgesetzt, siehe hierzu Sauneron (1989: 15, 152). Assmann (1969: 69-70) erwähnt ein Ritual in der Spätzeit, in dem der ***nbḏ*** gefällt wird; Borghouts (1971: 35 2) interpretiert es als „the evil one“; Sternberg (1985: 150, Anm. p) als Bezeichnung des Seth.

[1485] Siehe. LEXEM „*rqj.w*“.

[1486] Erichsen (1954: 256; vgl. *lgj* 265) abwenden. Ember (1911: 93, 10) vergleicht *rqj* mit (لقى) arabisch „to meet“ „to encounter any one face to face“. Hier sei ein grober Bedeutungswandel skiziert: vom altägyptischen Verbum *rq* „abwehren, befeinden“ zum Demotischen bzw. Koptischen „abwenden“. Im oberägyptischen Dialekt ist ein ähnlicher Lautwechsel zwischen den Gutturalen festzustellen (q wird zum g).

[1487] Vgl. Wb III 257, 4 f.

[1488] Quack (2005a: 118); Thissen (1984: 24 Kol. 11, 21). Glanville (1955: 28, 21) übersetzt ***ẖbt*** mit „sinner“. Vgl. auch Stricker (1958: 65, 21, Anm. 71).

[1489] Vgl. LEXEM „*ẖft.jw*“.

[1490] Erichsen (1954: 358, 505); Hoffmann (1996: 191, Anm. 955).

[1491] Vgl. LEXEM „*ẖrw.yw*“.

[1492] Erichsen (1954: 366) und Vittmann (2005: 212-213, Anm. 79).

[1493] Vgl. LEXEM „*sbj.w*“.

[1494] Erichsen (1954: 405 und 420) und Vittmann (2005: 213-216).

[1495] Vgl. LEXEM „*šnṯ.jw*“.

[1496] Erichsen (1954: 364).

[1497] Wb V 604, 8 f.

[1498] Erichsen (1954: 692); Hoffmann (1995: 63, Anm. 206) und Vittmann (2005: 216-217).

1.
Der erste Beleg ***ȝbwyw*** stammt aus dem Hor-Archiv:

„Preparation to thee the pourer (?), the separator of the brothers, the **dissidents** (***ȝbwyw***) of every land, Sakhmis the great, daughter of Rēʿ, from the bandaged one: thou shalt greet Pharaoh for ever".[1499]

2.
Smith setzt ***nbd*** mit ***nbḏ*** gleich und hält ihn für den Gott Seth. Im Zusammenhang heißt es:
„O Osiris, foremost in the west. The evil One (belong to) your slaughter. His name will not exist. Your enemy (*ḫft*) is fallen beneth your feet".[1500]
3.
Siehe Lexem *rqj*.

4.

Der pBM 10508 (Anchscheschonqi) weist einen Beleg für ***ḫbt*** als „Widersacher", „Frevler" auf:

„Sag nicht: Der ‚Widersacher Gottes lebt heute (noch)', auf das Ende sollst Du blicken. Du sollst von einem guten Schicksal (erst) am Ende des Alters sprechen. Leg Dein Geschick in die Hand Gottes".[1501]

5.

Für ***ḫft.j*** finden sich weitere Beispiele bei Smith[1502]:

„O Osiris, foremost in the west. Your enemy (*ḫft*) has withdrawn from your portal. Your beloved son has slain him in your presence.
O Osiris, foremost in the west. The evil One (*nbd*) (belong to) your slaughter. His name will not exist. Your enemy (*ḫft*) is fallen beneth your feet ".

Quack[1503] führt weitere Belege im Demotischen für *ḫft.j* auf, in denen *ḫft.j* im euphemistisch gebraucht wird.[1504] Posener hat lange davor eine Reihe von Beispiele für den euphemistischen Gebrauch des Wortes genannt.[1505] Im Papyrus Vandier weist er auf die apotropäische Funktion von *ḫyr* und *ḫft.j* als „Puffer" hin, der den Pharao vor Gefahren schützen sollen. Dabei wird die Kompatibilität der beiden Bezeichnung *ḫyr* und *ḫft.j* bei dem Kompositum *ḫyr n pr-ʿȝ* im pVandier 1, 4-8 und *ḫft pr ʿȝ* im pRyland XV, 8 sehr deutlich.

[1499] Ray (1976: 69, Anm. bb. Text 18 vso 13).
[1500] Smith (1987: 35, 4 und 57, Anm. a).
[1501] Nach Thissen (1984: Kol. 11, 21); Quack (2005a: 118); Glanville (1955: 28, 21) übersetzt *ḫbt* mit „sinner". Vgl. auch Stricker (1958: 65, 21, Anm. 71). Für weitere Literatur siehe Depauw (1997: 100-101).
[1502] Smith (1987: 35, 3-4).
[1503] Quack (1989: 197-198).
[1504] Zu Thema „Euphemismus" und Sprachtabu siehe den Kommentar zum LEXEM „*ḫft.jw*".
[1505] Posener (1985: 42-43 und 1970: 30-35).

In der demotischen Erzählung “Der Kampf um den Panzer des Inaros” kommt ***šft*** für ***ḫft*** einmal vor:

„[... Is]t dies, was von Wertiamonniut (ist), schön, daß er Lästerung sagt gegen seinen (des Wertiamonniut) Feind des = den [Fürsten] Inaros, der hat ... –Diener [und daß Phara]o auf seine Stimme hört?“.[1506]

Vittmann schließt sich der Meinung von Posener an, daß es sich bei *ḫjr* pRyland XI 21 und *ḫft* XV 8 um einen euphemistischen Gebrauch handelt.[1507] In einem Brief aus Elephantine kommt *ḫrw.j* im Zusammenhang einer Revolte vor. An dieser Stelle hätte man *sbꜣ* oder *ḏdj* erwartet.[1508]

6.

Ein Beleg für ***ḫyr*** Feind kommt bei Smith vor:
„Your enemies will perish. They will not approach your house“.[1509]

Zauzich führt aus zwei Briefen weitere Belege für ***ḫyr*** an. Er übersetzt die erste Belegstelle wie folgt:

„Ich habe keine Zeit vergeudet, um zu kommen (und) um euch zu besuchen, indem ich früh aufgestanden bin, ... Ihr aber rechnet uns zu ***ḫjr*** Feinden. Besser ist unser Herz gegen den Gott als ihr“.[1510]
Die Übersetzung der zweiten Belegstelle lautet:
„Er warf ihnen die schlechte Sache vor, die kommt. Deine ***ḫyr*** Feinde sind nicht im Recht. Wenn ich aufhöre, Vertreter des *Ns-ẖnm-mtr* zu sein, werden mir die Priester kein Brot zum Essen geben können“.[1511]

7.

Im demotischen Weisheitstext (pAshmolean 1984.77) ist ***sꜣbꜣ*** überliefert:
„Do not allow a family to perish (?) because (?) of the sinner. A household which has (no) sinner has never existed ....“.
Der Verfasser ermahnt den Leser, keinen Haushalt zu vernichten wegen eines Sünders. Seiner Meinung nach gibt es kein Haus(halt) ohne Sünder bzw. Frevler.[1512]

Die folgenden Belege für ***sꜣbꜣ*** kommen im pInsinger vor[1513]:

[1506] Siehe zuletzt Hoffmann (1996: 191, Anm. 955). Vgl. Bresciani (1964: 40, 29).
[1507] Vittmann (1998: 476-478). Vgl. auch Vernus (1990: 204) und Posener (1985: 42-43).
[1508] Vittmann (2005: 212, Anm. 79).
[1509] Smith (1987: 42, 9 und 91, Anm. b) bemerkt, daß *ḫyr* im Glossar mit *ḫrw* „enemy“ (Wb III 321-22) identisch ist.
[1510] Zauzich (1978: pBerlin 15527 vso 13).
[1511] Zauzich (1993: pBerlin 13633 rto 2). Beide Textstellen stammen aus dem Priester-Milieu.
[1512] Jasnow (1991: 50, 7-51, Anm. J).
[1513] Nach Thissen (1991: 286). *Sꜣbꜣ* kommt mehrere Male im pInsinger vor: 4, 9, 13; 5, 8; 18, 5; 19, 10; 20, 3; 28, 5; 29, 10; 29, 18; 30, 9; 30, 23 und 31, 3. Zur Übersetzung vgl. Lichtheim (1983: 107 f.). Sie vergleicht zwischen dem Gottlosen “impious or sinner” und dem Dummkopf “fool” und stellt fest: „With proper coercion,

„Er (der Gott) erkennt den Gottlosen (*p3 s3b3*) und den Gottesfürchtigen (*p3 rmt-nṯr*) am Herzen (5, 8)“.[1514]
„Er (der wahre Diener) bringt dem Feind Verderben, auch wenn es keinen Schutz hinter ihm gibt (11, 16)“.
„Wein, Weib und (gutes) Essen sind eine Freude für das Herz. Wer sie genießt, ohne sich darüber auszulassen, den trifft in der Öffentlichkeit kein Tadel.[1515] Wen man um eines von ihnen beraubt, der wird zum Feind seines Körpers (17, 17)“.

„War Re auch schwach vor den Feinden, so waren sie ihrerseits schwach vor ihm (20, 17)“.

Im pKrall kommt ***s3b*** einmal vor:

„„... indem er sagte: Weh, du Feind! Was ist das Geben deines Herzens, was du gemacht hast, [...]“.[1516]

Bei Spiegelberg kommt ***s3b3*** vor. Dort heißt es:

„Es geschah im Jahre 5842 der Feinde des Ra-Harmachis(?), das ist das Jahr 2 des Königs Osiris(?) ....“.[1517]

Bresciani erwähnt ***rmt.w n sb***. Dem Kontext nach handelt es sich um einen nubischen Einfall, der vom Pharao abgewehrt wurde:
„Della gente si è ribellata. Il faraone si è precipitato su di loro quest'anno, ed essi se sono andati alle loro sedi. Anno 35“.[1518]
Sethe[1519] untersucht den Begriff κάτοχοι. Mit dieser Bezeichnung werden Priester gekennzeichnet, die sich eines Vergehens gegen ihren Herrn oder eine andere beliebige Gottheit schuldig gemacht haben. Deshalb befanden sie sich für eine bestimmte Frist in „Tempelhaft“ und wurden ***sb3 n nṯr*** genannt. Nach Sethe bezeichnet das Wort ***sb3*** einen „Abtrünnigen“, einen „Rebellen“ bzw. einen „Aufsässigen“. Auf dem Rosette-Stein wird der ***sbj*** im griechischen Text als ἀποστάτης, als Abtrünniger im religiösen Sinne bezeichnet.[1520]

8.
Siehe Lexem *šnṯ.j*.
9.

---

the bad inclinations of the fool may be tamed; but the evil man is one who is firmly set in his evil ways, and he ist the equal of the “impious man” or “sinner” (*s3b3*)“. Für weitere Literatur siehe Zauzich (1975: 119 f.) und zuletzt Depauw (1997: 100).
[1514] Vgl. Shupak (1993: 260).
[1515] Im Sinne von „im Stillen genießen“. Dazu Lichtheim (1980: 215, Anm. 54) mit Hinweis auf Erichsen (1954: 263 und 519-520) bzw. Černy (1976: 240).
[1516] Hoffmann (1996: 138 (1, 16)).
[1517] Spiegelberg (1912: 33-34) ist der Auffassung, daß sie den Anfang eines Göttermythos enthalte, der durch die Doppeldatierung bemerkenswert sei. Allerdings sei das Erhaltene zu gering, um irgendeine Mutmaßung über den Inhalt des Mythos zu gestatten.
[1518] Bresciani (1978: 135 Nr. 135).
[1519] Sethe (1913: 93-95) mit Hinweis auf *sb3* in der Inschrift von Rosette (13, 15, 16), siehe Urk. II 178-183 bzw. passim.
[1520] Urk. II 182-183 und passim.

ḏḏj hat einen interessanten Wandel gemacht vom Altägyptischen ***ḏrḏr*** „fremd“ über das Demotische *ḏḏj* „Feind“ zum Koptischen ϫⲁϫⲉ „Feind“. Im pInsinger ist es einige Male belegt:

„Sprich ihm nicht von guter Verfassung im Interesse seines Feindes[1521] (10, 19)“.

„Vertraue nicht auf deinen Feind, damit sein Herz keine Lästerung hervorbringe (12, 8)“.

„Wer auf sein Herz und seine Zunge achtgibt, schläft ohne Feind (21, 14)“.

„Ein Dummkopf macht seinen Prüfer zum Feind, weil er nicht zuhört (26, 4)“.

Bei der nächsten Textstelle der beiden Papyri pVindob. D 6165 und D 6165 A geht Hoffmann von einem gegensätzlichen Wortpaar aus und ergänzt *ḏḏj*:

„Sie (die Kontrahenten) nahmen sich den Tod als Freund, sie n[ahm]en? sich [da]s [Leb]en [als Feind ...]“.[1522]
Auf die Frage nach dem Zweck der Inaros-Petubastistexte schließt er aufgrund des schwachen Herrscherbildes die politische Propaganda aus. Diese Texte dienten ihrem Umfeld als Unterhaltungsliteratur.[1523]

Offensichtlich erfuhr *ḏḏj* schon im Neuen Reich eine Bedeutungserweiterung, von „Fremder“ bis zum „feindselig handeln gegen (*r*)“.[1524] Im Koptischen (vgl. die nächste Tabelle) bedeutet dieses Lexem Feind.
Zu berücksichtigen ist auch das Lexem *ḏ3ḏ3* Feind, das griechisch belegt ist und sicherlich aus dem älteren *ḏrḏr* entstanden ist.[1525]
Lichtheim schreibt: „For the word *ḏrḏrw*, which elsewhere means ‚stranger,‘ a meaning parallel to *ỉhw* is required, e.g., ‚strange doings, hostilities‘“.[1526]

[1521] Nach Thissen (1991: 280 f). Vgl. auch Lichtheim (1980: 215, Anm. 36).
[1522] Hoffmann (1995: 63, Anm. 206). Aus dem Libyschen Krieg Merenptahs erwähnt er eine ähnliche Passage zu dieser Textstelle. Dort (KRI IV 4, 13) wird der Feind folgendermaßen charakterisiert: ***mry*(.*w*) *m.t msdd.yw* ꜥ*nḫ*** „die den Tod lieben/wünschen und das Leben hassen“. Es folgt: ***wrš.w ḥr ḫt t3 ḥr* ꜥ*ḥ3 r mḥ ẖ.t.w n mn.t*** „Sie verbringen den Tag ziehend durch das Land, kämpfend, um ihren Bauch täglich zu füllen.
[1523] Hoffmann (1995: 22).
[1524] Siehe Wb V 604, 8-13.
[1525] Siehe Wb V 532, 13.
[1526] Lichtheim (1973: 149, Anm. 7).

2. IM KOPTISCHEN[1527]

Es sei hier versucht, anhand der koptischen Äquivalente den Bedeutungswandel einiger Lexeme aus altägyptischen Texten aufzuzeigen. Die Lexeme, die mit (*) versehen sind, wurden in dieser Arbeit behandelt. Die beiden Lexeme (ⲁⲧⲛ, ⲥⲏⲃ), die in der Tabelle mit (?) versehen sind, kommen (nur) im spätägyptischen Papyrus BM 10808 aus Oxyrhynchus vor, dessen maßgebliche Publikation von Osing stammt.[1528]

Ägyptisch	Koptisch	Übersetzung
1.* *ʿb*	ⲟⲃ (Ak.) [1529]	„Unreiner", „Feind"
2. *ʿ(ꜣ)p.j*	ⲱⲡ (Ak.) [1530]	„Feind" o.ä.
3.* *jtn.w*	ⲁⲧⲛ (?) (Ak.) [1531]	„Feind"
4.* *nbḏ-qd*	ⲛⲏⲃⲧⲉ (S.), ⲛⲉⲃϯ (B) [1532]	Geflecht (äg. Geflecht / böse, schlecht)
5.* *rqw*	ⲣⲓⲕⲉ (S.), ⲣⲓⲕⲓ (B.) [1533]	„neigen", „beugen" mit ⲉⲃⲟⲗ „sich abwenden"
6.* *ḫftj*	ϣⲁϥⲧⲉ (S.), ϣⲁϥⲧ (B.), ϣⲉϥⲧ (F.), ϩⲉϥⲧ (A.) [1534]	„Frevler", „Sünder", „Gottloser"
7.* *sbj*	ⲥⲏⲃ (?) [1535]	„Feind" (des Osiris)
8.* *sqr(-ʿnḫ)*	ϣⲱⲱϭⲉ, ϣϭⲁ (S. L.), ϣⲟⲩ(ⲟⲩ)ϭⲉ (A.) [1536]	„schlagen"
9.* *šnṯ.j*	ϣⲱⲛⲧ (S. B.) [1537]	„streiten"
10. *ḫr*	*ϩⲉⲣ (Ak) [1538]	„Feind"
11.* *ḏꜣjw*	ϫⲟⲓ (S. B.) [1539]	„Schiff"
12. *ḏrḏr*	ϫⲁϫⲉ (S.), ϫⲉϫⲉ (M.), ϫⲁϫⲓ (B.), ϫⲉϫⲓ (F.) [1540]	„Feind" < „Fremder"

[1527] Zum Lautsystem und zur Bedeutung des Koptischen für die ägyptische Sprache siehe Osing (1980: 944-949); Schenkel (1990: 1 f.) und Krause (1980: 731 f.) mit weiteren Literaturhinweisen.

[1528] Osing (1976a: 1-2) bemerkt, daß der Papyrus einen spätägyptischen Text enthält, der lautgetreu (mit griechischen Buchstaben und demotischen Zusatzzeichen) wiedergegeben worden ist und eine „überragende Bedeutung für die Entwicklungsgeschichte und Morphologie der ägyptischen Sprache hat".

[1529] Westendorf (1977: 528) mit Hinweis auf Osing (1976: 213 bzw. 749-750, Anm. 912); ders. (1976a: 64); Crum (1939: 254a mit ?). Zur Bedeutung von *ʿb* siehe den Kommentar zu diesem LEXEM in der vorliegenden Arbeit.

[1530] Westendorf (1977: 554); Osing (1976a: 65, Anm. 495) bemerkt, daß es bisher einmal in Edfu I 180 belegt ist, wo es in Parallele zu ***mhr.w*** „Bösewicht" und *ḫft.jw* „Feind" erscheint.

[1531] Als „wütender Feind", Osing (1976a: 82, 84 und 248); ders. (1976: 166); Westendorf (1977: 489).

[1532] Černy (1976: 107); Westendorf (1977: 120) und Crum (1939: 222 b.), nur in der Bedeutung von Geflecht. Für eine negative Konnotation vgl. Kees (1922: 106-107) und unter ***nbd*** in der demotischen Tabelle.

[1533] Vycichl (1983: 172); Westendorf (1977: 162); Crum (1939: 291 b.).

[1534] Vycichl (1983: 277); Westendorf (1977: 340/562) mit Hinweis auf Osing (1976a: 253) bzw. auf Krause (Nag. Ham. Cod. VII 63, 30); Černy (1976: 262); Crum (1939: 611 b.). In Genesis 18, 23, 25 kommt es als Gegenbegriff zum Gerechten vor.

[1535] Osing (1976a: 46 bzw. 253); Černy (1976:146) und Westendorf (1977: 536).

[1536] Vycichl (1983: 278); Černy (1976: 264) bzw. Westendorf (1977: 343); Crum (1939: 618 a.).

[1537] Osing (1976: 794); Černy (1976: 247); Westendorf (1977: 319); Crum (1939: 572 b.).

[1538] Westendorf (1977: 567) bzw. Osing (1976a: 94, Anm. 732).

[1539] Westendorf (1977: 415); Vycichl (1983: 324) und Crum (1939: 754 a).

[1540] Vycichl (1983: 333); Crum (1939: 799 b); Černy (1976: 323) bzw. Westendorf (1977: 441) < äg. *ḏrḏr* „Fremder" > *ḏꜣḏꜣ*.

Die beiden bereits eingangs erwähnten Lexeme (ⲁⲧⲛ, ⲥⲏⲃ), die (nur) im spätägyptischen BM 10808 vorkommen, seien hier aufgrund ihrer Seltenheit angeführt:

ḥ3.k 3wj - tp.f – m- jtnw – 3d
„Zurück – du, der du deinen Kopf ausgestreckt hast als wütender **Feind**".[1541]

o - *zrw.t sbj n – Wnn-nfr*
ḫftj n 3stjrt – ḫntj-jmnt.t

„O Sro, **Feind** des Onnophris,
Widersacher des Osiris, des ‚Ersten des Westens'".[1542]

ⲛⲏⲃⲧⲉ ist in der Bedeutung „Geflecht" erhalten, wobei nach Kees eine negative Bedeutung vorhanden sein kann.[1543]

ⲣⲓⲕⲉ „neigen", „beugen" hat – im Unterschied zum ägyptischen *rqj* „Rebell" – seine „feindliche" Bedeutung eingebüßt. Es bedeutet nur noch mit ⲉⲃⲟⲗ „sich abwenden". Ich könnte mir vorstellen, daß hier die altägyptische Bedeutung „jem. befeinden" in abgeschwächter Form noch erhalten ist.

ϣⲁϥⲧⲉ ist im Koptischen vergleichsweise nicht mehr so oft belegt wie sein Äquivalent im Ägyptischen. Es wurde von ϫⲁϫⲉ abgelöst.

Für die Bezeichnung *sqr ꜥnḫ* „Kriegsgefangene" gibt es im Koptischen kein Äquivalent, jedoch ist das Verbum *sqr* „schlagen" im Koptischen ϣⲱⲱϭⲉ in derselben Bedeutung erhalten.[1544]
Im Koptischen ist das altägyptische *šnṯ* in der Bedeutung „streiten"/„zanken" als Verbum ϣⲱⲛⲧ – ohne Bedeutungswandel – ebenfalls erhalten. Das Substantiv *šnṯ.j* „Streitsüchtiger" ist nicht belegt.

Die Wurzel *ḏ3j* mit der Grundbedeutung etwa „kreuzen" „queren" kommt seit den Pyramidentexten sowohl in der Bedeutung „einen Fluß überqueren" als auch „sich quer/feindlich in den Weg stellen" vor.[1545] Denn beim Kreuzen (= gegen den Wind segeln) wird der (Fluß)weg „gestört". Seit dem Neuen Reich gibt es davon abgeleitet zum einen gelegentlich ein Wort *ḏ3j* „Schiff" oder „Fähre" zum anderen das hier behandelte Lexem *ḏ3y.w* „Quertreiber", „Widersacher".[1546] Im Koptischen ist nur noch ϫⲟⲓ „Schiff" belegt. Bemerkenswert ist, daß die gleiche semantische Differenzierung wie im Ägyptischen im Arabischen vorliegt, wo die Wurzel *ꜥdw/y* zum einen عادى „jem. befeinden" zum anderen معدية „Schiff", „Fähre" bedeutet.[1547]

[1541] Osing (1976a: 82). Für die anderen Textstellen im pOxyrhynchus, siehe ebd., S. 84 und 248.
[1542] Ebd. S. 46. Für die anderen Textstellen im Papyrus siehe ebd. S. 253.
[1543] Siehe Kees (1922: 106-107) und unter *nbd* in der demotischen Tabelle.
[1544] Zur Entwicklung dieses Verbums *sqr* zu ϣⲱⲱϭⲉ siehe Osing (1976: 506, Anm. 219).
[1545] Wb V 511, 11. und 514, 14.
[1546] Wb V 515, 5-6 und 517, 10.
[1547] Rössler (1971: 305) und zuletzt Takács (1999: 259, 345). Vgl. das nächste Kapitel.

Ein gutes Beispiel für einen Bedeutungswandel eines Lexems ist das altägyptische *ḏrḏr* „Fremder", das sowohl im Demotischen *ḏḏj* als auch Koptischen als ϫⲁϫⲉ in der Bedeutung „Feind" häufig vorkommt.[1548]

Die untersuchten Lexeme zeigen, daß die meisten altägyptischen Feindbezeichnungen – mit oder ohne Bedeutungswandel – noch im Koptischen in Gebrauch sind. Es konnte lediglich ein koptisches Lexem gefunden werden, nämlich ⲧⲟⲩⲣⲉ „Widersacher", das bislang nicht im Ägyptischen, sondern nur im Demotischen belegt ist.[1549].

[1548] Černy (1950: 46-47) hat auf die phonetische Entwicklung dieses Lexems aus dem Ägyptischen *ḏrḏr* hingewiesen und seine Meinung durch eine Reihe von Beispielen bekräftigt. Vgl. auch Quack (1996: 153).

[1549] Crum (1939: 424 b); Westendorf (1977: 242) und Griffith/Thompson (1904: 96 Kol. 13, 25) in der Bedeutung „troublesome (?)".

3. IM SEMITISCHEN[1550]

Altägyptisch	Arabisch	Übersetzung
sbj	سبى	altäg. „Rebell"; arab. „gefangenehmen", „Kriegsgefangener"
rqj	لقى	altäg. „jem. abwehren", „Widersacher"; arab. „begegnen"
ḫr	خر	altäg. „fallen"; arab. „(nieder)fallen"
ḏ3jw	عدو	altäg."kreuzen", „Feind"; arab. „überqueren", „jem. befeinden"

Es handelt sich bei *sbj* um eine Wurzel, die im Hebräischen, Aramäischen und Arabischen in der Bedeutung „Kriegsgefangene" gut bezeugt ist.[1551] Bemerkenswert ist die Tatsache, daß dieser Terminus unterschiedliche Bedeutungsnuancen – sowohl im Altägyptischen in der Bedeutung „Rebell" als auch in den drei zuerst genannten Sprachen „(Kriegs)gefangener" – aufweist.

Man kann das ägyptische Verbum *rq* „jem. abwehren", „jem. befeinden" mit dem arabischen Verbum *laqa* لقى „begegnen", bzw. *lāqa* لاقى „entgegentreten", „zusammenstoßen" in Zusammenhang bringen.[1552] Das altägyptische *rqj* ist im Demotischen als *lgj* erhalten.[1553] Interessanterweise gibt es im oberägyptischen Dialekt den gleichen Lautwandel von *q* zum *g* bzw. von *laqa* zu *laga* zu beobachten.
Hier läßt sich ein Bedeutungswandel vom altägyptischen Verbum *rq* „abwehren, befeinden" zum Demotischen bzw. Koptischen (mit ⲉⲃⲟⲗ) „sich abwenden" konstatieren.[1554] Die altägyptische aggressive Bedeutung „jem. befeinden" ist im Arabischen in der abgeschwächten Bedeutung „begegnen" bzw. „entgegentreten" erhalten.

Erwähnenswert ist noch das arabische Verbum خر „(nieder)fallen",[1555] das dem ägyptischen *ḫr* „fallen" in der Bedeutung entspricht.[1556]

Die Wurzel *ḏ3j* mit der Grundbedeutung „kreuzen", „queren" kommt seit den Pyramidentexten sowohl in der Bedeutung „einen Fluß überqueren" als auch „sich quer/feindlich in den Weg stellen" vor.[1557] Denn beim Kreuzen (= gegen den Wind segeln) wird der (Fluß)weg „gestört". Seit dem Neuen Reich gibt es davon abgeleitet zum einen

[1550] Zum semitischen Charakter der Altägyptischen Sprache siehe Breyer (2003: 7-30).
[1551] Militarev/Kogan (2000: XCI-XCII); Für das Hebräische und Aramäische vgl. Koehler/Baumgartner (1990: 1293-1294); Für das Arabische vgl. Lane (1863: 1303 a/b) und Wehr (1985: 551).
[1552] Wb II 456, 9-10. Ember (1911: 93, 10). Vgl. das Toponym *altaqu* (?) „Ort des sich begegnen", Baumgartner/Koehler (1967: 58) und zuletzt Takács (1999: 142). Lane (1877:3012 b/c); Wehr (1985: 1163).
[1553] Erichsen (1954: 265). Siehe auch Kapitel „FEINDBEGRIFFE IM DEMOTISCHEN".
[1554] Vgl. Kapitel „FEINDBEGRIFFE IM KOPTISCHEN".
[1555] Lane (1863: 715 a) und Wehr (1985: 325).
[1556] Wb III 319, 17 in der Bedeutung „fallen" und ebd. S. 322, 2 *ḫr.w* in der Bedeutung „feindlich, elend". Vgl. Koehler/Baumgartner (1967: 343 II) *ḥ.rr*; Hoch (1994: 245 Nr. 338); Vycichl (1958: 388, 32) und zuletzt Takács (1999: 165, 374-75). Wahrscheinlich liegt hier eine Assoziation zum akkadischen Kausativum *šuḫarru* „starr, totenstill sein" vor, siehe Soden, von (1981: 1260-1261). Für das Arabische, Lane (1877: 1977 a/b/c).
[1557] Wb V 511, 11. und 514, 14.

gelegentlich ein Wort *ḏ3j* „Schiff“ oder „Fähre“, zum anderen das hier behandelte Lexem *ḏ3y.w* „Quertreiber“, „Widersacher“.[1558]

Im Koptischen ist nur noch ϫⲟⲓ „Schiff“ belegt. Bemerkenswert ist, daß die gleiche semantische Differenzierung wie im Altägyptischen im Arabischen vorliegt, wo die Wurzel *ʿdw* عدو „Feind“ zum einen عادى „jem. befeinden“ zum anderen عدى „einen Fluß überqueren“ bedeutet.[1559]

[1558] Ebd. S. 515, 5-6 und 517, 10.
[1559] Rössler (1971: 305) und zuletzt Takács (1999: 259, 345). Wehr (1985: 821). Siehe das vorige Kapitel.

Was klagst du über Feinde?
Sollten solche je werden Freunde,
Denen das Wesen wie du bist
Im Stillen ein ewiger Vorwurf ist?
Goethe

V. ZUSAMMENFASSUNG

Die vorliegende Studie beschäftigt sich mit dem Begriff „Feind": hinsichtlich seiner Schreibung, Etymologie, Phraseologie, Bedeutung und seinem Bedeutungswandel im Laufe der Zeit. Es lassen sich hauptsächlich politische, gesellschaftliche und magisch-religiöse „Feinde" unterscheiden, wobei die politische Feindsymbolik ohne scharfe Grenze in die religiöse übergeht. Als Gegner des regierenden Königs ist der außenpolitische wie auch innenpolitische Feind zugleich ein Feind der geschaffenen Welt und des Schöpfergottes, dessen Rolle der Pharao – als Garant für die Weltordnung – auf Erden vertritt (siehe Einführung).

Was die Lexeme anbelangt, so wurden sie königlichen und privaten Inschriften sowie literarischen Texten, im wesentlichen den sogenannten „Lebenslehren" entnommen. Einerseits enthalten Königliche Inschriften Aussagen über Götterfeinde, andererseits ist in den privaten Inschriften von den Feinden des Königs die Rede.[1560] Dabei lassen sich „Götterfeinde" nur schwer gegenüber „Königsfeinden" abgrenzen, zumal die Könige häufig mit Göttern wie Amun, Re, Month oder Horus identifiziert werden und auf deren Geheiß handeln.
Nützlich erwies sich die Aufnahme der verschiedenen Schreibungen, da auffällige und singuläre Beispiele durchaus als Datierungskriterium dienen können (vgl. z.B. die Lexeme *bšṯ.w*, Schreibung (53); *ḫrw.yw*, (8, 10, 70, 71); *ẖ3k.w-jb*, (41); *sqr ʿnḫ*, (30) und *šnṯ.jw*, (12)).

Einige Begriffe kommen nebeneinander in ein und demselben Text vor. So finden sich *ḫft.j*, *sbj* und *ḫrw.y*, die am häufigsten belegt sind, auf der Israelstele. Zusammen mit anderen feindlichen Volksgruppen werden die mit diesen Lexemen bezeichneten Gruppen vom König Merenptah getötet (vgl. *ḫft.jw*, Belege (48-50) und *sbj.w*, Beleg (31)). Weitere Feinde wie *šnṯ.jw*, *rqj.w* und *ẖ3k.w-jb* werden auf der poetischen Stele Thutmosis' III. im gleichen Zusammenhang genannt und vom Gott Amun-Re niedergeschlagen (siehe die Lexeme *rqj.w*, (8); *ẖ3k.w-jb*, (10) und *šnṯ.jw*, (8)). Ein weiteres Denkmal, das mehrere Feindbezeichnungen aufweist, ist die Stele des Sethnacht. Dieses bedeutende Denkmal enthält unterschiedliche Feindtermini (vgl. den Kommentar zu den Lexemen *rqj.w* Beleg (35) und *k3y.w* Beleg (1)). Auf der Stele des Hor im Wadi el-Hudi werden mit anderen feindlichen Völkern die *ẖ3k.w-jb*, *sbj.w*, *bṯn.w* und die *ḫft.jw* auf eindrückliche Weise von Sesostris I. zu Grunde gerichtet (siehe die Lexeme *rs.wt*, (2); *bṯn.w*, (2); *ḫft.jw*, (10); *ẖ3k.w-jb*, (4) und *sbj.w*, (10)). Hervorzuheben ist, daß auf einer ebenfalls nicht königlichen Grabstele des Chaemwese (Musée Guimet E 2504) die ganze Bandbreite des Begriffes „Feind" anzutreffen ist; hier werden die vier Lexeme *rqj* (23), *ḫft.j* (80), *ẖ3k-jb* (16) und *sbj* (21) in Kombination mit den vier unterschiedlichen Verben *sḫtm*, *ḥwj*, *sẖr* und *dr* genannt, was selten in dieser Dichte auf Denkmälern, zumal auf privaten, vorkommt.

[1560] In einigen Fällen machen königliche Inschriften „kaum einen Unterschied zwischen der Vernichtung äußerer und innerer Feinde", Franke (2005: 95). Beide enthalten ähnliche Ausdrücke, sowohl für den Feind als auch dessen Vernichtung.

Offensichtlich decken diese Termini die meisten Kategorien „Feind“ ab. Daher ist die Intention dieser „Bündelung“ von unterschiedlichen Feinden sicherlich der Hinweis auf die umfassende Vernichtung der „Feinde“.
Einige Feindbegriffe kommen häufig mit bestimmten Verben vor: So werden die *ḫft.jw* häufig zu Fall gebracht (*sḫr*); die Häupter bzw. die Häuptlinge (*tp.w*) der *ẖ3k.w-jb* überwiegend „abgeschnitten“ *ḥsq* (vgl. den Kommentar zu diesem. Lexem (13, 22, 27, 32, 36, 41) oder „vernichtet“ *skj* (vgl die Lexeme *ḫft.j*, (88) und *ẖ3k-jb*, (4, 37)).
Sqr ꜥnḫ kommt (fast) immer mit *jnj* „bringen“ vor, so daß man vom Terminus *jnj sqr ꜥnḫ* „Gefangene bringen“ sprechen kann.
Das aggressive Verhalten der Feinde wird gut charakterisiert durch *tkn t3š* „sich der Grenze nähern“, *tkk t3š* „die Grenze übertreten“, *thj t3š* „die Grenze verletzen“ und *ḥwrꜥ t3š* „die Grenze rauben“ (vgl. die Lexeme *bšṯ.w*, Belege (37, 38, 49, 67)); *ḫft.jw*, Belege (39, 64, 68) und *ḫrw.yw*, Belege (29, 30, 53, 56)). Dagegen reagiert der König mit *wsḫ t3š* „erweitern der Grenze“ (vgl. Lexem *ẖ3k.w-jb* Beleg (4)).

Die in Götterreden gebräuchliche Phrase „Ich wende mein Antlitz nach Süden, Norden, Westen oder Osten und vollbringe dir ein Wunder“ hängt mit der Feindvernichtung zusammen. Immer wenn der Gott Amun-Re für den König ein *bj3jt* „Wunder“ vollbringt, werden feindliche Fremdländer *ḥwj* „geschlagen“ und *dgdg* „zertreten“ (vgl. den Kommentar zum Lexem *ẖ3k-jb*, Beleg (26)).

Einige Textstellen weisen ein Sprachtabu auf. Dabei haben wir es hier mit dem Einschub *ḫft.jw Rꜥ.w* „Feinde des Re“ zu tun, der dazu dient, eine direkte Verbindung zwischen positiv konnotierten Figuren (Göttern, Königen) und widrigen Ereignissen (Verschwörungen, Krankheiten), die ihnen tatsächlich widerfahren, im Satz selbst zu vermeiden, wodurch die Gefahr vom Gott oder König auf die „Feinde“ abgelenkt bzw. gebannt wird.[1561]

Bemerkenswerterweise treffen wir auf Personennamen aus dem Alten Reich, die *ḫft.j* als Bestandteil aufweisen: „Mein Ka hat keinen Gegner“ (siehe *ḫft.jw* (1)). Dieser Beleg bringt den Wunsch des Namensgebers gut zum Ausdruck.
Häufig stehen Feindtermini in Zusammenhang mit bestimmten Drohformeln: „Nicht wird leben, der gegen mich rebelliert (*rqj*). Nicht wird mein Widersacher (*jtn.w*) Luft atmen. Nicht wird sein Name unter den Lebenden sein“ (siehe das Lexem *rqj* (2). In der eben genannten Textstelle droht dem Widersacher die völlige Auslöschung seiner Existenz bzw. seines Namens. Ganz ähnlich ist die folgende Drohphrase: „Was aber jeden Rebellen (*sbj*) und jeden Übelgesinnten (*ẖ3k-jb*) angeht, [...] dessen Name soll nicht auf Erden existieren, der soll nicht bestattet werden im Bergland“. Hier wird der Besucher des Grabes dadurch zu einem tadellosen Verhalten ermahnt, daß dem „Frevler“ ein furchtbares Schicksal prophezeit wird (siehe das Lexem *ẖ3k.w-jb*, (1) und den Kommentar zum Lexem *jtn.w*).
Eine weitere Phrase, die ausländische Feinde kennzeichnet, lautet: *ḫmj km.t* „die Ägypten nicht kennen“; sie kommt häufig im Zusammenhang mit dem Lexem *bšṯ.w* (28, 34, **50**, 61, 70, 71) und vereinzelt mit dem Lexem *sqr ꜥnḫ*, (52) vor. „Die Ägypten nicht kennen“ könnte aber auch bedeuten „unägyptisch sein in bezug auf das Denken und Handeln der Ägypter“. Als Parallele dazu ist *ḫmj b3w.f / snḏ.f* „die seine Macht / die Furcht vor ihm nicht kennen“ zu nennen.[1562] Der König verfügt dagegen über *ṯ3.w n ꜥnḫ* den „Lebensodem“, welchen er

[1561] Siehe Anm. 745.
[1562] Blumenthal (1970: 239). Zu *ḫmj km.t* vgl. Anm. 263.

nach Belieben schenkt (*rḏj*) oder raubt (*nḥm*) (vgl. Lexeme ***bšṯ.w***, Belege (13, 27, 53); ***bṯn.w***, (12) und ***rqj.w***, (33)).
Des weiteren ist oft in den Inschriften der Ramessidenzeit die Rede von den *ḫ3s.wt št3.w* „schwer zugänglichen Fremdländern“, die wegen der Ba-Macht Seiner Majestät in Verneigung kommen. Die Grundbedeutung von *št3* lautet „unbekannt“ oder „verborgen“. Wahrscheinlich besitzt *št3* hier die Bedeutungsnuance „unerforscht“ und weist auf die Fremdländer hin, die außerhalb der bekannten bzw. geordneten Welt der Ägypter liegen. Damit wird der Herrschaftsanspruch des Königs sowohl auf „bekannte“ wie „unbekannte“ Länder geltend gemacht (siehe den Kommentar zum Lexem ***bšṯ.w***, Beleg (**50**)).

Die häufige Nennung feindlicher Gruppen in der Königstitulatur und die aggressiven Handlungen, die der König gegen diese Feinde an den Tag legt, zeigen die zentrale Bedeutung der Feindvernichtung in der Königsideologie. Bemerkenswert ist, daß bei den Königen der 25. Dynastie (außer Schebitko) weder Feindbegriffe noch aggressive Aktionswörter gegen Feinde bzw. gegen Fremdländer anzutreffen sind. Sollte der Grund dafür in der Tatsache zu suchen sein, daß diese Herrscher selbst aus einem Fremdland stammten?[1563]
In medizinischen Texten sind einige Lexeme ebenfalls belegt und stehen dort mit verschiedenen Krankheitsbildern in Zusammenhang. Erwähnenswert ist, daß im medizinischen Papyrus Hearst unter den besonderen Krankheitsbezeichnungen eine Krankheit in Verbindung mit Ausländern *t3 n.t ꜥ3mw* „die der Asiaten“ genannt wird. Dabei werden also die Asiaten mit dem Unheil verknüpft, welches durch Zaubersprüche bekämpft werden muß (vgl. den Kommentar zum Kapitel „Feindbegriffe in medizinischen Texten“).
Auch in Träumen kommen Feinde vor. So wird der „Feind“ im ersten Beleg des Kapitels „Feindbegriffe im Traumbuch“ mit einem toten Rind gleichgesetzt. Diese Identifizierung impliziert gleichzeitig auch die Vernichtung des Feindes.

Die semantische Entwicklung einiger Lexeme wird in den drei letzten kurzen Kapiteln „Feindbegriffe im Demotischen / Koptischen / Semitischen“ verdeutlich. Bemerkenswert ist, daß in semitischen Sprachen wie dem Aramäischen, Hebräischen und Arabischen mit ***sbj*** urverwandte Wörter/Wurzeln in fast derselben Bedeutung bzw. ohne gravierenden Bedeutungswandel vorkommen. Der Gebrauch von *sbj* weist sowohl einen langen Belegzeitraum als auch eine ununterbrochene Kontinuität auf.
Hervorzuheben ist, daß das negativ konnotierte Kompositum *ẖ3k-jb* „Übelgesinnter“, das sonst ausschließlich als Bezeichnung für Feinde gebraucht wird, einmal als Adjektiv in der Bedeutung „listig“ für die Göttin Isis vorkommt (siehe Exkurs „Die List der Isis“). In umgekehrter Weise wird mit dem positiven Epitheton *nḫt* „stark, siegreich“, welches für Könige und Götter besetzt ist, ein ausländischer Stamm (***btk.w***) bezeichnet, welcher das nordöstliche Grenzgebiet Ägyptens verletzt (vgl. Lexem ***btk.w***, Beleg (1, 2)).
Der Versuch, jedem der untersuchten Lexeme ein deutsches Synonym zu geben, stellte sich als problematisch heraus, da die Inhalte der verschiedenen Feindbegriffe sowohl in der Ausgangssprache (Ägyptisch) als auch in der Zielsprache (Deutsch) – nicht nur wegen des lange dazwischen liegenden Zeitraums – nicht identisch sind. Im Hinblick auf die Etymologie und die Grundbedeutung habe ich versucht, die einzelnen Lexeme für das Begriffsfeld „Feind“ - wie im folgenden dargelegt – sinn-verwandten Kategorien zuzuordnen:

[1563] Siehe Kapitel Feindbegriffe in der Königstitulatur.

1. Der Feind als Aufrührer

jtn.w	„Widersacher“ < *jtn* „sich jemandem widersetzen“
bšt.w	„Aufsässiger“ < *bšṯ* „aufrührerisch sein“
bṯn.w	„Aufrührer“ < *bṯn* „sich auflehnen“
ḫrw.y	„Störenfried“, „Unruhestifter“ < *ḫrw* „Stimme, „Geräusch“
šnt.j	„Streitsüchtiger“ < *šnṯ* „streiten“

2. Der Feind als Dissident

rqw	„Abweichler“ < *rq* „jemanden abwehren“

3. Der Feind als Frevler

sbj	„Rebell“ < *sbj* „empören“

4. Der Feind als Opponent

ḫft.j	„Gegner“ < präp. *ḫft* „gegenüber“
ḏꜣy.w	„Wegelagerer“ < *ḏꜣj* „sich feindlich in den Weg stellen“

5. Der Feind als „Einschleicher“

btk	„Eindringling“ < *btktk* „entschlüpfen“ oder „einschleichen“
snṯ.w	„Aggressor“ < ob aus *snj* (?) „Grenzmauer übertreten“

6. Der ideologisch als Feind Betrachtete

rs.t	„der zu Bewachende“ < *rs* „wachen“
sqr-ʿnḫ	„gebunden zu Erschlagender“ < *sqr* „schlagen“

7. Der Feind als Wesen mit mangelhaftem Charakter

ʿb	„Unreiner“ < *wʿb* „rein“
nbḏ-qd	„Bösartiger“ < *nbḏ* „böse“
ẖꜣk-jb	„Übelgesinnter“ < *ẖꜣk* „listig“

8. Der Feind als „Planender“

kꜣy.w	„Feinde“ < *kꜣj* „(Böses) planen“

9. Zusammensetzung mit „*jb*“

bšṯ-jb	„Aufrührer“
bṯn-jb	„Abtrünniger“
rqj-jb	„Widersacher“
ẖꜣk-jb	„Übelgesinnter“
šnṯ-jb	„Streitsüchtiger“

Rückblickend scheinen mir, vor allem folgende Aspekte besonderer Beachtung wert zu sein. *Sbj* und *ḫ3k.w-jb* werden oft im religiösen Zusammenhang gebraucht, wobei *ḫ3k-jb* von der Grundbedeutung „krumm, listig, verschlagen" her eine „versteckte" Opposition bezeichnen könnte. Für innere gesellschaftliche Feinde können *bṯn.w*, *ḫft.jw*, *ḫrw.yw*, *ḫ3k.w-jb*, *sbj*, und *šnṯ.jw* stehen. Interessanterweise ist *ḫrw.y* in offiziellen Dokumenten (im Friedensvertrag und in den Gerichtsakten über die Haremsverschwörung) zusätzlich vertreten. Die innere politische Opposition ist hauptsächlich durch *rqj*, manchmal durch *ḫ3k.w-jb* und *ḫft.jw* besetzt (siehe den Kommentar zum Lexem *rqj* Anm. 519). In literarischen Texten (Lebenslehren) werden *jtn.w* häufiger, *šnṯ.jw* weniger häufig gebraucht. Im Unterschied zu den weltlichen Feinden sind sowohl *snṯ.w* als auch *ʿb* im magisch-rituellen Bereich überwiegend belegt. Darüber hinaus sind die Lexeme *ḫft.j*, *ḫrw.y* und *sbj* in religiösen Inschriften sehr häufig bezeugt.
Als Termini für ausländische Feinde gelten *sqr ʿnḫ*, *bšṯ.w*, *btk.w*, *nbḏ.w-qd*, *snṯ.w* und *bṯn.w*, wobei letzter vereinzelt als Bezeichnung für innere Feinde vorkommt. Nur an zwei Belegen möchte ich *nbḏ.w-qd* nicht als „Bösartiger", sondern als Toponym in der Bedeutung „die Bösen von Qedi" auffassen. Dann bedeutet *qd* nicht „Art", „Charakter" oder Wesen, sondern wird für die Stadt Qedi verwendet (vgl. Lexem *nbḏ.w-qd*, Belege (4, 6)).

So wenig die Grenzen zwischen den einzelnen literarischen Gattungen oder zwischen Religion und Magie einfach liniengerade gezogen werden können, so wenig ist eine scharfe Abgrenzung der unterschiedlichen Feindbegriffe gegeneinander möglich, wie sich an den Berührungspunkten vor allem zwischen den Lexemen *jtn.w*, *bṯn.w*, *rqj*, *ḫft.j*, *ḫrw.y*, *ḫ3k-jb*, *sbj* und *šnṯ.j* gezeigt hat. Die genannten Lexeme sind sinnverwandt und werden in bestimmten Kontexten synonym verwendet.

Die vorliegende Studie möchte, das Interesse an der Beschäftigung mit der Wortforschung anregen und zu weiterer Arbeit auf diesem Gebiet anspornen. Möge sie auch andere Forscher auf dieses weite Feld locken, wo Arbeit nötig und lohnenswert ist.

ANHÄNGE

Anhang 1

Diese tabellarische Übersicht der untersuchten Lexeme ist stark zusammengefasst und ersetzt weder das Nachschlagen in den Textbeispielen noch in den Kommentaren.

Lexem	**Datierung**	**Ges**	**Kgl**	**Priv**	**Lit**	A) **Aktionen** gegen Feind B) **Lexeme** mit dem Feind
1. *jtn.w*	MR - 2. Jh. n. Chr.	008	003	000	005	A) — B) *šnṯ.j, ḫrw.y*
2. *ꜥb*	NR - 3. ZwZt	003	002	001	000	A) — B) *šnṯ.j*
3. *bšṯ.w*	1. ZwZt - 3. ZwZt	091	084	006	001	A) *ptpt, ḥwj, sksk* B) *rqj, sbj, ẖꜣk-jb, ḫꜣs.t*
4. *btk.w*	AR	002	000	002	000	A) *smꜣ* B) —
5. *bṯn.w*	MR - Dyn. 30	021	011	009	001	A) *wꜥf, dr, sḫr* B) *rqj.w, nbḏ-qd, ḫft.j*
6. *nbḏ.w-qd*	2. ZwZt - NR	009	007	001	001	A) *nḥm, wꜥf* B) *bṯn.w, bšṯ.w*
7. *rsw.t*	Dyn. 9/10 - 22/23	005	003	002	000	A) *sqr, skj* B) *ḫft.j, ẖꜣk-jb*
8. *rqj.w*	Dyn. 9/10 - Dyn. 30	063	046	010	007	A) *sḫr, ḥwj, ḫsf* B) *ẖꜣk-jb, ḫft.j, bṯn.w*
9. *ḫft.jw*	AR - Gr	106	075	017	014	A) *sḫr, dr, ḥwj* B) *ẖꜣk-jb, sbj, ḫrw.y*
10. *ḫrw.yw*	MR - SpZt	073	033	018	022	A) *smꜣ, sḫr, wꜥf* B) *jtn.w, ḫft.j*
11. *ẖꜣk.w-jb*	1.ZwZt - SpZt	042	027	010	005	A) *ḥsq, ḥwj, sḫr* B) *sbj, ḫft.j, rqj*
12. *sbj.w*	1. ZwZt - Dyn 30	044	026	010	008	A) *sḫr, dr, ḫsf* B) *ḫft.j, ẖꜣk-jb, rqj*
13. *snṯ.w*	AR - NR	010	010	000	000	A) *ptpt, dꜣ* B) —
14. *sqr ꜥnḫ*	AR - Gr	082	055	021	006	A) *jnj, ḥꜣq* B) *bšṯ.w, ḫꜣs.wt, ꜥꜣmw*
15. *šnṯ.jw*	MR - Dyn. 30	013	004	003	006	A) *ḥwj, fḫ, tjtj , nḥm* B) *rqj, ẖꜣk-jb, bšṯ.w*
16. *kꜣy.w*	Dyn. 20 - 30	001	001	000	000	A) *ḥsq* B) —
17. *ḏꜣy.w*	NR - GR	004	002	000	002	A) *smꜣm, sḫr* B) *ḫrw.y*

Anhang 2

Die nachfolgende Tabelle faßt 50 Lexeme (von *ꜣꜣtjw* bis *ḏrḏr*), die mit dem Feindbegriff im weitesten Sinne zu tun haben, zusätzlich zusammen. Die Angaben werden in der ersten Spalte nach dem Wörterbuch (**Wb**), in der zweiten nach Osing, Nominalbildung (**NB**) und in der dritten Spalte nach Meeks, Année Lexicographique (**AL**) zitiert. Die Lexeme, die mit * versehen sind, wurden in dieser Untersuchung behandelt.[1564]

Lexem	(Wb)	(NB)	(AL)
ꜣꜣtjw?	I 2, 7. D.18 Bez. für „Empörer“	—	—
ꜣdw	I 24, 20-21. D.18-Griech. für „Wütende“	Dev. 127: 2.rad. Späg. ⲉ̅ⲧ musc. *ꜣd* „wütend sein u.ä.“	77.0105; 78.0114
jꜣd	I 35, 14. D.18-Griech. „Elende“	—	—
jb	I 60, 15. Sp. „feindlich“ (r)?	—	—
jrjw/jrj.t	I 113,3-4. Tb, Kgsgr „Feinde“ / „Feindin“	Nisbe.462, 314-5. Zugehörig; Genosse > BM ϩⲣ Gefährte	77.0389; 78.0419
jsftj	I 129,15-16. Tb-Griech. für „Sünder“	Nisbe 749. Sünder; Bösewicht	77.0457
jtn.w *	I 145, 17. MR „Widersacher“	Dev. 166. 3.rad. Späg. ⲁⲧⲛ etm. NB 79. ⲉ̅ⲧⲛ, ⲉⲧⲛⲟⲩ.	78.0552
ꜥb *	I 174, 13. D. 18- spät. „Feind“	Dev. 749f. 2.rad. der zu reinigende=unrein „Feind“	77.0603
b	I 410,9. Griech. Bez. des Seth	—	78.1185; 79.0827
bht	I 467, 11. Gr. „Widersacher“	Dev. 66. 3.rad. Späg ⲃⲉϩⲧⲏⲓ Flamme ?	—
bšṯ.w *	I 479, 1-2, 7-10. „Empörer“	—	77.1322; 79.0937-8
btꜣ	I 484, 13. D.18 „Verbrecher“; „sich vergehen“	Dev. 65, 67, 525. 3.rad. > S. ⲃⲟⲧⲉ „Greuel“	77.1340, 79.0942 ?
btk.w *	I 485, 2. AR „Aufrührer“	—	—
bṯn.w *	I 486, 1-2.MR-Gr. „Rebell“	—	78.1391; 79.0945
bdš	I 487, 15-16. Siehe I 479, 1	—	78.1395; 79.0948
pšn	I 560, 11. Gr. „Widersacher“	Nisbe 525. spalten, abwend.	—
mds-bjꜣ.t	II 182, 11 „mit gewaltätigen Charakter“ MR	—	78.1949; 78.1938. siehe folgendes
mds/dsm	II 183, 14-15. Pyr. „Frevler“	—	79.1430; 79.1431. siehe voriges
nbḏ-qd *	II 247, 5. NR „die Bösartigen“	Dev. 230. 3.rad. *nbd* „flechten“? > S. ⲛⲏⲃⲧⲉ	79.1524; 77.2071; 78.2071
nbḏ	II 247, 7. „der Böse“ Bez. für Apophis	—	77.2074; 78.2076
rmṯ-zꜣw	II 424, 8 Nä. „Gefangene“ und III 417, 1.	Den. Kollektiva 291. die zu bewachende	77.3318; 78.3272; 79.2393
rs.t *	II 452, 6. MR „Feinde“	—	—
rqw *	II 456, 13-20. MR „Widersacher“	Dev. 335. 2.rad. *rqj* >S. ⲣⲓⲕⲉ „beugen, neigen“	77.2433; 78.2447; 79.1793
ḥꜣq.t	III 34, 3-12. NR „Beute?“	—	79.1894
ḥꜥbjw	III 42, 10. Gr. „Feinde“	—	—

[1564] Wörterbuch der ägyptischenn Sprache; Osing (1976) und Meeks (1977-79).

Lexem	(Wb)	(NB)	(AL)
ḫft.j *	III 276, 12. Pyr. „Gegner“	Nisbe 315. > S. ϣⲁϥⲧⲉ zu *ḫft* „gegenüber“	77.3071; 78.3010; 78.3011; 79.2200
ḫn	III 288, 17-18. MR „Rebell“	Den. 261. *ḫnw* Ruheplatz > B. ϣⲁⲛⲉ *ḫnj* sich niederlass.	—
ḫnr/ḫnr.t.t	III 296, 8-9 MR „Gefangener“	—	77.3103; 78.3053; 79.2225
ḫr	III 321, 7-13. MR „Feind“	Dev. 127 2.rad. „fallen“	77.31456; “ > ϩⲉⲣ 78.3101-3; 79.2257
ḫrw.y *	III 225, 17-21 MR „Feind“ „Unruhestifter“	—	—
ẖꜣ.t	III 360, 4. Griech. Bez. für „Feinde“ (1 Mal)	—	—
ẖꜣb.tj/	III 362, D19 Verb. F.„Seht“ „der Krumme“? III 361, 13!	—	—
ẖꜣk-jb *	III 363, 14-15. 1.ZwZt „Übelgesinnter“	—	77.3230; 78.3193; 79.2311
ẖꜣkw	III 363, 16. S. o. D20 u. Sp. „Feinde“	—	—
ẖnn/ẖnn.w	III 383, 10-13.Pyr. „Störenfried“	Dev. 78 II gem. > B. ϧⲉⲛⲓ „streiten“, „srören“	77.3260; 78.3219-20
ẖsj	III 398-399, 20-21. Tb. „schwach sein, elend“	Dev. III. inf. 130. > ϩⲟⲥ	77.3283-4; 79.2358
snṯ.w *	III 462, 3-6. AR „Rebellen“ o.ä.	Dev. III. inf. ? 168, 428, 468, 517. > S. ⲥⲟⲟⲛⲉ „Räuber“	—
sbj *	IV 87, 14. AR „Frevler“	Dev. III inf. 147	77.3497; 78.3433; 79.2501
sḫr/sḫrjw	IV 258, 7-9. spät. Gr. der Niederzuwerfende, „Feinde“	Dev. 221 3.rad. „niederwerfen“	77.3821; 78.3773; 79.2743
sḫdj/zḫdj	IV 267, 2. äth. „Frevler“	—	—
sqr-ꜥnḫ *	IV 307, 12-19. AR „Kriegs-gefange“	Dev. 42 3.rad. ϣⲱϣϭⲉ „schlagen“	77.3912-13; 78.3872; 79.2796
šꜣb < ḫft.j	IV 410, 13. Spät. „Feind“	Dev. 169 III. inf. Heuchler?	—
šnꜥ	IV 506, 6. Griech. „Feind“	Dev. 220 3.rad. ϣⲛⲁ „ausschweifender Mensch“	—
šntj.w *	IV 519, 3. MR. „Feinde“	Dev. 794 3.rad. streiten nicht mit ϣⲱⲛⲧ verbunden.	77.4250
kꜣyw *	V 116, 6-7. Spät.-Griech. „Feinden“	—	77.4526; 78.4371; 79.3219
tꜣr	V 233, 4-5, 7. Sp.-Gr. „Feind“	—	—
dbhj	V 439, 5. Gr. vgl. V 262, 7. Als Bez. d. Seht. (1 Mal)	—	—
ḏꜣy.jw *	V 517, 10-12. NR „Widersacher“	Dev. 632 III. inf. „Widersachr“	77.5135; > ϫⲁⲉⲓⲟ 78.4863
ḏꜣḏꜣ	V 532, 13. Griech. „Feind“	Dev. 368 „zittern“?	77.5160;78.4879
ḏnḥ	V 578, 10.D 20 „Gefangene“	—	—
ḏrḏr	V 604, 8. MR „Fremder“	Dev. 438 Feind < S. ϫⲁϫⲉ	77.5264

VERZEICHNISSE

Abkürzungsverzeichnis

Allgemeine Abkürzungen

Abb.	Abbildung
Abt.	Abteilung
AR	Altes Reich
Bd.	Band
bes.	besonders
CT	Sargtexte
DOT	Deutsche Orientalistentag
Dyn.	Dynastie
Fs	Festschrift
GR	Griechisch
Ges.	Gesamtzahl der Belege
Hrsg.	Herausgeber
Kgl.	Königliche Inschriften
Kol.	Kolumne
Lit.	Literarische Texte
m.E.	meines Erachtens
MR	Mittleres Reich
m.W.	meines Wissens
NR	Neues Reich
o	Ostrakon
p	Papyrus
Priv.	Privatinschriften
Ptol	Ptolemäisch
PT	Pyramidentexte
Rs.	Rückseite
rto	recto (Vorderseite)
s.	siehe
Sp.	Spalte
SpZt	Spätzeit
Taf.	Tafel
Tb	Totenbuch
u.a.	und andere/anderes, unter anderem/anderen
u.ä.	und ähnliches/ähnliche
vgl.	vergleiche
vso	verso (Rückseite)
Z.	Zeile
z.B.	zum Beispiel
ZwZt	Zwischenzeit

Ägyptologische Nachschlagwerke, Reihen und Zeitschriften

ÄA	Ägyptologische Anhandlung, Wiesbaden
ÄAT	Ägypten und Altes Testament, Bamberg, Wiesbaden

ADAIK	Abhandlungen des Deutschen Ärchäologischen Instituts Kairo
ADAW	Abhandlungen der Deutschen Akademie der Wissenschaften zu Berlin
Aeg.Mon	Aegyptiaca Monasteriensia, Münster
ÄF	Ägyptologische Forschungen, Glückstadt, Hamburg, New York
AGWG	Abhandlungen der Gesellschaft der Wissenschaften zu Göttingen
AH	Aegyptiaca Helvetica, Basel, Genève
AnAe	Analecta Aegyptiaca, Kopenhagen
AnOr	Analecta Orientalia, Budapest
BAe	Bibliotheca Aegyptiaca, Bruxelles
BBVO	Berliner Beiträge zum Vorderen Orient
BIE	Bulletin de l'Institut d'Égypte, Kairo
BIFAO	Bulletin de l'Institut Français d'Archéologie Orientale, Kairo
BiOr	Bibliotheca Orientalis, Leiden
CAA	Corpus Antiquitatum Aegyptiacarum, Mainz
DZA	Digitalisiertes Zettelarchiv
EGU	Egyptologische Uitgaven, Leiden
EQÄ	Einführungen und Quellentexte zur Ägyptologie
FHN	Fontes Historiae Nubiorum (siehe in der Biblographie unter Eide)
HdO	Handbuch der Orientalistik
JEOL	Jaarbericht „EX ORIENT LUX"
JNES	Journal of Near Eastern Studies, Chicago
KRI	Kitchen, Ramesside Inscriptions I-VIII, Oxford
LAPO	Littératures anciennes du Proche-Orient. Textes égyptiens, Paris
LÄ	Lexikon der Ägyptologie I-VII, Wiesbaden
LD	Lepsius, Denkmäler aus Ägypten und Äthiopien I-V, Leipzig
LingAeg	Lingua Aegyptia, Göttingen
MH	The Epigraphic Survey, Medinet Habu I-VIII, Chicago
MRE	Monographies Reine Élisabeth, Bruxelles
OBO	Orbis Biblicus et Orientalis, Fribourg, Göttingen
Or	Orientalia, Rom
OrAnt	Oriens Antiquus, Rom
PM	Porter&Moss I-VIII, Oxford
PPYEE	Publications of Pennsylvania-Yale Expedition to Egypt
PSBA	Proceedings of the Society of Biblical Archaeology, London
Rec.Trav.	Recueil de Travaux, Paris
RiEg	Rites Égyptiens, Bruxelles
RIK	Reliefs and Inscriptions at Karnak I-III, Chicago
SAGA	Studien zur Archäologie und Geschichte Altägyptens, Heidelberg
SAK	Studien zur Altägyptischen Kultur, Hamburg
SAOC	Studies in Ancient Oriental Civilization, Chicago
TAVO	Tübinger Atlas des Vorderen Orients, Reihe B
TUAT	Texte aus der Umwelt des Alten Testamentes
UGAÄ	Untersuchungen zur Geschichte und Altertumskunde Ägyptens, Leipzig
Urk.	Urkunden der 18. Dynastie, Berlin
Wb	Wörterbuch der ägyptischen Sprache I-VII, Berlin
WdO	Die Welt des Orients, Göttingen
WVDOG	Wissenschaftliche Veröffentlichungen der Deutschen Orientgesellschaft
ZÄS	Zeitschrift für Ägyptische Sprache und Altertumskunde, Leipzig, Berlin
ZDMG	Zeitschrift der Deutschen Morgenländischen Gesellschaft, Wiesbaden

Literaturverzeichnis

Allam, Schafik

1973 Hieratische Ostraka und Papyri aus der Ramessidenzeit. Tübingen.

1994 Publizität und Schutz im Rechtsverkehr. In: Untersuchungen zum Rechtsleben im Alten Ägypten II. Grund und Boden in Altägypten, Hrsg.: Allam.Tübingen, 31-44.

Alliot, Maurice

1946 Les Rites de la Chasse au Filet, aux Temples de Karnak, d'Edfou et d' Esneh. RdE 5, 57-118.

Altenmüller, Hartwig

1982 Tausret und Sethnacht. JEA 68, 107-115.

Altenmüller, Hartwig/Moussa, Ahmed M.

1981 Die Inschriften von Taharkastele von der Dahschurstraße. SAK 9, 57-84.

Anthes, Rudolf

1974 Die Berichte des Neferhotep und des Ichernofret über das Osirisfest in Abydos. Fs zum 150 Jährigen Bestehen des Berliner Ägyptischen Museums. Berlin, 15-49.

Assmann, Jan

1969 Liturgische Lieder an den Sonnengott, Untersuchungen zur altägyptischen Hymnik, I. MÄS 19. Berlin.

1974 Der literarische Text im Alten Ägypten. OLZ 69, 117-126.

1975 Ägyptische Hymnen und Gebete. Zürich/München.

1977 Königseulogie. LÄ II, 40-46.

1978 Eine Traumoffenbarung der Göttin Hathor. RdE 30, 22-50.

1982 Parallelismus membrorum. LÄ IV, 900-910.

1983 Königsdogma und Heilserwartung. Politische und kultische Chaosbeschreibungen in ägyptischen Texten. Hrsg.: Hellholm: Apokalypticism in the Mediterranean world and the Near East, 345-377.

1983a Re und Amun. Die Krise des polytheistischen Weltbilds im Ägypten der 18.-20. Dynastie. OBO 51, 145-157.

1983/84 Krieg und Frieden im alten Ägypten: Ramses II. und die Schlacht bei Kadesch. In Mannheimer Forum, 175-231.

1984 Politik zwischen Ritual und Dogma. Spielräume politischen Handelns im pharaonischen Ägypten. Saeculum 35, 97-114.

1985 Die Entdeckung der Vergangenheit. Innovation und Restauration in derägyptischen Literaturgeschichte. Frankfurt.

1990 Ma'at. Gerechtigkeit und Unsterblichkeit im Alten Ägypten. München.

1994 Spruch 23 in den Pyramidentexten und die Ächtung der Feinde Pharaos. BdE 106/1, 45-59.

Bains, John

1996 Myth and Literature. In: Ancient Egyptian Literature, hrsg. von Loprieno. PÄ 10, 361-377.

Bakir, 'Abd El-Mohsen
1970 Egyptian Epistolography from the Eigtheenth to the Twenty-first Dynasty.BdE 48. Kairo.

Bakry, Hassan S.K.
1967 Psammetichus II and his Newly-Found Stela at Shellâl. Or. Ant. 6, 225-244.
1973 The Discovery of a Temple of Merenptah at On. Aegyptus 53, 7-9.

Barbotin, Christophe / Clère, J. J.
1991 L'Inscription de Sésostris Ier à Tôd. BIFAO 91, 1-32.

Barguet, Paul
1961 Un curieux objet votif du Musée du Louvre. MIFAO 66 I, 4, 7-10.

Barns, John
1952 The Ashmolean Ostracon of Sinuhe. London.
1956 Five Ramesseum Papyri. Oxford.
1968 A New Wisdom Text from a Writing-Board in Oxford. JEA 54, 71-76.

Barta, Winfried
1975 Der Greif als Bildhafter Ausdruck einer altägyptischen Religionsvorstellung. JEOL 20-23, 335-357.
1969 Gespräch eines Mannes mit seinem Ba. MÄS 18. Berlin.
1970 Das Selbstzeugnis eines altägyptischen Künstlers. (Stele Louvre C 19). MÄS 22. Berlin.
1981a Chronologie der 1. bis 5. Dynastie nach den Angaben des rekonstruierten Annalensteins. ZÄS 108, 11-33.
1981b Bemerkungen zur Chronologie der 6. bis 11. Dynastie. ZÄS 108.
1986 Zur Bezeichnung des Jahres in Datumsangaben. ZÄS 113, 89-92.
1989 Zur Konstruktion der ägyptischen Königsnamen. ZÄS 116, 111-137.

Barucq, André/Daumas, François
1980 Hymnes et Prieres de L' Egypte Ancienne. LAPO 10. Paris.

Baud, Michel
2000 Les frontières des quatre premières dynasties. Annales royales et historiographie égyptienne. BSFE 149, 32-46.

Beckerath, Jürgen von
1964 Untersuchungen zur politischen Geschichte der Zweiten Zwischenzeit in Ägypten. ÄF 23.
1968 Die „Stele der Verbannten" im Museum des Louvre. RdE 20, Taf. I, 6.
1980 Königsnamen und -Titel. LÄ III, 540-542.
1995 Beiträge zur Geschichte der Libyerzeit. GM 144, 7-13.
1999 Handbuch der ägyptischen Königsnamen. MÄS 49.

Behrens, Peter
1987 Rez.: Vycichl, Dictionnaire étymologique de la langue copte. Enchoria 15, 237-245.

Beinlich, Horst
1991 Das Buch vom Fayum Textband. Wiesbaden.

Bellion, Madeleine
1987 Catalogue des Manuscrits hiéroglyphiques et hiératiques et des dessins, sur papyrus, cuir ou tissu, publies ou signales.Paris.

Beylage, Peter
2002 Aufbau der königlichen Stelentexte vom Beginn der 18. Dynastie bis zur Amarnazeit. I/II ÄAT 54.

Bissing, Friedrich Wilhelm von
1930 Über die Kapelle im Hof Ramses II. im Tempel von Luxor. Acta Orientalia VIII.,153.

Blöbaum, Anke Ilona
2006 "Denn ich bin ein König, der die Maat liebt. Herrscherlegitimation im spätzeitlichen Ägypten. Aeg.Mon. 4.

Blumenthal, Elke
1970 Untersuchungen zum Ägyptischen Königtum des Mittleren Reiches. I Phraseologie. Berlin.
1991 Die „Reinheit" des Grabschänders. Fs Derchain. Hrsg.: Graefe/Verhoven OLA 39, 47-56.
1995 Die Erzählung des Sinuhe. TUAT III, 884-911.

BM Stelae = Edwards, I. E. S.
1939 Hieroglyphic Texts from Egyptian Stelae, etc., London, VIII, Nr. 657, 12.

Borchardt, Ludwig
1913 Das Grabdenkmal des Königs Sahure Bd. II. Berlin.
1925 Statuen und Statuetten von Königen und Privatleuten im Museum von Kairo Teil 2. Berlin.

Borghouts, Joris F.
1970/71 The Magical Texts of Papyrus Leiden I 348. OMRO 51, 35.
1973 The evil Eye of Apopis. JEA 59, 114-150.

Bouriant, Urbain
1890 Notes de Voyage. RecTrav. 13, 173.

Breasted, James Henry
1906 Ancient Records of Egypt. New York.

Bresciani, Edda
1964 Hrsg.: Der Kampf um den Panzer des Inaros. (Papyrus Krall). Wien.
1978 Assuan. Il tempio tolemaico di Isi. Pisa, 135, Nr.: 23.

Breyer, Francis Amadeus Karl
2002 Psammetik II., Der alte Haudegen - Zu einer soldatensprachlichen Wendung in der Shellal-Inschrift. SAK 30, 53-56.
2003 Der semitische Charakter der Altägyptischen Sprache. WdO 33, S. 7-30.

Brunner, Hellmut
1937 Die Texte aus den Gräbern der Herakleopolitenzeit von Siut mit Übersetzungen und Erläuterungen. ÄF 5.
1965 Hieroglyphische Chrestomatie. Wiesbaden.
1970 Zum Verständnis der archaisierenden Tendenzen in der ägyptischen Spätzeit. Saeculum. Bd. 21. Tübingen.
1991 Die Weisheitsbücher der Ägypter. Lehren für das Leben. München.

Brunner-Traut, Emma
1975 Anonymität (der Götter). LÄ I, 281-291.

Buchberger, Hannes
1993 Transformation und Transformat. Sargtextstudien I. ÄA 52, 6 f.

Buck, Adriaan de
1937 The Judicial Papyrus of Turin. JEA 23, 152-164.

Burkard, Günter
1977 Textkritische Untersuchungen zu ägyptischen Weisheitslehren des Alten und Mittleren Reiches. ÄA 34.
1993 Überlegungen zur Form der ägyptischen Literatur. Die Geschichte des Schiffbrüchigen als literarisches Kunstwerk. ÄAT 22.
1991 Die Lehre des Ptahotep. TUAT III, 195.

Burkard, Günter/Thissen, Heinz J.
2003 Einführung in die altägyptische Literaturgeschichte I. EQÄ.

Caminus, A. Ricardo
1954 Late Egyptian Miscellanies. London.
1958 The Chronicle of Prince Osorkon. AnOr 37.
1977 The Tale of Woe. Papyrus Pushkin 127. Oxford.
1977a The Moscow Literary Letter. Fs Otto. Wiesbaden, 147f.

Capart, Jean
1926 Thebes, the Glory of a Great Past. New York.

Černý, Jaroslav
1929 Papyrus Salt 124 (Brit. Mus. 10055) JEA 15, 243-258.
1932 The Abnormal-hieratic Tablet Leiden I 431. Fs Griffith. London, 46-56.
1939 Catalogue des ostraca hiératiques non littéraires de Deir el Medineh. Kairo.
1950 Note of Some Coptic Etymologies. Fs Crum, 35-47.
1976 Coptic Etymological Dictionary. Cambridge.

Černý, Jaroslav/Gardiner, Alan Henderson
1957 Hieratic Ostraka I. Oxford.

Chassinat, Émile
1897 Le Temple d' Edfou I. Paris.

Clère, J. J.
1959 Un Hymne à Abydos sur une stèle inédite d'époque ramesside. ZÄS 84, 86-104.

Couyat, J./Montet, P.
1912 Les Inscriptions hiéroglyphiques et hiératiques du Ouâdi Hammâmât. MIFAO 34.

Crum, Walter Ewing
1939 A Coptic Dictionary. Oxford.

Daressy, Georges
1888 Les Carrières de Gebelein et le roi Smendès. RecTrav 10, 135, 1.

Davies, Benedict G.
1997 Egyptian Historical Inscriptions of the Nineteenth Dynasty. Jonsered.

Davies, Norman de Garis
1943 The Tomb of Rekh-Mi-Re at Thebes. New York.
1953 The Temple of Hibis in el Khargeh Oasis III. The Decoration. MMAEE XVII. New York.

Davies, Nina de Garis/Gardiner, A. H.
1926 The Tomb of Huy, Viceroy of Nubia in the Reign of Tutanchanchamun, TTS 5, London, Taf. XIX.

Dawson, W. R. / Peet, T. E.
1933 The So-called Poem on the King's Chariot. JEA 19, 167-174.

Decker, Wolfgang
1975 Quellentexte zu Sport und Körperkultur im alten Ägypten. Sankt Augustin.

Decker, Wolfgang / Herb, Michael
1994 Bildatlas zum Sport im alten Ägypten. HdO 14, 1.

Deines, Hildegard von/Westendorf, Wolfahrt
1961 Wörterbuch der medizinischen Texte. VII, 1.
1962 Wörterbuch der medizinischen Texte. VII, 2.

Depauw, Mark
1997 A Companion to Demotic Studies. Papyrologica Bruxellensia 28, 85-121.

Depuydt, Leo
1998 "Far toward": a Common Hieroglyphic Idiom. Journal of Ancient Civilizations (JAC) 13, 39-46.

Derchain, Maria-Theresia und Philippe
1971 Zur ägyptischen Wortforschung. ZÄS 101, 5-12.

Derchain, Philippe

1965 Le Papyrus Salt 825 (B. M. 10051), rituel pour la conservation de la vie en Égypte II. Bruxelles.

1990 L'Auteur du papyrus Jumilhac. RdE 41, 9-30.

Dodson, Aidan

1999 The Decorative Phases of the Tomb of Sethos II and Their Historical Implications. JEA 85, 131-142.

Drenkhahn, Rosemarie

1975 Auszeichnung. LÄ I, 581-582.

1980 Die Elephantine-Stele des Sethnacht und ihr historischer Hintergrund. ÄA 36.

Edel, Elmar

1944 Untersuchungen zur Phraseologie der ägyptischen Inschriften des Alten Reiches. MDAIK 13, 1-90.

1955/64 Altägyptische Grammatik. AnOr 34/39.

1956 Beiträge zum ägyptischen Lexikon II. ZÄS 81, 11-13.

1962 Zur Lesung und Bedeutung einiger Stellen in der biographischen Inschrift *S3-rnpwt*'s I. ZÄS 87, 96-107.

1982/85 Der ägyptisch-hethitische Friedensvertrag zwischen Ramses II. und Hattusili III.TUAT I, 143 f.

1984 Die Inschriften der Grabfronten der Siut-Gräber im Mittelägypten aus der Herakleopolitenzeit. Opladen: Westdeutscher Verlag.

1997 Der Vertrag Ramses II. von Ägypten und Hattusili III. von Hatti. WVDOG 98.

Edgerton, A. William/Wilson, A. John

1936 Historical Records of Ramses III. The Texts in Medinet Habu I. and II. SAOC 12. Chicago/Illinois.

Eide, Tormod (Hrsg.) u.a.

1994 Textual Sources for the History of the Middle Nile Region between the Eighth Century BC and the Sixth Cenzury AD.

El-Khadragy, Mahmoud

2002 Some palaeographic features of Weni's biography. GM 188, 61-72.

Ember, Aaron

1911 Kindred Semito-Egyptian Words. ZÄS 49, 93-94.

1912 Notes on the Relation of Egyptian and Semitic. ZÄS 50, 86-90.

Erichsen, Wolja

1933 Papyrus Harris I. Hieroglyphische Transkription. BAe V.

1954 Demotisches Glossar, Kopenhagen.

Erman, Adolf

1880 Hieratische Ostraka. ZÄS 18, 95, 2.

1933 Neuägyptische Grammatik. Leipzig.

Essche, Éric van
1997 La Valeur ajoutée du signe déterminatif dans l'Écriture figurative ramesside. RdE 48, 201-217.

Eyre, Christopher J.
1990 The Semna Stela: Quotation, Genre, and Functions of Literature. Fs Lichtheim I. Jerusalem, 134-165.

Fales, Frederick Mario
1987 The Enemy in Assyrian Royal Inscriptions: "The Moral Judgement". In: BBVO Bd. 1, hrsg. von Kühne, Nissen und Renger.

Faulkner, R. O.
1956 The Man Who is Tired of His Life. JEA 42, 21 f.

Favard-Meeks, Christine
1989 Le Delta égyptien et la mer jusqu' à la fondation d' Alexandrie. SAK 16, 39 f.

Fecht, Gerhard
1983 Die Israelstele, Gestalt und Aussage. Fs Brunner ÄAT 5, 106-138.

Felber, Heinz (Hrsg.)
2005 Feinde und Aufrührer. Konzepte von Gegnerschaft in ägyptischen Texten besonders des Mittleren Reiches. Abhandlungen der Sächsischen Akademie der Wissenschaften zu Leipzig. Philologisch-historische Klasse. Bd. 78, Heft 5.

Fischer, August
1907 Arab. basīr „scharfsichtig" per Antiphrasin = „blind". ZDMG 61, 425 f.

Fischer-Elfert, Hans-Werner
1986 Die satirische Streitschrift des Papyrus Anastasi I. Übersetzung und Kommentar. ÄA 44.
1992 Die satirische Streitschrift des Papyrus Anastasi I. KÄT Wiesbaden.
1999 Die Lehre eines Mannes für seinen Sohn. Eine Etappe auf dem „Gottesweg" des loyalen und solidarischen Beamten des Mittleren Reiches. ÄA 60.
2002 Das verschwiegene Wissen des Irtisen (Stele Louvre C14). Ägyptische Mysterien? Hrsg.: Assmann/Bommas. München, 27-35.
2005 Papyrus Ebers und die antike Heilkunde (Hrsg.). Wiesbaden.
2005a Altägyptische Zaubersprüche. Reclam Stuttgart.

Franke, Detlef
1984 Personendaten aus dem Mittleren Reich. Wiesbaden, 440, Dossier Nr. 763.
1996 Sesostris I., „König der beiden Länder" und Demiurg in Elephantine. Fs Simpson. 275-295.
1997 „Schöpfer, Schützer, Guter Hirte": Zum Königsbild des Mittleren Reiches. ÄAT 36, 1, 175-209.
1998 Das Entfernen eines Sprachtabus. Nochmals zur Konstruktion *wꜢj r*. GM 165, 51-56.
2005 Schlagworte. Über den Umgang mit Gegnern in Memorialtexten des Mittleren Reiches. Siehe Felber (2005), S. 89-110.

Gaballa, Ali Gaballa
1977 The Memphite Tomb-Chapel of Mose. Warminster.

Gaballa, Ali Gaballa/Kitchen, Kenneth A.
1969 The Festival of Sokar. Or 38, 8.

Gardiner, Alan Henderson
1909 The Admonitions of an Egyptian Sage. Hildesheim.
1911 Egyptian Hieratic Texts.Leipzig.
1913 In Praise of Death: A Song from a Theban Tomb. PSBA 35, 168.
1925 The Autobiography of Rekhmerāʿ. ZÄS 60, 62-76.
1935 Hieratic Papyri in the British Museum 3rd Series I Text/II Tafel. London.
1937 Late Egyptian Miscellanies. BAe VII. Brüssel.
1938 Brief Communications. JEA 24, 124.
1947 Ancient Egyptian Onomastica I/II. Oxford.
1955 The Ramesseum Papyri. Oxford, 1 f.
1965 Geschichte des Alten Ägypten. Alfred Kröner Stuttgart.

Gauthier, Henri
1925/31 Dictionnaire des noms géographiques contenus dans les textes hiéroglyphiques I/VII. Kairo .

Gautier, J.-E./Jéquier, G.
1902 Mémoire sur les fouilles de Licht. MIFAO 6.

Glanville, S. R. K.
1955 Catalogue of demotic Papyri in the British Museum II. The Instructions of ʿOchsheshonqy (BM 10508). London.

Goedicke, Hans
1960 The Inscription of *Ḏmỉ*. JNES 19, 288-291.
1963 Was Magic Used in the Harim Conspiracy against Ramesses III.? JEA 54, 71 f.
1965 The Location of *Ḫnt-ḥn-nfr*.Kush 13, 102-111.
1970 The Report about the Dispute of a Man with His Ba. pBerlin 3024. London.
1981 The Campain of Psametik II against Nubia. MDAIK 37, 187-198.
1984 „The Canaanit Illness“. SAK 11, 91-105.
1984a Seuche. LÄ V, 918-919.
1986 Teti. LÄ VI, 457-458.
1992 Amenophis II in Samaria. SAK 19, 133-150.
1996 Comments on the Sethnachte Stela. MDAIK 52, 157-175.
2002 Merikare E106-115. ZÄS 129, 115-121.

Golénischeff, Wladimir
1890 Stèle de Darius aux environs de Tell el Maskhoûtah. RecTrav 13, 99-109.

Graefe, Erhart
1971 Untersuchungen zur Wortfamilie *bỉꜣ*. Köln.
1980 Studien zu den Göttern und Kulten im 12. und 10. oberägyptischen Gau. (besonders in der Spät- und Griechisch-Römischen Zeit). Freiburg.
1980a Mafdet. LÄ III, 1132-1133.

1981 Untersuchungen zur Verwaltung und Geschichte der Institution der Gottesgemahlin des Amun von Beginn des Neuen Reiches bis zur Spätzeit I/II. ÄA 37.
1999 Die List der Isis: Über Strategeme bei den alten Ägyptern in: Die List, hrsg. von Harro von Senger. Suhrkamp/Frankfurt, 80-110.
2001 Mittelägyptische Grammatik für Anfänger. 6. Auflage. Wiesbaden.

Grandet, Pierre
1993 Ramsès III. Histoire d' un Règne. Paris, 330-341.
1994 Le Papyrus Harris I./II. BdE 109.
2000 L'exécution du Chancelier Bay O. IFAO 1864. BIFAO 100, 339-345.
2003 Catalogue des ostraka hiératiques non littéraires de Deîr El-Médînéh. DFIFAO 41.

Grapow/Deines/Westendorf = Grundriß der Medizin der alten Ägypter (Berlin)
1955 Von den Medizinischen Texten.
1958 IV, 1: Deines/Grapow/Westendorf, Übersetzung der medizinischen Texten.
1958 IV, 2: Deines/Grapow/Westendorf, Erläuterungen.
1958 V, Die medizinischen Texten in hieroglyphischer Umschrift autographiert.

Griffith, Francis Llewellyn
1889 The Inscriptions of Siut and Dêr Rîfeh. London, Taf. II, 25.
1898 Hieratische Papyri from Kahun and Gurob. London.

Griffith, F. L./Thompson, H.
1904 Demotic Magical Papyrus of London and Leiden. London.

Griffith, Francis Llewellyn/Newberry Percy Edward
1893/94 El Bersheh I/II. London.

Grimal, Nicolas-Christophe
1981 La Stéle triomphale de Pi(ᶜANKH)Y au Musée du Caire. JE 48862 et 47086-47089. MIFAO 105. Kairo.
1986 Les Termes de la propagande royale égyptienne de la XIX E dynastie à la conquête d' Alexandre. Paris, 649 f.

Grimm, Alfred
1988 Feindbilder und Bilderverbrennung: Ein Brandopfer zur rituellen Feindvernichtung in einer Festdarstellung der „Chapelle rouge". VA 4, 207-214.

Grumach, Irene
1972 Untersuchung zur Lebenslehre des Amenope. MÄS 23. Deutscher Kunstverlag München/Berlin.

Gundlach, Rolf
1994 Die Zwangsumsiedlung auswärtiger Bevölkerung als Mittel ägyptischer Politik bis zum Ende des Mittleren Reiches. Stuttgart.

Gunn, Battiscombe
1943 Notes on the Naukratis Stela. JEA 29, 55-59.

Gutgesell, Manfred
1983 Die Datierung der Ostraka und Papyri aus Deir el-Medineh und ihreökonomische Interpretation. HÄB 18-19. Hildesheim.

Hall, Emma Swan
1986 The Pharao Smites His Enemies. MÄS 44. Berlin.

Hassan, Selim
1928 Hymnes religieux du Moyen Empire, Le Caire.

Havers, Wilhelm
1946 Neuere Literatur zum Sprachtabu. SÖAW Bd. 223, 5. S. 132 f.

Helck, Wolfgang
1955 Zur Geschichte der 19. und 20. Dynastie. ZDMG 105, 39 f.
1958 Zur Verwaltung des Mittleren und Neuen Reiches. PÄ 3. Leiden/Köln.
1961 Urkunden der 18. Dynastie. Übersetzungen zu den Heften 17 - 22. Berlin.
1965 Materialien zur Wirtschaftsgeschichte des Neuen Reiches. Teil V.Wiesbaden.
1969 Überlegungen zur Geschichte der 18. Dynastie. OrAnt 8, 281-327.
1970 Die Prophezeiung des Nfr.tj. KÄT. Wiesbaden.
1971 Die Beziehung Ägyptens zu Vorderasien in 3. und 2. Jahrtausend v. Chr. ÄA 5.
1975 Historisch-Biographische Texte der 2. Zwischenzeit und neue Texte der 18. Dynastie. KÄT. Wiesbaden.
1977 Die Lehre für Merikare. KÄT. Wiesbaden.
1980 Maat. LÄ III, 1110-1119.
1986 Der Aufstand des Tetian. SAK 13, 125-133.
1995 Die „Admonitions“ Pap. Leiden I 344. KÄT 11. Wiesbaden.

Hermann, Alfred
1940 Die Stelen der thebanischen Felsgräber der 18. Dynastie. ÄF 11.

Hinze, Fritz
1962 Die Felsenstele Sethos'I. bei Qasr Ibrim. ZÄS 87, 31-40.

Hoch, James E.
1994 Semitic Words in Egyptian Texts of the New Kingdom and Third Intermediate Period. Princeton, New Jersey.

Hölscher, Wilhelm
1937 Libyer und Ägypter. Beiträge zur Ethnologie und Geschichte libyscher Völkerschaften nach den altägyptischen Quellen. ÄF 4, 43-35.

Hoffmann, Friedhelm
1995 Ägypter und Amazonen. Neubearbeitung zweier demotischer Papyri (P. Vindob. D 6165 und P. Vindob. 6165 A). Wien.
1996 Der Kampf um den Panzer des Inaros. Studien zum P. Krall und seiner Stellung innerhalb des Inaros-Petubastis-Zyklus. Wien.

Hornung, Erik
1957 Zur geschichtlichen Rolle des Königs in der der 18. Dynastie. Fs Junker MDAIK 15, 120-133.

1966 Geschichte als Fest. Darmstadt.
1971 Der Eine und die Vielen. Darmstadt.
1982 Der ägyptische Mythos von der Himmelskuh. OBO 46.
1983 Die Israelstele des Merenptah. Fs Brunner ÄAT 5, 224 f.
1992 Texte zum Amduat II. AH 14. Basel/Genf.

Jacquet-Gordon, Helen K.
1960 The Inscriptions on the Philadelphia-Cairo Statue of Osorkon II. JEA 46, 12 f.

Jansen-Winkeln, Karl
1985 Ägyptische Biographien der 22. und 23. Dynastie. ÄAT 8/1. Wiesbaden.
1992 Zu einigen religiösen und historischen Inschriften. CdE 67, 259.
1992a Das Ende des Neuen Reiches. ZÄS 119, 22-37.
1995 Historische Probleme der 3. Zwischenzeit. JEA 81, 129-149.
1995a Neue biographische Texte der 22./23. Dynastie. SAK 22, 169-194.

Janssen, Jack J.
1968 The Smaller Dâkhla Stele. JEA 54, 165-172.
1997 Village Varia. Ten Studies on the History and Administration of Deir el-Medina. EGU XI, 99-109.

Janssen, Jozef M. A.
1946 De traditioneele egyptische Autobiografie vóór het Nieuwe Rijk I/II. Leiden.
1951 Notes on the Geographical Horizon of the Ancient Egyptians: Æthiopians and Haunebut. BiOr 8, 213-217.
1953 The Stela (Khartoum Museum No. 3) from Uronati. JNES 12, 51-55.

Jasnow, Richard
1991 A Demotic Wisdom Papyrus in the Ashmolean Museum (P. Ashm. 1984. 77 Verso). Enchoria 18, 43-54.

Jones, Dilwyn
1988 Glossary of Ancient Egyptian Nautical Titles and Terms, London.
2000 An Index of Ancient Egyptian Titles, Epithets and Phrases of the Old Kingdom. I/II. Oxford.

Junge, Friedrich
1991 Die Erzählung vom Streit der Götter Horus und Seth um die Herrschaft. TUAT III, 930-950.
1999 Neuägyptisch Einführung in die Grammatik. Wiesbaden.
2003 Die Lehre Ptahhoteps und die Tugenden der ägyptischen Welt. OBO 193.

Junker, Hermann
1958 Der grosse Pylon des Tempels der Isis in Philä. DÖAW Sonderband. Wien.

Kahl, Jochem
1999 Siut – Theben Zur Wertschätzung von Traditionen im alten Ägypten. Brill/Leiden/Boston/Köln.
2003 Das Schlagen des Feindes von Hu: Gebel Tjauti Felsinschrift 1. GM 192, 47 f.

Kammerzell, Frank

1991 Ein ägyptischer Gott reist nach Bachatna, um die von einem Dämon besessene Prinzessin Bintrischji zu heilen. TUAT III, 955-964.

Kaplony-Heckel, Ursula

1982/85 Ägyptische historische Texte. TUAT I, 609 f.

Kasser, Rodolphe

1981 Prolégomènes à un Essai de Classification des Dialects et Subdialectes coptes selon les Critères de la Phonétique. Muséon 94, 91-152.

Kausen, Ernst

-1982/85 Die Siegesstele des Pije. TUAT I, 557 f.

Kees, Hermann

1922 Ein alter Götterhymnus als Begleittext zur Opfertafel. ZÄS 57, 106-107.

1924 *Nbḏ* als Dämon der Finsternis. ZÄS 59, 69-70.

1933 Ägypten. In: Handbuch der Altertumswissenschaft. Kulturgeschichte des Alten Orients. Erster Abschnitt. München.

Kitchen, Kenneth A.

1938 Brief Communications A later Allusion to Akhenaten. JEA 24.

1968f. Ramesside Inscriptions I-VIII. Oxford.

1973 The Third Intermediate Period in Egypt (1100-650 B. C.). Warminster.

1977 Historical Observations on Ramesside Nubia. Fs Hinze. Berlin.

1986 The Third Intermediate Period in Egypt (1100-650 B. C.). Warminster.

1990 The Arrival of the Libyans in Late New Kingdom Egypt. In Libya and Egypt c 1300-750 BC, hrsg. von Anthony Leahy.

1993 f. Ramesside Inscriptions Translated and Annotated: Translations. I-IV.

Kitchen, Kenneth A./Gaballa, Ali G.

1970 Ramesside Varia II. ZÄS 96, 26,7.

Kloth, Nicole

2002 Die (auto-) biographischen Inschriften des ägyptischen Alten Reiches. Untersuchungen zur Phraseologie und Entwicklung. SAK Beiheft 8.

Koch, Roland

1990 Die Erzählung des Sinuhe. BAe XVII. Brüssel.

Koehler, Ludwig/Baumgartner, Walter

1967 Hebräisches und Aramäisches Lexikon zum Alten Testament. I, 343.

1990 Hebräisches und Aramäisches Lexikon zum Alten Testament. IV, 1293-1294.

Koenig, Yvan

1981a Les effrois de Keniherkhepeshef (pDeir El-Médineh 40). RdE 33, 29-37.

1990 Les Textes d'envoûtment de Mirgissa. RdE 41, 101-125.

2001 À propos de la conspiration du harem. BIFAO 101, 293f.

Korostovtsev, Mikhaïl
1947 Stèle de Ramsés IV. BIFAO 45, 155-173.

Koura, Basma
1999 Die „7-Heiligen Öle“ und andere Öle- und Fettnamen. Eine lexikographische Untersuchung zu den Bezeichnungen von Ölen, Fetten und Salben bei den Alten Ägyptern. AegMon 2.

Krause, Martin
1980 Koptische Sprache. LÄ III, 731-737.

Krauss, Rolf
1976 Untersuchungen zu König Amenmesse: Nachträge. SAK 4, 184 (a b f).
1997 Untersuchungen zu König Amenmesse: Nachträge. SAK 24, 161-184.
1993 Drooping of buttocks (Chester Beatty I, Verso C 5). GM 132, 73.

Kruchten, Jean-Marie
1986 Le grand texte oraculaire de Djéhoutymose intendent du domaine d'Amon sous le pontificat de Pinedjem II. MRE 5. Brüssel.

Lacau, Pierre
1905 Textes religieux. RecTrav 27, 60, 28-30.

Lane, Edward William
-1863/77 Arabic-English Lexicon I/II. Cambridge.

Lange, Hans Ostenfeldt
1925 Das Weisheitsbuch des Amenemope. Kopenhagen.

Lange, Hans Ostenfeldt/Schäfer, Heinrich
1902 Grab- und Denksteine des Mittleren Reiches im Museum von Kairo. Berlin.

Leclant, Jean
1961 Montouemhat. BdE 35.
1980 La "Famille libyennee" au temple de Pépi Ier. MIFAO 104, 49-54.

Lefebvre, Gustave
1929 Inscriptions concernant les grands Prêtres d'Amon Romê-Roy et Amenhotep. Kairo, 47-51.

Leitz, Christian
1994 Tageswählerei. Das Buch *ḥ3t nḥḥ pḥ.wj ḏt* und verwandte Texte. ÄA 55.
1994a Auseinandersetzungen zwischen Baba und Thot. Fs Westendorf. Hrsg. von Behlmer, 103-117.
2000 Traumdeutung im Alten Ägypten nach einem Papyrus des Neuen Reiches. In Heilkunde und Hochkultur. Hrsg.: Karenberg und Leitz, 221-257.
2002 Lexikon der ägyptischen Götter und Götterbezeichnungen I-VII. Hrsg.: Leitz OLA 110-116.
2002a Heilkunde und Hochkultur II. „Magie und Medizin“ und „Der alte Mensch“ in den antiken Zivilisationen des Mittelmeerraumes. Hrsg.: Karenberg und Leitz.

Lepsius, Carl Richard
1842 Das Totenbuch der Ägypter nach dem hieroglyphischen Papyrus in Turin. Leipzig.
1849/58 Denkmäler aus Ägypten und Äthiopien. Leipzig.
1897/1913 Denkmäler aus Ägypten und Äthiopien (I-V), Text. Hrsg. Edouard Naville.

Lichtheim, Miriam
1945 The Songs of the Harpers. JNES 4, 197-198.
1973 Ancient Egyptian Literature. A Book of Readings I. Berkeley / Los Angeles / London.
1976a Ancient Egyptian Literature. A Book of Readings II. Berkeley / Los Angeles / London.
1976b The Naukratis Stela once again. Studies in Honor of George R. Hughes. SAOC 39. Chicago Illinois.
1980 Ancient Egyptian Literature. A Book of Readings III. Berkeley / Los Angeles / London.
1983 Late Egyptian Wisdom Literature in the International Context. A Study of demotic Instructions. OBO 52.
1992 Maat in Egyptian Autobiographies and Related Studies. OBO 120, 35 Nr. 31.

Lieven, Alexandra von
1997 Ein Gottesurteil im pLee? SAK 24, 185-190.

Loprieno, Antonio
1988 Topos und Mimesis. Zum Ausländer in der ägyptischen Literatur. ÄA 48.
1996 Hrsg.: Ancient Egyptian Literature. History and Form. PÄ 10.

Lorton, David
1974 Terminology Related to the Laws of Warfare in Dyn. XVIII. JARCE 11, 53-68.
1993 God ,s beneficent Creation. SAK 20, 125-155.

Lüddeckens, Erich
1975 Demotisch. LÄ I, 1052-1056.

Maderna-Sieben, Claudia
1997 Der König als Kriegsherr und oberster Heerführer in den Eulogien der frühen Ramessidenzeit. In Selbstverständnis und Realität. ÄAT 36, 1, 49-79.

Manuelian, Peter der
1994 Living in the Past Studies in Archaism of the Egyptian Twenty-six Dynasty. London/New York.

Mariette, Auguste
1869 Abydos I. Description des fouilles. Paris.
1875 Karnak. Tafelband. Leipzig.
1880 Abydos II. Description des Fouilles. Paris.

Martin, Karl
1986 Stele. LÄ VI, 1-6.

Martin-Pardey, Eva
1990 Zum Koptosdekret Antefs V. HÄB 30, 185-197.

Maspero, M. Gaston
1890/1900 Le Musée Egyptien. In Grébaut: Le Musée Egyptien. Recueil de monuments et notices sur les fouilles d'Égypte. Le Caire, 1-44.

Massart, Adhémar
1954 The Leiden Magical Papyrus I 343 + I 345. OMRO 34. Leiden.

Meeks, Dimitri
1977/79 Année Lexicographique I.-III. 1980-82 Paris.

Metzler, Dieter
1992/93 Rez.: Hall, Inventing the Barbarian. Greek Self-Definition through Tragedy. In Hephaistos 11/12, 215-223.

Meurer, Georg
1996 Nubier in Ägypten bis zum Beginn des Neuen Reiches. Zur Bedeutung der Stele Berlin 14753. ADAIK 13, S. 32.
1998 „Wer Schlechtes sagen wird, indem er ihre Mäjestät lästert, der wird sterben." Wie verwundbar waren das ägyptische Königtum bzw. der einzelne Herrscher? ÄAT 40, 307 f.
2002 Die Feinde des Königs in den Pyramidentexten. OBO 189.

Militarev, Alexander/Kogan, Leonid
2000 Semitic Etymological Dictionary I. Anatomy of Man and Animals. Hrsg. von Dietrich/Loretz. Münster, XCI-XCII.

Moers, Gerald
2001 Fingierte Welten in der ägyptischen Literatur des 2. Jahrtausends v. Chr. Grenzüberschreitung, Reisemotiv und Fiktionalität. PÄ 19.

Moftah, Ramses
1985 Studien zum ägyptischen Königsdogma im Neuen Reich. S. 150 f. Mainz.

Montet, Pierre
1930/35 Les Tombeaux de Siout et de Deir Rifeh (Pl. II-X deuxsième article). Kemi III.
1957/61 Géographie de l' Égypte Ancienne I/II Paris.

Morenz, Ludwig D.
1998 Fremde als potentielle Feinde. Die prophylaktische Szene der Erschlagung der Fremden in Altägypten. ZDMG Supplement XI, 95-101.
2002 Gegner des Nar-mer aus dem Papyrus-Land: *NW* und *W*ᶜ*-š*. GM 189, 81-88.

Morenz, Siegfried
1975 „Eilbeute". Religion und Geschichte des alten Ägypten. Gesammelte Aufsätze. Hrsg.: Blumenthal, Elke und Herrmann, Siegfried, 395-400.

Moret, Alexandre
1909 Annales du musée Guimet 32. Paris.

Morkot, Robert
1986 Violent Images of Queenship & the Royal Cult. Wepwawet 2, 1-9.

Munro, Peter
1973 Die Spätägyptischen Totenstelen. ÄF 25, 301.

Naville, Edouard
1886 Das Ägyptische Todtenbuch der XVIII. bis XX. Dynastie aus verschiedenen Urkunden I/II. Berlin.
1888 The Shrine of Saft el Henneh. London.
1891 Bubastis (1887-1889). London.
1895/1908 The Temple of Deir el-Bahari I-VI. London.

Neumann, Gerhard
2002 Traum und Traumdeutung Zur Tranformation kulturellen Selbsverständnisses um 1800. Hrsg.von Steger: Kultur Ein Netz von Bedeutungen. Würzburg.

Newberry, Percy E.
1893 Beni Hasan I/II. London.

Obsomer, Claude
1989 Les Campagnes de Sésostris dans Hérodote. Brüssel.
1995 Sésostris I. Étude chronologique et historique du règne. Bruxelles.

O'Connor, David
1990 The Nature of Tjemehu (Libyan) in the Later New Kingdom. In Libya and Egypt c 1300-750 BC, hrsg. von Anthony Leahy. London.

Omar, Magdi
2003 Zwei napatanische Schreibungen für *sbj* „Feinde"? Fs Graefe. Hrsg.: Blöbaum, Kahl, Schweitzer: Ägypten - Münster Kulturwissenschaftliche Studien zu Ägypten, dem Vorderen Orient und verwandten Gebieten. Wiesbaden. 215-219.

Osing, Jürgen
1976 Die Nominalbildung des Ägyptischen. Mainz.
1976a Der spätägyptische Papyrus BM 10808. ÄA 33.
1977 Zur Syntax der Biographie des ***Wnj***. Orientalia 46, 165-182.
1979 Zur Geschichte der späten 19. Dynastie. SAK 7, 254-271.
1980 Lautsystem. LÄ III, 944-949.
1980a Libyen, Libyer. LÄ III, 1015-1033.
1987 Die Beziehungen Ägyptens zu Vorderasien unmittelbar vor und nach dem Neuen Reich. In : Nubia et Oriens Christianus. Fs Müller. Bibliotheca Nubica I, 33-39.
1990 Zur Anlage und Dekoration des Tempels von Hibis. Fs Lichtheim. Studies in Egyptology, hrsg. von Israelit-Groll.
1999 Zur „poetischen Stele" Thutmosis III. BdE 127, 75-86.

Parker, Richard A.
1966 King Py, a Historical Problem. ZÄS 93, 111-114.

Parker, Richard/Leclant, Jean/Goyon, Jean-Claude
1979 The Edifice of Taharqa by the Sacred Lake of Karnak. London.

Parkinson, Richard Bruce
1991 The Tale of the Eloquent Peasant. Oxford.
1991a The Date of the Eloquent Peasant. RdE 42, 171-181.
1997 The Tale of Sinuhe and other Ancient Egyptian Poems 1940-1640 BC. Oxford.
1999 Two New „Literary" Texts on a Second Intermediate Period Papyrus? A Preliminary Account of P. BM EA 10475. BdE 127, 177-196.
2005 Demagogen, Aufrührer und Rebellen. Zum Spektrum politischer Feinde in Lebenslehren des Mittleren Reiches. Siehe Felber (2005), S.11-31.

pBerlin 3055/3053
1901 Hieratische Papyrus aus den königlichen Museen zu Berlin I, hrsg. von der Generalverwaltung. Leipzig.

pBerlin 3049/3050
1905 Hieratische Papyrus aus den königlichen Museen zu Berlin II., hrsg. von der Generalverwaltung. Leipzig.

pBerlin 3023
1908 Hieratische Papyrus aus den königlichen Museen zu Berlin IV, hrsg. von Adolf Erman. Leipzig.

Peden, A. J.
1994 Egyptian Historical Inscriptions of the Twentieth Dynasty. DMA 3, 195-210.

Peet, Eric T.
1930 The Great Tombrobberies of the Twentieth Egyptian Dynasty I/II. Oxford.

Petrie Flinders
1897 Six Temples at Thebes. 1896. London.

Peust, Carsten
1999 Das Napatanische. MzÄS 3.

Piankoff, Alexandre
1930 Le Cœur dans les Textes Égyptiens depuis l' Ancien jusqu' à la fin du Nouvel Empire Paris.

Pieper, Max
1929 Die große Inschrift des Königs Neferhotep in Abydos. Ein Beitrag zur ägyptischen Religions- und Literaturgeschichte. MVAeG 32 2. Heft. 1-78.

Pierret, Paul
1878 Recueil d'inscriptions inédites du Musée Egyptien du Louvre II. Paris.

Pleyte, Willen/Rossi, Francesco
1869/76 Papyrus de Turin. Leiden.

Porter, Bertha/Moss, Rosalind
1960/81 Topographical Bibliography of Ancient Egyptian Hieroglyphic Texts, Reliefs and Paintings 2. Edition. Oxford.

Posener, Georges
1936 La première domination perse en Égypte. BdE 11, 50-63.
1946 Les Criminels débaptisés et les morts sans noms. RdE 5, 51-56.
1956 Littérature et politique dans L' Égypte de la XIIe dynastie. Paris.
1970 Sur l'emploi euphémique de *ḫftj(w)* «ennemi(s)». ZÄS 96, 30-35.
1976 L'Enseignement loyaliste. Sagesse égyptienne du Moyen Empire.Paris.
1985 Le Papyrus Vandier. Bibliothèque Général VII., 42-43.

Quack, Joachim Friedrich
1989 Sur l'emploi euphémique de *ḪFT* «Ennemi» en Démotique. RdE 40, 197-198.
1992 Studien zur Lehre für Merikare. GOF. IV. Bd. 23.
1992a Philologische Miszellen 1. LingAeg 2, 151-153.
1993 Ein altägyptisches Sprachtabu. LingAeg 3, 59-79.
1994 Die Lehren des Ani. Ein neuägyptischer Weisheitstext in seinem kulturellen Umfeld. OBO 141.
1996 Rez.: Herbin, Le livre de parcourir l'éternité. OLZ 91 (Heft 2), 152-153.
1997 Rez.: Hannig, Großes Handwörterbuch Ägyptisch-Deutsch. BiOr 54, 328-334.
2001 Ein neuer Versuch zum Moskauer literarischen Brief. ZÄS 128, 167-181.
2005 Demagogen, Aufrührer und Rebellen. Zum Spektrum politischer Feinde in Lebenslehren des Mittleren Reiches. Siehe Felber (2005), S. 74-85.
2005a Einführung in die altägyptische Literaturgeschichte III. Die demotische und gräko-ägyptische Literatur. Münster.

Quibell, J. E.
1909 Excavations at Saqqara (1907-1908). Kairo.

Radwan, Ali
1975 Der Königsname. Epigraphisches zum göttlichen Königtum im Alten Ägypten. SAK 2, 213-234.

Ranke, Hermann
1935 Die ägyptischen Personennamen I. Glückstadt.
1952 Die ägyptischen Personennamen II. Glückstadt/Hamburg.

Ray, J. D.
1976 The Archive of Hor. London.

RIK = Reliefs and Inscriptions at Karnak (I-III)
1936 Ramses III's Temple within the Great Enclosure of Amon I/II. The University of Chicago. Oriental Institute Publications XXV/XXXV.Chicago/Illinois.
1954 The Bubastite Portal III. The University of Chicago. Oriental Institute Publications LXXIV. Chicago/Illinois.

Ritner, Robert K.
1989 So-called "Pre-dynastic Hamster-headed" figurines in London and Hanover.GM 111, 85-95.
1999 An Oblique Reference to Expelled High Priest Osorkon. Fs Wente. SAOC 58. Chicago/Illinois, 351-360.

Rochholz, Matthias
2002 Schöpfung, Feindvernichtung, Regeneration. Untersuchung zum Symbolgehalt der machtgeladenen Zahl 7 im alten Ägypten. ÄAT 56, 241-250.

Roeder, Günther
1914 Catalogue Géneral des Antiquités Égyptiennes du Musée du Caire. Naos. Leipzig.
1952/54 Zwei hieroglyphische Inschriften aus Hermopolis. (Ober-Ägypten). ASAE 52.

Rogge, Eva
1992 Statuen der Spätzeit. Lose-Blatt-Katalog Ägyptischer Altertümer CAA 9. Kunsthistorisches Museum Wien. Mainz/Rhein.

Rössler, Otto
1971 Das Ägyptische als semitische Sprache. In Christetum am Roten Meer, hrsg. von Altheim/Stiehl.

Rotter, Ekkehart
1993 Die Sarazenenseuche oder wie ein Feindbild entsteht. Die Welten des Islam. 29 Vorschläge, das Unvertraute zu verstehen. Hrsg.: Rotter. Frankfurt, 52-59.

Roullet, Anne
1972 The Egyptian and Egyptianizing Monuments of Imperial Rome. Leiden.

Rowe, Alan
1939 Three new Stelae from the South-eastern Desert. ASAE 39, 187-197.

Russmann, R. Edna
1974 The Representation of the King in the XXVth Dynasty. MRÉ 3.

Sadek, Ashraf Iskander
1980 The Amethyst Mining Inscriptions. Warminster. 84-86.

Sander-Hansen, Constantin Emil
1933 Historische Inschriften der 19. Dynastie. Teil 1. BAe IV. Brüssel.
1956 Die Texte der Metternichstele. AnAe. VII. Kopenhagen.

Satzinger, Helmut
1968 Die negativen Konstruktionen im Alt- und Mittelägyptischen. MÄS 12. Berlin.

Sauneron, Serge
1953 L'Hymne au soleil levant de Papyrus de Berlin. BIFAO 53, 65-90.
1989 Un Traité Égyptien d'Ophiologie. papyrus du Brooklyn Museum N° 47.218.48 et 85. IFAO Biliothèque Générale XI.

Sauneron, Serge/Yoyotte, Jean
1952 Le texte hiératique Rifaud. BIFAO 50, 107-117.

Schade-Busch, Mechthild
1992 Zur Königsideologie Amenophis' III. Analyse der Phraseologie historischer Texte der Voramarnazeit. HÄB 35.
1997 Bemerkungen zum Königsbild Thutmosis III. in Nubien. ÄAT 36, 1, 211-223.

Schäfer, Heinrich
1902 Ein Bruchstück altägyptischer Annalen.ADAW 10.
1904 Die Auswanderung der Krieger unter Psammetich I. und der Söldneraufstand in Elephantine unter Apries. KLIO Beiträge zur alten Geschichte IV., 152-163.
1964 Die Mysterien des Osiris in Abydos unter König Sesostris III. UGAÄ IV, 27-42.

Schenkel, Wolfgang
1965 Memphis Herakleopolis Theben. Die Epigraphischen Zeugnisse der 7.-11. Dynastie Ägyptens. ÄA 12, 253-258.
1965a Die Würzel ***bnj*** „süß". MDAIK 20, 115.
1975 Dolmetscher. LÄ I, 1116.
1988 Sprachforschung und Textquellen Integrierte Datenverarbeitung als konkrete Utopie. SAK B. 3, 1-24.
1990 Einführung in die altägyptische Sprachwissenschaft. Darmstadt.
2005 „(Sich) fernhalten" und dergleichen in den Sargtexten. Siehe Felber (2005), S. 111-141.

Schipper, Bernd Ulrich
1998 Von der ‚Lehre des Sehetep-jb-Re' zur ‚Loyalistischen Lehre'. ZÄS 125, 161-179.

Schneider, Thomas
1992 Asiatische Personennamen in ägyptischen Quellen des Neuen Reiches. OBO 114.
1994 Lexikon der Pharaonen. Die altägyptischen Könige von der Frühzeit bis zur Römerherrschaft. Artemis.
1998 Ausländer in Ägypten während des Mittleren Reiches und der Hyksoszeit. ÄAT 42.
2003 Siptah und Beja. Neubeurteilung einer historischen Konstellation. ZÄS 130, 134-146.

Schorch, Stefan
2000 Euphemismen in der Hebräischen Bibel. Orientalia Biblica et Christiana. 12.

Schoske, Sylvia
1982 Das Erschlagen der Feinde. Ikonographie und Stilistik der Feindvernichtung im alten Ägypten. Heidelberg.

Schott, Siegfried
1930 Drei Sprüche gegen Feinde. ZÄS 65, 35-42.
1956 Totenbuchspruch 175 in einem Ritual zur Abwehr von Feinden. MDAIK 14, 181-189.

Schulman, Alan R.
1988 Ceremonial Execution and Public Rewards. Some Historical Scenes on New Kingdom Private Stelae OBO 75.

Schulz, Regine
1992 Die Entwicklung und die Bedeutung des Kuboiden Statuentypus. Eine Untersuchung zu den sogenannten „Würfelhockern". HÄB 33-34, 469 Nr. 281.

Seibert, Peter
1967 Die Charakteristik. Untersuchung zu einer altägyptischen Sprechsitte und ihren Ausprägungen in Folklore und Literatur. ÄA 17.

Seidlmayer, Stephan Johannes
1998 Epigraphische Bemerkungen zur Stele des Sethnachte. Fs Stadelmann. Mainz.

Seipel, Wilfried
1975 Ahhotep I. LÄ I, 98-99.

Sethe, Kurt
1913 Sarapis und die sogenannten κάτοχοι des Sarapis. Zwei Probleme der griechisch-aegyptischen Religionsgeschichte. AGWG: N. F. Bd. 14, 5, 1-100.
1913a Siehe: Borchardt, Das Grabdenkmal des Königs Sahure. 1913.
1923 Zu den Sachmet-Statuen Amenophis'III. ZÄS 58, 43-44.
1934 Das alte Ritual zur Stiftung von Königsstatuen bei der Einweihung eines Tempels. ZÄS 70, 54.
1959 Ägyptische Lesestücke. Darmstadt.
1984 Übersetzungen zu den Heften (17-22). Berlin.

Seyfried, Karl-Joachim
1981 Beiträge zu den Expeditionen des Mittleren Reiches in die Ost-Wüste. HÄB15.

Shirun-Grumach, Irene
1982 Die poetischen Teile der Gebel-Barkal-Stele. In Scripta Hierosolymitana 28, hrsg. von Israelit-Groll. Jerusalem.
1991 Die Lehre des Amenemope. TUAT III, 222-250.

Shupak, Nili
1993 Where Can Wisdom Be Found? The Sage's Language in the Bible and in Acient Egyptian Literature. OBO 130.

Simpson, William Kelly
1974 The Terrace of the Great God at Abydos: The Offering Chapels of Dynasties 12 and 13. PPYEE 5. New Haven.

Smith, M
1987 Catalogue of Demotic Papyri in the British Museum III. The Mortuary Texts of Papyrus 10507.

Soden, Wolfram von
1981 Akkadisches Handwörterbuch. Wiesbaben.

Spencer, Patricia
1984 The Egyptian Temple. A Lexicographical Study, London.

Spiegelberg, Wilhelm
1912 Zwei Kalksteinplatten mit demotischen Texten. ZÄS 50, 33-36.
1923 Die Empörung des Hohenpriesters Amenhotpe unter Ramses IX. ZÄS 58, 47-48.

Sternberg, Heike
1984 Sachmet. LÄ V, 323-333.
1985 Mythische Motive und Mythenbildung in den ägyptischen Tempeln und Papyri der griechisch-römischen Zeit. GOF 14.

Sternberg-El Hotabi, Heike
1999 Untersuchungen zur Überlieferungsgeschichte der Horusstelen. ÄA 62.

Störk, Lothar
1980 Katze. LÄ III, 367-370.

Stricker, B. H.
1958 De Wijsheid van Anchsjesjong. OMRO 39, 56-79.

Takács, Gábor
1999 Etymological Dictionary of Egyptian. HdO 48, 1.
2001 Etymological Dictionary of Egyptian. HdO 48, 2.

Thissen, Heins Josef
1984 Die Lehre des Anchscheschonqi. Bonn.
1990 Demotistik und Ägyptologie. Anmerkungen zu demotischen literarischen Texten. ZÄS 117, 63-69.
1991 Die Lehre des P. Insinger. TUAT III, 280 f.

Török, László
1997 The Kingdom of Kush. HdO XXXI. Leiden/New/York/Köln.

Toro Rueda
2003 Das Herz in der ägyptischen Literatur des 2. Jts. V: Chr. Untersuchungen zu Idiomatik und Metaphorik von Ausdrücken mit *jb* und *ḥꜣtj*. Göttingen.

Tresson, Paul
1919 L' Inscription d' Ouni. BdE 8.

Vandier, Jacques
1961 Le Papyrus Jumilhac. Paris.

Verhoeven, Ursula
1984 Grillen, Kochen, Backen im Alltag und im Ritual Altägyptens, Ein Lexikographischer Beitrag. RiEg IV. Brüssel.
1996 Ein historischer „Sitz im Leben" für die Erzählung von Horus und Seth des Papyrus Chester Beatty I. ÄAT 35, 347-363.

Vernus, Pascal
1982 Name. LÄ IV, 320-326.
1990 Entre Néo-Égyptien et Demotique: La langue utilisée dans la traduction du rituel de repousser l'agressif. RdE 41, 204-205.

Vittmann, Günther
1984 Ein Amulett aus der Spätzeit zum Schutz gegen Feinde. ZÄS 111, 164-170.
1998 Der demotische Papyrus Ryland 9. ÄAT 38, 476-478.
2005 „Feinde" in den ptolemäischen Synodaldekreten. Mit Anhang: Demotische Termini für „Feind", „Rebell", „rebellieren" Siehe Felber (2005), S. 198-219.

Vogelsang, Friedrich
1964 Kommentar zu den Klagen des Bauern. UGAÄ VI. Hildesheim.

Volten, Aksel
1940 Kopenhagener Texte zum demotischen Weisheitsbuch. AnAe I.
1941 Das demotische Weisheitsbuch. Studien und Bearbeitung. AnAe II.
1942 Demotische Traumdeutung. (Pap. Carlsberg XIII und XIV Verso). AnAe III.

Vycichl, Werner
1958 Grundlagen der ägyptisch-semitischen Wortvergleichung. MDAIK 16, 367 f.
1972 Die ägyptische Bezeichnung für den „Kriegsgefangenen" . GM 2, 43-45.
1982 Eine weitere Bezeichnung für den „Kriegsgefangenen". GM 54, 75-76.
1983 Dictionnaire Étymologique de la Langue Copte. Leuven.

Walter, Till
1955 Zum Sprachtabu im Ägyptischen. Fs Grapow, Berlin, 322-337.

Ward, William A.
-1982 Index of egyptian administrative and religious Titles of the middle Kingdom. American University of Beirut.

Way, Thomas von der
1984 Die Textüberlieferung Ramses' II. Zur QadeŠ-Schlacht. HÄB 22.
1992 Göttergerichte und „heiliger" Krieg im Alten Ägypten. SAGA 4. Heidelberg.

Wehr, Hans
1985 Arabisches Wörterbuch für die Schriftsprache der Gegenwart. Wiesbaden.

Wimmer, Stefan
1993 Ein Ächtungstext aus Israel/Palästina. Sechster Internationaler Ägyptologen Kongress II, Turin, 571-578.

Wente, Edward
1967 Late Ramesside Letters. SAOC 33. Chicago/Illinois, 41(y), 63(af).
1990 Letters from Egypt. Atlanta/Georgia.

Westendorf, Wolfhart
1966 Beiträge aus und zu den medizinischen Texten. ZÄS 92, 128-154.

1973 Zur Entstehung übertragener und abstrakter Begriffe. GM 6, 135-144.
1977 Koptisches Handwörterbuch. Heidelberg.
1999 Handbuch der altägyptischen Medizin. HdO 1. Abt. Bd. 36, 1-2.

Wilkinson, Toby A. H.
2000 Royal Annals of Ancient Egypt. The Palermo Stone and its Associated fragments. London/New York.

Willems, Harco
1990 Crime, Cult and Capital Punishment (Moᶜalla Inscription 8). JEA 76, 27-54.

Wilson, A. John
1931 Ceremonial Games of the New Kingdom. JEA 17, 211 f.

Wilson, Penelope
1997 A Ptolemaic Lexikon. A Lexicographical Study of the Texts in the Temple of Edfu. OLA 78.

Winand, Jean
1992 Études de néo-égyptien, 1 La morphologie verbale. Aeg.Leo. 2. Liége.

Winter, Erich
1968 Untersuchungen zu den ägyptischen Tempelreliefs der griechisch-römischen Zeit. DÖAW 98, 36.

Wolf, Walther
1957 Die Kunst Ägyptens. Gestalt und Geschichte. Kohlhammer Verlag Stuttgart.

Yoyotte, Jean
1972 Les Inscriptions hiéroglyphiques Darius et L'Égypte. Journal Asiatique 260, 253-266.

Žaba, Zbyněk
1956 Les Maximes de Ptahhotep. Prag.

Žabkar, V. Louis
1981 A Hymn to Osiris Pantocrator at Philae. ZÄS 108, 141-171.

Zandee, Jan
1947 De Hymnen aan Amon van Papyrus Leiden I 350. OMRO 28. Leiden.
1960 Death as an Enemy. According to Ancient Egyptian Conceptions. SHR V. Leiden.
1966 An Ancient Egyptian Crossword Puzzle. Leiden.

Zauzich, Karl-Theodor
1975 Berliner Fragmente zum Texte des Pap. Insinger. (Papyri Berlin P 23726, P 23824, P 23825; Taf. 36-37). Enchoria 5, 119-122.
1978 Demotische Papyri aus den staatlichen Museen zu Berlin 1. Papyri von der Insel Elephantine. Berlin.
1993 Demotische Papyri aus den staatlichen Museen zu Berlin 3. Papyri von der Insel Elephantine. Berlin.

Zibelius, Karola
1972 Afrikanische Orts- und Völkernamen in hieroglyphischen und hieratischen Texten.TAVO B 1.
1978 Ägyptische Siedlungen nach den Texten des Alten Reiches. BTAVO Nr. 19.

Zibelius-Chen, Karola
1984 Zur Schmähung des toten Feindes. WdO 15, 83-88.
1988 Die ägyptische Expansion nach Nubien. TAVO B 78.
1988a Kategorien und Rolle des Traumes in Ägypten. SAK 15, 277-293.
1989 Überlegung zur ägyptischen Nubienpolitik. SAK 16, 329-345.
1990 Politische Opposition im Alten Ägypten. SAK 17, 339-360.
1997 Theorie und Realität im Königtum der 25. Dynastie. ÄAT 36, 1, 81-95.

Ziskind, Jonathan Rosner
1968 Aspects of International Law in the Ancient Near East. Columbia.